地势坤，君子以厚德载物。

孟子

今注今译

王云五—主编
史次耘—注译

孟子今注今译

中国友谊出版公司

图书在版编目（CIP）数据

孟子今注今译 / 王云五主编；史次耘注译. -- 北
京：中国友谊出版公司，2021.9
ISBN 978-7-5057-5168-2

Ⅰ.①孟… Ⅱ.①王… ②史… Ⅲ.①儒家②《孟子
》–注释③《孟子》–译文 Ⅳ.①B222.5

中国版本图书馆CIP数据核字（2021）第044098号

书名	孟子今注今译
作者	王云五主编　史次耘注译
出版	中国友谊出版公司
发行	中国友谊出版公司
经销	新华书店
印刷	河北鹏润印刷有限公司
规格	880×1230毫米　32开
	14印张　351千字
版次	2021年10月第1版
印次	2021年10月第1次印刷
书号	ISBN 978-7-5057-5168-2
定价	48.00元
地址	北京市朝阳区西坝河南里17号楼
邮编	100028
电话	（010）64678009

如发现图书质量问题，可联系调换。质量投诉电话：010-82069336

编纂古籍今注今译序

由于语言文字习俗之演变，古代文字原为通俗者，在今日颇多不可解。以故，读古书者，尤以在具有数千年文化之我国中，往往苦其文义之难通。余为协助现代青年对古书之阅读，在距今四十余年前，曾为本馆创编《学生国学丛书》数十种，其凡例如下：

一、中学以上语文功课，重在课外阅读，自力攻求；教师则为之指导焉耳。唯重篇巨帙，释解纷繁，得失互见，将使学生披沙而得金，贯散以成统，殊非时力所许；是有需乎经过整理之书篇矣。本馆鉴此，遂有《学生国学丛书》之辑。

二、本丛书所收，均重要著作，略举大凡：经部如诗、礼、春秋；史部如史、汉、五代；子部如庄、孟、荀、韩，并皆列入；文辞则上溯汉、魏，下迄五代；诗歌则陶、谢、李、杜，均有单本；词则多采五代、两宋；曲则撷取元、明大家；传奇、小说，亦选其英。

三、诸书选辑各篇，以足以表见其书，其作家之思想精神、文学技术者为准；其无关宏旨者，概从删削。所选之篇类不省节，以免割裂之病。

四、诸书均为分段落，作句读，以便省览。

五、诸书均有注释；古籍异释纷如，即采其较长者。

六、诸书卷首，均有新序，述作者生平，本书概要。凡所以示学生研究门径者，不厌其详。

然而此一丛书，仅各选辑全书之若干片段，犹之尝其一脔，而未窥全豹。及一九六四年，余谢政后重主本馆，适编译馆有《资治通鉴今注》之编纂，甫出版三册，以经费及流通两方面，均有借助于出版家之必要，商之于余，以其系就全书详注，足以弥补余四十年前编纂《学生国学丛书》之阙，遂予接受。甫岁余，而全书十有五册，千余万言，已全部问世矣。

余又以《资治通鉴今注》，虽较《学生国学丛书》已进一步，然因若干古籍，文义晦涩，今注以外，能有今译，则相互为用，今注可明个别意义，今译更有助于通达大体，宁非更进一步欤？

几经考虑，乃于一九六七年秋决定编纂经部今注今译第一集十种，其凡例如下：

一、经部今注今译第一集，暂定十种①，其书名及白文②字数如下：

《诗经》	三九一二四字
《尚书》	二五七〇〇字
《周易》	二四二〇七字
《周礼》	四五八〇六字
《礼记》	九九〇二〇字
《春秋左氏传》	一九六八四五字
《大学》	一七四七字
《中庸》	三五四五字
《论语》	一二七〇〇字

---

① 编者注：因版权问题，此次简体中文新版本中缺少《周礼今注今译》一书。另外，《大学今注今译》《中庸今注今译》两本合为一本《大学中庸今注今译》。

② 编者注：白文指书的正文部分，亦指不附注释的书。

《孟子》　　　　　　　三四六八五字

以上白文共四八三三七九字。

二、今注仿《资治通鉴今注》体例，除对单字词语详加注释外，地名必注今名，年份兼注公元，衣冠文物莫不详释，必要时并附古今比较地图与衣冠文物图案。

三、全书白文四十七万余字，今注假定占白文百分之七十，今译等于白文百分之一百三十，合计白文连注译约为一百四十余万言。

本馆所任之古籍今注今译，经慎选专家定约从事，阅时最久者将及两年，较短者不下一年，则以属稿诸君，无不敬恭将事，求备求详；迄今只有《尚书》及《礼记》两种交稿，所有注译字数，均超出原预算甚多，以《礼记》一书言，竟超过倍数以上。兹当第一种之《尚书今注今译》排印完成，问世有日，谨述缘起及经过如上。

王云五

一九六九年九月二十五日

孟子今注今译凡序

　　《孟子》是和《论语》《大学》《中庸》并称作四书，自从宋、元、明、清以来，都把它当作家弦户诵的书，就像今天的教科书一样。《孟子》这部书的理论，不但纯粹宏博，文章也极雄健优美。

　　次耘幼时背诵四书，塾师韩俊卿先生特把《孟子》抽出，选用苏批《孟子》的本子，当作古文规范来讲；并且说："《孟子》和《庄子》两部书的文章，在我国文坛上是双雄并峙，像昌黎（韩愈）、老泉（苏洵）、东坡（苏轼）等大文豪，都是得力于孟子的多。"

　　孟子的思想，可以说完全继承孔子的，所以后世尊称孔子为至圣，孟子为亚圣。孟子自己说："乃所愿，则学孔子也。"又说："予未得为孔子徒也；予私淑诸人也。"我们研读孟子，更可了解孔子的思想精深博大了。

　　孔子说仁，孟子说义，有时仁义兼说；实际上，孟子不过把"仁"阐发得更具体化罢了。"仁""义"，应该说是一体的两面，凡蕴藏在内心叫作仁，发出于外形叫作义，如同哲学上的"体""用"二名词，用由体而显，体由用而成，二而一，一而二的。

　　孟子最雄伟的地方，便是主张"性善说"，全是阐发孔子论仁的精义。《孟子》七篇中，便处处强调这个仁字，所以《孟子》

一书又被称作"妈妈经"。母亲最伟大的,就是有一个永恒的慈爱心;慈爱心,即是仁。所以孟子说:"仁,人心也。"又说:"仁也者,人也。"又说:"恻隐之心,仁之端也。"又说:"人皆有不忍人之心。"孟子抉发出人性的本原,是仁慈的,是善良的,也就是他自己所说的"良知""良能"。整个人类的生存,能够维系到今天,就全靠这点人性固有的仁呢!

因为人性本是善良的,所以孟子说:"人皆可以为尧舜。"又说:"圣人与我同类者。"并引颜渊说:"舜,何人也?予,何人也?有为者亦若是。"俗语也说:"圣人本是凡人做,但尽良心即圣人。"圣人能尽心,凡人便不能,人人皆具有良心,一个能尽,一个不能尽,圣凡区别就在此。同时孟子认为尽心,尤注意一个"推"字,把善心推到极点,就是扩而充之。孟子说:"故推恩,足以保四海。"又说:"苟能充之,足以保四海。"孟子辟墨子的学说,即破他兼爱的兼字;兼爱,除了领袖群伦的极少数人,可以做到"保民若赤子",一般人是做不到的。推恩,是人人可以做得到的。所以孟子说:"老吾老以及人之老,幼吾幼以及人之幼。"又说:"亲亲而仁民,仁民而爱物。"圣人之所以为圣人,便在能尽一己的良心,去推展它,去扩充它,己立立人,己达达人,发挥仁以为己任的践履精神!

宋儒程子(明道)批评孟子有"泰山岩岩"的气象!因为孟子是刚毅的,属于阳刚之美,所以孟子平生最自负的,而有见义勇为和独立不惧的精神。常持先觉之志,养浩然之气,辨义利,别王霸,辟邪说,放淫辞,主张民贵君轻之说,强调养民教民之政。这都是与"性善说"有莫大的关系,阐扬孔子仁爱的精神,说明人性无上的尊严!

《孝经》说:"天地之性,人最为贵。"(《孝经》通行本皆无最字,按敦煌本正作"人最为贵"。)人,为什么最可贵?

上面说过，因为人是具有与生俱来的这点"仁心"，凡仁必孝，孝子必仁，古往今来，无数的孝子仁人，都是受世人所崇敬和仰慕的。

孟子平生精研《诗》《书》《春秋》，他的思想固受圣门中曾子、子思的影响，但尤得力于一个圣善的母亲，他从母亲的爱心，彻悟及人性本然之善，所以教人须从自身修省和最亲近的家庭做起。孟子说："人人亲其亲，长其长，而天下平。"这句话说得何等浅明而有力量，所以孟子又极力提倡孝行生活。孟子说："仁之实，事亲是也。"又说："事孰为大，事亲为大。"又说："孝子之至，莫大乎尊亲；尊亲之至，莫大乎以天下养。"又说："大孝终身慕父母。"又说："尧舜之道，孝弟而已矣。"这都是充分阐发孝德，实践孔子提倡仁孝的精神。

孟子的文章，虽比较浅明，但因经历时间太久远，中间传写又多讹误，关于古制、名物、方言等，往往使人不易读下去，其他的经典更是如此。所以汉儒极注重训诂之学，又称考据学。到了清朝，更是考据学的鼎盛时期。《孟子》古注里，幸有赵岐注，是汉儒注孟子仅存的本子，释经多存古义。朱熹《孟子集注》，立论谨严，虽偏重义理，但多与圣学相通，确能代表宋儒的思想。清焦循《孟子正义》，是依据赵注撰写的，宏博翔实，考证也最繁富。陈澧《东塾读书记》的孟子部分，疏解也极精审。戴东原《孟子字义疏证》，抒论也多精到。康有为《孟子微》，颇多宏通之论。胡毓寰《孟子本义》，会集众说，时加己见，多有胜义。钱穆氏《孟子要略》，立论精简，可通圣义。毛子水先生近年撰写《孟子焦疏补正》，确多创见。还有时贤注解《孟子》，精义互见，在此不能一一列举。总之，这些都是有助于孟学的功臣。

今次耘注译本书，共分三部分：一、注释，多采取赵注、朱注、焦疏及时贤正解为主。二、译文，力求接近语体化。三、章旨，目的在说明主意之所在，以便读完一章，可得一中心概念。次耘深感个人精力有限，又因课务忙碌，疏漏的地方，自不能免，仍希贤达多予指正。

合肥史次耘谨序于台北抱蜀庐
一九七二年八月十五日

目　录

1

滕文公篇　第三　113

离娄篇　第四　173

梁惠王篇　第一

（一）梁惠章

　　孟子见梁惠王[1]。王曰："叟[2]！不远千里而来[3]，亦将有以利吾国[4]乎？"孟子对曰："王，何必曰利？亦有仁义[5]而已矣！王曰何以利吾国，大夫[6]曰何以利吾家[7]，士庶人[8]曰何以利吾身；上下交征[9]利，而国危矣！万乘之国[10]，弑[11]其君者，必千乘之家；千乘之国，弑其君者，必百乘之家。万取千焉，千取百焉，不为不多矣！苟为后义而先利，不夺不餍[12]。未有仁而遗其亲者也[13]！未有义而后其君者也！王亦曰仁义而已矣，何必曰利？"

今注

　　1　梁惠王：即魏惠王。名䓨，惠，是谥法。本都安邑（今山西省解县①，夏禹故都），后迁大梁（今河南省开封县）。

　　2　叟：长老之称。

　　3　不远千里而来：言不以千里之长途为远而来也。

　　4　利吾国：王充《论衡》云："夫利有二，有财货之利，有

---

　　①　编者注："今××"此类的地名，是指译者在注译本书时通用的地名，与现今的行政区划略有出入。

安吉之利。"《易·乾·文言》："利者，义之和也。"安吉之利，即"义之和"，公利也。财货之利，则私利也。今惠王问何以利吾国？是问富国强兵之术，乃私利也。故孟子辟之。朱注："此言仁义根于人心之固有，天理之公也；利心生于物我之相形，人欲之私也。循天理，则不求利而自无不利，徇人欲，则求利未得，而害已随之。所谓毫厘之差，千里之谬，此孟子之书所以造端托始之深意，学者所宜深察而明辨也。"

5 仁义："仁"，是爱心。"义"，是正义。盖蕴之于内曰仁，发之于外曰义。"仁义"二字，是儒家以"德治天下"之主要思想。

6 大夫：官称。三代官制，分卿、大夫、士三级。天子诸侯皆置之。

7 家：此非家庭之家，乃卿大夫在其采邑内所设之机构。《左氏春秋·恒公二年》："天子建国，诸侯立家。"言诸侯受封于天子而有国，卿、大夫食采于诸侯而有家。

8 士庶人："士"，读书人。"庶人"，百姓。"庶"，众也。

9 交征：朱注："征，取也。上取乎下，下取乎上，故曰交征。"

10 万乘之国：朱注："乘，车数也。万乘之国者，天子畿内，地方千里，出车万乘。千乘之家者，天子之公卿采地方百里，出车千乘也。千乘之国，诸侯之国；百乘之家，诸侯之大夫也。"按：万乘，本非诸侯之号，但以梁齐等国，时皆侵地广大，僭号称王，故曰"万乘"。

11 弑：下杀上也。

12 餍：满足也。

13 未有仁而遗其亲者也：朱注："遗，犹弃也。后，不急也。言仁者必爱其亲，义者必急其君，故人君躬行仁义，而无求利之心，则其下化之，自亲戴于己也。"

今译

孟子去见梁惠王，王说："老先生，你不辞千里遥远的路程来到这里,是有什么富强的方法,对于我的国家有利吧?"孟子答道:"王何必说利呢?我看只有仁义就可以了。王如果说:'怎样可以利我的国?'大夫必会说:'怎样可以利我的家?'士人和百姓也都会说:'怎样可以利我的身?'到了这个时候,上要取下的利,下要取上的利,那国家就危险了。万乘的国家,有杀他的国君,必定是千乘的公卿;千乘的国家,有杀他的国君,必定是百乘的大夫。依照先王所定的成法:在万乘中取得了千乘,在千乘中取得了百乘,这样,不能不算多了。如果人人轻义重利,那是不完全篡夺过来,绝对不会满足的。可是,没有重视仁爱的,还要抛弃他的父母;没有重视义理的,还要不急事他的君上。请王只要谈谈仁义就可以了,何必要说利呢?"

章旨

此章阐明治国之要道,当以仁义(蕴之于内曰仁,发之于外曰义。)为依归。而为孟子建立儒家政治学说之张本。然亦实自孔子"大道之行,天下为公"之旨来。

又按孟子主民贵,故力谋人民乐利,他对义利二字,辨得极清楚,所以对各国诸侯绝不谈利,只言仁义。孟子所反对的利,只是自私自利的利,他所主张的仁义,只是全民享受最大的乐利。

(二)王立章

孟子见梁惠王,王立于沼[1]上,顾鸿雁[2]麋鹿[3],曰:"贤者亦乐此乎?"孟子对曰:"贤者而后[4]乐此,不贤者虽有此不乐也。诗云[5]:'经始灵台[6],经之营之[7];庶民攻[8]之,不日[9]成之。经始勿亟[10],庶民子来[11]。王在灵囿,麀鹿攸伏[12]。麀鹿濯濯[13],白鸟鹤鹤[14]。王在灵沼,於牣[15]鱼跃。'文王以民力为台为沼,而民欢乐之;谓其台曰灵台,谓其沼曰灵沼,乐其有麋鹿鱼鳖。古之人与民偕乐,故能乐也。汤誓[16]曰:'时日害丧?予及女偕亡[17]!'民欲与之偕亡，虽有台池鸟兽，岂能独乐哉¹⁸！"

今注

1　沼：池也。

2　鸿：雁之大者。

3　麋：鹿之大者。

4　而后：有"然后"意。朱注："'贤者而后乐此，不贤者虽有此不乐也'为此章之大指。"

5　诗云：《大雅·灵台》之篇。

6　经始灵台："经"，量度。"灵台"：文王台名，灵为美善之意。台下有灵囿。故址在陕西省鄠县东三十里。

7　经之营之："营"，域限，作动词用。谓先度量台趾，然后绳度立表，以定其位处。

8　攻：治。谓开始建造。

9　不日：不终日，言其速也。

10　亟：疾，速。

11　庶民子来：言如子来趋父也。

12　麀鹿攸伏："麀"，音忧，牝鹿。郑笺："攸，所也。文王亲至灵囿，视牝鹿所游伏之处。"

13　濯濯：丰肥光泽貌。

14　鹤鹤：洁白貌。赵注："圣王之德，与民共乐，恩及鸟兽。"

15　於牣："於"，读乌，叹美词。"牣"，读刃，满也。

16　汤誓：《尚书》篇名。乃商汤伐夏桀誓师之词。

17　时日害丧？予及女偕亡："时"，是也。日，指夏桀。"害"，同盍，作何不解。"丧"，去声，亡也。"女"，同汝。二句，《汤誓》作夏众咒桀之词。

18　民欲与之偕亡至末句：此特再引《汤誓》为全文结论，证明独乐不可能。

今译

孟子去见梁惠王，王站在池沼上，看那些鸿雁麋鹿，因此问孟子道："贤君也以这个为乐吗？"孟子答道："只有贤君才能有此快乐，不贤的君，虽有此也不能快乐。《诗经》上说：'文王最初建造灵台的时候，先度量它的高低宽长，再准备它所需要的材料，于是百姓齐来替他兴造，不到一天工夫，便已完成。但在建造时，文王还叫百姓不要太性急，那百姓偏性急得像儿子赶来替父母做事似的，因此很快完工。后来文王在灵圃游玩，只见那麋鹿很驯善地卧伏着，而且很肥润的样子；白鸟也极洁白。不多时，文王又站在灵沼上，见那满池的鱼，活泼泼地跳跃着。'文王用百姓的力量建筑这个台，建筑这个沼，百姓非常高兴，反而称他的台叫灵台，称他的沼叫灵沼，并且欢喜他有这些麋鹿鱼鳖。古时候的贤君，能和百姓同乐，所以自己也能享受快乐。《尚书·汤誓》篇说：'这个太阳灭亡的时候，我们情愿同你一齐灭亡！'百姓痛恨夏桀，要和他一齐灭亡，即使有了台池鸟兽，怎能独自享乐呢？"

章旨

此章阐明为政当与民同乐，而恩及禽兽。

（三）寡人章

梁惠王曰："寡人[1]之于国也，尽心焉耳矣[2]：河内凶，则移其民于河东[3]，移其粟于河内；河东凶亦然。察邻国之政，无如寡人之用心者。邻国之民不加少，寡人之民不加多[4]，何也？"孟子对曰："王好战，请以战喻[5]：填然[6]鼓之，兵刃既接[7]，弃甲曳兵而走[8]，或百步而后止；或五十步而后止；以五十步笑百步，则何如？"曰："不可，直[9]不百步耳，是亦走也。"曰："王如知此，则无望民之多于邻国也。不违农时[10]，谷不可胜食[11]也；数罟不入洿池[12]，鱼鳖不可胜食也；斧斤[13]以时入山林[14]，材木不可胜用也。谷与鱼鳖不可胜食，材木不可胜用，是使民养生丧死无憾[15]也。养生丧死无憾，王道之始也。五亩之宅[16]，树之以桑，五十者可以衣帛矣！鸡豚狗彘之畜，无失其时[17]，七十者可以食肉矣！百亩之田[18]，勿夺其时[19]，数口之家可以无饥矣！谨庠序之教[20]，申之以孝悌之义[21]，颁白者[22]不负戴[23]于道路矣！七十者衣帛食肉，黎民[24]不饥不寒，然而不王者[25]，未之有也！狗彘食人食而不知检[26]，涂有饿莩而不知发[27]。人死，则曰：'非我也，岁[28]也。'是何异于刺人而杀之，曰：'非我也，兵也。'王无罪岁[29]，斯天下之民至焉。"

今注

1 寡人：寡德之人也，是人君自谦之词。

2 尽心焉耳矣："尽心"，犹言尽力。"焉耳矣"，是词终连用助词。有加强语意。谓于救荒之事已竭尽一己之力。按焦循《正义》曰："焉耳当作焉尔。"《礼记·三年问》云："然则何以三年也？曰：加隆焉尔也。"《左传·隐公二年》云："托始焉尔。"何休注云："焉尔犹于是也。然则此言尽心焉尔者犹云尽心于是矣。"

3 河内、河东：皆魏地。今河南省以北地，旧时通称河内。黄河流经山西省境，自北而南，故通称山西省黄河以东地曰河东。

4 加少、加多："加少"，是减少。"加多"，是增多。

5 请以战喻："喻"，本作谕，譬也。即比譬义。言请用战争为比譬。

6 填然："填"，音田。鼓音。"填然"，犹今之口语咚咚的。古时战争，击鼓则兵进，鸣金则兵退。

7 兵刃既接："兵"，械器。"刃"，刀。此句形容两军交锋状。

8 弃甲曳兵而走："甲"，是盔甲。"曳"，拖也。"走"，败逃也。此句形容败退情形。

9 直：特也，但也。又直，特，古同声。

10 不违农时："违"，背也。"农时"，指春耕夏耘秋收之时。

11 不可胜食："胜"，读升，尽也。"不可胜食"，犹言食之不尽。下文"不可胜用"，即用之不竭。

12 数罟不入洿池："数"，读促。"罟"，读古。"数罟"，细密网也。"洿"，音乌。"洿池"，深池也。

13 斧斤："斤"，斫木斧也。古以刃直称斧，刃横称斤。

14 以时入山林：《礼记·王制》："草木零落，然后入山林。"即以时也。依照一定之时日。

15 养生丧死而无憾："养生"，是为生者得以谋生。"丧死"，是为死者得以安葬。"憾"，恨也。

16 五亩之宅：据赵注：此为一夫所授，二亩半在田，二亩半在邑，田中不得有木，恐妨五谷，乃于墙下种桑，以供蚕事。古代庶民皆衣帛。《周礼》云："不蚕者不帛。"可知老者不能衣帛。此言五十衣帛，含有养老意。

17 无失其时："时"，诸牲畜孵化及之生育之时。"无失时"，言孕字不失时也。"字"，乳也。《说文》段注："人及鸟生子曰乳。"

18 百亩之田：亦一夫所授。考古代井田；"一夫一妇，耕耨百亩。"

19 勿夺其时：言不可以徭役夺其农时也。

20 谨庠序之教："谨"，敬也。有不苟义。今言"加强"。殷曰序，周曰庠，皆乡学之名。

21 申之以孝悌之义："申"，重也。有"再三"及"叮咛反复"之义。善事父母为孝，善事兄长为悌。"悌"同弟，顺也。"义"，作义理解。

22 颁白者："颁"，同斑。老人头发半白半黑者。

23 负戴：以背任物曰负，以首任物曰戴。

24 黎民："黎"，黑也。黑发少壮之人民。

25 然而不王者："然而"，是词之承上而转意。王引之云："犹言如是而"也。"王"读旺，往也。人民归往之也。人民为何归往，归依仁也。

26 检：敛也。有节制收聚意。

27 涂有饿莩而不知发："涂"同途。"莩"同殍。饿死之称。"发"，发放也。发放仓廪以赈贷百姓。含有平粜救荒意。

28 岁：凶年。

29 王无罪岁："无"，有勿义。言王勿要诿罪于年岁歉收。

今译

梁惠王说："寡人对于国事，可算是竭尽心力了！河内遇着荒年，就将那少壮的百姓迁到河东去就食；又将河东的米粟，分运到河内来赈济。河东遇着荒年，也是这样做。看邻国的政事，没有像寡人这样用心的，但是邻国的百姓，未见减少，我国的百姓，未见增多，这是什么缘故呢？"孟子答道："王向来喜欢战争，现在就用战争来做个比喻。咚咚的鼓声响着，两军的刀剑已经交锋，那打败的，弃掉盔甲，拖着兵器就逃走，有的逃了一百步就止住，有的逃了五十步就止住。这逃五十步的取笑那逃一百步的，说他胆子小，王以为怎样？"惠王说："不可以这样。只不过没有逃到一百步罢了，也同是一样的逃走啊！"孟子说："王若是知道这个道理，就不必希望百姓比邻国多了。要想百姓增多，只要不耽误百姓耕种的时候，五谷自然吃不完了。细密的网罟，不要放进深水池内，鱼鳖自然吃不完了。斧斤必按照时令，才往山林里去砍伐，材木自然用不尽了。五谷和鱼鳖吃不完，材木用不尽，是教百姓在养生送死方面都没悔恨，能教百姓养生送死都没悔恨，这就是王道的开始啊！使人人有五亩的住宅，宅旁的空地栽种桑树，这种桑树养蚕，五十岁的老人，就可穿绸帛了。饲养鸡、猪、狗之类的家畜，不要错过它们孕育生长的时期，七十岁的老人，平时就可有肉吃了。每家分配百亩的田地，不要耽误他们耕种的时间，数口的人家就不会受饿了。然后加强办理各级的教育，并且反复叮咛他们孝亲敬长之道，那头发花白的老人，就不致负戴在路上行走了。七十岁的老人，穿绸食肉，壮年的人不会受冻受饿，像这样，百姓不归往他，是从来没有的事。现在狗彘反吃人所吃的东西，还不知道节制；路旁有饿死的人，还不知道发放仓谷来救济；百姓饿死了，还说：'不是我的罪，是年岁荒旱。'这和用刀把人杀死，却说：'不是我杀的，是那把刀。'又有什么不同呢？王别委罪于年岁荒旱，那么，天下的百姓自然皆来归顺了。"

章旨

此章述人君爱民，应以养民教民为本，不可矜式小惠。

（四）愿安章

梁惠王曰："寡人愿安承教[1]。"孟子对曰："杀人以梃[2]与刃有以异乎？"曰："无以异也[3]。""以刃与政，有以异乎？"曰："无以异也。"曰："庖有肥肉，厩有肥马；民有饥色，野有饿莩。此率兽而食人也。兽相食，且人恶之，为民父母，行政不免于率兽而食人：恶[4]在其为民父母也？仲尼曰：'始作俑[5]者，其无后乎！'为[6]其象人而用之也。如之何其使斯民饥而死也？"

今注

1 愿安承教：谓愿安心承受教言。"安"，安心也。安意也。

2 梃：音挺。大杖。

3 无以异也：即无异。谓皆同归于死也。

4 恶：读乌，犹安也，何也。"恶在"，即何在。赵注："牧民为政，乃率兽食人，安在其为民父母之道也。"

5 俑：朱注："从葬木偶人也。古之葬者，束草为人，以为从卫，谓之刍灵，略似人形而已。中古易之以俑，则有面目机发，而大似人矣。故孔子恶其不仁，而言其必无后也。""无后"，绝后嗣也。

6 为：犹以也。"为其象人"，象，似也，即以其似人形而殉葬，故亦视之如有生也。

今译

梁惠王说："我愿意受你的指教。"孟子答道："用木棍杀人和用刀杀人，有什么不同呢？"惠王说："没有什么不同。"孟子说："用刀子杀人和用政治害人有什么不同？"惠王说："没有什么不同。"孟子又说："厨房里有肥肉，马厩里有肥马，但使百姓有饥饿的脸色，野外有饿死的尸体。这如同领着禽兽去吃人！禽兽互相残杀，人还厌恶它们，君王身为人民的父母，推行政事，竟不免带领禽兽来吃人，哪里还配做百姓的父母呢？孔子说：'最初做那从葬的木偶人，必定绝子绝孙吧！'这是因为木偶人做得太像人形还用来从葬，孔子才要嫌恶他。怎么可以叫那些百姓活活饿死呢？"

章旨

此章仍承上章之义，讽喻惠王：施政当以民生为重，勿以虐政杀民。

（五）晋国章

梁惠王曰："晋国天下莫强焉[1]，叟之所知也，及寡人之身，东败于齐[2]，长子死焉；西丧地于秦[3]七百里；南辱于楚[4]。寡人耻之，愿比死者壹洒之[5]！如之何则可？"孟子对曰："地方百里，而可以王。王如施仁政于民：省刑罚，薄税敛，深耕易耨[6]：壮者以暇日修其孝悌忠信[7]，入以事其父兄，出以事其长上，可使制[8]梃以挞[9]秦楚之坚甲利兵矣！彼[10]夺其民时，使不得耕耨以养其父母；父母冻饿，兄弟妻子离散。彼陷溺其民[11]，王往而征[12]之，夫[13]谁与王敌？故曰'仁者无敌'[14]。王请勿疑。"

今注

1　晋国天下莫强焉："魏"，本晋大夫，魏氏与韩氏赵氏共分晋地，号曰"三晋"。故惠王犹自称晋国。《史记·楚世家》："宣王六年……三晋益大，魏惠王尤强。"故曰"晋国天下莫强焉"。

2　东败于齐：惠王三十年，魏伐赵，赵告急于齐。齐宣王用孙子（膑）计，救赵击魏。魏遂大兴师，使庞涓将，而令太子申为上将，与齐人战于马陵，齐虏太子申，杀将军庞涓，军遂大破。

3　西丧地于秦：《史记·商君列传》："孝公使卫鞅将而伐魏，……袭虏魏公子卬，……魏乃使使割河西之地献于秦以和。而魏遂去安邑，徙都大梁。"即西丧地七百里也。

4　南辱于楚：《史记·楚世家》："（楚怀王）六年，楚使柱国昭阳将兵而攻魏，破之于襄陵，得八邑。"即南辱于楚也。按：《史记·六国年表》列于魏襄王十二年；而《竹书纪年》，有梁惠王后元十二年。金履祥《孟子考证》："昭阳伐魏，败魏于襄陵（在今河南睢阳县），取八邑，则在梁惠王后元十二年，当周显王四十六年。"

5　愿比死者壹洒之："比"，读庇，代也。"洒"，同洗，雪也。谓愿代死者洗雪其耻辱也。

6　深耕易耨："深耕"，谓耕之深。"易耨"，芸苗令其简易。除草曰耨。

7　修其孝悌忠信："修"，研习也。"孝悌忠信"，为人伦之本，亦即报国之本，故修之。

8　制：曳，取。

9　挞：打也。

10　彼：指敌国秦、楚、齐也。

11　陷溺其民：即残害其民，使陷于井，溺于水。

12　征：正也。正彼虐民之罪。

13　夫：读扶。犹且也。

14　"仁者无敌"：是古语。

今译

梁惠王对孟子说："当初晋国，天下没有比它强的了，这是你老人家所知道的。可是到了寡人身上，在东边被齐国打败，我的长子申也被打死了。在西边又被秦国侵略，割让了七百里的土地。在南边又受到楚国的侮辱。寡人感到很大的羞耻，希望替战死的人洗雪耻辱！要怎样做才能够呢？"孟子答道："只要有方圆百里的小国，也可以使天下百姓归服（何况梁还是个大国）。王如果对百姓施行仁政，减轻刑罚，少征赋税，教人民努力生产，耕田须深，除草必尽；使年轻的人，利用农事空闲时间，研习那孝悌忠信的道理。在家能以孝悌侍奉父兄，出外能以忠信侍奉长上；这样，就可使他们提着木棍子，痛击秦楚精良的武器。那些敌国的君上，侵占了农民耕种的时间，使他们不能耕田除草，没有收获去养他们的父母；父母又冻又饿，兄弟妻子也分散自谋生活了。那敌国残害他们的百姓，如同把百姓驱入陷阱里，淹在水坑里，百姓自然痛恨，王在这时派兵去征讨，还有谁来抵抗王呢？所以古人说：'仁者无敌于天下。'希望王不要怀疑这句话。"

章旨

此章孟子借惠王之问，告以能施行仁政，足可王天下，岂但雪耻。

（六）襄王章

孟子见梁襄王[1]，出语[2]人曰："望之不似人君，就之而不见所畏[3]

焉。卒然⁴问曰：'天下恶乎定⁵？'吾对曰：'定于一⁶。''孰能一之？'对曰：'不嗜杀人者能一之。''孰能与之⁷？'对曰：'天下莫不与也。王知夫苗乎？七八月⁸之间旱，则苗槁矣。天油然⁹作云，沛然¹⁰下雨，则苗浡然¹¹兴之矣。其如是，孰能御¹²之？今夫天下之人牧¹³，未有不嗜杀人者也。如有不嗜杀人者，则天下之民，皆引领¹⁴而望之矣。诚如是也，民归之，由¹⁵水之就下，沛然谁能御之？'"

今注

1　梁襄王：惠王之子，名赫。

2　语：读去声，音御。告也。

3　畏：敬畏也。

4　卒然："卒"，同猝。"卒然"，忽遽貌。赵注："问事不由其次也。"

5　恶乎定："恶"，平声，读乌，何也。"定"，安定。

6　定于一：一者，仁也，道也，统一于施仁之道者。老子曰："抱一为天下式。"即言守一为天下法。一者何？道也。何道？仁道也。可参证。

7　与之：归之也。从之也。

8　七八月：周建子，以十一月为正；夏建寅，以十三月为正。故周之七八月，即夏之五六月也。

9　油然：云盛貌。

10　沛然：雨盛貌。

11　浡然：兴起貌。浡，音勃。

12　御：止也。

13　人牧：《说文》："牧"，母也。母，养也。"人牧"，即养民之君也。

14　引领：延颈也。

15　由：同犹。

今译

　　孟子去见梁襄王，出来告诉人说："远望着他，毫无风度，不像人君的样子；就近看他，也不见有什么威严、令人敬畏的地方。他突然问我说：'天下怎样才能安定？'我答道：'定于统一。'他又问：'谁能统一？'我答道：'不好杀人的国君就能统一。''谁人能够教百姓归服呢？'我答道：'天下没有一个人不归服他的。王可知道初长的青苗吗？七八月的时候，久不落雨，青苗就枯槁了。等到天空浓云兴起，大雨倾盆地下起来，青苗又立刻蓬勃地活起来了。国君如果像甘霖一样，谁又能挡得住百姓归服呢？现在天下的国君，没有一个不好杀人的。假使有一个不好杀人的国君，那么天下的百姓，自然都伸着脖子来盼望他了。果然真能如此，百姓归服他，就如同水向低处流，其势奔腾汹涌，还有谁能阻挡得住呢！'"

章旨

　　此章借襄王之问，特示人君施政，当以爱民戒杀为第一。

（七）齐桓章

　　齐宣王[1]问曰："齐桓晋文之事，可得闻乎？"孟子对曰："仲尼之徒[2]，无道桓文之事者，是以后世无传焉。臣未之闻也。无以[3]，则王[4]乎？"曰："德何如，则可以王矣？"曰："保民[5]而王，莫之能御[6]也。"曰："若寡人者，可以保民乎哉？"曰："可！"曰："何由知吾可也？"曰："臣闻之胡龁[7]曰：王坐于堂上，有牵牛而过堂下者。王见之，曰：'牛何之？'对曰：'将以衅钟[8]。'王曰：'舍之！吾不忍其觳觫[9]，若[10]无罪而就死地。'对曰：'然则废衅钟与[11]？'曰：'何可废也[12]！以羊易之。'不识有诸[13]？"曰："有之。"曰：

"是心足以王矣！百姓皆以王为爱[14]也；臣固知王之不忍[15]也。"

王曰："然，诚有百姓者，齐国虽褊小，吾何爱一牛！即不忍其觳觫，若无罪而就死地，故以羊易之也。"曰："王无异[16]于百姓之以王为爱也。以小易大，彼恶知之！王若隐[17]其无罪而就死地，则牛羊何择[18]焉？"王笑曰："是诚何心哉？我非爱其财而易之以羊也？宜乎百姓之谓我爱也！"曰："无伤[19]也，是乃仁术[20]也；见牛未见羊也。君子之于禽兽也，见其生，不忍见其死；闻其声，不忍食其肉；是以君子远庖厨[21]也。"王说[22]曰："诗[23]云：'他人有心，予忖度[24]之。'夫子之谓也。夫我乃行之，反而求之，不得吾心；夫子言之，于我心有戚戚[25]焉。此心之所以合于王者，何也[26]？"曰："有复[27]于王者曰：'吾力足以举百钧[28]，而不足以举一羽；明足以察秋毫之末[29]，而不见舆薪。'则王许[30]之乎？"曰："否！""今恩足以及禽兽，而功[31]不至于百姓者，独何与？然则一羽之不举，为不用力焉；舆薪之不见，为不用明焉；百姓之不见保[32]，为不用恩焉。故王之不王，不为也，非不能也。"曰："不为者与不能者之形[33]何以异？"曰："挟[34]太山以超[35]北海[36]：语人曰'我不能'，是诚不能也。为长者折枝[37]：语人曰'我不能'，是不为也，非不能也。故王之不王，非挟太山以超北海之类也；王之不王，是折枝之类也。老吾老，以及人之老；幼吾幼[38]，以及人之幼；天下可运于掌[39]。诗[40]云：'刑[41]于寡妻[42]，至于兄弟，以御[43]于家邦。'言举斯心[44]，加[45]诸彼而已！故推恩足以保四海；不推恩无以保妻子。古之人[46]所以大过人[47]者，无他焉，善推其所为而已矣。今恩足以及禽兽，而功不至于百姓者，独何与？权[48]，然后知轻重；度[49]，然后知长短；物皆然，心为甚[50]。王请度之[51]！抑[52]王兴甲兵，危士臣，构[53]怨于诸侯，然后快于心与？"王曰："否！吾何快于是！将以求吾所大欲[54]也。"曰："王之所大欲，可得闻与？"王笑而不言[55]。曰："为肥甘[56]不足于口与？轻煖[57]不足于体与？抑[58]为采色不足视于目与？声音不足听于耳与？便嬖⁵⁹不足使令于前与？王之诸臣，皆足以供之，而王岂为是哉！"曰："否！吾不为是也！"曰："然则王之所大欲可知已：欲辟⁶⁰土地，朝⁶¹秦楚，莅⁶²中国，而抚⁶³四夷也。以若所为⁶⁴，求若所欲，犹缘⁶⁵木而求鱼也。"王曰："若是其甚与？"曰："殆有⁶⁶甚焉！缘木求鱼，虽不得鱼，无后灾；以若所为，求若所欲，尽心力而为之，后必有灾⁶⁷。"曰："可得闻与？"曰："邹人与楚人战⁶⁸，则王以为孰胜？"曰："楚人胜。"曰："然则小固不可以敌大，寡固不可以敌众，弱固不可以敌强。海内之地，方千里者九⁶⁹；齐集有其一⁷⁰。以一服八，何以异于邹敌楚哉？盖亦反其本矣⁷¹！今王发政施仁，使天下仕者皆欲立于王之朝，耕者皆欲耕于王之野，商贾皆欲藏于王之市，行旅皆欲出于王之涂，天下之欲疾其君者，皆欲赴诉于王：其若是，孰能御之？"王曰："吾惛⁷²，不能进于是矣！愿夫子辅吾志，明以教我。我虽不敏⁷³，请尝试⁷⁴之。"曰："无恒产⁷⁵而有恒心⁷⁶者，惟士为能⁷⁷。若民，则无恒产，因无恒心；苟无恒心，放辟邪侈⁷⁸，无不为已⁷⁹。及陷于罪，然后从而刑之，是罔民⁸⁰也。焉有仁人在位，罔民而可为也！是故明君制民之产⁸¹，必使仰足以事父母，俯足以畜妻子；乐岁终身饱，凶年免于死亡。然后驱而之善，欲民之从之也轻⁸²。今也制民之产，仰不足以事父母，俯不足以畜妻子；乐岁终身苦，凶年不免于死亡；此惟救死而恐不赡⁸³，奚暇治礼义哉？王欲行之，则盍⁸⁴反其本矣！五亩之宅⁸⁵，树之以桑，五十者可以衣帛矣；鸡豚狗彘之畜，无失其时，七十者可以食肉矣；百亩之田，勿夺其时，八口之家，可以无饥矣；谨庠序之教，申之以孝悌之义，颁白者不负戴于道路矣。老者衣帛食肉，黎民不饥不寒，然而不王者，未之有也！"

今注

1 齐宣王：姓田，名辟疆。当时诸侯皆僭称王，宣王心慕齐桓晋文霸功，欲孟子为之述其详。

　　2　仲尼之徒：孟子受业子思之门人，承继儒家道统思想，重仁轻霸，故云"仲尼之徒无道桓文之事者。"

　　3　无以："以"，同已。犹言"必不得已"。

　　4　王：读旺。作动词用。《说文》："天下所归往也。"施行仁政，天下人民皆归往之也。

　　5　保民：有爱护意。《说文》："保，养也。"

　　6　御：止也。

　　7　胡龁：宣王左右之近臣。"龁"，音纥。

　　8　衅钟：赵注："新铸钟，杀牲以血涂其衅郄，因以祭之，曰衅。"

　　9　觳觫（觳，音胡。觫，音素）：恐惧貌。王夫之《孟子稗疏》："觳，后足。《说文》无觫字，当是悚字之讹。觳觫者，觳间悚悚然筋肉颤动，犹今言股栗也。"

　　10　若：有两解。一作"似乎"解。一作"语末助词"解。俞樾云："若，犹然也。"当于若字绝句，"吾不忍其觳觫然"，似亦可通。

　　11　与：同欤。

　　12　也：同邪，作"乎"字解。

　　13　有诸："诸"，作"之乎"二字合声。急言之曰"诸"，徐言之曰"之乎"。"有诸"，即有之乎。

　　14　爱：吝啬也。

　　15　不忍："忍"，残刻也。贾谊《新书·道术》篇："恻隐怜人谓之慈，反慈为忍。""不忍"，即慈也。

　　16　异：怪也。

　　17　隐：痛也。

　　18　择：分别也。

　　19　无伤：不妨害。

　　20　仁术：为仁之道也。朱注："盖杀既所不忍，衅钟又不可废，于此处之,则此心虽发而终不得施矣。然见牛,则此心已发而不可遏;未见羊,则此理未形而无妨,故以羊易牛。则二者得以两全而无害,此所以为仁之术也。"

21 远庖厨:"远",读去声,远离之也。"君子远庖厨",本《礼记·玉藻》文,孟子述之,故加有"是以"二字。(见翟灏《四书考异》)

22 说:同悦。

23 诗:《小雅·巧言》篇。

24 忖度:"忖",思度。"度",读铎,推测。

25 戚戚:心动貌。宣王闻孟子为之解说,恰如其意,故心有所感动。

26 此心之所以合于王者,何也:赵注:"寡人虽有是心,何能足以王也?"焦循《正义》:"合与洽义同。《说文·水部》云:洽,沾也。沾有足义,故赵氏以'足于王'解'合于王'。"合读为洽,义较通解相合为胜。

27 复:白也,告也。

28 百钧:三十斤为钧,"百钧",喻至重也。

29 秋毫之末:朱注:"毛至秋而末锐,小而难见也。"

30 许:信也。

31 功:恩惠也。

32 见保:有被爱护意。

33 形:状也。今言形态。

34 挟:夹持也。

35 超:跃而过也。

36 北海:即渤海。以其在齐国之北也。

37 折枝:有三说:一解为"折草木之枝"。一解为"幼辈为长者按摩"。一解为"磬折腰枝,鞠躬作礼"。"枝"同肢。按:

　　　　　　　　　　　　　　　孟子今注今译

三说皆通，似以"磬折腰枝，鞠躬作礼"之义为胜。

38 老吾老、幼吾幼："老吾老"，上"老"字，作动词解。赵注："犹敬也"，即以老事之也。"幼吾幼"，上"幼"字，亦作动词解。赵注："犹爱也。"即以幼畜之也。

39 运于掌：犹转运于手掌之上，言其易也。

40 诗：《大雅·思齐》篇。

41 刑：《说文》："刑，从井从刀，法也。"如典刑之刑。犹模范也。

42 寡妻：嫡妻。古君王谦辞，自称寡人。故称其妻，亦谦称寡妻。

43 御：读迓。进也，献也。又作"行"解，亦可。

44 斯心：指仁心。

45 加：犹施与也。

46 古之人：泛指古圣王，如尧、舜、禹、汤、文武。

47 大过人：即"大有为"义。

48 权：秤锤。秤物，恃以平衡轻重也。

49 度：丈尺。恃以量物之短长也。

50 心为甚："心"，指"心智"。今言智慧。"心为甚"谓以"智慧为第一"。

51 度之："度"，读铎。酌量之也。

52 抑：疑词。与今语"或许""也许"相当。

53 构：结也。

54 大欲：即最大之愿望。"欲"，贪念也。

55 王笑而不言：王志愿大而不敢正言。

56 为肥甘："为"，读去声，因也。"肥甘"，肥美之食肉。

57 轻煖：轻暖之衣表。

58 抑：转接连词，与今语"还是"相当。

59　便嬖："便"，音骈。近习宠幸之臣。

60　辟：开拓也。

61　朝：音潮。臣见君曰朝。此言使之来朝也。

62　莅：临也。引申有"君临""统治"之义。

63　抚：安抚也。

64　以若所为：朱注："若，如此也。所为，指兴兵结怨之事。"

65　缘：攀登。

66　殆有："殆"，似也。"有"，同又。

67　后必有灾：赵注："孟子言尽心战斗，后必有残民破国之灾。"

68　邹人与楚人战："邹"，是当时小国，在今山东省邹县。"楚"，是当时大国。

69　海内之地，方千里者九：《礼记·王制》："凡四海之内九州，州方千里。"九者，盖指当时齐、楚、燕、秦、韩、赵、魏、宋、中山等九国。

70　齐集有其一：朱注："言集合齐地，其方千里，是有天下九分之一也。"

71　盖亦反其本矣：赵注："当反王道之本也。""盖"，同盍。

72　惛：同昏。愚昧也。昏乱也。

73　不敏：速捷也。为迟钝之对。"不敏"，谦言己甚迟钝。

74　尝试："尝"，暂也。"试"，有行义。"尝试"，言虽未及全行，先暂行之。如饮食，未大歠，先以口尝之。

75　恒产：固定不变之产业。

76　恒心：永久不变之善心。

77　惟士为能："士"，学子也。今言学人。赵注："学士虽穷，不失道，不求苟得，凡民迫于饥寒，不能守其常善之心。"朱注："士尝学问，知礼义，故虽无常产而有常心，民则不能然矣。"

78　放辟邪侈："辟"，同僻。按："放""侈"二字义同，谓淫泆放荡。"辟""邪"二字义同，谓邪僻不正。

79　无不为已：犹言无所不为也。

80　罔民："罔"，同网。"罔民"，犹言网罗陷害，入民于罪也。

81　制民之产：计口授田，制定民之恒产也。

82　轻：易也。

83　赡：足也。

84　盍：可作"何不"解。

85　五亩之宅一节：与前第三章答梁惠王语同。按：儒家特重王政，一为"民生"，一为"教育"，故孟子重言之。

今译

齐宣王问道："齐桓晋文的霸业，可说给我听听吗？"孟子说："孔子的学生都没有说过桓文的事，所以后世都没有流传，臣也从来没有听说过。王如果一定要我说，只好说一说王天下的道理吧！"宣王说："要有怎样的德行，才可以王天下呢？"孟子说："保护百姓，就可以了，任何人皆抵挡不住的。"宣王说："像寡人这样子，能够保护百姓吗？"孟子说："可以。"宣王说："从哪里知道我可以保护百姓呢？"孟子说："曾听王的臣子胡龁说：有一天王坐在堂上，有个人牵着牛经过堂下。王见了，就问道：'牛牵到什么地方去？'牵牛的答道：'将要用它来衅钟。'王说：'放掉它吧，我不忍心看它那种恐惧发抖的样子，好像没有犯罪就送它到死地呢！'牵牛的答道：'那么就要废弃衅钟的仪式吗？'王说：'怎么可以废呢？用羊调换它吧！'不知道有这事吗？"宣王说："有的。"孟子说："这个仁心就足够王天下了，可是百姓都以为王很吝啬，臣早知道王是不忍呢！"宣王说："不错，确实有像百姓所疑惑的！齐国土地虽然狭小，我又何至于吝惜一头牛？就是不忍看它那种恐惧发抖的样子，好像没有犯罪就把它送到死地去！所以才用羊换掉它。"孟子说："王也不必奇怪百姓疑王太吝啬，你用小羊换大牛，百姓怎么知道是不忍？王若是深怜牛的无罪被送到死地，那么牛和羊又有什么分别呢？"王笑道："这是什么心理呢？我不是吝啬一头牛的费用才拿羊去换了它，照这样看，百姓说我吝啬，也是应该的。"孟子说："没有关系，这却是仁术啊！只是王见着牛没有见着羊的缘故。君子对于禽兽，见它的生，就不忍再见它的死；听它临死的哀鸣，就不忍再吃它的肉，所以君子必定把厨房隔离得远远的。"宣王高兴地说："《诗经》上说：'别人有什么心事，我可猜度出来。'正是说的夫子啊！我已经做了，可是追想起来，总是想不出它的道理，经夫子一提示，恰合我意，使我心怦怦地感动，究竟这心如何合于王天下的道理呀？"孟子说："有个人向王报告：'我的气力足够举起三千斤的重量，却不能拿起一根鸟毛；我的视力能见秋毫的末端，却看不见一大车的薪柴。'王能够相信他吗？"宣王说："当然不信。"孟子说："现在王的恩惠，足以加到禽兽身上，可是功德却不能施及百姓身上，这是什么缘故？拿不起一根鸟毛，只因他不肯用气力；看不见一车薪柴，只因他不肯用眼力；百姓不能被王保护，只因王不肯用恩惠啊！所以王不能王天下，只是不肯做，不是不能做。"宣王说："不肯做和不能做的情形，有什么不同？"孟子说："夹起泰山，跳过北海，对人说'我不能'，这确是不能；要对尊长行个鞠躬礼，对人说'我不能'，这是不肯做，并不是不能做。所以王之不能王天下，不是夹起泰山、跳过北海的一类；王之不能王天下，是对尊长行个鞠躬礼的一类。王只要先尊敬自己的父兄，然后推及尊敬别人的父兄；爱护自己的子弟，然后推及爱护别人的子弟，这样平治天下，如同转运小弹丸在手掌上了。《诗经》上说：'文王先做个好榜样给妻子看，再推及兄弟宗族间，再进到家族和邦国。'这是说把仁心推置到百姓身上罢了。所以，如果能够推行恩德，就可保有天下；如果做不到，连妻子也得不到保全。古代的圣王，之所以能够大大地超过常人，没有别的，只是将他的仁心推广到所做的事业上罢了！现在王的恩惠足够加到禽兽的身上，可是功德却不能施及百姓的身上，这又是什么缘故？用秤锤来称，才知道物体的轻重；用丈尺来量，才知道物体的长短；所有的东西都是如此，人心更是重要。请王细细度量一番。也许王还想发动战争，危害将士，结怨诸侯，然后心里才痛快吧？"宣王说："不是，我怎么会以这为痛快？不过我想要实现一个最大的愿望！"孟子说："王的最大的愿望，可以说给我听听吗？"王只是笑着不肯说。孟子说："王是为着肥美的食物，不够口腹享受吗？轻暖的衣裳，不够穿在身上吗？还是为了华丽的色彩，不够眼睛观赏吗？美妙的音乐，不够耳朵听闻吗？我想这些东西，王的君臣皆能够供应了，难道真为这些吗？"宣王说："不是，我哪里为这些！"孟子说："那么王的最大愿望，就可知道了：'是想开拓疆土，使秦楚来朝，君临天下，并且安抚四夷。'可是用这样的作为，追求这样的愿望，就像攀上树木去捕鱼一样了。"宣王说："会有这样厉害吗？"孟子说："怕要比这更厉害些。攀上树木去捕鱼，虽得不到鱼，也没有跟来的灾祸；像用这样的作为，追求这样的愿望，用尽心力地做，后患却不堪设想。"宣王说："这个缘由，能说给我听听吗？"孟子说："譬如邹国人和楚国人打仗，王以为哪国胜？"宣王说："楚国人胜利。"孟子说："小国本不可以敌大国，少数本不可以敌多数，形势弱的本不可以敌形势强的。四海之内，方圆千里的土地共有九份，齐国四面聚拢起来，只不过是九份中的一份；若用一份来征服那八份，和邹国抵抗楚国有什么分别呢？我想王还是该从王道的根本上着手。现在王如果发布善政，施行仁德，使天下做官的，皆想来王的朝廷里；种田的，皆想耕稼在王的原野里；商人皆想把货物藏在王的市场上；旅客皆想出入于王的道路上；天下有怨恨他国君的人，皆赶来向王诉述他们的痛苦。像这样，还有谁能阻止他们不来归服呢？"宣王说："我很昏乱，虽不能达到这个地步，希望夫子助成我的志向，明白地指导我，我虽不聪敏，请让我尝试一下。"孟子说："没有恒久的产业，还有恒久不变的善心，只有士人才能够这样。那些百姓，没有固定的产业，也就没有恒久不变的善心，如果没有恒久不变的善心，种种放荡邪僻的恶事就没有不做的。等到犯了罪才跟着处罚他，就等于预设罗网陷害百姓了。哪里有仁人在上位却做预设罗网陷害百姓的事呢？所以明君制定百姓的恒产，必使他们上足够侍奉父母，下足够养活妻儿；丰年可以终生吃得饱，荒年也能避免饿死。然后促使他们一心向善，所以百姓听从教化便容易了。现在所制定的恒产，使他们上不足以侍奉父母，下不足以养活妻儿；丰年还要一辈子吃苦，荒年更是免不了饿死逃亡。这样，他们只求免于一死，还怕力量不够，哪里有闲空研习理义呢？王真想实行仁政，就该回到王道的根本上：使百姓有五亩宽大的住宅，宅旁种桑养蚕，五十岁的老人，可以穿绸衣了；鸡豚狗彘的畜养，不要误失它们交配繁育的时间；七十岁的老人，日常可以吃肉了；再配给每家百亩的田，不要耽误他们耕种的时间，八口的家庭，就可以不受饥饿了。同时加强教育人民，反复用孝悌的道理教导他们，那么头发花白的老人就不至负戴在道路上奔走了。老年人穿绸吃肉，年轻人不受饥寒，像这样还不能王天下，是从来不会有的。"

章旨

此章言王政之要，必先保民。保民尤在扩充不忍之仁心，须为民制定恒产，加强学校教育。（盖儒家以治国平天下，在一颗善心，即不忍之仁心。由善心而施诸政，即王政也。其方法为能近取譬，其次序由亲及疏。能近取譬者，推己心而体察他人，即由不忍"一牛"及"一羊"，而至于百姓也。）

（八）庄暴章

庄暴[1]见孟子曰："暴见于王[2]，王语[3]暴以好乐，暴未有以对也。"曰："好乐何如？"孟子曰："王之好乐甚[4]，则齐国其庶几[5]乎！"他日，见于王，曰："王尝语庄子[6]以好乐，有诸？"王变乎色，曰："寡人非能好先王之乐也，直好世俗之乐耳！"曰："王之好乐甚，则齐其庶几乎！今之乐，由古之乐也[7]。"曰："可得闻与？"曰："独乐乐[8]，与人乐乐，孰乐？"曰："不若与人。"曰："与少乐乐，与众乐乐，孰乐？"曰："不若与众。""臣请为王言乐。今王鼓乐于此，百姓闻王钟鼓之声，管钥[9]之音，举疾首蹙頞[10]而相告曰：'吾王之好鼓乐，夫何使我至于此极[11]也！父子不相见，兄弟妻子离散。'今王田猎于此，百姓闻王车马之音，见羽旄[12]之美，举疾首蹙頞而相告曰：'吾王之好田猎：夫何使我至于此极也！父子不相见，兄弟妻子离散。'此无他，不与民同乐也。今王鼓乐[13]于此，百姓闻王钟鼓之声，管钥之音，举欣欣然有喜色而相告曰：'吾王庶几无疾病与！何以能鼓乐也？'今王田猎于此，百姓闻王车马之音，见羽旄之美，举欣欣然有喜色而相告曰：'吾王庶几无疾病与！何以能田猎也？'此无他，与民同乐也。今王与百姓同乐，则王矣！"

今注

1　庄暴：齐臣。

2　见于王：谓进见宣王。"见"，读现。

3　语：读去声，告也。

4　甚：深也，剧也。

5　庶几：近辞也。言近于治矣。

6　庄子：应为庄暴。阎若璩曰："庄暴，齐臣。君前臣名，礼也。庄子对孟子犹三称其名，而孟子于王前不一斥其名，曰'庄子'，此为记者之误。"

7　今之乐，由古之乐也：由，同犹，同也。言今乐同于古乐。朱注引范氏曰："战国之时，民穷财尽，人君独以南面之乐自奉其身，孟子切于救民，故因齐王之好乐开导其善心，深劝其与民同乐，而谓今乐犹古乐。其实今乐古乐何可同也，但与民同乐之意，则无古今之异耳。"

8　独乐乐：上"乐"，读悦；下"乐"，读洛。孰"乐"，亦读洛。下文"与少乐乐"，"与众乐乐"，读法皆同。

9　管钥：皆乐器。钥，音月。

10　疾首蹙頞："疾首"，头痛。"蹙頞"，皱缩鼻头。"頞"，鼻茎也。（见《说文》）

11　极：穷困。

12　羽旄："羽"，指五彩鸟羽。"旄"，亦作"牦"，旄牛尾。本是系于旗旒杆首之饰物。此处当引申为旌旗之代称。

13　鼓乐：犹言奏乐也。凡敲击弹奏，皆曰鼓。

今译

庄暴来见孟子说："暴去进见王，王对我说：他爱好音乐，我一时没有话回答他，请问：'王爱好音乐，究竟怎么样？'"孟子说："王如能爱好音乐到了极点，那么齐国大概可以平治了吧！"过了几天，孟子去见宣王，便问道："王曾对庄暴说过爱好音乐，有这回事吗？"王突然变了脸色说："寡人并不是爱好古代圣王的音乐，不过喜欢世俗流行的音乐罢了。"孟子说："王能爱好音乐到了极点，那齐国大概可以平治了吧！现在的音乐和古代的音乐都是一样啊！"宣王说："这个道理可以说给我听听吗？"孟子说："独自听音乐的快乐，比和别人共同听音乐的快乐，究竟哪一种快乐？"宣王说："不如和别人在一起。"孟子说："和少数人一同听音乐的快乐，比和多数人共同听音乐的快乐，究竟哪一种快乐？"宣王说："不如和多数人在一起。"孟子说："王既知道如此，臣愿和王谈谈音乐的道理。比如现在王在这里奏乐，百姓听见王的钟鼓之声，管乐之音，大家都头痛皱鼻，彼此互相告诉说：'我君王喜好奏乐，怎么使我们到了这样困穷的地步？父子不能见面，兄弟妻子又流离四方！'再比如，现在王在这里狩猎，百姓听到王的车马声音，看见旄旗的美丽，也都感到头痛皱鼻，彼此互相告诉说：'我君王喜欢打猎，怎么使我们到了这样的困穷地步？父子不能见面，兄弟妻子又流离四方。'这没有别的，只是不能和百姓同乐的缘故。假如现在王在这里奏乐，百姓听到王的钟鼓之声和那管钥之音，大家都非常高兴，彼此互相告诉说：'我君王大概没有病吧？不然，怎么能在这里奏乐呢？'再如现在王在这里打猎，百姓听到王的车马声音，看见旄旗的美丽，大家都非常高兴，彼此互相告诉说：'我君王大概没有病吧？不然，怎么能在这里打猎呢？'这没有别的，是因为能和百姓同乐的缘故。现在王如果施行仁政，和百姓同乐，自然就可王天下了。"

章旨

此章孟子借齐王之好乐，导其善心，以劝其发政行仁，与民同乐。

（九）文王章

齐宣王问曰："文王之囿[1]，方七十里，有诸？"孟子对曰："于传[2]有之。"曰："若是其大乎？"曰："民犹以为小也。"曰："寡人之囿，方四十里；民犹以为大，何也？"曰："文王之囿，方七十里，刍荛者[3]往焉，雉兔者[4]往焉；与民同之。民以为小，不亦宜乎！臣始至于境，问国之大禁[5]，然后敢入。臣闻郊关[6]之内，有囿方四十里；杀其麋鹿者，如杀人之罪。则是方四十里为阱[7]于国中。民以为大，不亦宜乎？"

今注

1　囿：苑也。畜养禽兽之所。

2　传：记载古事之典籍。

3　刍荛者：即刈草薪之人。"刍"，草也。"荛"，薪也。（刍，音除。荛，音饶。）

4　雉兔者：即猎雉兔之人。

5　大禁：最大之禁忌。《礼记·曲礼》："入竟而问禁。"盖初至他国，恐不知禁讳而触犯之，故于事先访问清楚，"竟"同境。

6　郊关：朱注："国外百里为郊，郊外有关。"《尔雅注疏》引《白虎通义》云："远郊百里，近郊五十里。"盖孟子所云：自属远郊。

7　阱：掩取猛兽之坑穴。

今译

齐宣王问道："文王的苑囿，周围有七十里吗？"孟子答道："古书上有这样的记载。"宣王说："那里有这么大吗？"孟子说："百姓还认为太小呢！"宣王说："寡人的苑囿，周围不过四十里，百姓还认为太大，是什么缘故？"孟子说："文王的苑囿，周围七十里，砍柴割草的人可以去，打野鸡捉兔子的人也可以去，这个苑囿，是同百姓共同享有的。百姓认为太小，不是应该的吗？臣初到齐国的边界，首先要问齐国的最大禁令，然后才敢入境。当时，臣听说郊关之内，有周围四十里的苑囿，若是打死了苑囿里的麋鹿，就同犯了杀人罪一样。像这样的苑囿，岂不是等于在国中设一个陷阱吗？百姓认为太大，不也是应该的吗？"

章旨

此章孟子借齐王问苑囿，告其"与民同享"之旨。能与民同享，虽小亦大。

（十）交邻章

齐宣王问曰："交邻国有道乎？"孟子对曰："有。惟仁者为能以大事小；是故汤事葛[1]，文王事昆夷[2]。惟智者为能以小事大；故太王[3]事獯鬻[4]，句践事吴[5]。以大事小者，乐天[6]者也；以小事大者，畏天[7]者也。乐天者，保天下；畏天者，保其国。诗[8]云：'畏天之威，于时[9]保之。'"王曰："大哉言矣！寡人有疾：寡人好勇。"对曰："王请无好小勇[10]。夫抚剑疾视，曰：'彼恶[11]敢当我哉？'此匹夫之勇，敌一人者也。王请大之[12]！诗[13]云：'王赫[14]斯怒，爰整其旅[15]，以遏徂莒[16]，以笃周祜[17]，以对[18]于天下。'此文王之勇也。文王一怒而安天下之民。书[19]曰：'天降下民，作之君，作之师[20]，惟曰其助上帝，宠之四方，有罪无罪惟我在[21]。天下曷敢有越厥志[22]。'一人衡行[23]于天下，武王耻之。此武王之勇也。而武王亦一怒而安天下之民。今王亦一怒而安天下之民，民惟恐王之不好勇也。"

今注

1　汤事葛：事见《滕文公篇》。

2　昆夷：又名混夷，西戎国名。

3　太王："太"，通大。周太王，公刘九世孙，文王之祖父古公亶父也。

4　獯鬻：古北狄名。尧时称荤粥，周称猃狁，秦称匈奴，《史记》作熏育。《周本纪》：古公亶父复修后稷、公刘之业，积德行义，国人皆戴之。熏育，戎狄攻之，欲得财物，予之。已，复攻，欲得地与民，民怒，欲战。古公不忍斗其民也，弗许，遂与私属亡走岐下。

5　句践事吴：句践，越王名。周敬王二十六年（西纪前四九四年），吴败越师于夫椒，句践以余兵五千人，保栖于会稽。吴王夫差追而围之，句践力屈求和，卑事夫差，宦士三百人于吴，其身亲为夫差前马。后得归，生聚教训，卒于周元王三年（西纪前四七三年）灭吴。

6　乐天：乐行天道也。按：儒家通天人之学，以天道好生恶杀，故大国不恃强力侵略弱小，正以乐行天道为职志也。

7　畏天：敬畏天道也。按：儒家又以宇宙公例，当以小事大，弱畏强，故小国自度德量力以事大国，正行敬畏天道之法则也。

8　诗：《周颂·我将》篇。

9　于时：即于是。"时"，与是通。

10　小勇：即血气之勇。

11　恶：何也。

12　王请大之三句：谓请王好大勇。大勇，即义理之勇。唯义理之勇，乃能除暴于民以安天下。

13　诗：《大雅·皇矣》篇。

14　赫：即赫然，震怒貌。

15　爰整其旅："爰"，于是。"旅"，师众。

16　以遏徂莒："遏"，止。"徂"，往。"莒"，与旅同。赵注："言文王赫然斯怒，于是整其师旅，以遏止往伐莒者，以笃国家之福。"

17　以笃周祜："笃"，增厚。"祜"，福。

18　对：答也。以答谢天下仰望之心也。

19　书：伪《古文尚书·周书·泰誓》之篇。引文与今古文《泰誓》篇稍异。

20　作之君，作之师："之"，犹其也。言"立其君""立其师"。

21　惟我在："我"，指君师。"在"，察也。

22　越厥志："越"，纵逸也。"越厥志"，指叛逆抗命之事。"厥"，其也。

23　一人衡行："一人"，犹言独夫，指纣。"衡"，通横。言纣横行不法也。

今译

齐宣王问道:"结交邻国,有什么好方法?"孟子答道:"有。只有那仁德、爱好和平的国君,才可以用大国侍奉小国,所以商汤侍奉葛伯,文王侍奉昆夷。只有那英明智慧高的国君,才可以用小国去侍奉大国,所以太王侍奉獯鬻,句践侍奉吴国。用大国侍奉小国,是不愿欺凌弱者而乐天道的;用小国去侍奉大国,是不肯冒犯强者而畏天命的。凡能乐天道的,可以保有天下;畏天命的,可以保有邦国。《诗经》上说:'敬畏上天的威严,于是保守住这天位!'"宣王说:"好伟大啊,先生所说的话!不过寡人有个毛病,寡人只是好武勇。"孟子说:"请王不要好小勇,像那按着宝剑,怒目而视地说:'哪个敢抵敌我呢?'这是匹夫的勇,只能对敌一个人。请王学那大勇。《诗经》上说:'文王赫然震怒,于是整顿师旅,去阻止那往犯邻境的敌人,借以增厚周家的福祚,来答谢天下百姓的期望。'这就是文王的大勇。文王一奋发,就能安定天下的百姓。《周书》上说:'天降生在下的百姓,替他们立了君,又替他们立了师。'天意不过这样说:'要这做君师的,协助上帝教养百姓,所以光宠他,给他崇高的地位,使四方都受他治理。'因此,负责地说:'你们无论有没有罪,皆由我禀奉天命来考察和处置。天下哪有还敢为了他的私欲想叛乱的呢?'所以独夫纣横行无道,残虐天下的百姓,武王深以为耻,这是武王的大勇。武王也一奋发,就能安定天下的百姓。现在王也像这样一奋发,就能安定天下的百姓,百姓只怕王不好武勇呢!"

章旨

此章论交邻之道,当以仁智睦邻,养其大勇而安天下。

(十一)雪宫章

齐宣王见孟子于雪宫[1],王曰:"贤者亦有此乐乎?"孟子对曰:

“有。人不得，则非² 其上矣！不得而非其上者，非也；为民上而不与民同乐者，亦非也。乐民之乐者，民亦乐其乐；忧民之忧者，民亦忧其忧。乐以天下³，忧以天下，然而不王者，未之有也！昔者，齐景公⁴ 问于晏子⁵ 曰：‘吾欲观于转附朝儛⁶，遵海而南，放⁷ 于琅邪⁸。吾何修⁹ 而可以比于先王观也。’晏子对曰：‘善哉，问也！天子适诸侯曰巡狩；巡狩¹⁰ 者，巡所守。诸侯朝于天子曰述职¹¹；述职者，述所职也。无非事者¹²：春省¹³ 耕而补不足，秋省敛¹⁴ 而助不给¹⁵。夏谚¹⁶ 曰："吾王不游，吾何以休！吾王不豫¹⁷，吾何以助！一游一豫，为诸侯度¹⁸。"今也不然。师¹⁹ 行而粮食，饥者弗食，劳者弗息，睊睊²⁰ 胥谗²¹，民乃作慝²²。方命²³ 虐民，饮食若流；流连荒亡，为诸侯忧。从流下而忘反谓之流²⁴；从流上而忘反谓之连²⁵；从兽无厌谓之荒²⁶；乐酒无厌谓之亡²⁷。先王无流连之乐，荒亡之行。惟君所行也。’景公悦，大戒²⁸ 于国，出舍于郊，于是始兴发²⁹，补不足。召太师，曰：‘为我作君臣相说之乐。’盖徵招角招³⁰ 是也。其诗曰：‘畜君何尤³¹！’畜君者，好君也。”

今注

1　雪宫：齐离宫名。故址在今山东省临淄县东北六里。

2　非：怨谤。

3　乐以天下："以"，由也。言人君之乐由于天下百姓皆乐也。

4　齐景公：名杵臼，齐之先君也。

5　晏子：名婴，字平仲，为景公相。

6　转附朝儛：皆山名。"转附"，即芝罘山。在今山东福山县东北芝罘岛。"朝儛"，即成山。在今山东荣成县东北海滨之成山角。

7　放：至也。

8　琅邪：齐东南境上邑，在今山东诸城县东南海滨。

9　何修：如何整备也。

10　巡狩：即巡守。谓天子巡行诸国也。

11　述职："述"，陈也。谓诸侯陈述己之所守职也。

12　无非事者：朱注："皆无有无事而空行者。"

13　省：视察也。

14　敛：收获。

15　给：足也。

16　夏谚：夏朝之俗语。

17　豫：亦游也。

18　度：法也。

19　师：众也。古以二千五百家为师，《春秋传》曰："君行师从。"

20　睊睊：侧目怒视貌。

21　胥谗："胥"，相也。"谗"，毁也。

22　慝：读忒音。奸恶也。

23　方命：朱注："方，逆也。命，王命也。"赵注："方犹放也。放弃不用先王之命。"

24　流：放荡也。

25　连：人引车而行也。逆水行舟，必用徒役引之，如挽车然，故其名曰连。

26　荒：废乱也。

27　亡：丧也。

28　大戒："戒"，备也。焦循曰："大修戒备，谓预备补助之事。即《晏子春秋》所谓'命吏计公掌之粟，籍长幼贫氓之数'是也。"

29　兴发：发放仓廪之粟也。

30　徵招角招："徵"，读指。"招"，读韶。二乐名，盖太师承命所作。

31　畜君何尤："畜"与慉同。好也。"畜君"，即好君，亦即爱君，"尤"，过也。

今译

　　齐宣王在雪宫里接见孟子。王说："贤君也有这种享乐吗？"孟子答道："有的，贤君必能和百姓同享，如不能和百姓同享，就有非议他们的君长了。不得同享快乐，便非议其上的人，固然不对，但做了百姓的君长，却不能和百姓同乐的人，也是不对啊。能乐百姓所乐的，百姓也就以你之乐为乐了！能忧百姓所忧的，百姓也就以你之忧为忧了！你的快乐，以天下百姓的快乐为快乐；你的忧愁，以天下百姓的忧愁为忧愁。你的忧乐皆关系天下，这样还不能称王天下，是从来没有的事啊！从前，齐景公问晏子道：'我想去游观转附和朝儛两座名山，然后再沿着海滨向南行，一直到了东南边最秀丽的琅邪山。我要怎样准备才可比得上古圣王游观之乐呢？'晏子答道：'君问得好呀！天子到诸侯国去，叫作"巡狩"，巡狩的作用是视察诸侯所守的土地。诸侯朝见天子，叫作"述职"，述职的意思是陈述自己所应尽的职责。他们的一来一往，都是为着正大之事的。同时，天子在春天视察百姓的耕种，补足他们所缺少的；在秋天视察百姓的收获，帮助他们粮食不足的。所以在夏朝时的谚语说："我王如不出游，我们怎能得到慰勉和休息呢？我王如不视察，我们又怎能得到救济和快乐呢？他们每次出游、每次视察，都是为诸侯们做模范！"现在便不同了：大国的君王出游，便有许多的随从，每到一处，都吃光了百姓的粮食，害得百姓饿肚子，劳苦士卒不得休息；官吏们皆怒目相视，互相毁谤，百姓也随着做坏事。他们违背了古先王的教令，肆意地虐待百姓；放纵狂饮，像流水般没有止境；不但流连，又是荒亡，成为小诸侯的忧患。什么叫"流连荒亡"？骄淫的君上，放船顺流而下，乐而忘返，这叫作"流"；使百姓牵舟逆水而上，乐而忘返，这叫作"连"；追逐禽兽，没有满足时，以致荒废政事，这叫作"荒"；喜欢狂饮，没有止足时，以致国家丧亡，这叫作"亡"。古代的圣王却没有流连的逸乐，荒亡的淫行。古今的两种作为，就看我君怎样选择去行了！'景公听了这忠言高兴极了，立刻昭示全国，积极地做准备，自己住到郊外，表示体念百姓的困苦！因此开放仓廪，散发积谷，补助百姓的贫乏，又召见大乐师，说：'替我作一章君臣相悦的歌曲。'这歌曲，就是一直流传下来的《徵招》和《角招》。这里面有一句：'爱好君王有什么罪！'爱好君王的，正是爱好君王的善行啊！"

章旨

此章明告宣王当与民同其忧乐，不可作慢游之乐，四溢之行。（流、连、荒、亡，皆暴君之溢行。）

（十二）明堂章

齐宣王问曰："人皆谓我毁明堂[1]，毁诸？已[2]乎？"孟子对曰："夫明堂者，王者之堂也；王欲行王政，则勿毁之矣！"王曰："王政可得闻与？"对曰："昔者，文王之治岐[3]也，耕者九一[4]，仕者世禄[5]，关市讥而不征[6]，泽梁无禁[7]，罪人不孥[8]。老而无妻曰鳏，老而无夫曰寡，老而无子曰独，幼而无父曰孤：此四者，天下之穷民而无告[9]者。文王发政施仁，必先斯四者。诗[10]云：'哿[11]矣富人，哀此茕独[12]！'"王曰："善哉言乎！"曰："王如善之，则何为不行？"王曰："寡人有疾：寡人好货[13]。"对曰："昔者公刘[14]好货。诗[15]云：'乃积[16]乃仓，乃裹糇粮[17]，于橐于囊[18]，思戢[19]用光；弓矢斯张，干戈戚扬[20]，爰方启行[21]。'故居者有积仓，行者有裹囊也，然后可以爰方启行。王如好货，与百姓同之，于王何有[22]！"王曰："寡人有疾，寡人好色。"对曰："昔者太王好色，爱厥妃。诗[23]云：'古公亶父[24]，来朝走马[25]，率西水浒[26]，至于岐下。爰及姜女[27]，聿来胥宇[28]。'当是时也，内无怨女[29]，外无旷夫[30]。王如好色，与百姓同之，于王何有！[31]"

今注

1 明堂：郑注：“明政教之堂也。”赵注：“泰山下明堂，本周天子东巡狩朝诸侯处，齐侵地而得有之。”朱注：“人欲毁之者，盖以天子不复巡狩，诸侯又不当居之也。”

2 已：止也。

3 岐：即岐周，在今陕西岐山县东北。《史记·周本纪》云：公季卒，子昌立，是为西伯，自岐下而徙都丰。明年，西伯卒。孟子以文王治丰未久，故以为治岐。

4 耕者九一：朱注：“九一者，井田之制也。方一里为一井，其田九百亩；中画井字，界为九区，一区之中，为田百亩，中百亩为公田，外八百亩为私田；八家各受私田百亩，而同养公田：是九分而税其一也。”

5 仕者世禄：谓仕者子孙世食其采地。“世”，世世代代也。“采地”，古之封邑。

6 关市讥而不征：“讥”，察也。朱注：“关市之吏，察异服异音之人，而不征商贾之税也。”

7 泽梁无禁：“泽”，水所汇之处也。“梁”，堰水为关孔以捕鱼之处也。“无禁”，不设禁令，与民同利也。

8 不孥：谓罪上其身，不及妻子。“孥”，妻子。

9 无告：无处申诉苦痛。

10 诗：《小雅·正月》之篇。

11 哿：可也。亦善也。

12 茕独：无兄弟曰茕。无子曰独。“茕”，亦作惸（茕，音琼）。

13 货：财货。

14 公刘：周之始祖，后稷曾孙。后稷，初封邰（在今陕西武功县西南），夏之始衰，稷子不窋失官，奔夷狄，再传至公刘，复修后稷之业，迁于豳（今陕西栒邑县西），周室之兴自此始。

15　诗：《大雅·公刘》篇。

16　积：露积也。

17　糇粮：干粮也。糇，音侯。

18　橐、囊：皆所以盛糇粮也。《说文》："有底曰橐，无底曰囊。"橐，音陀。

19　戢：诗作辑，古通用。朱注："安集也。"思戢用光，言思安集其人民，光大其基业也。

20　干戈戚扬："干"，盾。"戈"，钩矛戟。"戚"，斧。"扬"，钺，即大斧。

21　爰方启行："爰"，语首助词。犹云"于是"。"启"，开也。"启行"，犹言开路。

22　何有：谓何难之有。

23　诗：《大雅·绵》之篇。

24　古公亶父："古公"，太王之本号，后追尊为太王。名亶父，或曰字也。按焦循《正义》曰："古犹昔也，当谓古昔公亶父。公亶父三字称号，犹公刘公非公祖类，加公于名上而已。"今不从。

25　来朝走马："来朝"，翌晨也。"走马"，跃马疾驰也。

26　率西水浒："率"，循。"浒"，水之涯。

27　姜女：太王之妃，太姜也。

28　聿来胥宇："聿"，自也，同也。"胥"，相也。"宇"，居也。谓太王与太姜同来勘察可居之土地也。

29　怨女：无夫之女。

30　旷夫：无妻之男。"旷"，空也。

31　王如好色，与百姓同之，于王何有：赵注："言夫子恂恂然善诱人，诱人以进于善。孟子推以公刘大王，所谓'责难于君谓之恭'者也。"朱注："夫好勇好货好色之心，皆天理之所有，而人情所不能无者。然天理人欲同行异情，循理而公于天下者，圣人之所以尽其性也。纵欲而私于一己者，众人之所以灭其天也。二者之间不能以发，而其是非得失之归，相去远矣。故孟子因时君之问，而剖析于几微之际，皆所以遏人欲而存天理。其法似疏而实密，其事似易而实难，学者以身体之，则有识其非曲学阿世之言，而知所以克己复礼之端矣。"

今译

齐宣王问道："人皆建议我拆去明堂，拆还是不拆呢？"孟子答道："这个明堂原来是天子东巡狩时朝会诸侯的堂，王如果要施行王政，就不必拆它。"宣王说："王政可说给我听听吗？"孟子答道："从前文王治理岐邑，施行井田制度，只取农民九分之一的田赋，做官的，子孙世代可继承俸禄；主管关卡和市场的官吏，只查察匪类，却不收捐税；蓄水养鱼和设置鱼梁捕鱼的人，都不禁止；犯罪的人，只处罚自身，不连累妻子。年老没有妻子，叫作鳏；年老没有丈夫的，叫作寡；年老没有儿子的，叫作独；年幼没有父亲，叫作孤。这四种人都是天下最穷困的百姓，没有地方可诉苦的。所以文王发布政令，施行仁政，必定先注意这四种人。《诗经》上说：'有钱的人都过得很好，最可怜的，还是这些孤独无依的人！'"宣王说："好啊！你说的有道理。"孟子说："大王如果真的认为我的话有道理，为什么不去实行呢？"宣王说："寡人有个毛病，寡人喜欢货财。"孟子答道："从前公刘也喜欢货财，《诗经》说他：'把米谷储藏在仓库里，装不完的就堆积在露天里。把干粮包裹在橐囊里，一心要把百姓安顿好，借此光大他开创的基业。大家都把箭张在弓弦上，并拿着干戈戚扬各种武器，于是开路向豳地进发。'所以留居的有露天堆集的稻禾，充实储满的仓谷；出行的也都有橐囊装的干粮，然后才可以'开路向豳地进发'。王如喜欢财货，也和公刘能与百姓同好，做到王天下，有什么困难呢？"宣王说："寡人还有个毛病，寡人喜好女色。"孟子答道："从前周太王也喜欢女色，爱他的妃子。《诗经》上说：'太王古公亶父想避开北狄的侵扰，前一天夜晚准备好，第二天清早就驰马急行，沿着西河的边界，一直到岐山脚下。于是和妃子姜氏下马，察看可住的地方。'在这个时候，既没有不嫁的怨女，也没有不娶的旷夫。王如果爱好女色，也学太王使百姓都能及时婚娶，对于王天下，又有什么困难呢？"

章旨

此章孟子言明堂不可毁，并劝导宣王施行王政，虽好货好色，唯与民同之，王天下亦易也。

（十三）王立章

孟子谓齐宣王曰："王之臣，有托其妻子于其友而之楚[1]游者；比[2]其反也，则冻馁[3]其妻子，则[4]如之何？"王曰："弃之[5]。"曰："士师[6]不能治士，则如之何？"王曰："已之[7]。"曰："四境之内不治，则如之何？"王顾[8]左右而言他。

今注

1　楚：国名。又称荆楚。周成王封熊绎于楚，都丹阳（今湖北秭归县东）。后徙都郢（今湖北江陵县）。春秋时称王，战国时为七雄之一。奄有今湘、鄂、皖、江、浙诸省地。为当时南方之大国。

2　比：读庇音，及也。

3　馁：本作餧，饥饿也。

4　则：训"其"。又训"将"。

5　弃之：古作"弃"，绝也。赵注："言当弃之，绝友道也。"

6　士师：狱官。如今之法官，其属下有乡士、遂士，皆当治之。

7　已之：谓罢免其官也。"已"，罢退也。

8　顾：《说文》："顾，还视也。"

孟子对齐宣王说:"比如王有个臣子,将妻儿寄托在朋友家里,自己就去楚国游历一趟。等到回来,才知道他的妻儿受冻挨饿,这该怎么办?"宣王说:"和他绝交。"孟子说:"假使做士师的,不能管束自己部下的乡士和遂士,这该怎么办?"宣王说:"罢免他。"孟子说:"假如王之四境,治理全不合乎理想,这该怎么办?"宣王听了,觉得不好回答,就左顾右盼地去谈别的事。

章旨

此章孟子特设喻问难宣王,借明君臣上下应各勤所职,方能有为。

(十四)故国章

孟子见齐宣王曰:"所谓故国[1]者,非谓有乔木[2]之谓也,有世臣[3]之谓也。王无亲臣[4]矣!昔者[5]所进,今日不知其亡也。"王曰:"吾何以识其不才而舍之[6]?"曰:"国君进贤,如不得已[7],将使卑逾尊,疏逾戚。可不慎与[8]!左右皆曰'贤',未可也;诸大夫皆曰'贤',未可也;国人皆曰'贤',然后察之[9];见贤焉,然后用之。左右皆曰'不可',勿听;诸大夫皆曰'不可',勿听;国人皆曰'不可',然后察之;见不可焉,然后去之。左右皆曰'可杀',勿听;诸大夫皆曰'可杀',勿听;国人皆曰'可杀',然后察之;见可杀焉,然后杀之。故曰'国人杀之'也。如此,然后可以为民父母。"

今注

1 故国:传世久远之旧国。

2 乔木:谓年代久远之高大树木。

3 世臣:谓累世勋旧之臣。

4 亲臣:谓君所亲信之臣。

5　昔者：昨日。

6　吾何以识其不才而舍之："识"，知。朱注："王意以为此亡去者，皆不才之人，我初不知而误用之，故今不以其去为意耳。"

7　如不得已：言慎之至也。

8　可不慎与：朱注："盖尊尊亲亲，礼之常也；然或尊者亲者未必贤，则必进疏远之贤而用之，是使卑者逾尊，疏者逾戚，非礼之常，故不可不慎也。"

9　然后察之：朱注："左右近臣，固未可信；诸大夫之言，宜可信矣；然犹恐其蔽于私也。至于国人，则其论公矣；然犹必察之者，盖人有同俗而为众所悦者，亦有特立而为俗所憎者，故必自察之。"

今译

孟子见齐宣王说："所谓历史悠久的国家，不是说它有高大的林木，而是说它有累世功勋的大臣。现在王不但没有这种大臣，连亲信之臣也没有。前日所引进的人，今天不知他逃到哪里去了。"宣王说："这些人都没有用，我预先怎么知道他们没有才干就舍弃他们呢？"孟子说："国君引用贤人，如果万不得已，将使位卑的超过位尊的；关系疏远的超过亲近的；怎么能不慎重呢？假如左右近臣都说他贤，不可轻信；就是朝廷全体的大夫都说他贤，也是不可信；必待全国的人都说他贤，然后再亲自考察，看他确是贤能，这才任用他。又如左右近臣都说他不能用，不可轻信；就是朝廷全体的大夫都说他不能用，也不可相信；必待全国的人都说他不能用，然后再亲自考察，看他真是不可用，才能罢免他。至于用刑，更是要如此谨慎。假如左右近臣都说他该杀，不可轻信；就是朝廷全体的大夫都说他该杀，也不可相信；必待全国的人都说他罪不可赦，然后再亲自考察，看他确是死罪，才能杀他，并且申明：'全国的人都要杀他啊！'这样做，然后才能做人民的父母。"

此章明告宣王，进贤退不肖，以及用刑，均须特别谨慎，以示大公而无偏私之情。

（十五）汤放章

齐宣王问曰："汤放桀[1]，武王伐纣[2]，有诸？"孟子对曰："于传有之。"曰："臣弑其君，可乎？"曰："贼[3]仁者谓之贼，贼义者谓之残[4]；残贼之人，谓之一夫[5]。闻诛一夫纣矣[6]，未闻弑君也[7]。"

今注

1　汤放桀："放"，逐也。伪《古文尚书·仲虺之诰》："成汤放桀于南巢（在今安徽巢县东北五里）。"

2　武王伐纣：《史记·周本纪》：武王伐纣，纣登鹿台之上，自燔于火而死。武王以黄钺斩纣头，县（同悬）以太白之旗。

3　贼：害也。

4　残：伤也。朱注："害仁者，凶暴淫虐，灭绝天理，故谓之贼。害义者，颠倒错乱，伤败彝伦，故谓之残。"

5　一夫：犹独夫。《书·泰誓》："独夫纣。"言其众叛亲离，形同独夫也。

6　闻诛一夫纣：桀纣皆是暴君，举纣即见桀，盖单见双法也。

7　未闻弑君也：汤武皆至仁之主，吊民伐罪，故曰："未闻弑君也。"

今译

齐宣王问孟子道："成汤放逐夏桀，武王讨伐商纣，有这回事吗？"孟子答道："古书上有这种记载。"宣王说："桀纣是君，汤武是臣，做臣子杀死君上，是可以的吗？"孟子说："毁灭仁的，叫作贼；伤害义的，叫作残。这样的人，没有一人帮助他，就叫作独夫。我只听说武王诛杀独夫纣，没有听说武王弑君。"

章旨

此章孟子明告宣王，桀纣暴虐，残民以逞；汤武行仁，吊民伐罪。

（十六）巨室章

孟子见齐宣王曰："为巨室¹，则必使工师²求大木；工师得大木，则王喜，以为能胜其任³也。匠人斫⁴而小之，则王怒，以为不胜其任矣。夫人幼而学之，壮而欲行⁵之，王曰：'姑舍女所学而从我⁶。'则何如？今有璞玉⁷于此，虽万镒⁸，必使玉人⁹雕琢之。至于治国家，则曰：'姑舍女所学而从我，'则何以异于教¹⁰玉人雕琢玉哉？"

今注

1 巨室：大宫也。

2 工师：主匠人之吏。如今之工程师。

3 胜其任："胜"，读平声，堪也。"胜其任"，犹称其职也。

4 匠人斫：众工匠也。"斫"，音卓。

5 幼而学之，壮而欲行：谓少时所习治国之道，壮而欲实行之也。

6 姑舍女所学而从我："姑"，暂也。"女"，同汝。谓暂舍弃汝所习治国之道，而实行我（人君）之所教也。

7 璞玉：玉之未雕琢也。

8 镒：黄金二十两也。

9 玉人：治玉之工匠也。

10 教：令也。

今译

孟子见齐宣王说:"譬如建筑大的宫室,必定叫工程师去找大的木材;工程师找到大的木材,王便高兴,认为他称职。后来工人把木材削小了,王便发脾气,认为他不称职了。一个人从小学习治国的大道理,到了壮年入仕,就想实现他所学的,王偏向他说:'暂且放弃你所学的,照我的办法做。'这行得通吗?如同现在有一块璞玉,虽价值黄金二十万两,王必使玉工去雕刻它。治理国家是同样的道理,反说:'放弃你所学的,照我的办法做。'那又和令玉工怎样雕刻玉石,有什么分别呢?"

章旨

此章孟子设喻告宣王,说明治国之道,当任贤使能,使各尽其才,不可一意孤行。

(十七)伐燕章

齐人伐燕[1],胜之。宣王问曰:"或谓寡人勿取[2],或谓寡人取之;以万乘之国,伐万乘之国,五旬[3]而举之,人力不至于此;不取,必有天殃。取之,何如?"孟子对曰:"取之而燕民悦,则取之:古之人有行之者,武王[4]是也。取之而燕民不悦,则勿取:古之人有行之者,文王[5]是也。以万乘之国伐万乘之国,箪食壶浆[6],以迎王师:岂有他哉?避水火也。如水益深,如火益热,亦运[7]而已矣!"

今注

1 燕:国名。都蓟(在河北蓟县)。略有今河北、辽宁及朝鲜北部地。《史记·燕召公世家》:燕王哙让国于其相子之,而国大乱,齐愍王因令章子伐之。燕士卒不战,城门不闭,遂大胜燕。按:宣王应为愍王。下同。

2　取：取为己有。

3　五旬：十日曰旬。"五旬"，五十日也。

4　武王：赵注："武王伐纣而殷民悦，筐厥玄黄而来迎之，是以取之也。"

5　文王：商纣之时，文王三分天下有其二，以三仁尚在，乐师未奔，取之惧殷民不悦，故未取之。在武王十三年，乃伐纣有天下。"三仁"：微子、箕子、比干也。

6　箪食壶浆：谓百姓以筐盛饭，以壶装汤，犒迎王师。

7　运：朱注："运，转也。言齐若更为暴虐，则民将转而望救于他人矣。"

今译

齐国人攻伐燕国，把燕国打败了。齐宣王问孟子道："寡人打了胜仗，有人叫我不要取它的土地，有人叫我取它的土地。以我出兵车万乘的齐国，攻伐也能出兵万乘的燕国，五十天就把它打败了，以人力实在不能有这样快！如果不取，必有天祸，取了它，怎么样？"孟子答道："取了它，如果燕国的百姓欢喜，就可取；古时的人有这样做过，武王伐纣便是。取了它，如果燕国的百姓不欢喜，就不可取。古时的人有这样做过，文王不伐纣便是。用万乘兵车的国家，去攻伐万乘兵车的国家，百姓将自动地拿着盛满饭菜的篮子，提着装满酒浆的水壶，欢迎王的军队，难道有别的意思吗？不过要躲避水深火热的暴政。如果水淹得更深，火烧得更热，百姓只有转望别人来拯救他们了。"

章旨

此章论征伐之道，当以民心向背为依归。

（十八）救燕章

齐人伐燕，取之，诸侯将谋[1]救燕。宣王曰："诸侯多谋伐寡人者，何以待²之？"孟子对曰："臣闻七十里为政于天下者，汤是也；未闻以千里畏人者也！书³曰：'汤一征，自葛始⁴；天下信之。东面而征西夷怨，南面而征北狄怨，曰："奚为后我！"民望之，若大旱之望云霓也！'归市者不止，耕者不变，诛其君而吊其民，若时雨⁵降，民大悦。书曰：'徯我后⁶，后来其苏⁷！'今燕虐其民，王往而征之；民以为将拯己于水火之中也，箪食壶浆，以迎王师。若杀其父兄，系累⁸其子弟，毁其宗庙，迁其重器⁹，如之何其可也！天下固¹⁰畏齐之强也；今又倍地¹¹而不行仁政，是动天下之兵也。王速出令，反其旄倪¹²，止其重器，谋于燕众，置君而后去之，则犹可及止也。"

今注

1　谋：计议，筹度。

2　待：犹御也。

3　书：本章两引《书》，皆为伪《古文尚书·商书·仲虺之诰》逸文，与今《尚书》文小异。

4　汤一征，自葛始："一征"，初征也。"葛"，国名。事详《滕文公篇》。

5　时雨：及时之雨也。

6　徯我后："徯"，待也。"后"，君也。

7　后来其苏："苏"，复生。朱注："他国之民，皆以汤为我君，而待其来，使己得苏息也。"

8　系累：挚缚也。

9　重器：宝珍之物。

10　固：同故。本然之词。

11　倍地：并燕而增一倍之地。

12　旄倪："旄"，本作耄，老也。"倪"，弱小之称。即小儿也。

今译

　　齐国人攻伐燕国，乘势就取了燕国，各国诸侯都反对，商议要出兵救燕国，宣王知道后，又来对付孟子说："诸侯多在计划着要来伐寡人，我怎样去对付他们呢？"孟子答道："臣听说，只要有七十里的土地，就可以统一天下，商汤便是；还没有听说过千里之地的国家，却怕人来攻打自己的。"《书经》上说："商汤第一次出征，从葛国开始，天下的人都相信他。汤向东面征伐，西夷就抱怨；向南面去征伐，北狄就抱怨；大家都说：'为什么把我们放在后面？'百姓盼望汤来拯救，就如同大旱时盼望云霓一样。他的队伍所到的地方，做买卖的百姓照常，并不停止；耕田的人，仍照常工作。汤只杀他们的暴君而抚慰那些百姓，好比及时雨从天上降下一样，百姓非常欢迎，《书经》上记载他们的话说：'天天等待我的君，我君来了，我们就脱离痛苦而复活了。'现在燕王虐待他们的百姓，王去征伐他，燕国的百姓都以为王将要拯救他们于水火之中，所以大家用竹筐盛满了饭菜，用水壶装满了酒浆，欢迎王的军队。假如王还杀他们的父兄，捆绑他们的子弟，拆毁他们的宗庙，搬走他们的宝器，那怎么可以呢？何况天下的诸侯本来就怕齐国的强大，现在齐国又取了燕国，增加一倍的土地，还不施行仁政，这分明是自己引动天下的兵来攻伐自己啊！王赶快发个命令，放还掳掠的燕国老小，停止搬走燕国的宝器，再和燕国百姓商量，替他们立个贤君，然后撤退所有的军队，这样，还可来得及止住诸侯的救兵。"

章旨

　　此章劝导宣王应修德用仁以止兵。

（十九）鲁哄章

　　邹与鲁哄[1]。穆公[2]问曰："吾有司[3]死者三十三人，而民莫之死也。

诛之，则不可胜诛；不诛，则疾视[4]其长上[5]之死而不救。如之何则可也？”孟子对曰：“凶年饥岁，君之民老弱转乎沟壑[6]，壮者散而之四方者，几千人矣。而君之仓廪[7]实，府库[8]充，有司莫以告。是上慢而残下[9]也。曾子曰：‘戒之戒之！出乎尔者，反乎尔者也[10]。’夫民今而后得反之也！君无尤[11]焉！君行仁政，斯民亲其上，死其长[12]矣。”

今注

1　邹与鲁哄："邹"，国名，亦作邹。本邾娄国；战国时鲁穆公改号为邹。即今山东省邹县地。"鲁"，国名，周武王封弟周公旦于此。成王时，周公位冢宰，留相天子，乃封其元子伯禽为鲁侯。都曲阜，即今山东省今县。略有今山东省东南部及江苏、安徽北部一带地。"哄"，音讧。赵注："斗声，犹构兵而斗也。"

2　穆公：邹君，孟子所始仕者。

3　有司：官吏。

4　疾视：瞋目怒视也。

5　长上：指军帅。

6　转乎沟壑："转"，迁移也。"沟壑"，田中沟，山中涧也。言民死者多，不胜葬，故迁而弃于沟壑之中。

7　仓廪："仓"，藏谷之所。"廪"，藏米之所。

8　府库："府"，藏财贿之所。"库"，藏兵甲之所。

9　上慢而残下：《说文》"慢，惰也。"惰，有怠忽意。谓有司坐视民饥，无一报告君上，请发仓廪府库以赈济之，是对上惰慢民事，对下残害民生也。

10　出乎尔者，反乎尔者也："反"，还报也。言以此待人，人亦以此还报之也。

11　尤：过也。

12　死其长：谓为其长上效死也。

今译

邹国和鲁国发生战争（邹国打败了）。邹穆公问孟子道："我的将士在前方作战死的，有三十三人之多，而百姓没有一个为国家效死的。如要杀他们，是不能杀尽；如不杀，他们都眼睁睁地看着长官战死不肯去救，这该怎么办？"孟子答道："平时凶荒饥馑的年岁，老弱的倒毙在田沟间和山涧中，强壮的流离颠沛在四方，总共有几千人了。但是君的仓廪盈满，府库充实，官吏们没有把灾情向上呈报，设法救济。这便是他们对上疏忽了责任，对下残害了百姓。所以曾子说：'警惕啊！警惕啊！现在你们做的恶事，将来一定还报在你们自己身上。'那些百姓现在才算得到机会报复，君也不要责怪他们。如果君能施行仁政，那些百姓必会自动地亲近君上，拼命地替长官效忠了！"

章旨

此章孟子特告穆公应施行仁政，以忧恤其民，然后民乃为国家赴义效忠。

（二十）小国章

滕文公[1]问曰："滕[2]，小国也，闲[3]于齐楚；事齐乎？事楚乎？"孟子对曰："是谋，非吾所能及也[4]；无已，则有一[5]焉：凿斯池也，筑斯城也，与民守之，效死[6]而[7]民弗去，则是可为也。"

今注

1　滕文公：滕国之君，名绣，谥文，定公之子。

2　滕：国名。周文王子叔绣封于此。在今山东滕县西南，尚有古滕城。

3 闲：同间，中也。按：滕北界于齐，南界于楚，居两大国之中，故曰："闲于齐楚。"

4 是谋，非吾所能及也：赵注："孟子以二国之君昏不由礼，我不知谁可事者。"

5 一：谓一种计划。

6 效死：犹言效命。

7 而：犹与也。及也。（王念孙说）

今译

滕文公问孟子道："滕，是个小国，夹在齐楚两个大国的中间，侍奉齐国，还是侍奉楚国呢？"孟子答道："这项谋略，不是我所能想到的。逼不得已，只有一个变通计划：掘深了城河，筑高了城墙，施行善政，和百姓坚守这个城，使百姓宁愿牺牲性命，也不肯离去，这倒是可以有所为的。"

章旨

此章孟子告滕文公应行义施仁而得民心，以图自立自强之道。

（二十一）筑薛章

滕文公问曰："齐人将筑薛[1]，吾甚恐。如之何则可？"孟子对曰："昔者，大王居邠[2]，狄人侵之，去之岐山之下居焉[3]。非择而取之，不得已也。苟[4]为善，后世子孙必有王者矣。君子创业垂统[5]，为可继也；若夫成功，则天也。君如彼[6]何哉？强为善[7]而已矣。"

今注

1 薛：小国名。在滕之南，与滕接壤，齐灭其地，欲更筑其城。文公恐其由薛及滕，故问孟子。《战国策·齐策》："靖郭君将城薛。"

是城薛者，乃齐田婴也。今山东滕县东南有薛城，即其故地也。

2　邠：同豳。周旧国。今陕西栒邑县西。

3　去之岐山之下居焉：事详下章。

4　苟：诚也。

5　创业垂统："创"，本作刱，始也。"垂"，由先传布于后也。"统"，绪也。朱注："君子造基业于前，而垂统于后，但能不失其正，令后世可继续而行耳。"

6　彼：指齐国。

7　强为善："强"，上声，勉也。"为善"，修德行仁也。

今译

滕文公问孟子道："齐国人将要在我邻国薛地筑城，我很恐惧。要怎么样应付才好？"孟子答道："当初太王住在邠邑，北狄常来侵犯，太王就离开邠邑，避到岐山脚下。这不是太王定要选取这块土地，而是确实出于万不得已！君今只要效法太王，真正做善事，后代的子孙必定有王天下的。所以君子已经创了基业，遗留个美好的榜样传给后人，至于将来能不能成功，就要靠天意了。现在君对齐国能怎么样，只有勉强做善事罢了。"

章旨

此章言君子求其在我，故特勉滕文公修德行仁。

（二十二）竭力章

滕文公问曰："滕，小国也；竭力以事大国，则[1]不得免焉。如之何则可？"孟子对曰："昔者大王居邠，狄人侵之。事之以皮币[2]不得免焉；事之以犬马，不得免焉；事之以珠玉，不得免焉。乃属[3]其耆老而告之曰：'狄人之所欲者，吾土地也。吾闻之也，君子不以其所以养人者害人[4]。二三子何患乎无君！我将去之。'去邠，逾梁山[5]，邑[6]于岐山之下居焉。邠人曰：'仁人也，不可失也。'从之者，如归市[7]。或曰：'世守[8]也，非身之所能为也；效死勿去！'君请择于斯二者[9]。"

1　则：犹若也。（王念孙说）下"则可"之则，当训乃。

2　皮币："皮"，即虎豹麋鹿之皮，狐貉之裘等。"币"，即缯帛之货。

3　属：音烛，会聚。

4　不以其所以养人者害人：朱注："土地，本生物以养人，今争地而杀人，是以其所以养人者害人也。"

5　梁山：山名。在今陕西乾县西北。

6　邑：作动词用。营作都邑也。

7　归市：赵注："言乐随大王，如归趋于市，若将有得也。"朱注："人众而争先也。"义亦通。

8　世守：赵注："或曰：土地，乃先人所受，世世守之，非己身所能专为，至死不可去也。"

9　君请择于斯二者：盖避地者，不以养人者害人，仁也。死守者，一国之君，守土有责，义也。孟子阐发儒家思想，仁义并重，故语滕文公，冀其于二者择取一焉而行之。

今译

滕文公问孟子道："滕，本是个小国，已尽了心力侍奉大国，但仍不免敌人的侵伐，要怎样应付才可以？"孟子答道："当初太王住在邠邑，北狄人侵犯他，太王就拿皮币侍奉他，不能免于他的侵犯；又拿狗马侍奉他，也不能免于他的侵犯；又拿珠玉侍奉他，仍是不能免于他的侵犯。太王不得已，就邀集了邠邑的父老，向他们说：'狄人所想要的是这块土地，我听说过，君子不因为争夺他所养民的土地，反伤害了百姓。你们不用怕没有君长，我将要离开这里。'于是就离开邠邑，越过梁山，在岐山脚下兴建城邑，便住下来了。邠人都说：'太王是个仁德的人，我们不可以失去他。'因此，随他到岐山的人，争先恐后，就像赶市场一样。也有人说：'土地是世代子孙应该为祖宗保守的，不是本身所能做主的，就是把命拼了，也不能离去。'这两个办法，请君自行斟酌选择一个吧！"

章旨

此章告诫滕文公保国爱民之道：一以德让，一以义守，二者可自择之。

（二十三）鲁平章

鲁平公[1]将出，嬖人[2]臧仓者请[3]曰："他日君出，则必命有司所之[4]；今乘舆已驾[5]矣，有司未知所之。敢请[6]。"公曰："将见孟子。"曰："何哉？君所为轻身以先于匹夫[7]者，以为贤乎？礼义由贤者出，而孟子之后丧逾前丧[8]，君无见焉！"公曰："诺！"乐正子[9]入见曰："君奚为不见孟轲也！"曰："或告寡人曰，孟子之后丧逾前丧，是以不往见也。"曰："何哉？君所谓逾者，前以士，后以大夫[10]；前以三鼎，而后以五鼎[11]与？"曰："否，谓棺椁衣衾[12]之美也。"曰："非所谓逾也，贫富不同也。"乐正子见孟子曰："克告于君，君为[13]来见也。嬖人有臧仓者沮[14]君，君是以不果[15]来也。"曰："行，或使之；止，或尼[16]之；行止，非人所能也。吾之不遇鲁侯，天[17]也。臧氏之子，焉能使予不遇哉！"

今注

1　鲁平公：鲁君。名叔，一名旅，谥平。

2　嬖人：宠幸小臣。"嬖"，音必。

3　请：问也。

4　命有司所之："命"，告也。"之"，往也。

5　乘舆已驾："乘舆"，君车。"驾"，驾马也。

6　敢请："敢"，犹敬也。"敢请"，敬问也。

7　轻身以先于匹夫：谓以国君之尊，自轻身份，先施礼于平民出身之学人而往见之。

8　后丧逾前丧：朱注："孟子前父丧，后母丧。逾，过也。言其厚母薄父也。"赵注："孟子前丧父约，后丧母奢。"

9　乐正子：姓乐正，名克。子，通称。孟子弟子，为鲁臣。

10　前以士，后以大夫：谓前以士礼，后以大夫礼。

11　前以三鼎，而后以五鼎："鼎"，古食器名。此谓盛器品之鼎。"三鼎"，士祭礼；"五鼎"，大夫祭礼。

12　棺椁衣衾：皆葬具。"棺"，所以敛尸。"椁"，亦作槨，外棺也。"衣"，敛衣。"衾"，覆于敛衣外之单被。

13　为：犹将也。

14　沮：同阻，止也。

15　不果："果"，诚也。信也。凡预期而获信验者，曰果然。"不果"，不能如期而获信验者，曰不果。

16　尼：止也。

17　天：天意，天命。按：儒家尝以事之不以人力强者，则归权力于天。天之意志表现于人间者，则曰命。《论语·宪问》篇："子曰：'道之将行也与，命也；道之将废也与，命也。公伯寮其如命何？'"正与此同旨。

今译

鲁平公将要出宫，有个宠幸的小臣叫臧仓问道："向来我君要出宫，都会告诉执事的人要去哪里。今天车子已经驾好，执事的人还不知道去什么地方，请问我君究竟去哪里？"平公说："我要去拜访孟子。"臧仓说："为什么啊？我君这样自轻身份，先去看那个平民，认为他是贤德的人吗？原来礼义是从贤人做出来的，可是孟子后来办母亲的丧礼，竟超过从前办父亲的丧礼。这样厚母薄父，是很不懂礼义的，君可不必去了！"平公说："好吧！"乐正子马上去见平公说："君为什么不去看孟轲呢？"平公说："有个人告诉我道：孟子办理母丧，礼制超过以前的父丧，所以才不去看他。"乐正子说："什么啊！君所说的超过，恐怕是指他前用士的丧礼，后用大夫的丧礼。以前祭祀用三鼎，后来用五鼎吗？"平公说："不是的，是说孟子后来用棺椁衣衾的丰美。"乐正子说："这哪能算是超过呢？这是前后的贫富情形不同啊！"乐正子又来见孟子道："克将夫子的贤德告诉君，君本来要拜访夫子，忽然君有个宠幸的小臣臧仓阻止，君因此临时变卦不来了。"孟子说："人的行止，有人自然可以暗中指使或阻止，但是到底行不行，不是人力所能左右的。我今天不遇合鲁侯正是天意，姓仓的这个人，怎能叫我和鲁侯不遇合呢！"

章旨

此章益见圣贤风范，君子决不尤人，道之行不行，属诸天命。

公孙丑篇　第二

（一）当路章

公孙丑[1]问曰："夫子当路[2]于齐，管仲[3]晏子[4]之功，可复许[5]乎？"孟子曰："子诚齐人也，知管仲晏子而已矣！或问乎曾西[6]曰：'吾子与子路孰贤？'曾西蹴然[7]曰：'吾先子[8]之所畏[9]也。'曰：'然则吾子与管仲孰贤？'曾西艴然[10]不悦曰：'尔何曾[11]比予于管仲！管仲得君，如彼其专也；行乎国政，如彼其久也；功烈[12]，如彼其卑也：尔何曾比予于是！'"曰："管仲，曾西之所不为也；而子为[13]我愿之乎？"曰："管仲以其君霸，晏子以其君显[14]，管仲晏子，犹不足为与！"曰："以齐王，由[15]反手[16]也。"曰："若是，则弟子之惑滋[17]甚！且以文王之德，百年而后崩[18]，犹未洽[19]于天下。武王周公继之，然后大行。今言王若易然，则文王不足法与？"曰："文王何可当[20]也！由汤至于武丁[21]，贤圣之君六七作，天下归殷久矣。久则难变也。武丁朝诸侯，有天下，犹运之掌也。纣之去武丁未久[22]也；其故家遗俗[23]，流风[24]善政，犹有存者。又有微子、微仲[25]、王子比干、箕子、胶鬲[26]，皆贤人也；相与辅相之，故久而后失之也。尺地莫非其有也，一民莫非其臣也。然而文王犹方百里起，是以难也。齐人有言曰：'虽有智慧，不如乘势[27]，虽有镃基[28]，不如待时[29]。'今时则易然也。夏后[30]、殷、周之盛[31]，地未有过千里者也；而齐有其地矣。鸡鸣狗吠相闻，而达乎四境；而齐有其民矣。地不改辟[32]矣，民不改聚矣，行仁政而王，莫之能御也。且王者之不作，未有疏于此时者也！民之憔悴于虐政，未有甚于此时者也！饥者易为食，渴者易为饮。孔子曰：'德之流行，速于置邮[33]而传命。'当今之时，万乘之国行仁政，民之悦之，犹解倒悬[34]也。故事半古之人，功必倍之，惟此时为然。"

今注

1　公孙丑：姓公孙，名丑，孟子弟子。齐人。

2　当路：居重要地位。

3　管仲：齐之大夫，名夷吾，相桓公，霸诸侯。

4　晏子：已见《梁惠王篇》。按：此章乃孟子答公孙丑之问，申本人之抱负，明儒家之主张，且以说明当时齐国凭借之厚时与势均大有可为，不应仅止于霸业。若就管晏功业论则固吾国之大政治家。孔子答子路称管仲"如斯仁，如其仁"，答子贡曰"民到于今受其赐"，称晏平仲"善与人交，久而敬之"。太史公著《管晏列传》亦称晏子能进思进忠退思补过，而愿为之执鞭，是管晏二子固非后人所易企及。腐儒不明孟子之义，而妄诋管晏，与急功好利之辈不了然于儒家思想，而谬指孟子为空虚迂阔，言大而夸，其陷于重大错误正同。窃谓假使孟子果当路于齐，管晏之所行者，未必孟子尽弃之。尤以管子之政策，大部分必为孟子所沿用，所不同者，当为君臣相处之间，不仅将顺其美匡救其恶而已，此则王霸之才所由分也。（次耘按：温晋城氏此说精矣。）

5　许：犹期许也。

6　曾西：赵注："曾子之孙。"一说曾子之子。

7　蹙然：不安貌。

8 先子：谓曾子也。

9 畏：犹敬畏也。

10 艴然：同勃然，怒貌。

11 何曾：犹何乃也。

12 烈：业也。

13 为：犹谓也。（王念孙说）

14 显：明见也。

15 由：通犹，如也。

16 反手：极言其易也。

17 滋：益也。

18 百年而后崩：文王九十七岁而崩，言百年，举成数也。

19 洽：遍也。

20 当：犹言比匹。

21 武丁：殷王名，即殷高宗。朱注："商自成汤至于武丁中间太甲、太戊、祖乙、盘庚，指圣贤之君。"

22 未久：自武丁崩至纣立，中间共计百一十年，放云未久。

23 故家遗俗："故家"，谓有功勋之世家。"遗俗"，谓世代相沿之美俗。

24 流风：流传之教化也。

25 微仲：名衍。《吕氏春秋·当务》篇："纣之同母三人，其长曰微子启，其次曰仲衍，其次曰受德。受德，乃纣也。"

26 胶鬲：殷贤人。初隐为商，文王举而进之纣。

27 乘势：居富贵之势。

28 镃基：耒耜之属。

29 待时：等待耕种之时。

30 夏后：即夏君。古帝无王号而称氏。如尧称陶唐氏，舜称有虞氏，故夏禹称夏后氏。

31　盛：即盛时。

32　改辟："改"，更也。"辟"，开拓。

33　置邮：混言之无别，皆设立驿站，疾传书命之称。分言之，则车马传递曰置，步行传递曰邮。

34　解倒悬：喻言解除人民痛苦也。

今译

公孙丑问孟子道："如果夫子掌握了齐国大权，管仲、晏子的功业，可以期望能做到吗？"孟子说："你真是齐国的人，只晓得管仲、晏子罢了。曾经有个人问曾西道：'你和子路哪个贤德呢？'曾西很不安地说：'这是我先人所敬畏的。'那人又问：'那么你和管仲哪个贤德呢？'曾西马上变了脸色很不高兴地说：'怎么把我比起管仲呢？管仲得君宠信，像那样专权；推行政事，像那样长久；功业表现，像那样卑下。怎么把我比他呢？'"孟子说到这里，稍停顿一下再说："管仲这种人，就是曾西都不屑于比他，怎么希望我像他呢？"公孙丑说："管仲助他的君达成霸业，晏子助他的君显扬名声，难道管仲、晏子的功业，还不值得夫子做吗？"孟子说："如果去助齐国做到王天下的事业，就同反掌一样的容易。"公孙丑说："像这样说来，叫弟子更加迷惑了。况且像文王的德行，在位将近百年才崩去，他的教化还没有普及天下。等到武王周公继续推行，然后教化才大行。现在夫子说，王天下有这样容易，那么文王也不值得效法吗？"孟子说："文王怎么可以比呢？当初商朝从汤起，传到殷高宗武丁，中间贤明的国君，前后有六七个兴盛起来，天下民心归服殷朝已经很长久了，一长久，人心就很难改变。所以武丁朝会诸侯，中兴大业，如同弹丸转运于手掌上一样。商纣距离武丁时，还不很长久，前代的世家与遗留的风俗，流传的教化和仁慈的惠政，还都存在着。又有微子、微仲、王子比干、箕子、胶鬲等，都是最贤德的人，共同来辅助他；所以纣虽是暴虐，经过很久才失掉天下。那时没有一尺土地，不是纣所拥有的；没有一个百姓，不是臣服纣的。可是文王只是从百里的土地施行仁政而兴盛起来，是比较困难的。齐国有句谚语：'虽有智慧，不如把握当前的好机会；虽有农具，不如等待耕耘的时节。'现在的形势，是很容易做的。若谈到夏、商、周三代最盛的时候，王畿也没有超过方圆一千里的。现在齐国已有这样大的地方，鸡鸣犬吠的声音，可以相互地听见，并且达到四境。齐国又有这样多的百姓，土地不必再开拓，百姓不必再聚集，利用这好机会施行仁政以王天下，谁也阻止不住的。从武王到现在已有七百年，王天下的人，不见兴起，从来没有比这时期更疏久的。百姓受暴政压迫的痛苦，也没有比这时期更厉害的。饿极的人，什么都容易吃得饱；渴极的人，什么都容易喝得够。孔子曾说：'德政流行，比驿马传达命令还要快！'在现在这个时候，假如万乘的大国能施行仁政，百姓的高兴，就同解除他们被倒悬的痛苦一样。所以今天能做的事，只要做到古人的一半，它的功效必加倍于古人，独有这个时候是如此的。"

章旨

此章孟子特阐明王道较霸功易为，借以勉励时君要以仁政及民。

（二）加齐章

公孙丑问曰："夫子加[1]齐之卿相，得行道焉，虽由此霸王不异[2]矣。如此，则动心否乎？"孟子曰："否！我四十不动心[3]。"曰："若是，则夫子过孟贲[4]远矣！"曰："是不难。告子[5]先我不动心。"曰："不动心有道乎？"曰："有。北宫黝[6]之养勇也，不肤挠[7]，不目逃[8]；思以一毫挫[9]于人，若挞之市朝[10]；不受于褐宽博[11]，亦不受于万乘之君；视刺万乘之君，若刺褐夫；无严[12]诸侯；恶声至，必反之。孟施舍[13]之所养勇也，曰：'视不胜犹胜也[14]。量敌而后

　　　　　　　　　　　　　　　　　孟子今注今译

进，虑胜而后会[15]：是畏三军[16]者也。舍岂能为必胜哉！能无惧而已矣！'孟施舍似曾子，北宫黝似子夏[17]。夫二子之勇，未知其孰贤[18]；然而孟施舍守约[19]（气）也。昔者，曾子谓子襄[20]曰：'子好勇乎，吾尝闻大勇于夫子[21]矣。自反而不缩[22]，虽褐宽博，吾不惴[23]焉。自反而缩，虽千万人，吾往矣！'孟施舍之守气，又不如曾子之守约[24]也。"曰："敢问夫子之不动心，与告子之不动心，可得闻与？""告子曰：'不得于言，勿求于心；不得于心，勿求于气[25]。'不得于心，勿求于气，可；不得于言，勿求于心，不可[26]。夫志，气之帅也。气，体之充也[27]。夫志，至焉。气，次焉[28]。故曰：'持其志，无暴其气[29]。'""既曰：'志至焉，气次焉。'又曰'持其志，无暴其气'者，何也？"曰："志壹则动气，气壹则动志[30]也。今夫蹶者，趋者，是气也；而反动其心[31]。""敢问夫子恶乎长[32]？"曰："我知言[33]；我善养吾浩然之气[34]。""敢问何谓浩然之气？"曰："难言也[35]。其为气也，至大至刚[36]；以直[37]养而无害，则塞于天地之间[38]。其为气也，配义与道[39]，无是馁也[40]。是集义所生[41]者，非义袭而取之[42]也。行有不慊于心，则馁矣[43]。我故曰：'告子未尝知义。'以其外之也[44]。必有事焉，而勿正，心勿忘，勿助长也[45]。无若宋人然。宋人有闵[46]其苗之不长而揠[47]之者，芒芒然[48]归，谓其人[49]曰：'今日病[50]矣！予助苗长矣。'其子趋而往视之，苗则槁矣。天下之不助苗长者寡矣。以为无益而舍之者，不耘苗者也；助之长者，揠苗者也。非徒[51]无益，而又害之。""何谓知言？"曰："诐辞[52]知其所蔽，淫辞[53]知其所陷[54]，邪辞[55]知其所离[56]，遁辞[57]知其所穷[58]，生于其心，害于其政，发于其政，害于其事，圣人复起，必从吾言矣[59]！""宰我子贡，善为说辞；冉牛、闵子、颜渊，善言德行。孔子兼之，曰：'我于辞命，则不能也[60]。'然则夫子既圣矣乎[61]？"曰："恶！是何言也！昔者子贡问于孔子曰：'夫子圣矣乎？'孔子曰：'圣则吾不能；我学不厌而教不倦[62]也。'子

贡曰：'学不厌，智也；教不倦，仁也。仁且智，夫子既圣矣！'
夫圣孔子不居。是何言也！'"'昔者窃闻之：子夏，子游，子张，
皆有圣人之一体；冉牛，闵子，颜渊，则具体而微⁶³。敢问所安⁶⁴？"
曰："姑舍是⁶⁵。"曰："伯夷、伊尹⁶⁶何如？"曰："不同道⁶⁷。
非其君不事，非其民不使；治则进，乱则退：伯夷也。何事非君？
何使非民？治亦进，乱亦进：伊尹也。可以仕则仕，可以止则止，
可以久则久，可以速则速⁶⁸：孔子也。皆古圣人也。吾未能有行焉。
乃⁶⁹所愿，则学孔子也。"'伯夷伊尹于孔子若是班⁷⁰乎？"曰："否，
自生民以来，未有孔子也。"曰："然则有同与？"曰："有。得
百里之地而君之，皆能以朝诸侯，有天下；行一不义，杀一不辜⁷¹，
而得天下，皆不为也：是则同。"曰："敢问其所以异？"曰："宰
我，子贡，有若⁷²，智足以知圣人，污不至阿其所好⁷³。宰我曰：'以
予观于夫子，贤于尧舜⁷⁴远矣！'子贡曰：'见其礼而知其政，闻
其乐而知其德；由百世之后，等⁷⁵百世之王，莫之能违⁷⁶也。自生
民以来，未有夫子也。'有若曰：'岂惟民哉！麒麟⁷⁷之于走兽，
凤凰⁷⁸之于飞鸟，泰山之于丘垤⁷⁹，河海之于行潦⁸⁰！类也；圣人
之于民，亦类也。出⁸¹于其类，拔⁸²乎其萃⁸³，自生民以来，未有
盛于孔子也⁸⁴。'"

今注

1 加：犹居也。

2 异：奇也。吴辟疆曰："不异，言分所应有，不足为异也。"

3 不动心：言心志坚定，不受外物撄扰也。朱注："四十强仕，
君子道明德立之时，孔子四十而不惑，亦不动心之谓。"

4 孟贲：卫人，勇士。水行不避蛟龙，陆行不避兕虎。

5 告子：孟子同时之学人，倡"性无善无不善"之学说。详
见《告子篇》。

6 北宫黝：姓北宫，名黝。齐人。

7 肤桡："桡"，屈也。俗作挠。朱注："肌肤被刺而挠屈也。"

8 目逃：目被刺而转睛逃避也。

9 挫：犹辱也。

10 市朝：通常解为市场与朝廷。顾炎武氏云："古者朝无挞人之事，市则有之。市朝者，市之有行列如朝也。"即公共聚集之场所也。

11 褐宽博："褐"，音曷，粗布，即毛布。"宽博"，即宽大之衣。此褐宽博，系指"匹夫"而言，即下文之"褐夫"。

12 无严：不畏惧也。

13 孟施舍：赵注："孟姓，舍名，施，发音也。"或云：孟施，复姓。又或云：名施舍。

14 视不胜犹胜也：言勇往直前，不计胜败。

15 会：合战。

16 三军：周制："天子六军，诸侯大国三军。"郑注："三军合三万七千五百人。"按：此指强大军队，如今言大军团。

17 孟施舍似曾子，北宫黝似子夏：朱注："黝务敌人，舍专守己。子夏笃信圣人，曾子反求诸己，故二子之与曾子、子夏，虽非等伦，然论其气象，则各有所似。"

18 贤：犹胜也。

19 守约："约"，要也。谓所守道之简要。唯《石渠意见·补缺》云："守约，盖守气之误。"甚是。下文云："孟施舍之守气，又不如曾子之守约"可证。

20 子襄：曾子弟子。

21 夫子：指孔子。

22 缩：《礼·檀弓上》："古者冠缩缝。"孔疏："缩，直也。"故"缩"训直。"不缩"，不直也。

23　惴：惧也。阎若璩《四书释地》："不，岂不也。""不惴"，当解"岂不惴乎？"

24　不如曾子之守约：朱注："言孟施舍虽似曾子，然其所守，乃一身之气，又不如曾子之反身循理，所守犹得其要也。孟子之不动心，其原盖出于此。"

25　不得于言……勿求于气：此虽告子语，则是孟子批评告子语。朱注："告子谓于言有所未达，则当舍置其言，而不必反其理于心；于心有所不安，则当力制其心，而不必更求助于气；此所以固守其心而不动之速也。"

26　不得于……不可："气"，盖谓心所发动之精神作用，如喜怒、快慰、苦闷、惊惧等情绪；所谓喜气，怒气，惊气是也。此当是苦闷不安之气。朱注："孟子既诵告子之言而断之曰：'彼谓不得于心，而勿求于气者，急于本而缓其末，犹之可也。谓不得于言，而不求诸心，则既失于外而遂遗其内，其不可也必矣。'"

27　夫志，气之帅也……体之充也：朱注："凡曰可者，亦仅可而有所未尽之辞耳。若论其极，则志因心之所之而为气之将帅，然气亦人之所以充满于身而为志之卒徒者也。"赵注："志，心所念虑也。气，所以充满形体为喜怒也。志，帅气而行之，度其可否也。"

28　夫志，至焉。气，次焉："次"，舍也，止也。陈组绶《四书燃犀解》："志至之'至'，是至到之至。气次之'次'，是次舍之次。"《正义》据毛氏《逸讲笺》云："至为来至之至。志之所至，气即随之而止。"正与赵氏下注"志向气随"之意合。

29　持其志，无暴其气："持"，守也。"暴"，乱也。赵注："言志所向气随之，当正持其志，无乱其气，妄以喜怒加人也。"

30　志壹则动气，气壹则动志："壹"，专一也。焦循曰："持其志使专一而不二，是为志一。守其气使专一不二，是为气一。黝之气在必胜，舍之气在无惧，是气一也。曾子自反而缩，虽千万人吾往，是志一也。"

31　今夫蹶者，趋者……而反动其心：《淮南子·精神训》注："蹶，颠也。"《说文》："趋，走也。"朱注："孟子言志之所向专一，则气固从之，然气之所在专一，则志亦反为之动。如人颠蹶趋走，则气专在而反动其心焉。所以既持其志，而又必无暴其气也。"

32　敢问夫子恶乎长："恶"，音乌，何也。朱注："丑复问孟子之不动心，所以异于告子如此者，有何所长而能然？"

33　知言：朱注："知言者，尽心知性，凡天下之言，无不有以究极其理而识其是非得失之所以然也。"

34　浩然之气："浩然"，广大貌。"浩然之气"，当指一种浩荡伟大之磅礴正气。文天祥《正气歌》，盖据此义而作也。朱注："惟孟子为善养之以复其初也。盖惟知言则有以明夫道义，而于天下之事无所疑；养气，则有以明配夫道义，而于天下之事无所惧，此其所以当大任而不动心也。"

35　难言也：此浩然正气，玄奥不易形容，故孟子亦自谓难言也。

36　至大至刚：朱注："至大，初无限量；至刚，不可屈挠。"

37　直：正直。

38　塞于天地之间：赵注："养之以义，不以邪事干之，则可使滋漫满天地之间，布施德教无穷极也。"

39　配义于道：朱注："配者，合而有助之意。义者，人心之制裁。道者，天理之自然。"焦循引毛奇龄云："配义与道，正分疏直养，无论气配道义，道义配气，德是气之浩然者，借道义充塞耳。"

40　无是馁也："是"，指道义。"馁"，气馁也。言无道义，则气馁也。

41　集义所生："集"，合聚也。朱注："言气虽可以配乎道义，而其养之始，乃由事皆合义，自反常直，是以无所愧怍，而此气自然发生于中。”

42　非义袭而取之：“袭”，掩取也。朱注：“非由一事偶合于义，便可掩袭于外而得之也。”朱骏声云：“义，读仪。义袭，犹云貌袭。”此说甚有见。

43　行有不慊于心，则馁矣：“慊”，音切，快也，足也。言人之所为苟有不快于心者，其内则生愧怍；生愧怍，则理屈而气馁矣。

44　告子未尝知义。以其外之也：焦循《正义》云：“告子勿求于气，并不求于心，是不知义在于内与气俱生。不知义，故不知持志，即不知养浩然之气也。”仁内义外之说，详见《告子篇》第四章。

45　必有事焉……勿助长也：“事”，为也（《吕氏春秋》高诱注）。必有事焉，言必有所为也。此指培养浩然之气。顾氏《日知录》引倪文节思谓：“必有事焉而勿忘，勿忘，勿助长也。”传写之误——以“忘”字作“正心”二字。言“浩然之气，必当有事而勿忘。既已勿忘，又当勿助长也。”朱注：“正，预期也。春秋传曰‘战不正胜’是也。……此言养气者必以集义为事，而勿预期其效；其或未充，则当勿忘其所有事，而不可作为以助其长，乃集义养气之节度也。”按《春秋传》，见《春秋公羊传·僖公二十六年》。

46　闵：同悯，忧也。

47　揠：拔也。

48　芒芒然：疲倦貌。

49　其人：指家人。

50　病：困惫。

51　徒：但也。

52　诐辞：言其辞之偏颇者。

53　淫辞：放荡之辞也。

54　陷：沉溺也。

55　邪辞：邪僻之辞也。

56　离：叛去也。

57　遁辞：逃避之辞也。

58　穷：困屈也。

59　生于其心……必从吾言矣：赵注："生于其心，譬若人君有好残贼严酷心，必妨害仁政，不得行之也。发于其政者，若出令欲以非时田猎，筑作宫室，必妨害民之农事，使百姓有饥寒之患也。吾见其端，欲防而止之，如使圣人复兴，必从吾言也。"朱注："人之有言，皆本于心，其心明乎正理而无蔽，然后其言平正通达而无病。"孟子自信其"一切行为根于心之说"，故云圣人复起，不易吾言。

60　宰我子贡……则不能也：宰我，名予。子贡，姓端木，名赐。冉牛，名耕，字伯牛。闵子，名损，字子骞。颜渊，名回。皆孔子弟子也。"宰我"至"不能也"，赵岐注以为孟子言，实误。朱注："林氏以为公孙丑之问是也。""说辞"，言语也。

61　然则夫子既圣矣乎："夫子"，指孟子。"圣"，通。无所不通晓也。

62　学不厌而教不倦：《论语》"为之不厌，诲人不倦"，是夫子向公西华言之。此乃向子贡言之。《吕览·尊师》篇："子贡问孔子曰：'后世将何以称夫子？'孔子曰：'吾何足以称哉？勿已者，则好学而不厌，好教而不倦，其惟此邪！'""厌"，通餍，本作猒。饱也，足也。

63　昔者窃闻之……则具体而微：子夏，卜商字。子游，言偃字。子张，颛孙师字。皆孔子弟子。"一体"，犹一肢也。"微"，小也。"具体而微"，谓有其全体，但比圣人微小耳。

64　敢问所安："所安"，即所处也。谓夫子于此数贤，欲何所处也。

65 姑舍是："姑"，且也。"舍"，置也。赵注："孟子曰：且置是，我不愿比也。"

66 伯夷、伊尹：伯夷，商孤竹君之长子，兄弟逊国，避纣居北海之滨。闻文王之德而往归之，及武王伐纣，继商而有天下，伯夷与其弟叔齐耻食周粟，遂饿死首阳山。伊尹，有莘之处士。汤聘而用之，使之就桀。桀不能用，复归于汤，如是者五，乃相汤而伐桀。

67 不同道：言伯夷圣之清者，近于有所不为之"狷"。伊尹为圣之任者，近于进取之"狂"。故二人不同道。

68 止则止……速则速："止"，处也。"久"，留也。"速"，疾去也。

69 乃：犹然也。

70 班：赵注："班，齐等之貌。"

71 不辜：犹言无罪也。

72 有若：亦称有子，孔子弟子。

73 污不至阿其所好：焦循曰："污，本作洿。孟子盖用夸字之假借。夸者，大也。谓言虽大而不至于阿曲。"赵注："污，下也。阿，私也，曲也。"

74 贤于尧舜："贤"，犹胜也。程子曰："语圣则不异，事功则有异。夫子贤于尧舜，语事功也。尧舜治天下，夫子又推其道以垂万世。尧舜之道，非得孔子，则后世亦何所据哉？"

75 等：等第。差等。

76 违：离也，犹言逸出其范围。

77 麒麟：为毛虫之长，古以为仁兽也。麇身牛尾一角，牡曰麒，牝曰麟。

78 凤凰：为羽虫之长，古以为瑞鸟也。雄曰凤，雌曰凰。

79 垤：蚁封。垤，音叠。

80 行潦："潦"，音劳。道旁无源之水也。

81 出：高出。

82 拔：超出。

83 萃：聚也。

84 生民以来，未有盛于孔子："盛"，美盛也。康有为《孟子微》云："孔子为制作之圣，大教之主，人道文明，进化之治，太平大同之理，皆孔子制之，以垂法后世，后世皆当从之，故谓百王莫违也。孔门多言百世，三十年为一世，莫有能违孔子者。故《中庸》曰：'百世以俟圣人而不惑。'《公羊》曰：'制春秋之义，以俟后圣。'以太平大同之理，发而未光，有待后圣也。三统之礼，无所不通。乐则韶舞，见揖让之德焉。故行一不义，杀一不辜，而得天下皆不为。此足见大仁之公，太平之道，足以照灼大地而共尊亲矣。由古言之，生民未有其盛；由今言之，天地未有其圣也。"

今译

公孙丑问孟子道："假如夫子做到齐国的卿相，能够推行大道，就是从此为霸诸侯，称王天下，也不算什么稀奇。可是到了这样，是否没有疑惑恐惧而不动心呢？"孟子说："不会，我四十岁就不动心了。"公孙丑说："像这样，那么夫子的勇气远胜过孟贲了！"孟子说："这个并不难。告子比我先不动心了。"公孙丑说："要不动心，有什么方法吗？"孟子说："有，就像北宫黝培养勇气，肌肤如果被刺，是不会屈挠的；眼睛如果被刺，是不会逃避的。他在想，哪怕只是一根毫毛受了挫辱，也像被人在公共场所鞭挞一样。他既不受辱于穿布衣的贫民，也不受辱于万乘的国君。他认为杀死一个万乘的国君，就像杀死一个穿布衣的平民一样。他从来不怕那些诸侯，如有斥骂他的声音，他必定回复。至于孟施舍培养勇气，他说：'打起仗来，认为不可胜的，就像能打胜的一样，勇往直前，绝不计算。倘若计算敌人力量才进去，考虑胜利才交战。这是怕敌人的强大军力，舍哪里能为必胜呢？只是胆壮不怕罢了。'孟施舍的气象，很像曾子的反身求己；北宫黝的气象，很像子夏的笃守圣道。这两个人的勇气，不知哪个好些。可是孟施舍是把握住培养勇气的要领了。从前曾子告诉子襄说：'你好勇吗？我曾听过孔子谈论"大勇"，自己反省，要是我的理屈，对方虽是穿宽大布衣的平民，我怎能不害怕呢？自己反省，要是我的理直，对方就是千万人，我也要抵抗他。'孟施舍培养勇气的要领，又不如曾子所守的义理，更为简要了。"公孙丑说："请问夫子的不动心和告子的不动心有什么不同？可以讲给我听听吗？"孟子说："告子曾说过：'所言于理有未通的地方，不要再用心去思想；所行于心有未安的地方，不要再求气来帮助。'所行于心有未安的地方，不再求气来帮助，这还可以；所言于理有未通的地方，不再用心去思索，这是不可以。因为心的趋向就是志，志，是气的统帅；气，是志的卒徒，并且充满在人的体内。志朝向哪里，气就跟随到哪里，所以说'要把握志，同时不要扰乱了气'。"公孙丑说："既然说'志朝向哪里，气就跟随到哪里'，何必又说'要把握志，同时不要扰乱了气'呢！"孟子说："因为志专一时，气必随它走动；但在气专一时，也会影响到志。如同一个人，或是跌倒的，或是跑快的，都是气的作用；但是反而震荡了他的心志。"公孙丑问："请问夫子不动心有何特长？"孟子说："我知言，我善培养浩然之气。"公孙丑说："请问什么叫作浩然之气？"孟子说："倒是很难说的，这种气是极大的，也是极刚的，要用直道培养它，不加以伤害，就可充塞于天地之间。这种气是配合正气与大道的，没有这种气，便胆怯了。这是平时集聚正义所产生的，并不是从外面袭取一两件事偶然合于义的！若是行为不能满足于内心时，就胆怯了，所以我说告子还不知道什么是义。因为他认为义是在外的。必定要有集义的事，不可忘记。虽是不可忘记，但也不可助长它。不要像宋国人一样，宋国有一个农夫，担忧他的秧苗老不长大，就去田间把苗全拔高些，然后疲困地回到

孟子今注今译

家里，告诉他的家人说：'今天我累死了！我帮助秧苗长大了！'他的儿子连忙跑去一看，秧苗已经枯萎了。现在天下的人不助苗长的很少，认为养气没有益处，便抛弃不管它，就像不去除草而养秧苗的；晓得养气有益处，却去助长，就像那拔起秧苗似的。不但没有益处，反而妨害了它。"公孙丑说："什么叫作知言？"孟子说："听那偏颇曲解的话，知他是被私念遮蔽；听那放荡的话，知他内心有了陷溺；听那邪僻的话，知他违反了正道；听那躲闪的话，知他穷于应对。拿治理天下的人来说，这四种病生在他的心里，就必定危害到政治；既在政治上表现，就危害到各种行事。便是圣人复生，也必定认为我所说的是对的。"公孙丑说："孔门弟子，像宰我、子贡，是会说话的；冉牛、闵子、颜渊，是很有德行的；孔子兼有这两种长处，但孔子却谦虚地说：'我对辞令仍是不行呢。'现在夫子既能养气，又能知言，已经是圣人了吧！"孟子说："哦！这是什么话！从前子贡问孔子说：'夫子是圣人了吧？'孔子说：'圣人，我是不能够做的；不过，我研究是不会满足的，教学是不会厌倦的。'子贡说：'研究不会有满足，就是智；教学不会有厌倦，就是仁。既仁且智，夫子已是圣人了！'这圣人的名，孔子尚且不敢当，你说我是圣人，这是什么话呢？"公孙丑说："我曾私下听人说，子夏、子游、子张，三人的学问道德，都有圣人的一部分；冉牛、闵子、颜渊，已备有圣人的全体，不过稍为微小些。请问夫子愿意比哪一个才安心呢？"孟子说："暂且丢开这话不谈。"公孙丑说："伯夷、伊尹怎么样？"孟子说："他二人和我走的路子不同。不是他喜欢的国君绝不侍奉；不是他喜欢的百姓绝不使用；天下太平，就出来做官；天下混乱，就退隐家居，这是伯夷的作风。没有什么不可侍奉的国君；没有什么不可使用的百姓；天下太平，固然出来做官；天下混乱，也要出来做官，这是伊尹的作风。可以做官就做官，可以隐居就隐居；可以久留就久留，可以速去就速去，这是孔子的风格。这三个人都是古圣人，我皆未能学习到，可是我心里所向往的，倒是愿学孔子呢！"公孙丑说："伯夷、伊尹和孔子的至圣，都是相等的吗？"孟子说："不然，自有人类历史以来，没有一个人像孔子这样的伟大！"公孙丑说："那么他们有相同的地方吗？"孟子说："有，假使得到百里的土地，让他们做国君，都可以朝服诸侯，统一天下。假使要他们做一件不义的事，杀一个无罪的人，就是得到天下，他们都不愿意做的。这是他们相同的地方。"公孙丑说："请问他们不同的地方在哪里？"孟子说："像宰我、子贡、有若这三个人，他们识见都高，足够了解圣人，即使夸大一些，也不至于怀着私心，阿附他们所尊敬的人。宰我说：'据我所看的夫子，远胜过尧舜呢！'子贡说：'夫子见了先王创作的典礼，就知道他们所推行的政事；听了先王制定的乐章，就知道他们所遗存的道德；从百代以后，评论百代以前的君王，没有人能够逃避他的观察。自有人类历史以来，没有比夫子更伟大的人了！'有若说：'岂止是人类呢？麒麟对于一般走兽，凤凰对于一般飞鸟，泰山对于矮小的丘垤，河海对于无源的流潦，都是同类的，圣人对于世界的众人，也是同类的。不过，超出了他的同类，特拔挺起于群生之中，自有人类历史以来，没有比夫子更伟大的了！'"

章旨

此章述不动心之功夫，在知言养气，而知言养气，在辨义集生，非由袭取。孟子一生真本领即在此。

（次耘按：孟子最雄伟之处，是在能养浩然之气，此章详述养气功夫，要养一股正气，不为邪气所侵扰，一律用浩然之气消除之。俗言须沉住气，耐得下气，要有宽大胸襟及潇洒气概，将一切烦恼痛苦化为乌有，且将欢畅愉快之情绪抒发出来，此皆全仗集义而行，由自身之大气磅礴而凝成一股浩然之气。我国古今贤圣教人，无不以此自勉，故能涵养民族之浩然正气。）

（三）假仁章

孟子曰："以力假仁者霸[1]；霸必有大国；以德行仁者王[2]；王不待大。汤以七十里，文王以百里。以力服人者，非心服也，力不赡也[3]。以德服人者，中心悦而诚服也；如七十子之服孔子也。诗[4]云：'自西自东，自南自北，无思不服[5]。'此之谓也。"

今注

1　以力假仁者霸："力"，谓土地甲兵之力。"假仁"，谓本无仁心，而借其事以为功者也。"霸"，如齐桓、晋文是也。

2　以德行仁者王："仁"，即慈爱心。朱注："自吾得之于心者推之，无适而非仁也。""王"，读旺音。《说文》："王，往也。"百姓所归往也。

3　赡：足也。

4　诗：《大雅·文王有声》篇。

5　无思不服：犹言无不心服也。"思"，王引之谓"句中语助词"。

今译

孟子说："用武力来假借仁的名义实行侵略，叫作霸；但霸，必有大国做底子。用恩德来推行仁政，叫作王；王，不必凭借大国之势。所以商汤只有方圆七十里的地方，就可以王天下；文王只有方圆百里的地方，就可以王天下。用武力来征服人，人绝不归服，是为力量的不够。用道德来感人，才是心悦诚服，像七十二子之佩服孔子似的。《诗经》上说：'从东西南北四方来的百姓，没有一个不心服的。'就是说的这个。"

章旨

此章特言王霸之分：王者恃德，霸者恃力。借以劝勉当时诸侯应"以德行仁",王天下,犹反手也。

（四）仁荣章

孟子曰："仁则荣[1],不仁则辱[2]。今恶辱而居不仁,是犹恶湿而居下[3]也。如恶之,莫如贵德而尊士[4];贤者在位[5],能者在职[6]。国家闲暇[7],及是时,明其政刑,虽大国必畏之矣!诗[8]云:'迨[9]天之未阴雨,彻彼桑土[10],绸缪牖户[11],今此下民[12],或敢侮予[13]。'孔子曰:'为此诗者,其知道[14]乎!能治其国家,谁敢侮之!'今国家闲暇,及是时,般乐怠敖[15],是自求祸也。祸福无不自己求之者!诗[16]云:'永言配命[17],自求多福。'太甲[18]曰:'天作孽[19],犹可违[20];自作孽,不可活[21]。'此之谓也。"

今注

1 仁则荣："仁",指仁政。"荣",指国家兴隆。

2 辱:指国家衰亡。

3 居下:处卑下近水之地。

4 贵德而尊士："贵德",犹尚德。"尊士",犹尚贤。

5 贤者在位:朱注:"贤,有德者。使之在位,则足以正君而善俗。"

6 能者在职:朱注:"能,有才者。使之在职,则足以修政而立事。"友人王伟侠云:"此以'位''职''贤''能'分言,殆今政务,事务划分之意。"甚是。

7 闲暇:指无忧患之时。

8 诗:《豳风·鸱鸮》篇。

9 迨:及也。

10 彻彼桑土："彻",同撤,取也,剥也。"桑土",桑根之皮。"土"，音杜（陆氏《经典释文》云）。韩诗即作"杜"。方言："东齐谓根曰杜。"

11　绸缪牖户："缪"，音谋。绸缪，《广雅》并训缠，即缠缚也。"牖户"，言鸟取缚桑根之皮以筑巢也。

12　今此下民：毛诗作"今女（汝）下民"。

13　或敢侮予："或敢"，谁敢。"予"，鸟自称也。

14　道：指防患未然之道。

15　般乐怠敖：赵注："般，大也。孟子伤今时之君，国家适有闲暇，且以大作乐，怠惰敖游，不修政刑，是以见侵而不能距，皆自求祸者也。"

16　诗：《大雅·文王》之篇。

17　永言配命："永"，长也。"言"，语助词。"配命"，配合天命也。

18　太甲：伪《古文尚书·商书》篇名。

19　孽：祸也。

20　违：避也。

21　活：生也。今《尚书》作"逭"。《礼记·缁衣》引《太甲》，亦作逭。郑注："逭，逃也。"

今译

孟子说："人君能行仁政，自然得到光荣；不能行仁政，便受耻辱。今天的人君，虽知厌恶耻辱，却居心不仁。如同虽厌恶潮湿，反而住到低洼的地方。如果真是怕受耻辱，不如重视道德，尊敬贤能之士，使贤德的人居高位，能干的人任要职，趁着国家没有忧患的时候，修明政刑，（如果这样做了）即使是大国，也必定畏他。《诗经》上说：'鸟儿乘着天还没有落雨时，剥取那桑树根的皮，缠结修补了窝巢，今后在这窝底下的人，谁敢来欺侮我？'孔子读这诗说：'做这诗的人，他已知防患未然的道理啊！能及早治理好国家，还有谁敢来欺侮？'现在的人君，逢着国家平安无事的时候，就大大地享乐起来，荒惰遨游，不理政事，这不是自己求祸吗？须知祸福没有不是自己求来的。《诗经》上说：'永远配合着天理，自己就能求得幸福！'《商书·太甲》篇说：'天降下的灾祸，还可以逃避；自己造成的罪恶，那就不能活命了。'就是这个道理。"

章旨

此章劝勉当时人君，应尊贤使能，施行仁政，要防患于未然。

（五）尊贤章

孟子曰："尊贤使能，俊杰[1]在位，则天下之士，皆悦而愿立于其朝矣。市廛[2]而不征，法[3]而不廛，则天下之商，皆悦而愿藏于其市矣。关，讥而不征[4]，则天下之旅，皆悦而愿出于其路矣。耕者，助而不税[5]，则天下之农，皆悦而愿耕于其野矣。廛，无夫里之布[6]，则天下之民，皆悦而愿为之氓[7]矣。信[8]能行此五者，则邻国之民，仰之若父母矣。率其子弟，攻其父母：自生民以来，未有能济[9]者也。如此，则无敌于天下；无敌于天下者，天吏[10]也。然而不王者，未之有也。"

今注

1 俊杰：才智出众之士。焦循《正义》云："高诱注《吕氏春秋·孟秋》《孟夏》：才过万人曰杰，千人曰俊。"

2 廛：市宅也。

3 法：官吏税货之法。朱注引张子曰："或赋其市地之廛而不征其货，或治之以市官之法而不赋其廛。"

4 关，讥而不征："讥"，呵察。言公家设关卡于境内，仅盘查奸宄，不抽取其货物税。

5　助而不税：焦循《正义》："赵注：'助者，井田什一，助公家治公田，不横税赋。'……《礼记·王制》：'古者：公田，藉而不税。'郑注：'藉之言借也。借民力治公田。'按：'助'，亦藉义。"

6　廛，无夫里之布："廛"，民居。"里"，亦居也。"布"，钱也。"里布"，即住宅税。"夫布"，即人口税。江永《群经补义》："凡民居区域关市邸舍，通谓之廛。"上文所言"廛在市"，故知为市宅。此所言廛，泛指民居。《周礼·遂人》"夫一廛"，许行"愿受一廛"之廛，皆非市宅也。

7　氓：民也。"为之氓"，犹言为其氓。"之"，代名词。

8　信：诚也。

9　济：成也。

10　天吏：赵注："天吏者，天使也。为天所使，诛伐无道，故谓之天吏也。"朱注："吕氏曰：奉行天命，谓之天吏。"按：不违反仁道，即是奉行天命。仁道乃生民之本。

今译

孟子说："尊重贤德的人，任用有才能的人，使才德出众的人皆担任重要职位，天下的士人，自然高兴，而愿意立身在他的朝廷做官。在市场上，或只征取地税及房捐，不征收货物税；或只依法征取货物税，不征收房捐，天下的商人，自然高兴，而愿意在他的市场上做生意。在关卡上，只盘问一些奸宄的人，却不征收货物税，天下的旅客，自然高兴，而愿意在他的道路上行走。耕种的人，只叫他帮助耕种百亩的公田，不再征他私田的税；天下的农夫，自然高兴，而愿意在他的田野里耕种。对百姓的住宅，只要他们依法服役宗税，就不再征收其他的苛捐杂税；天下的百姓，自然高兴，而愿意做他的臣民。如果真能实行这五种德政，那么邻国的百姓仰望爱慕他，就如同仰望爱慕自己的父母一样。假使率领这些视自己如父母的子弟，攻打他自己的父母，自有人类历史以来，从来不会成功的。这样，天下就没有敌过他的。天下没有敌过他的，就是奉行天命的官吏，像这样还不能王天下，是绝对没有的。"

章旨

此章言施行德政之本，在"悦民"。悦民之道，应以百姓利益为利益：因民之所好恶而好恶之。

（六）不忍章

孟子曰："人皆有不忍人之心[1]。先王[2]有不忍人之心，斯有不忍人之政矣。以不忍人之心，行不忍人之政，治天下可运之掌上。所以谓人皆有不忍人之心者：今人乍[3]见孺子[4]将入于井，皆有怵惕恻隐[5]之心；非所以内交[6]于孺子之父母也，非所以要誉[7]于乡党[8]朋友也，非恶其声[9]而然也。由是观之：无恻隐之心，非人也；无羞恶[10]之心，非人也；无辞让[11]之心，非人也；无是非[12]之心，非人也。恻隐之心，仁之端[13]也；羞恶之心，义之端也；辞让之心，礼之端也；是非之心，智之端也。人之有是四端也，犹其有四体也[14]。有是四端而自谓不能者，自贼[15]者也。谓其君不能者，贼其君者也。凡有四端于我者，知皆扩[16]而充之矣；若火之始然[17]，泉之始达[18]。苟能充之，足以保四海[19]；苟不充之，不足以事父母。"

今注

1　不忍人之心：不忍伤害他人之心。即下文所言"恻隐之心"。

2　先王：指古圣王，如尧、舜、禹、汤、文武诸圣君。

3　乍：暂也，猝也。

4　孺子："孺"，濡也。言濡弱也。"孺子"，即始能爬行而无知识之小儿也。

5　怵惕恻隐："怵惕"，惊惧貌。"恻隐"，伤痛貌。

6　内交：与纳同。结交也。

7　要誉："要"，求也。求好声名也。

8　乡党：古者二千五百家为乡，五百家为党。合文犹今言"乡里"或"邻里"。

9　恶其声：谓恶其不仁之毁也。"恶"，读去声。"声"，声誉。

10　羞恶：朱注："羞，耻己之不善也。恶，憎人之不善也。"

11　辞让：朱注："辞，解使去己也。让，推以与人也。"

12　是非：朱注："是，知其善而以为是也。非，知其恶而以为非也。"

13　端：始也，首也。朱注："恻隐、羞恶、辞让、是非，情也。仁、义、礼、智，性也。心，统性情者也。端，绪也。因出情之发，而性之本然可得而见，犹物之在中而绪见于外也。"

14　四体：四肢。

15　贼：害也。

16　扩：廓也。张小使大谓之廓。

17　然：即燃之本字。

18　达：通也。

19　四海：犹言天下也。古以中国四境，皆有海环之。故曰四海。朱注："四端在我，随处发见，知皆即此推广，而充满其本然之量，则其日新又新，将有不能自已者矣。能由此而遂充之，则四海虽远，亦吾度内，无难保者。不能充之，则虽事之至近而不能矣。"程子曰："人皆有是心，惟君子为能扩而充之，不能然者，皆自弃也。然其充与不充，亦在我而已。"又曰："四端不言信者，既有诚心为四端，则信在其中矣。"

今译

孟子说："人皆有不忍伤害人的心。古代帝王也有不忍伤害人的心，便有不忍伤害人的政治。能用不忍伤害人的心施行不忍伤害人的政治，平治天下，好像在手掌上运转弹丸一样容易了。我为什么说人都有不忍伤害人的心呢？譬如现在有人忽然看见一个无知的小孩将要爬入井里，马上就有恐惧和怜悯的心情表现出来。这种心情完全出于天性，不是想借此结交小孩子的父母，也不是想博得乡里朋友的称赞，更不是厌恶有不仁的名声才如此做的。从这点看来，没有怜悯伤痛的心，不能算得人；没有羞耻憎恶的心，不能算得人；没有辞谢推让的心，不能算得人；没有辨别是非的心，也不能算得人。怜悯伤痛的心，是仁的发端；羞耻憎恶的心，是义的发端；辞谢推让的心，是礼的发端；辨别是非的心，是智的发端。一个人有这四个善端，如同身上有手足四肢一样。有了这四个善端，还说自己不能做善事，便是甘心自弃，自己贼害天性了；说他的君不能做善事，是贼害他的君了。凡是知道四个善端是在自己本身的，就会尽量推广它、充实它，如同最初燃烧的火焰，越来越旺盛；最初流出的泉水，越来越汹涌。如果能扩充这四个善端，就足够保有天下；如果不能扩充，就连侍奉父母都不够的。"

章旨

此章言人皆有四端之善性，故有不忍伤害人之良心，唯在能扩而充之，足可以保四海。

（七）矢人章

孟子曰："矢人[1]岂不仁于函人[2]哉？矢人惟恐不伤人，函人惟恐伤人，巫匠[3]亦然，故术[4]不可不慎也。孔子曰：'里仁为美；择不处仁，焉得智[5]？'夫仁，天之尊爵[6]也；人之安宅[7]也；莫之御[8]而不仁，是不智也。不仁不智，无礼无义，人役[9]也。人役而耻为役，由弓人而耻为弓，矢人而耻为矢也。如耻之，莫如为仁[10]。仁者如射：射者正己而后发；发而不中，不怨胜己者，反求诸己[11]而已矣。"

今注

1　矢人：作箭之人。"矢"，箭也。

2　函人：作甲之人。"函"，甲也。

3　巫匠："巫"，操巫术以治病者，欲借祷祝以活人也。"匠"，制棺椁之工匠，利人之死也。

4　术：技艺。

5　里仁为美；择不处仁，焉得智：见《论语·里仁》篇。"里"，居也。"仁"，作风俗醇厚解。孔子认为选择里居，应以有风俗醇厚为美；如选择不当，则失其是非之本心，如何算是智慧？

6　天之尊爵："爵"，位也。"仁"，为最高尚之道德，故曰："仁，天爵也。"孟子特分"天爵""人爵"两种：高尚之道德为天爵，显赫之官职为人爵。

7　安宅：凡可安居之处，皆谓之宅。朱注："仁，在人则为本心全体之德，有天理自然之安，无人欲陷溺之危。人当常在其中，而不可须臾离者也。故曰宅安。"

8　御：止也。

9　人役：为人所役使。"役"，使也（《广雅》注）。

10　莫如为仁：朱注："不言智礼义者，仁该全体，能为仁，则三者在其中矣。"

11　反求诸己：朱注："为仁由己，而由仁乎哉。"子曰："仁远乎哉，我欲仁，斯仁至矣。"即反求诸己之旨也。

今译

孟子说："造箭的人，难道他会不仁于造盔甲的人吗？造箭的人，只怕箭不利，不能射伤人；造盔甲的人，只怕盔甲不坚，使穿的人受伤。替病人祷祝的巫医和制造棺椁的工匠，也是这个样子。所以在选择职业时，不可不慎重啊！孔子说：'乡里有仁厚的风俗，才算好。如果选择住宅，不选住仁厚的地方，怎能算是聪明呢？'

况且这仁，是天赐的最尊贵的爵位，是人的最平安的住宅。如果没有人阻挡他，自己却不愿去行仁，这是不智的。不仁，就不智，不智，就无礼无义，这样，只能被人役使了。既被人役使，又认为役使的事是可耻的，如同造弓的人认为造弓是可耻的，造箭的人认为造箭是可耻的一样。这怎么行呢？假使认为这些事是可耻，不如去行仁！做仁人，就像练习射箭一样，必须先摆正自己的姿态，然后射去。箭射不中，也不抱怨胜过自己的人，只要自己反省失败的原因就是了。"

章旨

此章示人择业须谨慎，尤应以"行仁"为鹄的。

（八）子路章

孟子曰："子路[1]，人告之以有过[2]，则喜。禹闻善言[3]，则拜。大舜有大焉[4]：善与人同[5]，舍己从人[6]，乐取于人以为善[7]。自耕稼陶渔[8]以至为帝，无非取于人者[9]。取诸人以为善，是与[10]人为善者也。故君子莫大乎与人为善[11]。"

今注

1　子路：姓仲，名由。孔子弟子。

2　人告之以有过：朱注："喜其得闻而改之，其勇于自修如此。"

3　禹闻善言：伪《古文尚书·大禹谟》："禹拜昌言。"《说文》："昌，美言。"

4　有大焉：赵注："孔子称曰巍巍，故言大舜有大焉。能舍己从人，故为大也。"

5　善与人同：朱注："言舜之所为，又有大于禹与子路者，善与人同，公天下之善而不为私也。"

6　舍己从人：朱注："己未善，则无所系吝，而舍以从人；人有善，则不待勉强，而取之于己。"焦循云："舍己，即子路之改过；从人，即禹之拜昌言。圣贤之学，不过舍己从人而已。"

7　乐取于人以为善：焦循云："执一者守乎己而不能舍己，故欲天下人皆从乎己；通天下之志者，惟善之从，故舍己从人，乐取于人以为善。"

8　耕稼陶渔：《史记·五帝本纪》："舜耕历山，历山之人皆让畔；渔雷泽，雷泽之人皆让居；陶河滨，河滨器皆不苦窳。"

9　无非取于人者：谓皆乐取人之善而从之。更明舜乐善之怀，初未以穷达而有间也。

10　与：犹许也。助也。此含有无限鼓舞意。

11　君子莫大乎与人为善：此"大"字，特就成人为善言。"君子"，特就舜之伟大推开一层说。赵岐云："大圣之君，由乐善于人，故曰'计及下者无遗策，举及众者无废功'也。"

今译

孟子说："子路，别人告诉他有错处，就非常欢喜；夏禹听见人说一句善言，就感激得下拜。大舜比他两人更伟大，常用己之善，和天下人同其善。内不见有己，外不见有人，假如自己未能尽善，便舍弃己见，听从他人的意见，很高兴地取他人之善以为己善。他从种田、烧窑、捕鱼，一直到做了帝王，没有不是取他人的善，自己照着去做。能取他人的善，那人因我的取，格外勉励为善，即是由我取善的诚意来帮助他的啊！所以君子的为善，没有比帮助他人为善更大的了。"

章旨

此章阐明"善与人同"之旨。舜之所大过人处，即在"取人为善，与人为善"。

（九）伯夷章

孟子曰："伯夷，非其君不事，非其友不友。不立于恶人之朝，不与恶人言。立于恶人之朝，与恶人言，如以朝衣朝冠，坐于涂炭[1]。推恶[2]恶之心，思[3]与乡人立，其冠不正，望望然[4]去之，若将浼[5]焉。是故诸侯虽有善其辞命而至者，不受也。不受也者，是亦不屑就[6]已。柳下惠[7]不羞污君，不卑小官。进不隐贤[8]，必以其道[9]。遗佚[10]而不怨，厄穷[11]而不悯[12]。故曰：'尔[13]为尔，我为我。虽袒裼裸裎[14]于我侧，尔焉能浼我哉？'故由由然[15]与之偕[16]而不自失[17]焉；援而止之而止[18]。援而止之而止者，是亦不屑去[19]已！"孟子曰："伯夷隘[20]，柳下惠不恭[21]。隘与不恭，君子不由[22]也。"

今注

1 涂炭：喻污浊之物。"涂"，泥也。

2 恶：乌路切，读去声。憎也。

3 思：语词，无意义。

4 望望然：朱注："去而不顾之貌。"

5 浼：污也。

6 不屑就：赵注："屑，洁也。伯夷不洁诸侯之行，故不忍就见也。"朱注："言不以就之为洁，而切切于是也。"

7 柳下惠：鲁大夫展禽，字季，食采柳下，谥曰惠。

8 进不隐贤："隐"，藏也。谓仕则不隐藏己之贤能。

9 必以其道：谓必以正道事其君。

10 遗佚：遗弃也。

11 厄穷：困居不通也。

12 悯：忧也。

13 尔：同汝。

14　袒裼裸裎：“袒裼”，露臂。裸裎，露身。古以露体见人，最为不敬。

15　由由然：愉悦貌。

16　偕：俱也。

17　不自失：不自失其正也。

18　援而止之而止：“援”，引也。有用力挽之义。朱注：“言欲去而可留也。”

19　不屑去：是不以去为洁也。

20　隘：狭窄也。

21　不恭：简慢也。

22　不由：谓不由之而行也。赵岐云：“伯夷柳下惠，古之大贤，犹有所阙。介者必偏，中和为贵，纯圣能终，君子所由，尧舜是尊。”

今译

孟子说：“伯夷，他不认为是可侍奉的君王，绝不侍奉；他不认为是可交的朋友，绝不交往。不肯立身在恶人的朝廷上做官，也不同坏人说一句话。如果立身在恶人的朝廷上，同恶人说一句话，就像穿着礼服戴着礼帽，坐在污浊的泥土中间一样。推测他厌恶人的心理，就是偶然和一个乡人站在一起，乡人帽子没有戴正，也就掉头不顾而去，像要沾污他似的。所以，诸侯们虽把辞命说得恳切动人，来聘请他，他也不肯接受。这不肯接受的意思，是不愿屈节做他的官。柳下惠，不以侍奉污君为羞耻，不以做小官为低微。既然做了官，就毫不隐藏自身的贤能，一切必定坚守着正道而行。如被遗弃，他不怨恨；虽遇困穷，他不忧愁。所以他常说：‘你是你，我是我，虽是你袒着胸、露着臂，坐在我的旁边，你怎能沾污到我呢？’所以他很随和地同他人在一起。却不失去自己的操守。他要辞去时，如有人挽留他，他就留下；他留下的原因，就是离去了也未必是洁白呢。”孟子说：“伯夷的气量太狭窄，柳下惠做人太简慢，这两点皆不合中道，君子都不是这样做的。"

章旨

此章言君子行贵大中至正，戒在一偏。

（十）天时章

孟子曰："天时¹不如地利²，地利不如人和³。三里之城，七里之郭⁴，环而攻之而不胜；夫环而攻之，必有得天时者矣；然而不胜者，是天时不如地利也。城非不高也，池非不深也，兵革⁵非不坚利也，米粟非不多也；委⁶而去之：是地利不如人和也。故曰：域民不以封疆之界，固国不以山溪之险，威天下不以兵革之利⁷。得道者多助，失道者寡助。寡助之至，亲戚畔之⁸；多助之至，天下顺之。以天下之所顺，攻亲戚之所畔：故君子有不战；战，必胜矣⁹！"

今注

1　天时：谓作战有利于己之吉时也。赵注："天时，谓时日、支干、五行、王相、孤虚之属也。""五行"，《书·洪范》："初一曰五行。"郑注：行，顺天行气也。通谓水、火、木、金、土。"王相"，《周礼·春官·保章氏》星辰疏："五星更王相休废，其不同，王则光芒，相则内实，休则光芒无角不动摇，废则少光。""孤虚"，《史记·龟策传》："日辰不全，故有孤虚。"

2　地利：谓地势具形胜之利也。赵注："地利、险阻、城池之固也。"

3　人和：谓得民心之和也。

4　郭：外城也。

5　兵革："革"，犹甲也。古时铠甲常以皮革制之，故兵甲亦称兵革。

6　委：弃也。

7　域民……不以兵革之利："域"，界限。赵注："不以封疆之界，使怀德也；不依险阻之固，恃仁惠也；不冯兵革之威，仗道德也。""冯"，同凭。

8　亲戚畔之："亲戚"，亲族也。指父母兄弟妻子等。"畔"，通叛。离也。

9　故君子……战，必胜矣：朱注："言不战则已，战则必胜。"

今译

孟子说："得天时，不如得地利；得地利，不如得人和。譬如只有三里周围的内城，七里周围的外城，把它包围起来攻打，却不能获胜。在包围攻打的时候，必定得到天时的吉利，可是仍不能取胜，这是因为天时不如地利啊！城墙不是不高，护城河不是不深，兵甲不是不坚利，米粮不是不多，最后，还是弃城而逃。这是因为地利不如人和啊！所以说，限制人民，不全靠封疆的界限；固守国家，不全靠山溪的险阻；威服天下，不全靠兵甲的坚利。能合正道的国君，就有很多人来帮助他；不合正道的国君，就很少有人帮助他。少有人帮助他到了极点，连亲族都背叛他；多有人帮助他到了极点，天下的人都归顺他。拿天下所顺从的，攻打那亲族所离叛的，所以得正道的，除非不攻战，如果攻战，必定胜利。"

章旨

此章论战守之道，当以人和而得民心为第一义。

（十一）将朝章

孟子将朝王。王使人来曰："寡人如[1]就见者也；有寒疾[2]，不可以风[3]。朝，将视朝[4]；不识[5]可使寡人得见乎？"对曰："不幸而有疾，不能造朝[6]。"明日，出吊于东郭氏[7]。公孙丑曰："昔者[8]

辞以病；今日吊，或者不可乎？”曰：“昔者疾；今日愈[9]，如之何不吊？”王使人问疾，医来。孟仲子[10]对曰：“昔者有王命，有采薪之忧[11]，不能造朝。今病小愈，趋造于朝。我不识能至否乎？”使数人要[12]于路曰：“请必无归，而造于朝。”不得已而之景丑氏[13]宿焉。景子曰：“内则父子，外则君臣，人之大伦也。父子主恩，君臣主敬。丑见王之敬子[14]也；未见所以敬王也。”曰：“恶！是何言也！齐人[15]无以仁义与王言者，岂以仁义为不美也！其心曰：‘是何足与言仁义也’云尔[16]。则不敬莫大乎是！我非尧舜之道，不敢以陈于王前；故齐人莫如我敬王也。”景子曰：“否！非此之谓也。礼曰[17]：‘父召无诺；君命召，不俟驾。’固将朝也，闻王命而遂不果：宜[18]与夫礼若不相似然！”曰：“岂谓是与[19]！曾子曰：‘晋楚之富，不可及也。彼以其富，我以吾仁；彼以其爵，我以吾义。吾何慊[20]乎哉！’夫岂不义而曾子言之；是或一道[21]也。天下有达尊[22]者三：爵[23]一，齿[24]一，德一。朝廷莫如爵，乡党莫如齿，辅世长民[25]莫如德。恶得有其一，以慢[26]其二哉！故将大有为之君，必有所不召之臣；欲有谋焉则就之[27]。其尊德乐道，不如是，不足与[28]有为也。故汤之于伊尹，学焉而后臣之[29]；故不劳而王。桓公之于管仲，学焉而后臣之；故不劳而霸。今天下地丑德齐[30]，莫能相尚[31]：无他，好臣其所教[32]，而不好臣其所受教[33]。汤之于伊尹，桓公之于管仲，则不敢召：管仲且犹不可召，而况不为管仲[34]者乎？”

今注

1 如：《尔雅》：“如，谋也。”犹言计划，准备。“如就见”，即计划要来拜访他。

2 寒疾：外感风寒之病，如今言感冒。

3 以风：“以”，受也，当也。“不可以风”，谓不可出外受风。

4 朝，将视朝：上“朝”，读昭，作“晨”解。下“朝”，读潮，作"朝廷"解。赵注："傥可来朝，欲力疾临视朝，因得见孟子也。"

5　识：知也。

6　不能造朝："造"，前往也。朱注："孟子本将朝王，王不知而托疾以召孟子；故孟子亦以疾辞也。"

7　东郭氏：齐大夫家也。复姓东郭。

8　昔者：昨日。

9　愈：病已好。

10　孟仲子：赵注："孟子之从昆弟，从孟子学者也。"

11　采薪之忧："采"，同採。《礼记·曲礼下》："某有负薪之忧。""忧"，病也。朱注："采薪之忧，言病不能采薪，谦辞也。"

12　要：读平声。拦阻。

13　景丑氏：齐大夫家。下文景子，即景丑。

14　子：尊称也。如今之称"君"，称"先生"。

15　齐人：指齐臣。

16　云尔：犹言"如是如是"，含有肯定语气。

17　礼曰：盖当时礼书所载如是也。《礼记·曲礼上》云："父召无诺，先生召无诺；唯而起。""诺"，应辞。玉藻云："君召，在官不俟屦，在外不俟车。"

18　宜：犹殆也。

19　岂谓是与：赵注："我岂谓是君臣召呼之间乎？谓王不礼贤下士。"朱注："孟子言，我之意非如景子之所言者。"

20　慊：朱注："恨也，少也。或作嗛。字书以为口衔物也。然则慊但为心有所衔之义。其为快，为足，为恨，为少，则因其事而所衔有不同耳。"

21　是或一道：朱注："夫此岂是不义，而曾子肯以为言，是或别有一种道理也。"

22　达尊："达"，通也。达尊，天下所共尊也。

23　爵：位也。

24　齿：年齿也。

25　辅世长民："辅"，助也。"长"，读掌，育也。谓辅助社会，长育人民也。

26　慢：轻侮。亦作僈。

27　就之：往就见之也。

28　与：犹以也（王引之说）。

29　学焉而后臣之：朱注："先从受学，师之也；后以为臣，任之也。"

30　地丑德齐："丑"，类也。"齐"等也。谓"土地相类，德教相等"也。

31　莫能相尚："尚"，上也，高也。谓无有能高出他人之上者。

32　所教：朱注："谓听从于己，可役使者也。"

33　所受教：朱注："谓己所从学者也。"

34　不为管仲：朱注："孟子自谓也。"范氏云："孟子之于齐，处宾师之位，非当事有官职者，故其言如此。"儒家以为处宾师之位，不以奉命趋走为恭，而以责难陈善为贵。

今译

孟子正想去访问齐宣王，恰巧王派人来说："我本想来看夫子的，无奈着了凉病，不能受风，所以不能来了。明天早晨，我要上朝，不知夫子能使我相见吗？"孟子答道："不巧得很，我也有病，不能上朝。"到了明天，孟子去了东郭氏家里吊丧。公孙丑说："昨天托词有病，今天就出去吊丧，恐怕不合适吧？"孟子说："昨天有病，今天已好，怎么不可以出吊？"孟子走了后，齐王派人来问病，并且带了医师来。孟仲子对来使说："昨天有王命召见，因为生点小病，不能上朝见王，今天稍好些，就赶快上朝去了，但不知他此刻到了没有？"于是暗地里派了数人在路上拦住孟子说："请夫子绝

090　　　　　　　　　　　　　　　　　　　　　　孟子今注今译

不能回家，马上去上朝吧！"孟子被他们弄得没办法，就转到景丑氏家里去过夜。景子晓得这事，便说："在家庭，父子关系最亲；在国家，君臣关系最重，这都是最大的伦常。父子之间以恩亲为主；君臣之间以恭敬为主；丑只见王尊敬夫子，没有见夫子如何来尊敬王呢？"孟子说："啊！这是什么话？齐臣没有一个人用仁义和王谈论过的，难道以为仁义不好吗？只是他们心中想：'这种人哪里能和他谈论仁义'就如此罢了，要说不敬王，就没有比这些更厉害了。我除非尧舜之道，不敢陈说在王的面前，所以齐臣没有像我这样尊敬王的了！"景子说："不，我不是这个意思。《礼经》上说：'父亲有事呼唤，不得用"诺"字来作答；国君有命召使，不等车子驾上马便行了。'夫子本想去朝王，听到王命，反而中止不去，恐怕和《礼经》上所讲的不大相似吧。"孟子说："我哪里说这个呢！从前曾子说：'晋楚的财富，是无法比得上；但他们倚恃他们的财富，我倚恃我的仁道。他们倚恃他们的爵位，我倚恃我的义理，我心里有什么不满足呢？'这话难道不合义理，曾子肯随便说吗？这或许是另外一种道理啊。天下有三种东西，是受大家共同尊重的：一是爵位，二是年龄，三是道德。朝廷上最受尊重的是爵位，乡里最受尊重的是高年，辅助世道，教育人民，就没有比道德再受尊重的了。怎么可用一种爵位，就来轻视那高龄和道德呢？所以将有大作为的人君，必有不可随意命召的臣子，如果有事要商议，就得亲去访问；那人君是尊重有德，乐就有道，不如此，便不足和他共事了。所以商汤对于伊尹，先向他学习，然后任用他做臣子，所以不用亲自操劳，就可以王天下；桓公对于管仲，也先向他学习，然后任用他做臣子，所以不用亲自操劳，就可以霸天下。现在天下的诸侯，土地的大小相似，德政的施为相等，彼此都不能超过；这没有别的缘故，都是喜欢用那臣子听我命令的，不喜欢用那臣子为我所请益的。商汤对于伊尹，桓公对于管仲，都不敢随意命召，像管仲这种人都不敢随意命召，又何况不屑做管仲的呢？"

章旨

此章言人君当以礼贤下士，尊德乐义为贵，君子应以守道不回为志。

（十二）陈臻章

陈臻[1]问曰："前日于齐，王馈兼金[2]一百[3]而不受。于宋，馈七十镒而受。于薛，馈五十镒而受。前日之不受是，则今日之受非也；今日之受是，则前日之不受非也。夫子必居一于此矣。"孟子曰："皆是也。当在宋也，予将有远行[4]。行者必以赆[5]；辞曰'馈赆'，予何为不受？当在薛也，予有戒心[6]。辞曰'闻戒，故为兵馈之[7]'，予何为不受？若于齐，则未有处[8]也。无处而馈之，是货之也[9]。焉有君子而可以货取[10]乎？"

今注

1　陈臻：孟子弟子。

2　兼金：赵注："兼金，好金也。其价兼倍于常者。"

3　一百：赵注："百镒也。古者以一镒为一金，一镒，二十两也。"

4　将有远行：谓将去宋适梁也。

5　行者必以赆：赵注："赆，送行者赠赂之礼也。""赆"，今言旅费也。

6　予有戒心：赵注："戒，备也。有戒备不虞之心也。时有恶人欲害孟子，孟子戒备。"焦循《正义》曰：赵岐言时有恶人欲害孟子。应劭云：又绝粮于邹薛，困殆甚。薛之俗，在孟尝未招致任侠奸人之前，其子弟已多暴桀，异于邹鲁，故恶孟子欲害之耶？抑上下无交，有如孔子之厄于陈蔡者耶？是皆未可知。

7　故为兵馈之：赵注："薛君曰：'闻有戒，此金可鬻以作兵备，故馈之。'""故"，本然之辞也。或作"固"（王引之说）。周广业《孟子出处时地考》云："孟子所在之薛，乃齐靖国君田婴封邑，非春秋之薛也。"

8　未有处：韦昭注："处，名也。"犹"师出无名"之名。如今言"名义"。赵注："于义未有所处也。"

9　是货之也："货"，财贿。赵注："以货财取我，欲使我怀惠也。"犹今言"以金钱收买"也。

10　取：犹致也。

今译

陈臻问孟子道："从前在齐国，齐王送夫子价值倍常的好金百镒，却不接受他；在宋国，宋君送夫子普通的金子七十镒，却收下了；在薛国，薛君又送普通的金子五十镒，也收下了。如果从前不接受是对的，那么今天接受，便是不对。对和不对，夫子必占有一种了。"孟子说："都是对的。在宋国的时候，我将作远程的航行，凡送行的，必须赠送旅费，宋君送金子来，说是'赠送旅费'，我为什么不接受？当在薛国的时候，我怀有戒备的心，薛君送来金子，说是此款送给夫子做兵备的费用，我又为什么不接受？至于在齐国的时候，既不曾远行，又没有戒心，如果接受赠金，是丝毫没有名义的。没有名义而接受人家馈赠，是用货财来收买我啊！哪里有君子可以用货财来收买的呢？"

章旨

此章言君子取与，皆以义为依归。其合于义，虽少不辞；无当于义，兼金不顾。

（十三）平陆章

孟子之平陆[1]，谓其大夫[2]曰："子之持戟之士[3]，一日而三失伍[4]，则去之[5]否乎？"曰："不待三。""然则子之失伍[6]也亦多矣！凶年饥岁，子之民，老羸[7]转于沟壑，壮者散而之四方者，几千人矣。"曰："此非距心之所得为[8]也。"曰："今有受人之牛羊而为之牧之[9]者，则必为之求牧与刍[10]矣。求牧与刍而不得，则反诸其人[11]乎？抑亦立而视其死[12]与？"曰："此则距心之罪也。"他日，见于王曰："王之为都[13]者，臣知五人焉。知其罪者，惟孔距心。"为王诵之[14]。王曰："此则寡人之罪也。"

今注

1　平陆：齐之下邑。在今山东汶上县北。

2　大夫：邑宰。如今之县长。指孔距心。

3　持戟之士：执戈守卫者。"戟"，音几。

4　失伍：失去其行列也。犹今言"离开了岗位"。

5　去之：罢免也。

6　子之失伍：朱注："言其失职，犹士之失伍也。"

7　羸：弱也。

8　所得为：赵注："此乃齐大政，不肯赈穷，非我所得专为也。"

9　牧之："牧"，养也。凡放饲牲畜皆曰牧。

10　求牧与刍："牧"，放饲牛羊之地。"刍"，饲牛羊之草也。

11　反诸其人：谓还他主人。"反"，还也。

12　立而视其死：言坐视其牛羊之死。此喻坐视饥民而死，不辞官职而去。

13　为都：赵注："治都也。邑有先君宗庙曰都。"按：阎氏《四书释地续》云："都与邑，虽有大小，君所居，民所聚，有宗庙及

　　　　　　　　　　　　　　　孟子今注今译

无之别。其实古多通称。"

14　诵之："诵"，言也。赵注："为王言所与孔距心语者也。"

今译

孟子到了平陆邑，对邑宰孔距心说："假使你的左右执戟的卫士，一天三次离开了队伍，是不是开除他呢？"孔距心说："不必等到三次。"孟子说："既是如此，那么，你失职处也多了：兵凶饥荒的年岁，你的百姓饥饿辗转，死在沟壑里；年轻力壮的逃散到四方去，总有几千人了。"孔距心说："这是国君不肯救济，不是我个人所能做得到的。"孟子说："假如现在有一人，接受人家的牛羊，替他牧养，就要寻找牧地和草料。要是牧地和草料寻找不到，那么是把牛羊还给主人呢？还是站在那里看着它们饿死呢？"孔距心说："我失职了，这是我的罪过啊！"过几天，孟子去见齐王说："王的治理都邑的大夫，臣共认得五个人，但是知道自己罪过的，只有孔距心。"于是把和孔距心所谈的话，对王说了一遍。王说道："这却是我的罪过，不是孔距心啊！"

章旨

此章孟子深赞孔距心直认己过之可贵，诚勉人臣当以正道事君，不可尸位素餐。诗云："彼君子兮，不素餐兮。"言不尸其禄也。

（十四）蚔蛙章

孟子为[1]蚔蛙[2]曰："子之辞灵丘[3]而请士师似也[4]；为其可以言[5]也。今既数月矣，未可以言与？"蚔蛙谏于王而不用，致为臣[6]而去。齐人曰："所以为[7]蚔蛙，则善矣；所以自为[8]，则吾不知也。"公都子[9]以告。曰："吾闻之也，有官守[10]者，不得其职[11]则去；有言责[12]者，不得其言则去。我无官守，我无言责也。则吾进退，岂不绰绰然有余裕[13]哉？"

今注

1　为：同谓。

2　蚔蛙：齐大夫名。"蚔"，音迟。

3　灵丘：齐之下邑。

4　士师似也："士师"，狱官。又谏官。"似也"，朱注："言所为近似有理。"

5　可以言：朱注："谓士师近王，得以谏刑罚之不中者。"

6　致为臣："致"，还也。《公羊传·宣公元年》："退而致仕。"何注："致仕，还禄位于君。"今言辞职。

7　所以为："为"，读去声，犹助也。谓助蚔蛙得善处之道也。

8　所以自为：朱注："讥孟子道不行而不能去也。"

9　公都子：孟子弟子也。

10　官守：官位职守也。

11　不得其职："职"，事也。赵注："不得守其职"。

12　言责：负其谏言之责也。

13　绰绰然有余裕："绰绰然"，宽裕貌。"裕"，亦宽也。朱注："孟子居宾师之位，未尝受禄，故其进退之际，宽裕如此。"赵岐注："执职者劣，借道者优。是以臧武仲雨行而不息，段干木偃寝而式间。"

今译

　　孟子对蚔蛙说："你辞去灵丘邑宰的职位，请求调任谏官，似乎很有理，因为这个职位可以随时向王进言。现在已经好几个月了，还没有进言的机会吗？"于是蚔蛙就去谏齐王，可是王没有采纳，他便辞职离开了。齐人就讽刺孟子说："他帮助蚔蛙打算，那倒是很好；可是替自己打算什么，我就不知道了。"公都子把这话告诉了孟子。孟子说道："我听说过，有官职责任的人，不能尽到他的职责，即应离去；有进言责任的人，不能尽到他的言责，即应离去。我今天既无官守，又无言责，那么，我要进要退，岂不是太宽裕有余地吗？"

章旨

此章孟子论守官守道之方。

（十五）为卿章

孟子为卿[1]于齐，出吊于滕[2]。王使盖[3]大夫王驩[4]为辅行[5]。王驩朝暮见。反[6]齐滕之路，未尝与之言行事[7]也。公孙丑曰："齐卿[8]之位，不为小矣；齐滕之路，不为近矣；反之而未尝与言行事，何也？"曰："夫既或治之[9]，予何言哉？"

今注

1　卿：客卿。处于宾师地位。

2　出吊于滕：奉齐王之命，出吊滕君之丧。

3　盖：读葛，齐地名。在今山东沂水县西北。

4　王驩：赵注："齐之谄人，有宠于王。"

5　辅行：副使也。

6　反：往而还也。

7　行事：出使之事也。

8　齐卿：朱注："王驩盖摄卿之行，故曰齐卿。""摄"兼代也。陈组绶《四书燃犀解》引除伯聚云："经文明言孟子为卿，驩为大夫，则公孙丑所言之卿，盖孟子也。"此说今不从。胡毓寰云："细玩经文公孙丑原意，似怪孟子小视驩，故言驩亦齐卿，其位不小，何以夫子不与之言也？大概当时确如朱注所言：'驩盖摄卿以行。'"又云："孟文明言王驩朝暮见，则驩之殷勤而有礼貌可知，何得言驩自专而行？孟子所以不与言者，正如赵氏所云，'不悦其为人'耳。"

9　夫既或治之：“夫”指王驩。朱注：“言有司已治之矣。”赵注：“或，有也。”谓有其人也。凡不举名，但泛指有其人，则曰“或”。焦循《正义》曰：“此孟子称王驩为夫，赵氏以夫人解之，其义一也。驩原为副使，而自专行事，孟子若与之言，谦卑，则转似为驩所帅，高亢，则又似揽权而争之，故为往返千里，一概以默而不言处之。既不訾彼司其职，我同其成，又不致以伺问之嫌，阴成疑隙。孟子与权臣共事，所处如此。若驩果以孟子为之主，事事请问而行，则孟子岂拒之不言乎？丑因驩自专行事，疑孟子当言，孟子正以卿位不小于驩而不必言。此解释孟子答丑问，所见甚是。”

今译

孟子在齐国做客卿，奉命出使到滕国吊丧。齐王派盖邑大夫王驩做副使。王驩早晚都来见孟子，可是在往返于齐国和滕国的路上，孟子从来没有和他谈起出使的事。公孙丑说：“王驩也是副使，他的卿位不算小了；齐国到滕国的路程，不算近了；在往返的路上，夫子却不曾和他谈过出使的事，这是什么缘故呢？”孟子说：“这事既已有人负责办了，我何必再说什么呢？”

章旨

此章言孟子处世接物，谨严不苟。与王驩同使，“阳以存忠厚之意，阴以维道义之妨”，正所谓“不恶而严”。

（十六）自齐章

孟子自齐，葬于鲁[1]，反于齐，止于嬴[2]。充虞[3]请[4]曰：“前日不知虞之不肖[5]，使虞敦匠[6]。事严[7]，虞不敢请。今愿窃有请也。木若以美然[8]？”曰：“古者棺椁无度[9]；中古[10]棺七寸，椁称之[11]。自天子达于庶人，非直为观美[12]也，然后尽于人心[13]。不得[14]，不可以为悦；无财[15]，不可以为悦。得之为[16]有财，古之人皆用之；

吾何为独不然！且比化者¹⁷，无使土亲肤，于人心独无恔¹⁸乎！吾闻之也，君子不以天下俭其亲¹⁹。"

今注

1　自齐，葬于鲁：赵注："孟子仕于齐，丧母，而归葬于鲁也。"

2　嬴：齐南邑。

3　充虞：孟子的弟子。

4　请：问也。

5　不肖：不贤也。

6　敦匠："敦"，董治也。赵注："敦匠，厚作棺也。"

7　事严：谓丧事紧急也。"严"，急也。

8　木若以美然：谓棺木似太美也。"以"同已，"以美"，太美也。

9　无度：无有一定限度也。

10　中古：赵注："谓周公制礼以来。"

11　椁称之：朱注："与棺相称也。"赵注："椁薄于棺，厚薄相称相得也。"

12　非直为观美："直"，特也，但也。"观美"，即美观。言非但为外观之美好也。

13　然后尽于人心：赵注："厚者难腐朽，然后能尽于人心所不忍也。"焦循云："终己之身，不可使父母棺椁腐朽。己身以往，其腐朽原不能免，但及人子之身不腐朽，为尽人心所不忍也。"

14　不得：朱注："不得，谓法制所不当得。"赵注："不得用之，不可以悦心也。"

15　无财：赵注："无财以供"。

16　为：犹与也。

17　且比化者："比"，同庀，又同庇。"庀"，寄也。"庇化”，寄化也。言死者寄寓于棺椁中，犹生人寄寓于宅内。

18　恔：快也。

19　不以天下俭其亲：赵注："不以天下人所得用之物俭约于其亲。言事亲竭其力者也。"盖儒家于行为，不重较量财物，一切唯以心安为主。曾子曰："吾闻诸夫子，人未有自致者，必也亲丧乎！"致，尽其极也，"自致"者，不需仿效督教，自然而极其至之也。

今译

孟子运母亲的灵柩，从齐国回到鲁国安葬，事后孟子又回到齐国，暂宿于嬴邑。他的学生充虞问道："前日夫子不知虞没有才干，派虞监工，照料匠人做棺木的事。那时候很匆促，虞不敢请问夫子，现在事毕，想私自请问一下：那棺木好像太美好了。"孟子说："上古时代，内棺外椁，厚薄没有一定的制度。到了中古周公制礼的时候，制定棺材七寸厚，椁的厚薄和它相称，从天子一直到了百姓，都是一样的。不但为了外表美观，因为这样做，才能尽人子的孝心。如果受法度的限制，不能这样做，人子的心便不悦足；如果财力不够，不能这样做，人子的心便不悦足。既符合法度，又具有财力，古时候的人都采用这种棺椁了，我为什么独独不这样做呢？况且把棺木做得厚些，死者寄寓在里面，不使泥土近着他的肌肤上，在人子的心里，难道不快慰吗？我听人说过：'君子不因吝惜天下的财物，从自己父母的身上节省。'"

章旨

此章述孟子尽孝于亲，尤以"尽心"为本。借明"慎终"之义。

（十七）沈同章

沈同[1]以其私[2]问曰："燕可伐与[3]？"孟子曰："可。子哙[4]不得与人燕，子之不得受燕于子哙。有仕[5]于此，而子[6]悦之；不告于王，而私与之吾子之禄爵[7]。夫士也，亦无王命而私受之于子，则可乎？何以异于是？"齐人伐燕。或问曰："劝齐伐燕，有诸[8]？"曰："未也。沈同问：'燕可伐与？'吾应之曰：'可。'彼然[9]而伐之也。彼如曰：'孰可以伐之？'则将应之曰：'为天吏[10]，则可以伐之。'今有杀人者，或问之曰：'人可杀与？'则将应之曰：'可。'彼如曰：'孰可以杀之？'则将应之曰：'为士师，则可以杀之。'今以燕伐燕[11]，何为劝之哉？"

今注

1　沈同：齐大臣。

2　以其私：赵注："自以私情问，非王命也。"犹今言"用私人身份"。

3　燕可伐与：伐燕事，详见《梁惠王篇·伐燕章》。

4　子哙：《战国策·燕策·燕一·燕王哙既立》："子之相燕，贵重主断。苏代为齐使于燕。燕王问之曰：'齐宣王何如？'……对曰：'不信其臣。'……于是燕王大信子之。……鹿毛寿谓燕王曰：'不如以国让子之，……是王与尧同行也。'燕王因举国属子之。……子之南面行王事。……子之三年，燕国大乱。储子谓齐宣王：'因而仆之，破燕必矣。'王因令章子将五都之兵以因北地之众以伐燕。士卒不战，城门不闭，燕王哙死，齐大胜燕，子之亡。"《史记·燕召公世家》文与此同，唯宣王作愍王。

5　仕：做官者。

6　子：指沈同。

7　私与之吾子之禄爵：喻以王位私相授受，不得民之同意。

8　或问曰……有诸：《战国策·燕策》："孟轲谓齐宣王曰：'今伐燕，此文武之时，不可失也。'"焦循曰："燕哙之事，其乱极矣；为齐赞画出师，固孟子之心也。"《朱子语类》："伐燕之事，……孟子无一语谏之，……想孟子亦必以伐燕为是；但不意齐师之暴虐耳。"

9　彼然：谓彼以可伐为是也。

10　天吏：赵岐注："天使之也，为政当为天所使，诛伐无道。"

11　以燕伐燕：朱注："言齐无道与燕无异，如以燕伐燕也。"
赵岐注："诛不义者必须圣贤，礼乐征伐自天子出，王道之正者也。"

今译

齐国大臣沈同以私人身份问孟子道："燕国可以讨伐吗？"
孟子说："可以。天子领导天下，子哙不应该把燕国让给别人，子
之也不应该承受燕国。譬如有位做官的在这里，因为你很喜欢他，
不去请示周天子，就私下把你的爵位让给他，这人也未奉王命便私
下承受你的爵位，哪里可以呢？这和子哙之私相授受，又有什么不
同？"后来齐国派兵攻打燕国，有人问孟子说："夫子劝齐国伐燕
国，有这回事吗？"孟子说："没有啊。沈同曾问：'燕国可以攻
伐吗？'我同他说：'可以。'他以为我说得对，便出兵去打燕国。
他如果再问我说：'谁可以去伐燕？'我就会回答他说：'做天吏
的才可以伐燕。'比如现在有个杀了人的人，有人问道：'这人可
以杀了吗？'我就回答他说：'可以。'他如果再问：'谁可以杀
他？'我就回答他说：'做法官的，才可以杀他。'如今齐国和燕
国同样无道，就如同以燕国伐燕国，我为什么还要去劝他呢？"

章旨

此章阐明天讨不可以私。盖天讨必本仁义，否则，以暴易暴耳。

（十八）燕人章

燕人畔[1]。王曰："吾甚惭[2]于孟子。"陈贾[3]曰："王无患焉。
王自以为与周公，孰仁且智？"王曰："恶！是何言也！"曰："周
公使管叔监殷[4]；管叔以殷畔。知而使之，是不仁也；不知而使之，

是不智也。仁智，周公未之尽也；而况于工乎？贾请见而解之。"
见孟子，问曰："周公何人也？"曰："古圣人也。"曰："使管叔监殷，管叔以殷畔也，有诸？"曰："然。"曰："周公知其将畔而使之与？"曰："不知也。""然则圣人且有过与？"曰："周公弟也，管叔兄也。周公之过，不亦宜乎？且古之君子，过则改之；今之君子，过则顺之⁵。古之君子，其过也，如日月之食，民皆见之；及其更⁶也，民皆仰之。今之君子，岂徒顺之，又从为之辞⁷。"

今注

1 燕人畔："畔"，同叛。宣王取燕，孟子劝王谋于燕众，置君而后去之。宣王不听。燕人畔齐，共立太子平，是为昭王。

2 惭：羞愧也。

3 陈贾：齐大夫。

4 管叔监殷："管叔"，名鲜，武王弟，周公兄也。周公佐武王杀纣，封纣子武庚，使管叔、蔡叔、霍叔监其国。武王崩，成王幼，周公摄政，管叔与武庚畔，周公讨而诛之。

5 过则顺之："顺"，逆之反。《贾子·道术》："反顺为逆。"谓有过应逆而止之，今乃顺而从之，不但顺而从之，且为辞以解说其过。

6 更：读平声，改也。

7 又从为之辞：朱注："林氏曰：'齐王惭于孟子，盖羞恶之心有不能自已者。使其臣有能因是心而将顺之，则义不可胜用矣。而陈贾鄙夫，方且为之曲为辩说，而沮其迁善改过之心，长其饰非拒谏之恶，故孟子深责之。'""辞"，辩也。

今译

燕国最终反叛齐国，齐宣王说："我对孟子觉得很惭愧。"陈贾说："王对这事不必忧愁，王自己认为和周公相比，是谁仁厚而且明智呢？"宣王说道："啊，这是什么话！"陈贾说："武王讨灭殷纣，即封纣子武庚于殷地，周公并派管叔监督武庚。后来管叔依仗殷地反叛，周公就把他讨平了。假使周公知道管叔反叛，还让他做监督，这是不仁厚；不知道管叔将要反叛，就使他做监督，这是不明智的。这仁厚和明智，周公圣人尚且不能兼备，何况是王呢？我去请见孟子，替王解说这件事。"陈贾见孟子问道："周公是哪一等人？"孟子说："古时候的圣人。"陈贾说："周公使管叔监督武庚，管叔却依仗殷地反叛，有这事吗？"孟子说："是的。"陈贾说："周公知道管叔要反叛而故意派他去的吗？"孟子说："周公不知道。"陈贾说："这样说来，圣人也会有过错吗？"孟子说："周公是弟弟，管叔是哥哥，弟弟怎会忍心去猜疑哥哥呢？周公犯了过错，不也是人情中应该有的吗？古时候的君子，犯了过错便马上改正；现在的君子，犯了过错就将错就错。古时候的君子，犯了过错，好像日食和月食一样，百姓都看得见，等到他改了的时候，百姓都仰佩他。现在的君子，不但将错就错，而且要替自己巧言掩饰一番呢。"

章旨

此章言古人之过勿惮改，以警文过饰非之今人。

（十九）致为章

孟子致为臣而归[1]。王就见[2]孟子曰："前日[3]愿见而不可得；得侍同朝[4]，甚喜。今又弃寡人而归。不识可以继此而得见乎[5]？"对曰："不敢请耳，固所愿也[6]。"他日，王谓时子[7]曰："我欲中国[8]而授孟子室，养弟子以万钟[9]；使诸大夫国人皆有所矜式[10]。子盍[11]为我言之！"时子因陈子[12]而以告孟子。陈子以时子之言告孟子。孟子曰："然。夫时子恶知其不可[13]也。如使予欲富，辞十万而受万¹⁴，是为欲富乎？"季孙曰："异哉！子叔疑¹⁵！使己为政，不用，则亦已矣。又使其子弟为卿。人亦孰不欲富贵！而独于富贵之中有私龙断¹⁶焉。古之为市也，以其所有，易其所无者。有司者治之¹⁷耳。有贱丈夫¹⁸焉，必求龙断而登之，以左右望¹⁹，而罔市利²⁰，人皆以为贱，故从而征之²¹，征商，自此贱丈夫始矣。"

今注

1　致为臣而归："致"，犹还也。谓还卿职于齐而归去也。

2　就见：即孟子馆而见之也。

3　前日：犹言前时。指孟子未来齐时也。

4　得侍同朝："侍"，承受也。谓得侍贤者之侧而能与孟子同朝，盖谦词也。

5　不识可以继此而得见乎：赵注："不知可以续今日之后，遂使寡人得相见否乎？"

6　不敢请耳，固所愿也：赵注："不敢自请耳，固心之所愿也。"

7　时子：齐臣也。

8　中国：当国之中央也。欲选都城适中之地，使学者远近均也。

9　万钟：朱注："谷禄之数也。钟，量名，受六斛四斗。"

10　秩式：赵注："秩，敬也；式，法也。欲使诸大夫、国人敬法其道。"

11　盍：何不也。

12　陈子：孟子的弟子陈臻。

13　恶知其不可："恶"，平读，何也。"不可"，不可留也。

14　辞十万而受万：蒋伯潜氏云："孟子为齐卿，禄当十万钟；孟子不受禄，故曰'辞十万'。今若受齐王万钟之养，是'受万'矣。"胡毓寰云："十万之禄，当是齐王欲以表示其特别之优遇。而孟子志在为政，故亦特辞之。以表示其非为富之志，故在齐仕而不受禄。即此一层，孟子固既可敬矣。"

15 季孙、子叔疑：朱注："不知何时人。"

16 龙断："龙"，同垄，是高岗。"断"，是绝高处。朱注："谓冈垄之断而高也。"

17 有司者治之：赵注："古者市置有司，但治其争讼，不征税也。"

18 贱丈夫：贪得可贱之人也。

19 左右望：即左顾右盼，意欲得此而取彼也。

20 罔市利："罔"同网。谓见市中有利，则网罗而取之。

21 从而征之：谓人皆贱其贪，故从而征取其税捐，后世所谓"商税"是也。

今译

　　孟子辞去客卿的职位想要回去。齐王亲自来看孟子说："从前我想见夫子却不能够；等到夫子来齐，才能侍奉夫子，和夫子同朝，心里高兴极了。现在您又要舍我归去，不知从此以后，我们能够再相见吗？"孟子答道："臣虽不敢请求，这本是臣衷心所盼望的。"过了几天，齐王对时子说："我想在国都的中央给孟子一所房屋，每年用万钟的俸禄供养他的弟子，好使诸大夫和国人都可尊敬而效法。你何不替我去说一说。"时子便把齐王的话托陈臻转告孟子。于是陈臻把时子的话告诉孟子。孟子说："是的，那时子怎么晓得我留不住呢？假使我真想发财，辞了十万钟的俸禄，却来接受一万钟的薪金，这算是想发财吗？"季孙说："真奇怪！子叔疑这个人，自己要想做官，君王不用他，也就算了，却要设法叫自己的子弟去做卿。谁不想富贵，他却独独在富贵场中，有霸占山头，私自垄断的样子。古时做交易的人，拿自己所有的，换取自己所没有的；司市的官吏，不过约束他的争执就算了。但市场上却有一个贱丈夫，必定先找个高高的冈垄登上去，东张西望，好去网罗市场中的利益。

人人皆以为这种行为太卑贱，所以就特地征取他的税。征取商税，就是从这贱丈夫开始的。"

章旨

此章言君子去就，在道之行不行，非利禄之是求。

（二十）去齐章

孟子去齐，宿于昼[1]。有欲为王留行者，坐而言[2]；不应，隐[3]几而卧。客不悦曰："弟子齐宿[4]而后敢言；夫子卧而不听。请勿复敢见矣！"曰："坐！我明语子[5]。昔者鲁缪公无人乎子思之侧，则不能安子思[6]；泄柳申详无人乎缪公之侧，则不能安其身[7]。子为长者虑，而不及子思：子绝长者乎？长者绝子乎[8]？"

今注

1　昼：赵注："齐西南近邑也。孟子去齐欲归邹，昼邑而宿也。"

2　坐而言：赵注："客危坐而言，留孟子之言也。"朱骏声曰："古席地而坐，膝着席而下其臀曰坐；耸其体曰跪。"盖正身而坐曰"危坐"。

3　隐：依也，凭也。

4　齐宿："齐"，读斋。朱注："齐戒越宿也。"

5　坐！我明语子：《礼记·曲礼》："侍坐于先生，先生问焉，终则对，请业则起。"按：古时席地而坐时代之跪，与椅桌而坐时代之起，方式虽微有不同，而其屈伸腰股以示敬意则一也。曰："坐！我明语子。"此孟子自居长者态度。据前人诸家考证："孟子去齐，事在赧王元年（纪元前三一四年），孟子年已五十有九，其自称'长者'，不亦宜乎。"

6　昔者……不能安子思：鲁缪公，鲁君，名显。子思，孔子孙，名伋。后世称为述圣。朱注：“缪公尊礼子思，常使人候伺，道达诚意于其侧，乃能安而留之也。”

7　泄柳申详……则不能安其身：朱注：“泄柳，鲁人。申详，子张之子也。缪公尊之不如子思，然二子义不苟容，非有贤者在其君之左右维持调护之，则亦不能安其身矣。”

8　长者绝子乎：朱注：“长者，孟子自称也。言齐王不使子来，而子自欲为王留我，是所以为我谋者，不及缪公留子思之事，而先绝我也。我之卧而不应，岂为先绝子乎。”赵注：“惟贤者安贫，智者知微，以愚喻智，道之所以乖也。”

今译

孟子离开了齐国，歇宿在昼邑。有人想替齐王挽留孟子，很恭敬地坐着，向孟子说话，孟子不回答，倚靠在几案上打瞌睡。这人不高兴地说：“弟子斋戒地过了一夜，才敢来说，夫子却瞌睡不理我，请不要见怪，以后我再也不敢来拜见了。”孟子说：“你坐，我明白告诉你：从前鲁缪公敬重子思，假使不派人在子思身旁伺候，转达诚意，就不能安留子思。泄柳、申详，贤虽不如子思，然皆义不苟容。假使没有人在缪公身旁维护他们，也就不能安留他们。你替我这个长者筹谋，却没想到那缪公安留子思的态度，只把我当作泄柳、申详，想在齐王面前维护我，究竟是你先弃绝长者呢？还是长者弃绝你呢？”

章旨

此章言君子出处进退，皆合于义。

（二十一）尹士章

孟子去齐。尹士[1]语人曰：“不识王之不可以为汤武，则是不明也；识其不可，然且至，则是干泽[2]也。千里而见王，不遇故去。

三宿而后出昼，是何濡滞³也！士则兹不悦⁴。"高子⁵以告。曰："夫尹士恶知予哉！千里而见王，是予所欲也；不遇故去，岂予所欲哉？予不得已也！予三宿而出昼，于予心犹以为速。王庶几改之⁶！王如改诸，则必反予⁷。夫出昼而王不予追⁸也，予然后浩然⁹有归志。予，虽然，岂舍王哉？王由¹⁰足用为善；王如用予，则岂徒齐民安，天下之民举¹¹安。王庶几改之，予日望之！予岂若是小丈夫然哉？谏于其君而不受，则怒，悻悻然¹²见于其面，去则穷¹³日之力而后宿哉！"尹士闻之曰："士诚小人也！"

今注

1　尹士：齐人。

2　干泽：求禄也。

3　濡滞：淹久，迟留。

4　士则兹不悦："则"，犹于也。"兹"，此也。尹士谓"于孟子此事，颇感不满"。

5　高子：赵注："亦齐人，孟子弟子。"

6　改之：更改之也。盖指改变其不信孟子之心。朱注："所改必指一事而言，今不可考矣。"

7　反予：召还我也。《说文》："反，覆也。"

8　不予追：犹不追予也。

9　浩然："浩浩"，流也（《广雅·释训》）。朱注："如水之流，不可止也。"

10　由：同犹。

11　举：皆也。

12　悻悻然：愤怒不平貌。

13　穷：尽也。

今译

孟子离开了齐国，尹士告诉别人说：“孟子不知道齐王不可以成为商汤和武王，就是糊涂；知道齐王不可以，却还要来到齐国，是自己想求官做。走了千里路赶来见齐王，因意见不合便离去，又在昼邑住了三夜才离开，为什么这样迟缓呢？我对于这点，颇不满意。”高子把这话告诉孟子。孟子说：“那个尹士怎么知道我呢？走了千里路赶来见齐王，是我愿意的；因意见不合便离去，难道是我愿意的吗？我实在出于不得已啊！我在昼邑住了三夜才离开，在我心中还觉得太快。齐王或许能改悔呢！如果改悔，他一定会追我回去。直等到走出了昼邑也不见齐王来追我，然后像流水般不止，才有了离去的决心。我虽如此，又哪里忍心舍弃齐王呢？齐王天资纯朴，还可用以推行善政；齐王如果用我，岂止齐国百姓可以安定，天下的百姓全都可以安定了。齐王或许能改悔，我天天这样盼望着！我难道像那器量狭窄的小人一样吗？去劝谏他的君而不被采纳，马上发怒，愤愤不平就表露在脸上，离去的时候便走上一天力量用尽才肯止休吗？”尹士听了这话，很惭愧地说：“我尹士真是小人啊！”

章旨

此章尤见圣贤抱道济世之仁怀，真情流露，去国实不得已。

（二十二）充虞章

孟子去齐。充虞[1]路问曰：“夫子若有不豫色然[2]。前日，虞闻诸夫子曰：‘君子不怨天，不尤人[3]。’”曰：“彼一时，此一时也[4]。五百年必有王者兴[5]，其间必有名世者[6]。由周而来，七百有余岁矣。以其数[7]，则过矣；以其时[8]考之，则可矣。夫天，未欲平治天下也；如欲平治天下，当今之世，舍我其谁也？吾何为不豫哉[9]？”

今注

1 充虞：孟子弟子。

2 不豫色然：即不悦貌。"豫"，悦也。

3 不怨天，不尤人：朱注："此二句，实孔子之言，盖孟子尝称之教以人耳。""尤"，过也。

4 彼一时，此一时也：焦循云："通解以'彼一时'为充虞所闻'君子不怨天不尤人'之时，'此一时'为今孟子去齐之时。"

5 五百年必有王者兴：朱注："自尧至汤，自汤至文武，皆五百余年而圣人出。"

6 名世者：朱注："谓其人德业闻望可名于一世者，为之辅助。若皋陶、稷、契、伊尹、莱朱、太公望、散宜生之属。"

7 数：朱注："五百年之期。"

8 时：即时势。朱注："谓乱极思治可以有为之日。于是而不得一有所为，此孟子所以不能无不豫也。"

9 吾何为不豫哉：赵注："孟子自谓能当名世之士，时又值之，而不得施；此乃天自未欲平治天下耳，非我之愆。我固不怨天，何为不悦豫乎？"又云："圣贤兴作与时消息，天非人不因，人非天不成，是故知命者不忧不惧也。"

今译

孟子离开了齐国，充虞在路上问道："夫子好像有些不愉快的样子。以前虞曾听夫子说：'君子遭遇困穷时，既不怨恨天，也不责怪人。'"孟子说："那是一个时候，这是一个时候。自古以来，大约每五百年，必有一个圣王兴起，在这中间，还有一个才德出众、名传当世的贤人（辅助圣王）。从周朝开国以来，已有七百多年了，照着五百年的周期来计算，已经超过了；用现在时势考察起来，也该有圣贤兴起了。可是现在还没有出现，大概天意还不想安定这个世界。如果要安定这个世界，当今天的时代，除了我，还有谁呢？

这样想来，我又有什么不愉快啊？"

章旨

此章正显示圣贤忧世心切，然亦未尝不乐天知命。其自负豪语，千古如见。

（二十三）居休章

孟子去齐居休[1]。公孙丑问曰："仕而不受禄，古之道乎？"曰："非也。于崇[2]，吾不得见王，退而有去志[3]；不欲变[4]，故不受也。继而有师命[5]，不可以请[6]；久于齐，非我志也。"

今注

1 休：地名。在今山东滕县北，距孟子家约百里。

2 崇：亦齐地。

3 退而有去志：朱注："孟子始见齐王，必有所不合，故有去志。"

4 变：谓变其志。朱注："孔氏曰：'仕而受禄，礼也，不受齐禄，义也。义之所在，礼有时而变，公孙丑欲以一端裁之，不亦误乎？'"

5 师命：赵注："有师旅之命也。"朱注："师命，师旅之命也。"

6 不可以请：谓齐国正兴师之际，难以请去也。

今译

孟子离开齐国，住在休邑。公孙丑问道："夫子做官，却不接受俸禄，这是古时候的道理吗？"孟子说："不是。当初在崇邑，我第一次见到齐王，回来便有离开齐国的意思。后来虽然做了客卿，但仍是不愿改变初衷，所以不接受俸禄。不料接着又有出师作战的命令，在道理上又不可离开。至于久住齐国，并不是我的心愿啊。"

章旨

此章言君子出处从容，均合于义。若无功而食其禄，则不由也。

滕文公篇　第三

（一）滕文章

滕文公为世子 [1]，将之楚 [2]，过宋 [3] 而见孟子。孟子道性善 [4]；言必称尧舜 [5]。世子自楚反，复见孟子。孟子曰："世子疑吾言乎 [6]？夫道一 [7] 而已矣！成覸 [8] 谓齐景公曰：'彼 [9]，丈夫也，我，丈夫也，吾何畏彼哉？'颜渊曰：'舜，何人也，予，何人也，有为者亦若是！'公明仪 [10] 曰：'"文王我师 [11] 也。"周公岂欺我哉！'今滕，绝 [12] 长补短，将 [13] 五十里也；犹可以为善国 [14]。书 [15] 曰：'若药不瞑眩 [16]，厥疾不瘳 [17]。'"

今注

1　世子：即太子。"世"，继也，谓继父为君也。

2　将之楚：谓将往楚国修睦邻之礼也。

3　宋：国名。商微子之封地。至战国，则称王图霸，奄有今河南商邱县以东至江苏铜山县以西之地。

4　道性善："道"，言也。"性"，生之实也。朱注："性者，人所本于天以生之理也。"按："性善"，为孟子学说之中心；尧、舜，为儒家理想之模范人物。康有为氏云："孟子一生学术，皆在

'道性善，称尧舜'二语。"朱子谓："孟子之言性始见于此，而详具于《告子》之篇，然默识而旁通之，则七篇之中无非此理。其所以扩前圣之未发，而有功于圣人之门，程子之言信矣。"

5　称尧舜：朱注："浑然至善，未尝有恶，人与尧舜初无少异，但众人汨于私欲而失之，尧舜则无私欲之蔽，而能充其性尔。……欲其知仁义不假外求，圣人可学而至，而不懈于用力也。"

6　世子疑吾言乎：朱注："时人不知性之本善，而以圣贤为不可企及；故世子于孟子之言，不能无疑，而复来求见。盖恐别有卑近易行之说也。孟子知之，故但告之如此，以明古今圣愚本同一性。"

7　道一：戴震《孟子字义疏证》："孟子答公孙丑曰：'大匠不为拙工改废绳墨，羿不为拙射变其彀率。'言不因巧拙而有二法也。告滕世子曰：'夫道，一而已矣。'言不因人之圣智不若尧、舜、文王而有二道也。盖才质不齐，有生知安行，有学知利行，且有困知及勉强行。《中庸》曰：'及其知之一也；及其成功一也。'"按：一者，同也。同于道也。

8　成覸：人名。齐景公时之勇臣也。

9　彼：盖指才智尊贵之士。朱注："谓圣贤也。"

10　公明仪：朱注："公明姓，仪名。鲁贤人也。"

11　文王我师：朱注："此盖周公之言。公明仪亦以文王为必可师，故诵周公之言而叹其不我欺也。"胡毓寰云："孟子引此三言：成覸言我与才智尊贵之士同是人也；颜渊言我与大圣虞舜同是人也；公明仪言我与周公同可师文王者也。以明'道一而已'，无分智愚，为之则人皆可成尧舜也。"

12　绝：截也。如割截也。

13　将：几也（杨树达《词诠》）。犹今言"差不多"。

14　善国：孙奭疏："尚可以为行善之国也。"朱注："言滕国虽小，犹足为治，但恐安于卑近，不能自克，则不足以去恶而为善也。"

15　书：伪《古文尚书·说命》篇。

16　瞑眩：令人昏闷不安之状。

17　瘳：读抽。病愈也。赵注："药攻人疾，先使瞑眩愦乱，乃得瘳愈也。喻行仁当精熟，德惠乃洽也。"

今译

滕文公做世子的时候，将要去楚国，特地经过宋国来看孟子。孟子同他说人性是善的，并且引证尧舜的言行。后来世子从楚国回来，又来看孟子。孟子说："世子怀疑我的话吗？要知道天下古今的道理只有一个，不论圣愚，本同一性，只要肯为善就是了。从前齐国勇臣成覸对景公说：'他是个大丈夫，我也是个大丈夫，我为什么怕不及他呢？'颜渊说：'舜是什么样的人，我也是什么样的人，只要有所作为，就能像他一样。'公明仪也说：'当初周公说："文王虽是我的父亲，也是我的老师啊！"周公这话，难道会欺骗我吗？'现在滕国虽然小，截长补短，差不多也有五十里地方，还可做成一个推行善政的国家。《书经》里说：'假如服了药，不能使头昏目眩，这病是不容易好的。'希望世子了解人性本善，人人皆可以为尧舜的真理，只要不断地努力推行善政，必可振兴滕国。"

章旨

此章孟子阐明人性本善，皆可为尧舜，借勉滕世子推行善政，振兴国家。

（二）滕定章

滕定公[1]薨。世子谓然友[2]曰："昔者，孟子尝与我言于宋；于心终不忘。今也不幸，至于大故[3]。吾欲使子问于孟子，然后行事[4]。"然友之邹[5]，问于孟子。孟子曰："不亦善乎[6]！亲丧，固所自尽[7]也。

曾子曰[8]：'生，事之以礼；死，葬之以礼，祭之以礼；可谓孝矣。'诸侯之礼，吾未之学也。虽然，吾尝闻之矣：三年之丧[9]，齐疏[10]之服，飦粥[11]之食，自天子达于庶人，三代[12]共之。"然友反命，定为三年之丧。父兄百官[13]皆不欲，曰："吾宗国[14]鲁先君莫之行，吾先君亦莫之行也；至于子之身而反之，不可。且志[15]曰：'丧祭从先祖。'"曰："吾有所受之也[16]。"谓然友曰："吾他日[17]未尝学问，好驰马试剑。今也父兄百官，不我足[18]也，恐其不能尽于大事[19]。子为我问孟子。"然友复之邹问孟子。孟子曰："然。不可以他求[20]者也。孔子曰：'君薨，听于冢宰[21]，歠粥[22]，面深墨[23]，即位[24]而哭。百官有司，莫敢不哀，先之[25]也。上有好者[26]，下必有甚焉者矣。君子之德，风也；小人之德，草也[27]。草尚[28]之风必偃[29]。'是在世子。"然友反命。世子曰："然！是诚在我。"五月居庐[30]，未有命戒[31]。百官族人，"可谓曰知[32]。"及至葬，四方来观之。颜色之戚[33]，哭泣之哀，吊者大悦[34]。

今注

1　滕定公：文公父也。

2　然友：世子之傅也。

3　大故：谓大丧也。"故"，事也。亲丧为重大之事，故云"大故"。

4　事：指丧礼。"行事"，办理丧事。

5　然友之邹：焦循《正义》："孟子盖自宋归邹也。《史记正义》云：'今邹县去徐州滕县四十余里。'盖往反不过大半日，故可问而后行事。"

6　不亦善乎：皇疏："亦，犹重也。"《正义》云："世子本善，今又问此，不重见其善乎。"

7　固所自尽："尽"，犹致也，极也。"自尽"，谓自致极其哀也。

8 曾子曰：赵注："曾子传孔子之言。"朱注："本孔子告樊迟者，岂曾子尝诵之以告其门人欤？"

9 三年之丧：赵注："孟子言我虽不学诸侯之礼，尝闻师言，三代之前，君臣行三年之丧。"朱注："子生三年然后免于父母之怀；故父母之丧，必以三年也。"

10 齐疏："齐"，音咨，同齌。朱注："齐，衣下缝也。不缉曰斩衰，缉之曰齐衰。疏，麤布也。"焦循《正义》："斩衰不称疏，齐疏以下乃称疏。……其称齐疏，内原包有斩衰。孟子言齐疏，犹曾申言齐斩耳。"

11 饘粥：《释文》："饘，本又作飦。"《说文》："饘，糜也。"《檀弓》孔疏："厚曰饘，希（稀）曰粥。"饘，音詹。

12 三代：夏、商、周也。

13 父兄百官：赵注："滕之同姓，异姓诸臣也。"朱注："父兄，同姓者臣也。"

14 宗国：朱注："滕与鲁俱文王之后，而鲁祖周公为长，兄弟宗之，故滕谓鲁为宗国也。"赵注："滕鲁同姓，俱出文王。鲁，周公之后；滕，叔绣之后。敬圣人，故宗鲁也。"按：赵说敬圣，朱说宗长，两说皆可通。

15 志：记也。古传记之书。

16 吾有所受之也：此为父兄百官释志之辞。"受"，传授也。赵注："言先祖之法，有所承受，不可以己身独更改也。"

17 他日：犹昔日。

18 不我足：谓对我不满也。

19 尽于大事：谓丧事办得完善也。

20 不可以他求：朱注："言当责之于己。"谓不可征求百官同意。

21 冢宰：周官名，为六卿之首。古称首相。

22　歠粥：“歠”，饮也。俗谓喝粥。

23　深墨：深墨色。

24　即位：就丧位也。

25　先之：谓己率先倡之，则百官有司莫敢不随之也。

26　上有好者：《礼记·缁衣》：“子曰：‘下之事上也，不从其所令，从其所行。上好是物，下必有甚者矣。’”

27　君子之德二句：此乃孔子之言。见《论语·颜渊》篇。

28　尚：加也。《论语》作上，古“尚”“上”通。

29　偃：伏也。焦循《正义》曰：“必偃以上，皆孟子述孔子之言，是在世子，为孟子勉世子之言。”

30　庐：即倚庐。焦循《正义》：“无柱无楣，但用两木斜倚于东壁作埊堵形，向西顺斜倚之木，以草为屏，故曰倚庐。”

31　未有命戒：朱注：“居丧不言，故未有命令教戒也。”

32　可谓曰知：朱注：“疑有阙误。或曰：皆谓世子之知礼也。”按：“可”，《说文》训肯，凡事必遂于心而后肯可之。“可谓曰知”，疑是肯定嘉许之辞。

33　戚：哀也。

34　吊者大悦：赵注：“来吊会者，见世子之憔悴哀戚，大悦其孝行之高美也。”

今译

滕定公去世了，世子文公向他师傅然友说：“前日过宋，孟子曾经和我谈话，我心里始终不会忘记的。现在不幸，遭到父丧的大事，我要请你去问孟子，然后再举办丧礼。”然友就到了邹国，来问礼于孟子。孟子说：“世子这样的虚心，不是很好吗？举办亲丧大礼，本是人子自应尽他的孝心的。曾子说过：‘父母在时，就依礼侍奉他们；去世了，就依礼殡葬他们，也依礼祭祀他们，这可称为孝了。’至于诸侯的丧礼，我本没有研究过，虽然这样我也曾听见过：父母去世，应行三年的丧礼。穿斩衰粗布的孝服，吃稀薄的粥，从天子通行到一般的百姓，夏、商、周三代以来，全是如此。"于是然友回来复命，世子就决定行三年的丧礼。可是宗族的长老和朝廷的大臣都不愿意，说："我宗国鲁先君不曾这样做，我先君也不曾这样做，现在到了你身上就要违背了，这是不可以的。传记里说：'丧祭的大礼，当遵从先祖的遗志。'"意思是说："我们是对这一传统有所继承的，怎么可以违反呢？"世子又对然友说："我从前未曾讲求学问，只是好骑马舞剑，现在宗族长老和朝廷大臣都不满意我，怕不能把大事办理完善，你再替我去问问孟子。"然友再到邹国问孟子。孟子说："是的，这件事不可以征求别人的意见，要靠自己拿出主张来。孔子说：'国君死了，一切政事皆由冢宰来处理，嗣君只是尽哀罢了。每天喝点稀粥，面色深黑，伏在丧位上时时哭泣，所有朝廷的官吏，没有一个不敢不哀痛的，因为嗣君先能尽其哀戚。在上有所好的事，在下必定比他更厉害了。在上君子的德行，譬如风；在下小人的德行，譬如草。草上加了风，必定随着风偃伏了。'这事全靠世子自己去做。"然友回来复命。世子说："是的，这事确实在我自己。"于是他便在中门外丧庐里，守丧五个月，没有发布任何命令和告诫，所有官吏和宗族们都称赞道："世子真是知礼了。"后来到了安葬的日子，四方来观礼的，见着世子颜色的悲伤、哭泣的哀恸，吊丧的人大大的悦服。

章旨

此章特明亲丧之实，在"固所自尽"一语。文公从善如流，正显人性之善，人皆可以为尧舜。

（三）为国章

滕文公问为国[1]，孟子曰："民事[2]不可缓也。诗[3]云：'昼尔于茅[4]，宵尔索绹[5]，亟其乘屋[6]，其始播百谷。'民之为道也[7]：有恒产者有恒心，无恒产者无恒心；苟无恒心，放辟邪侈，无不为已。及陷乎罪，然后从而刑之；是罔民也。焉有仁人在位，罔民而可为也！是故贤君必恭俭礼下[8]，取于民有制。阳虎[9]曰：'为富不仁矣！为仁不富矣！'夏后氏[10]五十而贡[11]；殷人[12]七十而助[13]；周人百亩而彻[14]：其实皆什一也。彻者，彻也；助者，藉[15]也。龙子[16]曰：'治地，莫善于助，莫不善于贡。贡者，校[17]数岁之中以为常。乐岁，粒米狼戾[18]，多取之而不为虐，则寡取之。凶年，粪其田[19]而不足，则必取盈[20]焉。为民父母，使民盻盻然[21]，将终岁勤动[22]，不得以养其父母，又称贷[23]而益之；使老稚转乎沟壑，恶在其为民父母也？'夫世禄[24]，滕固行之矣。诗[25]云：'雨我公田[26]，遂及我私。'惟助为有公田[27]；由此观之，虽周亦助也。设为庠序学校[28]以教之。庠者，养也；校者，教也；序者，射也。夏曰校，殷曰序，周曰庠；学则三代共之[29]：皆所以明人伦[30]也。人伦明于上，小民亲于下。有王者起，必来取法：是为王者师也。诗[31]云：'周虽旧邦，其命维新[32]。'文王之谓也。子[33]力行之，亦以新子之国。"使毕战[34]问井地[35]。孟子曰："子之君，将行仁政，选择而使子；子必勉之！夫仁政，必自经界[36]始。经界不正，井地不均，谷禄[37]不平。是故暴君污吏必慢[38]其经界。经界既正，分田制禄，可坐而定[39]也。夫滕，壤地褊小[40]，将为君子[41]焉，将为野人焉。无君子，莫治野人；无野人，莫养君子。请[42]：野九一而助[43]；国中什一使自赋[44]。卿以下，必有圭田[45]：圭田五十亩；余夫[46]二十五亩。死徙[47]无出乡。乡田同井[48]，出入相友[49]，守望[50]相助，疾病相扶持，则百姓亲睦。方里而井[51]；井九百亩：其中为公田；八家皆私百亩，同养公田。公事毕，然后敢治私事；所以别野人[52]也。此其大略也。若夫润泽[53]之，则在君与子矣。"

孟子今注今译

今注

1　问为国：问治国之道。朱注："滕文公以礼聘孟子，故孟子至滕，而文公问之。"

2　民事：农事也。

3　诗：《豳风·七月》之篇。

4　于茅：往取茅也。

5　索绹：绞成绳索也。"绹"，绞也。

6　亟其乘屋："亟"，急也。"乘"，升也。谓急于登屋顶以修葺也。

7　民之为道也：此已详《梁惠王篇·齐桓章》。

8　恭俭礼下：赵注："古之贤君，身行恭俭，礼下大臣；赋取于民，不过十一之制也。"

9　阳虎：即阳货。鲁季氏之家臣。赵注："富者好聚，仁者好施；施不得聚，道相反也。"

10　夏后氏：赵注："夏禹之氏，号夏后氏。后，君也。禹受禅于君，故称夏后。"

11　五十而贡：赵注："民耕五十亩，贡上五亩。"

12　殷人：赵注："殷，周顺人心而征伐，故言人也。"

13　七十而助：赵注："耕七十亩者，以七亩助公家。"

14　百亩而彻：赵注："耕百亩者，彻取十亩为赋。虽异名而多少同，故曰皆什一也。彻，犹人彻取物也。"

15　藉：借也。王制："古者公田藉而不税。"郑注："借民力治公田也。"焦循《正义》曰："顾氏炎武《日知录》云：古来田赋之制，实始于禹，水土既平，咸则三壤，后之王者不过因其成绩而已。故诗曰信彼南山，维禹甸之，畇畇原隰，曾孙田之，我疆我理，南东其亩。然则周之疆理，犹禹之遗法也。"

16　龙子：古贤人。

17 校：比较。

18 狼戾：犹狼藉也。

19 粪其田：朱注："粪，壅也。"孔疏："壅苗之根也。"犹今言施肥料也。

20 盈：满也，足额也。

21 盼盼然：恨视貌。"盼"，读细。

22 勤动：勤力劳动也。

23 称贷："称"，举也。焦循《正义》："田所出不足，故假借于人而举债焉。"

24 世禄：赵注："古者诸侯，卿大夫，士，有功德，其子虽未任居官，得食其父禄。"朱注："孟子尝言，'文王治岐，耕者九一，仕者世禄。'二者王政之本也。今世禄滕已行之，惟助法未行，故下文遂言助法。"

25 诗：《小雅·大田》之篇。

26 雨我公田："雨"，读去声，降雨也。赵注："言太平时民悦其上，愿欲天之先雨公田，遂以次及我私田也。"

27 惟助为有公田：赵注："周人耕百亩者，彻取十亩以为赋。"万斯大云："周人井九百亩，分之九夫，每夫百亩，中以十亩为公田，君取其入，而不收余亩之税。"周柄中《四书典故辨正》："彻本无公田，故孟子云：'惟助为有公田。'言惟助有，则彻无。以明其制之异。商家同井，公田在私田外；周九夫为井，公田在私田中。"俞樾云："《夏小正》曰：'初服于公田。'是夏制已有公田之名。盖禹平水土，天下之田，皆公田也。民为之耕，而贡其十之一焉。至殷为助法，则七十亩之中，止以七亩为公田。至周人以彻法，则无公田矣。然而曰'雨我公田者'，彻法本从助法而变通之，虽临时彻去，不先定其孰为公私，而百亩之中，要有十亩是公田，故公田之名，在周初不废也。"

28　庠序学校：朱注："庠以养老为义，校以教民为义，序以习射为义，皆乡学也。学，国学也。"

29　共之：无异名也。

30　人伦："伦"，序也。本书《神农章》："教以人伦，父子有亲，君臣有义，夫妇有别，长幼有序，朋友有信。"

31　诗：《大雅·文王》之篇。

32　其命维新：言周自后稷以来，本旧为诸侯，至文王时，乃新受上帝命而扩大其业也。

33　子：指滕君。

34　毕战：滕臣。

35　井地：古井田之法。按："井田制度，后世颇滋疑议，有谓纯为孟子托古改制凭空杜撰者，有谓我国古代确曾实行此制，惟未必如后人理想之整齐划一者。其谓我国古代确曾实行此制者，则或称始于黄帝，或称始于夏禹，或称创于周初，众说纷纭，莫可究诘。然就孟子所述贡助彻三种田赋之制以观，则孟子凭空杜撰之说当属非是。而据顾氏炎武《日知录》所云：'古来田赋实始于禹。'果如其说，则井田制度，在夏禹时必曾实行，至于商之助法，周之彻法，所以各异于夏之贡法者，则诚如苏轼所云：盖三代取民之异，在乎贡助彻，不在乎五十、七十、百亩，特丈尺之不同，而田未尝易也。否则一主之兴，果将改畛涂、变沟洫、移道路以就之，为烦扰无益于民之事矣。然而又何可能，商鞅开阡陌，盖即井田制度已坏，无再恢复之可能耳。"（温晋城语）

36　经界：赵注："经亦界也。"朱注："谓治地分田，经划其沟涂植封之界也。"

37　谷禄："禄"，亦谷也。禄，指公田所产，收入官以为禄者；谷，则耕者所私有也。

38　慢：凌乱，废弛。

39　坐而定：言定之极易。

40　褊小：狭小也。"褊"，音扁。

41　将为君子：赵注："为，有也。虽小国，亦有君子，亦有野人，言足以为善政也。"按：君子，指贵族。野人，指农夫。朱注："有君子仕者，有野耕者，是以分田制禄之法，不可废也。"

42　请：疑为"请遂言之"略词。

43　野九一而助：朱注："野，郭外都鄙之地也。九一而助，为公田而行助法也。"赵注："使野人如助法，什一而税也。"

44　国中什一使自赋：朱注："国中，郊门之内，乡遂之地也。田不井授，但为沟洫，使什而自赋其一；盖用贡法也。周所谓彻法者盖如此。以此推之，当时非惟助法不行，其贡亦不止什一矣。"

45　圭田：赵注："古者卿以下至士，皆受圭田五十亩，所以供祭祀也。"朱注："圭，洁也，所以奉祭祀也。"焦循《正义》曰："孙氏兰《舆地隅说》云：孟子圭田，或以圭训洁非也。九章方田有圭田，求广从法，有直田截圭田法，有圭田截小截大法，凡零星不成井之田，一以圭法量之。圭者合二勾股之形。井田之外有圭田，明系零星不井者也。"按：孙说近是。

46　余夫：朱注："此世禄常制之外，又有圭田，所以厚君子也。"又引程子曰："一夫，上父母，下妻子，以五口八口为率，受田百亩；如有弟，是余夫也。年十六，则受田二十五亩，俟其壮而有室，然后更受百亩之田。此百亩常制之外，又有余夫之田，以厚野人也。"

47　死徙：朱注："死，谓葬也；徙，谓徙其居也。"

48　乡田同井：赵注："同乡之田，共井之家。"

49　友：伴也。

50　守望：防寇盗也。

51　方里而井：谓其地纵横皆一里，中画井字，形如囲也。中一区为公田，余八区为私田。每区百亩，故九区共九百亩也。

　　　　　　　　　　　　　　孟子今注今译

52　别野人：谓君子野人之别也。朱注："公田以为君子之禄，而私田野人之所受；先公后私，所以别君子野人之分也。不言君子，据野人而言，省文耳。"

53　润泽：朱注："因时制宜，使合于人情，宜于土俗，而不失乎先王之意也。"

今译

滕文公问孟子有关治国的道理，孟子说："农事是最不可延缓的。《诗经》中说：'白天去割取茅草，夜里要搓绞绳索，赶快把茅屋修好，等待春来，又要播种百谷了。'一般百姓的习惯，有了恒产，才有恒心；没有恒产的，就没有恒心。假使没有恒心，那么放荡淫乱、乖僻邪恶的事，就没有不做的了。等到他们犯罪，再用刑处罚他们，就等于预张网罗陷害百姓，哪里有仁君在位，网民入罪的事都可以做呢？所以古时的贤君必定是恭敬节约，用礼仪接待臣下；征收百姓的赋税，都有一定的限制。从前阳虎说：'要想发财，便不能行仁；要想行仁，便不能发财。'夏朝的制度，每个成年男子授田五十亩，是实行贡法；殷朝的制度，每个成年的男子授田七十亩，是实行助法；周朝的制度，每个成年的男子授田百亩，是实行彻法。其实，都是十分取一的租税。彻，是征取的意思；助，是借助民力的意思。昔贤龙子说：'征取田税的办法，没有比助法更好的了，没有比贡法更坏的了。那贡的办法，是比较几年中的收成，定出一个中数来，作为征税的标准。丰年的粟米，抛弃得狼藉满地，多收些也不算暴虐，却要照规定收得很少；可是遇到荒年，即使施肥，全部收成还不够纳税，但一定要按照规定全部征收。做百姓的父母，反使人民瞪着眼怨恨他，将使他们终年勤苦，不能把所收获的奉养双亲，还要举债来补足税额，致使老弱的饿倒在沟壑里，这样哪里配做人民的父母呢？'谈到世禄的制度，滕国已经实行了。《诗经》里说：'希望雨先落到公田，然后再落到私田。'只有助法才有公田的办法。从这诗上来看，周朝虽实行彻法，但也是用助法的。百姓有了恒产，便要设立庠序学校来教育他们。庠的取义，是奉养退休的卿大夫和士，并请他们担任教职；校的取义，是教导百姓；序的取义，是习射讲武。历朝皆有地方学府，夏朝叫校，殷朝叫序，周朝叫庠。至于国家设立的，叫作学。这名称是三代相同的。这些都是用来阐明做人的大道理啊！假使滕国在上位者，能阐明做人的大道理，那些在下的小民，自然亲睦和爱。如有圣王兴起，必定来取做模范的，就可以做圣王的先生了。《诗经》里说：'周家虽然是个旧的邦国，国运却充满着新气象。'这是称赞文王励精图治的说法。世子若是尽力去做，也可振兴你的滕国。"

滕文公又派毕战来问井田施行的办法。孟子说："你的君想推行仁政，才选择你到这里来，希望你好好努力！至于推行仁政必须从划分田亩的疆界做起。如果田亩的疆界划分不正确，井大小就不均匀了。征收米谷作为俸禄，也就不能公平了。所以暴君污吏必定破坏这田界，才能浑水摸鱼而得利。如果田亩界线划分得正确，那么分配民田、制定官俸，就可毫不费力地办好。滕国土地虽然狭小，却也有政府的官吏和田间的农民。没有官吏，就没有人治理农民；没有农民，就没人供养官吏。请就便来加以说明：可在城郊外，用井田九分取一的助法；在城区内，不能割成井田，就用那十分取一的彻法，使百姓自行纳税。还有一种优待官吏的办法：卿大夫以下，一直到士，除世禄以外，又有专供祭祀的圭田，每人五十亩。再有一种优待农民的办法：一家中如有年满十六岁还未成家的兄弟，就算余夫，那么他可另授田二十五亩。这样，风俗自然日趋敦厚，无论死者安葬或生者迁移，都不会出离本乡本土。因为这一乡的田亩，同在一个井地，这八家中，平时出入往来，彼此相伴；防御盗贼，伺察奸宄，彼此相助；有了疾病，也互相扶持照料，那么，百姓自然会亲近和睦的。至于井田的办法，是在一方里土地上画一个

　　　　　　　　　　　孟子今注今译

井字，共均分为九区，每区一百亩，'井'中间的百亩是公田，其余八家，各私有一百亩，共同助耕公田。必须先把公田的事做完，然后才敢做私田的事，这种先公后私的规定，是用来区分官吏和农民间的职责，使他们知道各尽义务，共用权利。这就是井田制度的大略情形。还需斟酌损益，以求尽善，那全靠滕君和你自己了。"

章旨

此章言为国当以民事为重，治民必以分田制禄为准。而特别强调孝悌之道及井田之法。

（四）神农章

有为神农之言[1]者许行[2]，自楚之滕，踵门[3]而告文公曰："远方之人，闻君行仁政，愿受一廛[4]而为氓[5]。"文公与之处[6]。其徒数十人，皆衣褐捆[7]屦织席以为食。陈良[8]之徒陈相，与其弟辛，负耒耜[9]而自宋之滕，曰："闻君行圣人之政，是亦圣人也。愿为圣人氓。"陈相见许行而大悦，尽弃其学而学焉。陈相见孟子，道许行之言曰："滕君，则诚贤君也。虽然，未闻道[10]也。贤者与民并耕而食，饔飧[11]而治。今也，滕有仓廪府库[12]，则是厉[13]民而以自养也。恶得贤？"孟子曰："许子必种粟而后食乎？"曰："然！""许子必织布而后衣乎？"曰："否。许子衣褐。""许子冠乎？"曰："冠。"曰："奚冠？"曰："冠素[14]。"曰："自织之与？"曰："否？以粟易之。"曰："许子奚为不自织？"曰："害[15]于耕。"曰："许子以釜甑爨[16]，以铁耕[17]乎？"曰："然。""自为之与？"曰："否。以粟易之。""以粟易械器[18]者不为厉陶冶[19]；陶冶亦以其械器易粟者，岂为厉农夫哉？且许子何不为陶冶，舍[20]皆取诸其宫[21]中而用之？何为纷纷然与百工交易？何许子之不惮烦[22]？"曰："百工[23]之事，固不可耕且为也。""然则治天下独可耕且为与？有大人之事[24]，有小人之事[25]。且一人之身，而百工之所为备[26]；如必自为而后用之，是率天下而路[27]也。故曰：'或劳心，或劳力。[28]'劳心者治人；劳力者治于人[29]。治于人者食人[30]，治人者食于人[31]。天下之通义[32]也。当尧之时，天下犹未平[33]，洪水横流[34]，泛滥[35]于天下；草木畅茂，禽兽繁殖[36]；五谷不登[37]，禽兽偪[38]人；兽蹄鸟迹之道，交于中国；尧独忧之，举舜而敷治[39]焉。舜使益掌火[40]；益烈[41]山泽而焚之，禽兽逃匿。禹疏九河[42]，瀹[43]济漯[44]，而注诸海；决[45]汝汉，排[46]淮泗，而注之江。然后中国可得而食也。当是时也，禹八年于外，三过其门而不入；虽欲耕，得乎？后稷[47]教民稼穑，树艺[48]五谷，五谷熟而民人育。人之有道[49]也，饱食煖衣，逸居而无教，则近于禽兽。圣人有[50]忧之；使契为司徒[51]，教以人伦：父子有亲，君臣有义，夫妇有别，长幼有序，朋友有信。放勋[52]曰[53]：'劳之，来之，匡之，直之，辅之，翼之，使自得之[54]，又从而振德之。'圣人之忧民如此，而暇耕乎？尧以不得舜为己忧，舜以不得禹皋陶[55]为己忧；夫以百亩之不易[56]为己忧者，农夫也。分人以财谓之惠；教人以善谓之忠；为天下得人者谓之仁。是故以天下与人易；为天下得人难。孔子曰[57]：'大哉尧之为君！惟天为大，惟尧则[58]之。荡荡乎[59]，民无能名焉！君哉[60]舜也！巍巍乎[61]，有天下而不与[62]焉！'尧舜之治天下，岂无所用其心哉？亦不用于耕耳[63]！吾闻用夏变夷[64]者，未闻变于夷[65]者也！陈良，楚产[66]也。悦周公仲尼之道，北学于中国；北方之学者，未能或之先[67]也。彼所谓豪杰[68]之士也。子之兄弟，事之数十年；师死而遂倍[69]之。昔者孔子没，三年[70]之外，门人治任[71]将归。入揖于子贡[72]，相向而哭，皆失声[73]，然后归。子贡反，筑室于场[74]；独居三年，然后归。他日，子夏，子张，子游，以有若[75]似圣人，欲以所事孔子[76]事之；强[77]曾子[78]。曾子曰：'不可！江汉以濯之，秋阳以暴[79]之，皜皜[80]乎不可尚[81]已！'今也南蛮鴃舌[82]之人，非先王之道[83]；子倍子之师而学之，亦异于

　　　　　　　　　　　　　　　孟子今注今译

曾子[84]矣！吾闻出于幽谷[85]，迁于乔木[86]者；未闻下乔木而入于幽谷者。鲁颂[87]曰：'戎狄是膺，荆舒是惩[88]。'周公方且膺之；子是之学[89]，亦为不善变[90]矣！""从许子之道，则市贾不贰[91]，国中无伪；虽使五尺之童[92]适市，莫之或欺。布帛长短同，则贾相若；麻缕丝絮轻重同，则贾相若；五谷多寡同，则贾相若；屦大小同，则贾相若[93]。"曰："夫物之不齐[94]，物之情[95]也；或相倍蓰[96]，或相什百[97]，或相千万。子比[98]而同之，是乱天下也。巨屦小屦同贾[99]，人岂为之哉！从许子之道，相率而为伪者也，恶能治国家？"

今注

1　有为神农之言："为"，治也。《汉书·艺文志》："农家者流，盖出于农稷之官，播百谷，劝耕桑，以足衣食。""农家有《神农》二十篇，六国时，诸子疾时怠于农业，道耕农事，托之神农。"史迁所谓农家者流，盖后人依托之学说也。

2　许行：楚人。

3　踵门："踵"，至也。即亲至其门也。

4　廛：音缠。一夫之居，即民宅。

5　氓：读萌。民也。

6　处：居也。

7　捆：编织也。

8　陈良：楚之儒者。

9　耒耜：皆农具名。"耜"，锹也，所以起土也。耒有柄，手推之以犁田。按：耒耜，古以木为之，至战国时，皆易为铁头。故下文有"以铁耕"句。

10　道：此指农家之所谓道。

11　饔飧：赵注："熟食也。朝曰饔，夕曰飧。"

12　仓廪府库：谷藏曰仓，米藏曰廪，财藏曰府，车藏曰库。

简言之，贮藏米谷曰仓廪，贮藏钱财曰府库。

13　厉：病也，害也。

14　素：白色生丝绢。

15　害：妨碍。

16　釜甑爨："釜"，亦作鬴。烹饪器。似锜。有足曰锜，无足曰釜。"甑"，炊器，瓦为之。以火熟物曰"爨"。

17　铁耕：耒耜之属。

18　械器：赵注："器之总名。"朱注："釜甑之属。"

19　陶冶：作瓦器曰陶，铸金属曰冶。今言烧窑打铁之人。

20　舍：朱注："舍，止也。"言"止取官中，不须外求也"（毛奇龄《四书剩言》释）。按：近人章炳麟氏云："舍，即今语'什么'之切音，俗作'啥'。"钱玄同亦主此说。

21　官：室也。《经典释文·尔雅音义》云："古者贵贱同称官。秦汉以来，惟王者所居称官焉。"

22　惮烦：如今语"怕麻烦"。"惮"，畏也。

23　百工：众工也。

24　大人之事：赵注："谓人君行教也。"

25　小人之事：赵注："谓农工商也。"

26　百工之所为备：言一人之身，衣食住行各方面，备具百工之所为。

27　率天下而路：赵注："是率导天下人以羸困之路也。"《说文》："羸，瘦也。"《诗·大雅·皇矣》："串夷载路。"郑笺："路，瘦也。"毛子水先生谓："路，训'瘦'是也。"通释路字，多依朱注："奔走道路，无时休息也。"

28　故曰："或劳心，或劳力"：孟子以为"一人既不能兼为百工之事，故分工合作，为人类生活之原则"。凡用精神者曰"劳心"，用体力者曰"劳力"。《左传·襄公九年》记知武子语，《国语》记公父文伯之母语，皆云："君子劳心，小人劳力。"足证古有此语，故加"故曰"。

29 治于人：见治于人也。指农工商等。

30 食人："食"，读寺，以食供养人。朱注："谓出赋税以给公上也。"

31 食于人：见食于人也。

32 通义：通行之理则。

33 天下犹未平：朱注："洪荒之世，生民之害多矣；圣人迭兴，渐次除治，至此尚未尽平也。"

34 横流：水不由其故道而散溢妄行也。

35 泛滥：漫溢也。

36 繁殖：生殖繁多也。

37 五谷不登："五谷"，稻、黍、稷、麦、菽也。"登"，成熟也。

38 偪：同逼，迫也。

39 敷治：即治理。赵注："敷，治也。"

40 使益掌火：益，即伯益，舜臣。赵注："掌，主也。主火之官，犹古之火正也。"

41 烈：炽也，盛也。赵注："益视山泽草木炽盛者而焚烧之。"

42 疏九河："疏"，通也。《尚书·禹贡》："又北，播为九河。"孔疏："北分为九河，在兖州界，同合为大河，名逆河，入于勃海。"焦循《正义》："九河之名：徒骇、太史、马颊、覆釜、胡苏、简、絜、钩盘、鬲津。"

43 瀹：治也，亦疏通意。

44 济漯：二水名。

45 决：除去水中之壅塞也。

46 排：亦决也。朱注："汝渐淮泗，亦皆水名也。据《禹贡》

及今水路，惟汉水入江耶；汝泗则入淮，而淮自入海，此谓四水皆入于江，记者之误也。"按蒋伯潜氏云："《禹贡》无汝水，《汉书·地理志》言汝水入淮，孙兰《柳亭舆地隅说》，孙星衍《分江导淮论》，则谓淮泗合流之后，有由庐州、巢湖、胭脂河入江者；有由天长、六合入江者，其本流则至清江浦入海。排者，通其上游支流以杀水势也。可以证孟子之非误。"

47　后稷：官名，掌农事。舜时，弃为此官，因亦称弃为后稷。弃为周之始祖。

48　树艺：赵注："树，种；艺，植也。"

49　有道：王引之曰："有，为也。'人之有道也'，言人之为道如此也。"

50　有：王引之曰："有，犹又也。"

51　契为司徒：契，音薛。朱注："契，亦舜臣；司徒，官名。"盖以礼教导百姓。

52　放勋：赵注："尧号也。"

53　曰：翟氏《四书考异》：《路史·陶唐纪》曰："曰劳之，徕之。"读曰为日。旧赵注本。"曰"亦作日。焦循云："他本俱作曰，作日是也。言既命益稷契，而不自已也。日日劳来匡直辅翼之，又从而振德之。与又字相应，与《大学》'日日新又日新'同。"按：朱注仍作"曰"字。

54　劳之，来之……又从而振德之："劳"，读去声。"来"亦作徕，又作勑。《尔雅》："劳来，勤也。""劳之，来之"，谓勉之以勤；"匡之，直之"，谓正之以义；"辅之，翼之"，谓助之以教化；使能自复其本性之善也。"振"，救也。"振德"，谓加惠穷民，以救其困乏也。

55　皋陶：舜臣，为士，掌司法。

56　易：治也。

57　孔子曰：此引孔子言，见《论语·泰伯第八》，引文略异。

58　则：法也。

59　荡荡乎：广大无私貌。赵注："天道荡荡乎大无私，生万物而不知其所由来；尧法天，故民无能名尧德者。"

60　君哉：朱注："言尽君道也。"

61　巍巍乎：高大貌。

62　不与：犹言不相关。"与"，读预。谓"舜以治天下为心，不以己居高位为乐也"。

63　亦不用于耕耳：赵注："尧舜荡荡巍巍如此，但不用于躬自耕也。"

64　用夏变夷："夏"，诸夏，谓中国也。赵注："当以诸夏之礼义，化变蛮夷之人耳。"

65　变于夷：赵注："未闻变化于夷蛮之人，同其道也。"

66　产：生也。

67　先：过也。

68　豪杰：才德出众之称。此指陈良能用夏变夷。

69　倍：同背。违也。

70　三年：朱注："古者为师心丧三年，若丧父而无服也。"

71　任：担也。整理行装曰"治任"。

72　子贡：姓端木，名赐。卫人，孔子弟子。

73　失声：赵注："悲不能成声。"

74　场：冢旁之坛场。通常读"子贡反，筑室于场"。《正义》将此七字读为一句。阎氏《四书释地续》云："反云者，子贡送诸弟子各归去，已独还次于墓所。"斯义较长。

75　有若：字子有，亦称有子。为孔子弟子。孔子殁后，诸弟子以有若言行气象似圣人。

76　所事孔子：谓欲以所事夫子之礼事之。

77　强：读上声。勉强也。

78　曾子：名参，字子舆。为孔子弟子。性行醇笃，事亲至孝，传圣人之学，后世尊为宗圣。

79　江汉以濯之，秋阳以暴："濯"，澣也。赵注："曾子不肯，以为圣人之洁白，如濯之江汉，暴之秋阳。秋阳，周之秋，夏五六月，盛阳也。"按：夏建寅，以十三月为正；周建子，以十一月为正，故周之七八月，乃夏之五六月。

80　皜皜：洁白貌。

81　尚：加也。朱注："言夫子道德明著，光辉洁白，非有若所能仿佛也。"

82　南蛮鴃舌：赵注："许行，乃南楚蛮夷，其舌之恶如鴃鸟耳。鴃，博劳也。"

83　非先王之道：赵注："许子托于太古，非先圣王尧舜之道，不务仁义，而欲使君臣并耕伤恶道德，恶如鴃舌。"焦循《正义》曰："赵氏谓许子伤害道德，恶如鴃鸟，正以鴃应阴气而鸣，鸣则伤害天地之生气，尧舜仁义之道，亦天地之生气也。许子以并耕之说害之，故恶如伯劳之舌，非谓其声之哓哓啅噪也。"

84　异于曾子：谓异于曾子之能尊师道也。

85　幽谷：深谷也。

86　乔木：高木也。《诗·小雅·伐木》云："出自幽谷，迁于乔木。"孟子特引此为喻：以儒学之高尚比于乔木，以许行学说之卑下比于幽谷。

87　鲁颂：《诗·鲁颂·閟宫》之篇。

88　戎狄是膺，荆舒是惩："膺"，当也，击也。"楚"，本号荆。"舒"，国名，近楚地。"惩"，艾也；惩戒也。赵注："周家时击戎狄之不善者，惩止荆舒之人，使不敢侵陵也。"

89　子是之学："之"，犹其也。谓以其南蛮许行之学为是也。

90　不善变：言弃礼义之教，而从邪异之说，真所谓"变于夷"矣。

91　贾：通价。"不贰"，无二价也。

92　五尺之童：朱注："言幼小无知也。"古以六寸为尺；五尺，合今不过三尺。

93　布帛长短……则贾相若："若"，似也。"相若"，犹言相差无几也。赵注："长短，谓丈尺；轻重，谓斤两；多寡，谓斗石；大小，谓尺寸。"

94　齐：等也，同也。

95　情：性也，实也。孟子谓物有精粗大小之别，乃其自然之实理也。

96　倍蓰："倍"，一倍。"蓰"，五倍。

97　什百：十倍；百倍。

98　比：读庇音。次比也。即"并"意。

99　巨屦小屦同贾：赵注："巨，粗屦也；小，细屦也。如使同贾而卖之，人岂肯作其细者哉？"朱注："若大屦小屦同价，则人岂肯为其大者哉？"按：赵注义长。盖陈相谓："屦大小同，则价相若。"其义乃计量不计质，如缎鞋一双、草屦一双，虽精粗悬殊，倘底皆五寸，则大小同，而价即相若，故孟子诘之如此。

今译

有个治农家学说的名叫许行，从楚国来到滕国，亲自到宫廷告诉文公说："我是自远方来的，听说君王施行井田的仁政，我希望领受一所住宅，做你的百姓。"文公就给了他一所房子。他的学生有好几十人，都穿着粗毛布衣，靠编麻鞋、织草席卖钱过日子。又有一个楚国儒者陈良的学生陈相，和他弟弟陈辛，背着耒耜，从宋国到滕国来，向文公说："听说君王施行圣人井田的仁政，那您也就是圣人了！我愿意做圣人的百姓。"陈相碰见了许行，非常高兴，就把所学的儒学全部抛弃，跟许行学习。不久，陈相来见孟子，即陈述许行的言论说："滕君的确是个贤君，但还没有听过古圣人的大道理！真正贤明的国君，有必要和人民一齐耕种过活。一面烧煮早晚饭，一面治理全国的政事。现在滕国有仓廪存储的米谷，有府库积聚的财货，滕君自己不种田，这样便是残害百姓，拿百姓的血汗奉养自己，怎么算得上真正贤明呢？"孟子问道："许先生必定自己种粟然后才吃饭吗？"陈相说："是的。"孟子说："许先生必定自己织布然后才穿衣吗？"陈相说："不，许先生穿的只是粗毛布衣服。"孟子说："许先生戴帽子吗？"陈相说："戴。"孟子说："戴的什么帽子？"陈相说："是白色生丝织的。"孟子说："是自己织的吗？"陈相说："不是。拿粟换来的。"孟子说："许先生为什么不自己织？"陈相说："恐怕妨碍了耕种。"孟子说："许先生拿釜甑煮饭，用铁器耕田吗？"陈相说："是的。"孟子说："都是自己制造的吗？"陈相说："不是，拿粟换来的。"于是孟子反驳他说："拿粟换器械，不算妨害陶工冶工；冶工陶工拿器械来换粟，难道算是妨害农夫吗？而且许先生为什么不兼做陶工冶工，任何东西都可从自己家中取来使用，为什么忙忙碌碌去和各种工人交易？怎么许先生不怕麻烦呢？"陈相说："各种工人的事，绝不能一面耕种，一面兼做啊！"孟子说："难道治理天下，就可以一面耕种一面兼治吗？须知自古以来，有施行政教在上者的事，有耕田制器在下者的事。而且一个人身上的需求，必须有各种工人制成的物品才能齐备，如果全要自己做才能使用它，就会使领导天下的人都累瘦了！所以古人说：'有人劳心，有人劳力。'劳心的人治理人，劳力的人被人治理；被人治理的供养人，治理人的受人供养，这是天下共通的法则。当在唐尧的时候，天下还没平定，洪水横流，到处泛滥；草木繁盛，禽兽迫害百姓；兽蹄鸟迹的道路，纵横交错了全国。尧独自忧虑，于是举用舜来助他治理天下。舜使伯益主持火官，伯益即找草木繁盛的深山大泽，纵火焚烧，禽兽这才全逃走了。夏禹又奉命治水，分疏九河，并疏导济、漯二水，使它们流注到海里去。又掘通汝水和汉水，排泄淮水和泗水，使它们流入江里，然后百姓才能在中国平原上耕种生活了。这个时候，禹在外面奔劳八年，三次经过家门都没工夫进去，这种公而忘私的精神，就是想亲自耕种，能做得到吗？水患既平，又命农官后稷教民耕稼的方法，去种植五谷，五谷成熟了，百姓才得到养育。但是人性虽善，还需要教导，如果吃饱了，穿暖了，安逸居住着，却没有受教育，不知礼义，就和禽兽差不多了。圣人所以又担忧这个，于是再命契做司徒的官，教导百姓做人的大道理，使他们知道父子有亲情，君臣有礼义，夫妇有分别，长幼有次序，朋友有诚信。尧并且天天注意：'劳苦的要慰勉他们，来归的要抚恤他们，反常的要匡正他们，乖违的要匡直他们。这样可以帮助他们坚定自立，扶持他们实践力行，使他们回复本来的善性，了解做人的道理，随时自我检讨，而有高度的警觉，并且常常加以恩惠，使他们知道政府的德意。'圣人忧虑百姓是这样子的，哪里有工夫去种田呢？尧只以得不着舜为自己的忧虑，舜又以得不着禹和皋陶为自己的忧虑。至于仅以百亩田地耕不好为自己的忧虑，只是农夫罢了。分给人的财物叫作惠，教导人为善叫作忠，替天下求得一个贤圣的国君叫作仁。所以说把天下让给人很容易，替天下求得一个贤圣的国君就困难了。孔子曾说：'伟大啊！尧做君上！只有天是最伟大的，独有尧能效法它，他的德量是那样宽大和深远，百姓要想称赞他，简直无从说起。真是不愧做君上啊！也只有舜，他的德行那样崇高伟大！他虽有天下，把天下治理好，还像和他不相关似的。'尧舜治理天下，难道没有处处用他的心思吗？只是不用在耕田上罢了。我只听说用中国礼义去教化蛮夷的人，没有听说反被蛮夷习俗同化的。你的老师陈良，原生在蛮夷的楚国，他信服周公孔子的道理，特地来北方的中国学习。北方的学人，没有一个超过他的，真算是豪杰之士了。你们兄弟二人，师事他好几十年，现在老师一死就背弃他了。从前孔子去世，过了三年以后，弟子们守孝期满，皆收拾行李将要回家，于是向子贡揖别，仍旧相对哭泣，都哭不出声音来，才分别归去。子贡送别后，仍回到坟场上小屋子里，又独自住了三年才回家去。后来，子夏、子张、子路因有若举止风度很像孔子，想用侍奉孔子的礼仪去侍奉他，并且勉强曾子同意。曾子说：'不可。夫子的道德，像江汉的水洗涤过，又像秋天的骄阳曝晒过，那种光辉皎洁，是不可复加了，还有谁能比得上呢？'现在这许行，是个南方的蛮子，生来就是一只鴃鸟的恶舌，开口就毁谤古先圣王的大道理，你违背你的老师而去跟他学，也和曾子大不同了。我只听说鸟儿从幽谷中飞出，迁移到乔木上了，却没有听说有飞下乔木，投入幽谷中的。《鲁颂·闷宫》说：'戎狄，应该受到打击；荆舒，应该受到惩戒。'周公正要痛斥他们，你还要跟他们学习，也真是越变越坏了。"陈相说："如能依照许先生的道理去做，就能叫市场上商品不二价，全国不会作伪，虽令五尺童子到市场去，也不会有人欺骗他。凡是布帛长短相同，价钱就一样；麻缕丝絮轻重相同，价钱就一样；五谷不论稻、黍、稷、麦、菽，只要多少相同，价钱就一样；鞋子大小相同，价钱也是一样。"孟子说："凡是物品，大小精粗都不一样，本是物品的常情。它的价格相差一倍或五倍，相差十倍或百倍，相差千倍或万倍，你如果想让它整齐划一，这简直是扰乱天下了。倘使粗麻鞋和细麻鞋同价，还有谁愿意再做精细的鞋呢？依照许先生的道理去做，是使天下人跟他作伪呢！哪里能治理国家？"

章旨

此章阐明分工互助之真旨，以辟许行并耕之谬说。并强调"井田"之制、"人伦"之教为仁政之张本。

（五）墨者章

　　墨者夷之[1]，因徐辟[2]而求见孟子。孟子曰："吾固愿见，今吾尚病，病愈，我且往见，夷子不来[3]。"他日，又求见孟子。孟子曰："吾今则可以见矣。不直[4]则道不见；我且直之。吾闻夷子墨者。墨之治丧也，以薄为其道[5]也。夷子思以易天下；岂以为非是而不贵也！然而夷子葬其亲厚；则是以所贱事亲也。"徐子以告夷子。夷子曰："儒者之道，'古人之若保赤子[6]。'此言何谓也？之则以为爱无差等，施由亲始[7]。"徐子以告孟子。孟子曰："夫夷子信以为人之亲其兄之子为若[8]亲其邻之赤子乎？彼有取尔[9]也；赤子匍匐[10]将入井，非赤子之罪也。且天之生物也，使之一本[11]；而夷子二本[12]故也。盖上世[13]尝有不葬其亲者；其亲死，则举而委[14]之于壑[15]。他日过之，狐狸食之，蝇蚋姑嘬[16]之；其颡[17]有泚[18]，睨而不视[19]。夫泚也，非为人泚，中心达于面目。盖[20]归反虆梩[21]而掩之。掩之诚是[22]也；则孝子仁人之掩其亲，亦必有道矣。"徐子以告夷子。夷子怃然[23]；为间[24]，曰："命之矣[25]！"

今注

1　墨者夷之：朱注："墨者，治墨翟之道者。夷姓之名。"

2　因徐辟：徐辟，孟子弟子。"因"，依也。谓依托徐辟。

3　夷子不来："不，毋也。言我将往见夷子，夷子勿来也。"（王引之说。）赵注："是日夷子闻孟子病，故不来。"然以王说较长。

4　直：正曲曰直。

5　以薄为其道："薄"，即薄葬也。朱注："庄子曰：墨子生不歌，死无服，桐棺三寸而无椁。是墨之治丧，以薄为道也。"

6　若保赤子：《尚书·康诰》文。孔疏："言爱养人，若父母之安赤子。子生赤色，故言赤子。"朱注："此儒者之言也。夷子引之，盖欲援儒而入于墨，以拒孟子之非己。"

7　施由亲始：即施爱由亲始者。盖墨主兼爱，视人之亲如己亲；惟施行之序，由己亲以及他人之亲耳。

8　为若：犹"有若"。

9　彼有取尔："彼"，指若保赤子语。"取尔"，言别有取意也。

10　匍匐：伏地爬行也。

11　一本：生物各有所本。"本"，根也。树木根核而生，人本父母而生，故曰"一本"。

12　二本：墨家主兼爱，视他人亲如己亲，与儒家之视己亲独亲于他人亲者不同，故孟子讥其二本。

13　上世：谓上古之世。

14　委：弃也。

15　壑：山中沟溪也。

16　蝇蚋姑嘬："蚋"，音芮，本作蜹，蚊属。"姑"，当读如《左传》"伏己而盬其脑"之盬。（朱骏声说）盬，嚍也。"嚍"，亦作接，接血也。赵注："嘬，攒共食之也。"

17　頮：音嗓，额也。

18　泚：音此，汗出貌。

19　睨而不视：朱注："睨，邪视也。视，正视也。不能不视，而又不忍正视，哀痛迫切，不能为心之甚也。"

20　盖：语助词。

21　归反虆梩：谓归取虆梩而返也。"虆"，欙之假借字；土笼也。可以舁土。"梩"，同枱，即锹。可以插地揠土。朱注："于是归而掩覆其亲之尸，此葬埋之礼所由起也。"

22　掩之诚是：朱注："此掩其亲者，若所当然，则孝子仁人所以掩其亲者，必有其道，而不以薄为贵矣。"

23　怃然：怅然；茫然自失貌。

24　为间：犹"有间"。有顷之间也。

25　命之矣：朱注："命，犹敕也。言孟子已教我矣。"

今译

有一个研究墨学的人名叫夷之，由徐辟介绍而求见孟子。孟子说："我本愿意见他，但我今天还有病，等病好了，我将去看他，请夷子不必来了。"改天，夷之又托徐辟求见孟子。孟子说："我今天可以见他了，若不纠正他，儒家之道便不能显扬，我且来纠正他。我听说夷子是信仰墨子学说的，墨氏治理丧事是以简约节俭为原则。夷子想拿这个原则去改变天下的风俗，难道认为不这样薄葬就不贵重吗？但是夷子葬他的父母很丰厚，这是拿他所轻贱的去侍奉父母了。"徐辟把这话告诉夷子。夷子说："儒家的说法，古代的圣王保护百姓，就像保护赤子一样。《尚书·康诰》上这话怎么讲的呢？依我的意思，觉得人类的爱，是没有等第的差别；不过施行起来，先从父母开始。"徐辟又将夷子的话告诉孟子。孟子说："那夷子真以为人亲爱兄之子，就像亲爱他邻居赤子一样吗？要晓得《尚书》上的话另有他意：譬如赤子无知，将要爬行到井里去，这不是赤子的罪，可见赤子无知，须靠父母保护。这和百姓无知，须靠君上保护一样。而且上天生物，只使他独亲其一本所生的，不料夷子亲爱世人，如同亲爱己之父母，竟有二本了。在那上古时代，常有不葬父母的，父母一死，他就抬了尸体抛弃在涧坑里。过了几天，经过那边，忽然看见狐狸吃那尸身的肉，蝇蚊吸吮那尸身的血，他的额头上不觉出汗，只斜着眼睛，不忍正视。这出汗，不是为了别人出的，是从内心愧悔而出的。于是，急急回家去拿了土笼和木锹来，把尸体掩埋好了。这掩埋，实在是应该做的。所以孝子仁人厚葬他的父母，也必有他的道理了。"徐辟又将这些话告诉夷子。夷子心里怅然，过了半晌，才悟道："孟子已经指教我了。"

章旨

此章阐明儒道在由一本而推恩，以辟墨家兼爱之流弊。

（六）陈代章

陈代[1]曰："不见诸侯，宜若小然[2]。今一见之，大则以王，小则以霸。且志曰：'枉尺而直寻[3]。'宜若可为也。"孟子曰："昔齐景公田[4]，招虞人[5]以旌；不至[6]，将杀之。'志士不忘在沟壑，勇士不忘丧其元[7]。'孔子奚[8]取焉？取非其招[9]不往也。如不待其招而往，何哉？且夫枉尺而直寻者，以利言也。如以利，则枉寻直尺而利，亦可为与？昔者，赵简子[10]使王良[11]与嬖奚乘[12]；终日而不获一禽。嬖奚反命[13]曰：'天下贱工[14]也。'或以告王良。良曰：'请复之[15]。'强而后可。一朝[16]而获十禽。嬖奚反命曰：'天下之良工也。'简子曰：'我使掌与女乘[17]。'谓王良，良不可。曰：'吾为之范我驰驱[18]，终日不获一；为之诡遇[19]，一朝而获十。诗[20]云："不失其驰[21]，舍矢如破[22]。"我不贯[23]与小人乘；请辞！'御者且羞与射者比[24]；比而得禽兽，虽若丘陵[25]，弗为也。如枉道而从彼[26]，何也？且子过矣！枉己[27]者，未有能直人者也。"

今注

1 陈代：孟子弟子。

2 宜若小然："宜"，犹殆也；似也。"小"，小节。谓似拘小节也。

3 枉尺而直寻：朱注："枉，屈也。直，伸也。枉尺直寻，犹屈己一见诸侯，而可以致王霸，所屈者小，所伸者大也。"《说文》："度人之两臂为寻，八尺也。"

4 田：猎也。

5　虞人：守苑囿之吏也。

6　不至：赵注："招之当以皮冠；而以旌，故不至。"《左传·昭公二十年》："齐侯田于沛，招虞人以弓；不进，公使执之。辞曰：'昔我先君之田也，旌以招大夫，弓以招士，皮冠以招虞人。臣不见皮冠，故不敢进。'乃舍之。仲尼曰：'守道不如守官。'君子题之。"文与孟子所记微异。

7　志士不忘在沟壑，勇士不忘丧其元：赵注："志士，守义者也。君子固穷，故常念死无棺椁没沟壑而不恨也。勇士，义勇者也。元，首也。以义，则丧首不顾也。"朱注："二句乃孔子叹美虞人之言。"

8　奚：何也。

9　非其招：以旌招不以皮冠，乃非礼之招也。

10　赵简子：晋大夫赵鞅也。

11　王良：晋大夫邮无恤，善御者。

12　与嬖奚乘：嬖奚，简子幸臣。"与"，为也。"乘"，驾车。谓为嬖奚御也。

13　反命：返告简子。"反"，同返。"命"，犹告也。

14　贱工：谓最拙笨之技师。下文"良工"，即谓最高明之技师。此皆指御者。

15　请复之：请王良再为之驾车出猎也。

16　一朝：朱注："自晨至食时。"即言"一早晨"。

17　使掌与女乘："掌"，专主也。谓使王良专为汝驾驶也。

18　范我驰驱："范"，法度。"我"，语词。谓依照法度驾驶也。

19　诡遇：赵注："横而射之曰诡遇。""诡"，违也。谓违御法以射禽也。盖古人禽在前来者，不逆而射之；旁去，又不射；唯背走者，顺而射之，是为应礼之射也。

20　诗：《小雅·车攻》之篇。

21　不失其驰：朱注："言御者不失其驰驱之法。"

22 舍矢如破："舍"，同射。"舍矢"，发箭也。"如"，犹而也。（王引之说）谓发箭神速，一发即中也。

23 不贯：不习惯也。"贯"，同惯。

24 比：读庇。阿党也。

25 丘陵：小山冈。比喻多也。

26 彼：指诸侯。

27 枉己：赵注："修礼守正，非招不往，枉道富贵，君子不许。"胡毓寰云："儒家言治，主正己而正人。《论语·子路》篇：'子曰："不能正其身，如正人何？"'与此同旨。"

今译

陈代问孟子："夫子不肯轻见诸侯，在我看来，似乎拘守小节的样子。如果现在见了他们，得着行道的机会，大的可达成王业，小的也可达成霸业。而且《志书》上说：'受屈一尺，就可伸展八尺。'似乎很可以做的。"孟子说："当初齐景公打猎，派人拿招大夫的旌节，去叫管理苑囿的虞人；虞人不肯来，景公因他违命，就想杀他。孔子听见这事，反称赞虞人说：'志士不怕被饿死在沟壑，勇士不惧抛掷他头颅。'孔子于这有什么取义？是取其不用招他的礼节，他就不去了。如果不等诸侯来礼聘，就自己去求见，那算什么呢！'受屈一尺，伸展八尺'的话是从逐利来说的。如果只从逐利说，那委屈了八尺，仅伸展一尺，虽是有利，难道也是可以做的吗？从前赵简子让王良替他宠幸的家臣嬖奚驾车出猎，整天没有射着一只鸟兽，嬖奚回来告诉简子说：'他是个最笨拙的御者。'有人把这话传给王良，王良说：'请再驾驶一次。'嬖奚最初还不肯，再三勉强，他才答应。哪晓得一早上的工夫，就射获十只鸟兽。嬖奚又回来告诉简子说：'他是个最精干的御者。'简子说：'我叫他专门替你驾驶。'于是告诉王良，王良不肯，说道：'我替他驾驶，依照驰驱的法度，一天里却没射着一只鸟兽。后来再替他驾驶，不依照规定，斜对着鸟兽横冲去，一个早上就射到十只鸟兽。
《诗经》上说："驾车人不失去驰驱的法度，射手一发箭就能中的。"
我不习惯替这种不守规矩的小人驾驶，请让我辞掉这个职务。'这
样来看，驾驶的人，尚且觉得讨好射手是羞耻的，由于讨好而可以
射得鸟兽，虽是堆起来像丘陵一般的高，也是不肯做的。凡是枉屈
自己正道的人，从来没有纠正别人的资格啊！"

章旨

此章强调君子守身以正，不可枉己从人。

（七）景春章

景春[1]曰："公孙衍[2]、张仪[3]，岂不诚大丈夫[4]哉！一怒而
诸侯惧[5]；安居而天下熄[6]。"孟子曰："是[7]焉得为大丈夫乎！子
未学礼乎？丈夫之冠[8]也，父命之[9]；女子之嫁也，母命之；往，
送之门，戒之曰：'往之女家[10]，必敬必戒[11]，无违夫子[12]。'以
顺为正者[13]，妾妇之道也。居天下之广居[14]；立天下之正位[15]；行
天下之大道[16]。得志，与民由之[17]；不得志，独行其道[18]，富贵不
能淫；贫贱不能移，威武不能屈[19]。此之谓大丈夫！"

今注

1　景春：赵注："孟子时人，为纵横之术者。"

2　公孙衍：名衍，姓公孙。魏人。在魏为犀首之官，故又号犀首。
与张仪不善，仪卒，遂入秦为相，佩五国相印，为约长。

3　张仪：魏人。与苏秦俱事鬼谷先生，学成，入秦为秦惠王相，
破纵约，使诸侯连横事秦。

4　大丈夫：今语"伟大之人物"。

5　一怒而诸侯惧：朱注："怒则说诸侯使相攻伐，故诸侯惧也。"

6　安居而天下熄：赵注："安居，不用辞说，则天下兵事熄也。"

7　是：此也，指衍仪辈。

8　冠：读贯。谓加冠于首也。古礼："男子二十始冠，是谓成人。"

9　父命之：古时男子"冠"，父主其事，故曰"父命"。"命"，告戒也。女子"嫁"，母主其事，故曰"母命"。此乃喻辞。盖言父命：以义为正；母命：以顺为正。暗讥衍、仪等，皆妾妇之道。

10　女家："女"，同汝。朱注："女家，夫家也。妇人内夫家，以嫁为归也。"

11　戒：慎也。

12　夫子：指丈夫。

13　以顺为正者：胡毓寰云："孟子以女子于夫，以顺为正；臣之于君，则以义为归。而公孙衍、张仪之徒，阿顺诸侯以取权位，不知以义事君，是妾妇之道也，焉得为大丈夫乎？"

14　广居：仁也。

15　正位：礼也。

16　大道：义也。赵注："广居，谓天下也。正位，谓男子纯乾正阳之位也。大道，仁义之道也。焦循《正义》曰：赵氏以广居为天下，则居天下之广居，即谓人生天地间也。天地之间至广大，随在可以自得，必以富贵而婉顺求之，是天下至广，而所营至狭矣。《易·家人·象传》云：'女正位乎内，男正位乎外。'内则围于一家，外则周乎天下，故居天下之正位也。《说卦传》云：'是以立天之道曰阴与阳，立地之道曰柔与刚，立人之道曰仁与义。''分阴分阳，迭用柔刚。'异乎妾妇之徒以柔顺为道，故为大道也。"

17　与民由之：朱注："推其所得于民也。"即使民共由此道。

18　独行其道：朱注："守其所于己也。"即安贫乐道，守之不失其志。

19　富贵不能淫三句：朱注："淫，荡其心也；移，变其节也；屈，挫其志也。"

今译

景春说："像公孙衍、张仪这样的人，岂不是真正的大丈夫吗？他们一发怒，各国诸侯都会惧怕；他们安居家中，天下的战争就停止。"孟子说："这种人怎能算是大丈夫呢？你没有学过礼吗？男子到了成年加冠时，父亲训诫他：'要做个好丈夫！'女子到了出嫁时，母亲告诫她：'要做个好媳妇！'临行送到门，又特别提醒说：'现在去到你夫家，必当孝敬公婆，尊重丈夫，随时小心，不可违拗。'这拿顺从作为正当的，是做妾妇的道理！那公孙衍、张仪，柔媚得像没有骨头似的，专做逢迎诸侯的工作，窃取禄位，怎能算是大丈夫呢？居心仁慈，是住在天下最宽舒的住宅；循规守礼，是站在天下最中正的地位；笃行守义，是走在天下最正大的道路上。得了志，就领导百姓一起这样做；不得志，就独自实践他所守的正道。虽是富贵，不能摇荡他的心意；贫贱，不能改移他的节操；威武，不能挫折他的志气。这样的人，才叫作大丈夫！"

章旨

此章言领袖群伦之大丈夫，是不淫、不移、不屈，而能负全民责任之君子。

（八）周霄章

周霄[1]问曰："古之君子仕乎？"孟子曰："仕。传[2]曰：'孔子三月[3]无君[4]，则皇皇如[5]也；出疆[6]必载质[7]。'公明仪曰：'古之人，三月无君则吊[8]。'""'三月无君则吊！'不以[9]急乎？"曰："士之失位也，犹诸侯之失国家也。礼[10]曰：'诸侯耕助，以供粢盛[11]；夫人蚕缫[12]，以为衣服[13]。牺牲不成[14]，粢盛不洁，衣服不备，不敢以祭。惟士无田¹⁵，则亦不祭。'牲杀¹⁶，器皿，衣服，不备。不敢以祭，则不敢以宴¹⁷。亦不足吊乎？""'出疆必载质，'何也？"曰："士之仕也，犹农夫之耕也¹⁸；农夫岂为出疆舍其耒耜哉？"曰："晋国，亦仕国也¹⁹；未尝闻仕如此其急。仕如此其急也，君子之难仕²⁰，何也？"曰："丈夫生而愿为之有室²¹；女子生而愿为之有家；父母之心，人皆有之。不待父母之命，媒妁²²之言，钻穴隙相窥，逾墙相从，则父母国人皆贱之。古之人，未尝不欲仕也，又恶不由其道²³；不由其道而往者，与²⁴钻穴隙之类也。"

今注

1　周霄：魏人。《战国策·魏策》："魏文子田需周霄相善，欲罪犀首。"周广业云："田需犀首，皆秦惠王时，故霄得问于孟子也。"

2　传：古典籍之通称。

3　三月：古人尝举"三""五""七""九"等字，皆指多数。故赵注："三月，一时也。"

4　无君：朱注："谓不得仕而事君也。"

5　皇皇如：犹惶惶然。孔疏："犹栖栖也。"谓心有所求而不得之状。

6　出疆：朱注："谓失位而去国也。"

7　质：同贽。亦作挚。《仪礼·士相见礼》："挚，冬用雉，夏用腒（干雉）。"郑注："挚，所执以至者。君子见所尊敬必执挚以将其厚意也。士执用雉。"故朱注："所执以见人者。如士则执雉也。出疆载之者，将以见所适国之君而事之也。"

8　吊：哀伤也。

9　以：同已，甚也。郑注："已，犹太也。"

10　礼：《礼记》。

11　诸侯耕助，以供粢（音资）盛：《礼记·祭统》："诸侯耕于东郊，以共（供）齐（粢）盛。"赵注："诸侯耕助者，躬耕劝率其民，收其藉助，以供粢盛。"按："助"，藉田也。藉，通值。古天子，诸侯所耕者，虽秉耒躬耕，不过三推而已，皆借民力而为之，故名。朱注："黍稷曰粢，在器曰盛。"

12　蚕缲：养蚕以缫丝。"缲"，音搔。

13　衣服：祭服也。

14　不成：赵注："不实肥腯也。"谓不肥而瘠。

15　惟士无田："田"，圭田也。赵注："惟，辞也。言惟绌禄之士无圭田者不祭。"

16　牲杀："牲"，牺牲也。牛羊之属，宰之供祭祀者。盖牲必特杀，故曰杀。

17　宴：飨也。按古礼祭祀毕，则烹祭以宴宾客也。

18　士之仕也二句：赵注："孟子言仕之为急，若农夫不可不耕。"按：儒家常以仕为职业，士之学，目的多在仕，故《论语》有"学而优则仕"语。此以仕比之农耕，即显然以仕为衣食矣。本书《万章篇》云："仕非为贫也，而有时乎为贫。"亦斯旨也。

19　晋国，亦仕国也：朱注："仕国，谓君子游宦之国。"盖韩赵魏分晋，魏为三晋之一。周霄魏人，故举晋为问也。

20　难仕：不易出仕也。赵注："君子务仕，思播其道，达义行仁，待礼而动。苟容干禄，逾墙之女，人之所贱，故弗为也。"胡毓寰云："难仕，隐指孟子。儒家虽以仕为业，惟出处去就，又须以义为归。故孟子不愿己轻见诸侯，欲诸侯来就见，以崇其宿儒身份。因此，所至难得为仕机会，故周霄讽之如此。"

21　室：妻室。朱注："男以女为室，女以男为家。"

22　媒妁："媒"，谋也。"妁"亦媒也。《说文》：谋合二姓之可否。今言婚姻介绍人。

23　又恶不由其道："恶"，耻也，读去声。胡毓寰云："旧时以婚姻为人伦之正，惟自择而私从，则社会贱之，孟子以此为喻，言仕本正也，惟不由其道而往者，犹男女私情窃视之类也。故君子恶之。"

24　与：犹如也。又通举，皆也。

今译

周霄问孟子说："古时候的君子出来做官吗？"孟子说："自然会出来做官。古书上说：'孔子三个月不做官，没有君主去侍奉，心里便惶惶不安起来，离开国境，将往他国时，车上必带着贽见的礼品。盼望在他国得到官爵。'公明仪说：'古时候的人，三个月找不到君上侍奉，就感到伤心了。'"周霄说："三个月没有君上侍奉，就要感到伤心，这不免太急了吧？"孟子说："士失去职位，如同诸侯失去国家一样。《礼经》上说：'诸侯亲耕祭田，用来做祭祀的米谷；夫人亲自养蚕缫丝，用来做祭祀穿的礼服。假如祭祀的三牲不够肥壮，粢盛不够清洁，礼服不够完备，就不敢举行祭祀。要是士失去职位，没有了祭田，也就不能举行祭祀。'特杀的牺牲、祭祀的器皿、应穿的礼服，皆不能齐全，便不敢举行祭礼，也就不敢举行宴会了！这样还不够伤感吗？"周霄说："出了国境，车上一定带着贽见的礼品，是什么缘故？"孟子说："士人出来做官，如同农夫耕田一样，农夫难道因走出国境，就抛弃了他的耒耜吗？"周霄说："我们过去的晋国，也是君子出来做官的国家，没有听说想出来做官有这样急切，既然士人想做官如此急切，那么君子却不肯轻易出来做官，又是什么道理呢？"孟子说："男孩生下来，就希望将来替他娶个妻室；女孩生下来，就希望将来替她找个夫家。这种父母的心，是人人都有的。如果不等父母的命令、媒人的撮合，就把墙壁挖出孔穴，互相偷看，甚至跳越过墙头，共同私奔，恐怕父母和全国的人都要看不起他们了。古时候的君子未尝不想做官，却怕不依正道，不依正道去见诸侯，皆是挖壁跳墙的一类了。"

章旨

此章言君子不枉道而仕。

（九）彭更章

彭更¹问曰："后车²数十乘，从者数百人，以传食³于诸侯，不以泰⁴乎？"孟子曰："非其道，则一箪食不可受于人；如其道，则舜受尧之天下，不以为泰，子以为泰乎？"曰："否，士无事而食⁵，不可也。"曰："子不通功易事⁶，以羡⁷补不足，则农有余粟，女有余布⁸；子如通之，则梓匠轮舆⁹，皆得食¹⁰于子。于此有人焉，入则孝，出则弟，守先王之道，以待¹¹后之学者，而不得食于子；子何尊梓匠轮舆，而轻仁义哉？"曰："梓匠轮舆，其志¹²将以求食也。君子之为道也，其志亦将以求食与？"曰："子何以其志为哉¹³！其有功于子，可食而食之矣。且子食志乎？食功乎？"曰："食志¹⁴。"曰："有人于此，毁瓦画墁¹⁵，其志将以求食也，则子食之乎？"曰："否。"曰："然则子非食志也，食功也。"

今注

1　彭更：孟子弟子。

2　后车：弟子随从于后，所乘之车也。

3　传食："传"，客馆。犹今之宾馆，或招待所。焦循《正义》："传食，谓舍止诸侯之客馆而受其饮食也。"

4　以泰："以"同已，甚也。"泰"，奢也。"以泰"，太过分也。

5　无事而食："事"，职也，功也。"无事而食"，犹言无职而食人禄也。

6　通功易事：孙奭疏："盖所作未成则谓之事；事之成，则谓之功。"朱注："谓通人之功而交易其事。"

7　羡：余也。

8　农有余粟，女有余布：焦循《正义》："女以所余之布，易农所羡之粟，两相补则皆无不足；惟两不相补，则各有所余，斯各有所不足矣。"

9　梓匠轮舆：赵注："《周礼》，攻木之工七，梓匠轮舆是其四者。"朱注："梓人，匠人，皆木工也。轮人，舆人，皆车工也。"

10　食：读寺。以食与人也。以下"食"于子，可"食"而食，"食志""食功""食之"，皆读寺音。

11　待：备也。谓守护先生之道，以备后之学者有所遵循也。

12　志：心之所向往，即心愿也。

13　子何以其志为哉：为下省一"言"字。即"子何以其志为言哉"。

14　食志：胡毓寰云："孟子主食功，彭更主食志。极端言之。则食功者，不问其志是否为食，惟有功则食之。食志者，不问其有功与否，惟志于食则食之。"又云："孟子以为治仁义者，可为人师范，有功文化传播，犹工人为器备用，并非无事而食于人也。"按：孟子平生抱负，重在有益于人类，人世间孰有逾于圣人立德立言立功哉！

15　毁瓦画墁：杜预注："毁，坏之也。"俞樾曰："画，当读为划。《说文》：'刉，划伤也。'墁，镘，古字通用。《说文》：'镘，衣车盖也。'画镘者，划伤其车上之镘也。毁瓦以治屋言，乃梓匠之事；画墁以治车言，乃轮舆之事。"高步瀛曰："《说文》镘字，疑后出字。朱注：'墁，墙壁之饰也。毁瓦画墁，言无功而有害也。'故解毁坏其屋瓦，划伤其墙饰，亦通。"

今译

彭更问孟子说："后面跟着的车子有几十辆，随从弟子有几百人，每到一国，就接受诸侯的招待，住他的宾馆，吃他的美餐，这未免太过分了吧？"孟子说："如果不合于道，就是一竹篮饭也不能接受的；合于道，就像舜受尧的天下也不为过分，你以为太过分吗？"彭更说："不是这样说，我只认为没有功劳而白吃人的饭，是不可以的。"孟子说："你如不能分工合作，将自家工作的成果和别人家去交换，拿多余的去弥补不足的，那么，种田的农夫就空有余剩的米谷，纺织的妇女就空有余剩的布匹。假使他们互通有无，交换成果，那么，虽是木匠和车工，都能够从你这里得到饭吃。何况现在有一个人在家能孝顺父母，出外能恭敬兄长，守护着先王的大道，以备后起的青年，使他们有所遵循和取法。这样的人，反不能在你那儿得到饭吃。你为什么要重视木匠车工而看轻那行仁尚义的君子呢？"彭更说："木匠和车工，他们本就是靠这个来找饭吃的。君子行仁尚义，他们的心愿也是想借这个来找饭吃吗？"孟子说："你何必拿君子的心愿来说呢？只要有功劳于你，可以给他饭吃，就给他吃是了。而且，你是为了他的心愿给他饭吃呢？还是为了他的功劳给他饭吃呢？"彭更说："是为了他们的心愿才给他饭吃的。"孟子说："有个工人在这里，毁坏你的屋瓦，涂抹你墙壁的粉饰，他的心愿是想借这个找饭吃的，那么你给他饭吃吗？"彭更说："不给他。"孟子说："那么你不是给有心愿的人吃的，是给有功劳的人吃的。"

章旨

此章言有功之人，皆可食禄，况君子行仁尚义，守先待后，阐扬文化，有功于世道人心至巨，虽传食诸侯，有何不可。

（十）宋小章

万章[1]问曰："宋，小国也。今将行王政，齐楚恶而伐之，则如之何？"孟子曰："汤居亳[2]，与葛[3]为邻；葛伯放而不祀[4]。汤使人问之曰：'何为不祀？'曰：'无以供牺牲也。'汤使遗[5]之牛羊；葛伯食之，又不以祀。汤又使人问之曰：'何为不祀？'曰：'无以供粢盛也。'汤使亳众往为之耕；老弱馈[6]食。葛伯率其民，要[7]其有酒食黍稻者，夺之；不授[8]者，杀之。有童子以黍肉饷，杀而夺之。书[9]曰：'葛伯仇饷[10]。'此之谓也。为其杀是童子而征之，四海之内，皆曰：'非富天下也，为匹夫匹妇[11]复仇也。'汤始征，自葛载[12]；十一征[13]而无敌于天下。东面而征西夷怨，南面而征北狄怨，曰：'奚为后我！'民之望之，若大旱之望雨也。归市者弗止，芸[14]者不变。诛其君，吊其民，如时雨降，民大悦！书[15]曰：'徯我后；后来其无罚[16]。''有攸不惟臣[17]，东征，绥[18]厥士女。匪厥玄黄[19]，绍我周王见休[20]，惟臣附于大邑周。'其君子，实[21]玄黄于筐以迎其君子；其小人[22]，箪食壶浆以迎其小人。救民于水火之中，取其残[23]而已矣！太誓[24]曰：'我武惟扬[25]，侵于之疆[26]。则取于残，杀伐用张，于汤有光[27]。'不行王政云尔[28]；苟行王政，四海之内，皆举首而望之，欲以为君。齐楚虽大，何畏焉！"

今注

1　万章：孟子弟子。

2　亳：商汤所都，在今河南商邱县。一说在今河南偃师县或济阴县。

3　葛：夏之诸侯，嬴姓之国，伯爵。葛伯国在今河南宁陵县。

4　放而不祀：赵注："放纵无道，不祀先祖。"

5　遗：读去声。送也，与也。

6　馈：饷也。馈食，以食与人。馈食，酒食，箪食之"食"，皆读寺音。

7　要：读邀。中途拦截之也。

8　授：与也。

9　书：伪《古文尚书·商书·仲虺之诰》篇。

10　葛伯仇饷：言葛伯与饷为仇也。焦循《正义》曰："《左传·桓公二年》云：怨耦曰仇。是仇为怨也。葛伯不当怨饷者。云仇饷，是谓其杀童子，使饷者仇怨也，不云饷者仇葛伯，而云葛伯仇饷，古人属文每如是也。"江氏《尚书集注》章疏云："谓葛伯杀饷者，是仇此饷者也。"

11　匹夫匹妇：谓庶人也。庶人无妾媵，惟夫妇相匹偶也。

12　载：始也。

13　征：上伐下也。

14　芸：除草也。又作耘。

15　书：亦伪《古文尚书·商书·仲虺之诰》篇文。《梁惠王篇》亦引之。唯"无罚"作"有苏"，文稍异。按王鸣盛《尚书后案》曰："其苏，无罚互异，乃古人引经不拘处；犹上文易'一'为'始'，易始为'载'耳。"

16　无罚：谓免暴君滥用刑罚也。

17　有攸不惟臣："攸"，所也。"惟"，朱注作"为"。"惟""为"古通。言"有所不为臣"。

18　绥：抚也，安也。

19　匪厥玄黄："匪"，同篚。似竹筐，如今之竹篮。"方曰筐，圆曰匪。""玄黄"，币帛也。《逸周书》："实玄黄于匪。"段注："古盛帛，必以匪。"盖匪为士女所以盛玄黄之币帛也。

20　绍我周王见休："绍"，继也，事也。休，同庥，福禄也。谓继续侍奉周王而受其庇荫以获恩惠。

21　实：充满也。

22　君子、小人："君子"，指在位者。"小人"，指百姓。朱注："谓细民也。"

23　取其残："取"，捕取。"残"，害也，贼也。谓捕取其残害百姓者诛之。

24　太誓：伪《古文尚书·周书》之篇也。朱注："谓与今《书》文亦小异。"

25　我武惟扬："我"，武王自谓也。言我武王威武奋扬。

26　侵于之疆："之"，其也。谓侵入纣疆而讨伐之。

27　杀伐用张，于汤有光：朱注："取其残贼，而杀伐之功因以张大，比于汤之伐桀又有光焉。引此以证上文取残之义。"吴辟疆曰："于汤有光者，盖言武之除暴安民，绍汤之迹，于汤亦有光也。"

28　云尔：语已词。又"尔"，犹"而已"也。（王引之说）

今译

万章问道："宋国是个小国，现在想施行王政，齐楚两个大国起了忌妒心要来攻伐，它该怎么对付呢？"孟子说："当初商汤住在亳邑，和葛国为邻，葛伯放纵无道，不祭祀祖先，汤即派人去问他说：'为什么不祭祀祖先？'葛伯说：'因为没有供祭祀用的三牲。'汤即派人送他牛羊，葛伯就把牛羊杀了吃了，也不用来祭祀。汤又派人去问他说：'为什么不祭祀祖先？'葛伯说：'因为没有供给祭祀的米谷。'汤就叫亳邑强壮的百姓去替他耕田，让老弱的百姓送饭给耕田人吃。葛伯却领着自己的百姓在路上截拦住送饭的人，抢夺那有酒和饭菜的。如果不肯给，便把他们杀死。有个小孩子拿饭和肉送给耕种人吃，也被葛伯杀死，抢去他的饭和肉。《书经》上说：'葛伯把送饭的人当仇敌。'汤因为他杀死这个孩子，就带领军队去征伐他。天下的百姓都说：'汤不是贪图天下的财富，是替无辜的百姓报仇啊！'汤第一次征伐就从葛国开始。前后共有十一次出征：他向东方去征伐，西夷人就抱怨；向南方去征伐，北狄人就抱怨。都说：'为什么把我们放在后面呢？'天下的百姓仰望汤，就像大旱天气盼望及时雨一样。汤军队所到的地方，市场上做生意的人，并不中途停止；田间除草的人，仍然不改变他们的工作；汤不过杀戮那些残暴的国君，安抚那些受苦难的百姓，好比应时雨似的。因此，百姓皆大欢喜！所以《书经》上说：'等候我君，我君一来，就不再受残暴的虐待了。'又说：'有些诸侯，助纣为虐，不肯做周朝的臣子，武王就领兵向东征伐，安抚那些受苦难的男女百姓，这些男女百姓，把他们黑色的、黄色的绸帛装在竹篮里，来欢迎说："我们要继续来侍奉我们的周王，受他的庇荫，更乐意归顺伟大的周国。"'当时，商朝的官吏用黑色和黄色的绸帛装在竹篮里，迎接武王的官吏；商朝的百姓用竹篮盛了饭菜，用壶装了酒浆，来迎接武王的士卒，因为武王拯救百姓于水深火热中，只除去残害他们的暴君罢了。《太誓》篇说：'我武王威武奋扬，攻伐商纣的疆土，只除去那残害百姓的暴君，杀伐的武功，因此张大起来，比之商汤讨伐夏桀，更有光彩呢！'这样看来，宋君只是不能施行王政罢了。如能施行王政，天下的百姓，都抬起头来仰望他，都要尊奉他做君长，齐楚两国虽然强大，还有什么可怕的呢？"

章旨

此章言修德无小，暴慢无强，然必仁如汤武，天下百姓，始真归服。

（十一）戴胜章

孟子谓戴不胜[1]曰："子欲子之王之善与[2]？我明告子。有楚大夫于此，欲其子之齐语也，则使齐人傅[3]诸？使楚人傅诸？"曰："使齐人傅之。"曰："一齐人傅之，众楚人咻[4]之，虽日挞而求其齐[5]也，不可得矣。引而置之庄岳[6]之间数年，虽日挞而求其楚[7]，亦不可得矣。子谓薛居州[8]善士[9]也，使之居于王所[10]。在于王所者，长幼卑尊，皆薛居州也，王谁与为不善[11]？在王所者，长幼卑尊，皆非薛居州也，王谁与为善？一薛居州，独[12]如宋王何！"

今注

1　戴不胜：宋臣。

2　与：同欤。

3　傅：教也。本作师傅，此处作动词用。

4　咻：喧扰也。

5　齐：说齐语也。

6　庄岳：皆齐之国都街里名。

7　楚：说楚语也。

8　薛居州：亦宋臣。

9　善士：善人；好人。

10　居于王所："居"，处也。"所"，处所。谓处于王之左右也。

11　王谁与为不善：即"王与谁为不善"。

12　独：犹将也。（王引之说）

今译

　　孟子对戴不胜说："你想你的王全做好吗？我明白告诉你：譬如有楚国大夫在这里，要他的儿子学齐国语，你说，是请齐国人教他呢？还是请楚国人教他呢？"戴不胜说："当然是请齐国人教他。"孟子说："一个齐国人教他，许多楚国人在旁边用楚国话喧扰他，就是天天鞭打他，要他说齐国话，都是不可能的。如果把他送到齐国都城的庄街和岳里去，住了几年后，就是天天鞭打，要他仍旧说楚国话，也是不可能的。你说薛居州是个好人，要他时时在王的左右，劝王施行仁政。但是在王左右的人，不论年纪的大小、地位的尊卑，都是同薛居州一样，王还和谁去做坏事呢？在王左右的人，不论年纪的大小、地位的尊卑，都不和薛居州一样，王还和谁去做好事呢？只有一个薛居州，能把宋王怎么样呢？"

章旨

　　此章强调环境移人之易，谚语云："白沙在涅，不染自黑；蓬生麻中，不扶自直。"人臣欲匡正其君，必多引进贤士，以成治功。

（十二）不见章

公孙丑问曰："不见诸侯何义[1]？"孟子曰："古者，不为臣不见[2]。段干木[3]逾垣而辟[4]之，泄柳[5]闭门而不内[6]：是皆已甚[7]。迫[8]斯可以见矣。阳货[9]欲见孔子[10]而恶无礼。大夫有赐于士，不得受于其家，则往拜其门。阳货瞰[11]孔子之亡[12]也，而馈[13]孔子蒸豚[14]。孔子亦瞰其亡也，而往拜之。当是时，阳货先[15]，岂得不见！曾子曰：'胁肩谄笑[16]，病于夏畦[17]。'子路曰：'未同而言[18]，观其色赧赧然[19]，非由[20]之所知也。'由是观之，则君子之所养[21]，可知已矣。"

今注

1　何义：于义何所取。盖公孙丑屡见孟子因诸侯之聘而不见，故发此问。

2　不为臣不见：朱注："不为臣，谓未仕于其国者也。"

3　段干木：复姓段干，名木。魏文侯时人。焦循《正义》曰："《史记·老子列传》云：老子之子名宗，宗为魏将，封于段干，……段干应是魏邑名。而《魏世家》有段干木、段干子，《田敬仲完世家》有段干明，疑三人是姓段干也。本盖因邑为姓。……《魏世家》云文侯受子夏经艺，客段干木，过其间未尝不轼也。秦尝欲伐魏，或曰魏君贤人是礼，国人称仁，上下和合，未可图也，文侯由此得誉于诸侯。张守节《正义》引皇甫谧《高士传》云：木，晋人也，守通不仕。魏文侯欲见，造其门，干木逾墙避之，文侯以客礼待之。《吕氏春秋·下贤》篇云：魏文侯见段干木立倦而不敢息，然则其始逾垣避，其后亦见矣。"

4　辟：同避。

5　泄柳：鲁缪公时之贤人。

6　内：同纳。

7　已甚：过甚也。

8　迫：切也。朱注："谓求见之切也。"

9　阳货：即阳虎，为季氏家臣。

10　欲见孔子：朱注："欲孔子来见己也。"《论语·阳货》篇："阳货欲见孔子，孔子不见。归孔子豚。孔子时其亡也，而往拜之。"时孔子，士也。

11　瞰：望也，伺也。有从远处窃视意。

12　亡：不在家也。

13　馈：赠也。

14　蒸豚：即蒸熟之小猪。

15　先：朱注："谓阳货先来加礼也。"

16　胁肩谄笑：赵注："胁肩，竦体也。谄笑，强笑也。"

17　病于夏畦：谓劳苦过于夏日治畦也。"病"，苦也；劳也。"畦"，犹田也。《说文》："田五十亩曰畦。"

18　未同而言：朱注："与人未合，而强与之言。"赵注："未同，志未合也。"

19　赧赧然：朱注："惭而面赤之貌。"

20　由：赵注："由，子路名。子路刚直，故曰非由所知也。"

21　君子之所养：赵注："君子养正气，不以邪入也。""养"，谓修养自身也。言君子不为谄媚之态轻见权贵也。

今译

公孙丑问孟子道："夫子不肯去求见诸侯，是什么意思？"孟子说："古时候的士人不在这个国家做臣子，就不见他的君，像段干木不做魏文侯的臣子，所以跳出墙头避开文侯的访问；又像泄柳，他不做鲁缪公的臣子，所以缪公来见他，他便关着门拒绝不见，这都太过分了。他们来意如此恳切，也就可以见了。从前阳货想要孔子去见他，又怕人家批评他没有礼貌。因想起《礼经》上说：'大夫有礼物赐给士人，若士人出外，没能在家接受，就要往大夫家拜谢。'于是阳货就趁孔子不在家的时候，送给孔子一只蒸熟的小猪。孔子察知他的意思，也探听阳货不在家时，去拜谢他。这个时候，阳货先来拜访，孔子又怎能避不相见呢？曾子说：'耸着两肩，勉强做着谄媚的笑容，这劳苦要超过夏天种田的人。'子路说：'彼此志趣不相投合，却勉强同他说话，看他面红耳赤的惭愧样子，这到底为了什么，真不是我仲由所能了解的！'从这几个人的言行看来，君子平日修养些什么便可知道了。"

章旨

此章申明不见诸侯之义，并引古君子为证，而以孔子"中道"为依归。

（十三）戴盈章

戴盈之[1]曰："什一[2]，去关市之征：今兹[3]未能。请轻之，以待来年然后已[4]，何如？"孟子曰："今有人，日攘[5]其邻之鸡者。或告之曰：'是非君子之道[6]。'曰：'请损[7]之，月攘一鸡；以待来年然后已。'如知其非义，斯[8]速已矣，何待来年？"

今注

1　戴盈之：宋大夫，即戴不胜。不胜名，盈之字也。

2　什一：计十分取一也。赵注："欲使君去关市征税，复古行什一之赋。"孟子平生力主什一之赋。详见《滕文公篇》第三章及《梁惠王篇》第十二章。

3　今兹：今年也。《左传》杜注："今兹此岁。"《公羊传》何注："新生草也。一年草生一番，故以兹为年。"

4　已：止也。下文同。

5　攘：盗也。《淮南子》引《论语》"其父攘羊"。高注："凡六畜自来而取之曰攘之。"朱注亦云："物自来而取之也。"

6　君子之道：谓君子当以义取。若以不义取，即非君子之道。

7　损：减也。

8　斯：则也。犹即也。

今译

宋国大夫戴盈之问孟子："我们想遵照夫子的意见，实行古代十分中取一的税法，并且要免去关卡和市场上的捐税。但是今年还不能做到，只得先减轻些，等到明年再废止（现行的税制），夫子以为怎么样？"孟子说："譬如现在有个人，每天盗取邻家一只鸡。有人告诉他说：'这不是君子的行为。'他说：'既是如此，请让我减少些，改为每月盗取一只鸡，等到明年才停止。'如果晓得这事不合理，就该赶快停止，何必要等到明年。"

章旨

此章言见非义之事，即应加速改去，不可推诿延宕。

（十四）好辩章

公都子[1]曰："外人皆称夫子好辩[2]；敢问何也？"孟子曰："予岂好辩哉；予不得已[3]也！天下之生[4]久矣；一治一乱[5]。当尧之时，水逆行[6]，泛滥于中国，蛇龙居之[7]。民无所定[8]，下者为巢[9]，上者为营窟[10]。书[11]曰：'洚水警余[12]。'洚水者，洪水也。使禹治之。禹掘地[13]而注之海，驱蛇龙而放之菹[14]。水由地中[15]行，江淮河汉是也。险阻[16]既远，鸟兽之害人者消，然后人得平土[17]而居之。尧舜既没，圣人之道衰，暴君代作[18]，坏宫室[19]以为污池[20]，民无所安息；弃田以为园囿，使民不得衣食。（邪说暴行又作[21]，）园囿，污池，沛

泽 ²² 多而禽兽至。及纣之身天下又大乱。周公相武王，诛纣伐奄 ²³。三年，讨其君；驱飞廉 ²⁴ 于海隅而戮之；灭国者五十 ²⁵。驱虎豹犀象而远之。天下大悦。书 ²⁶ 曰：'丕显 ²⁷ 哉，文王谟 ²⁸！丕承 ²⁹ 哉，武王烈 ³⁰！佑启我后人 ³¹，咸以正无缺 ³²。'世衰道微，邪说暴行有作 ³³。臣弑其君者有之；子弑其父者有之。孔子惧，作春秋。春秋，天子之事也 ³⁴。是故孔子曰：'知我者，其惟春秋乎 ³⁵！罪我者，其惟春秋乎！'圣王不作，诸侯放恣 ³⁶，处士横议 ³⁷。杨朱 ³⁸ 墨翟 ³⁹ 之言盈天下，天下之言，不归杨则归墨。杨氏为我 ⁴⁰，是无君也；墨氏兼爱 ⁴¹，是无父也。无父无君 ⁴²，是禽兽也。公明仪曰：'庖有肥肉，厩有肥马；民有饥色，野有饿莩：此率兽而食人也。'杨墨之道不息，孔子之道不著，是邪说诬民，充塞 ⁴³ 仁义也。仁义充塞，则率兽食人，人将相食 ⁴⁴，吾为此惧，闲 ⁴⁵ 先圣之道，距 ⁴⁶ 杨墨，放 ⁴⁷ 淫辞。邪说者，不得作。作于其心，害于其事；作于其事，害于其政 ⁴⁸。圣人复起，不易吾言矣！昔者，禹抑 ⁴⁹ 洪水而天下平；周公兼 ⁵⁰ 夷狄，驱猛兽而百姓宁；孔子成春秋而乱臣贼子惧。诗 ⁵¹ 云：'戎狄是膺，荆舒是惩，则莫我敢承 ⁵²。'无父无君，是周公所膺也。我亦欲正人心，息邪说，距诐行，放淫辞，以承三圣者 ⁵³。岂好辩哉；予不得已也！能言距杨墨者 ⁵⁴，圣人之徒也。"

今注

1　公都子：孟子弟子。

2　好辩：喜好与人争辩是非。

3　不得已：谓不得已而辩，非好也。盖孟子欲扶持世道人心，发扬儒家仁爱精神，故不得已也。

4　天下之生：朱注："生，谓生民也。"赵注："生民以来也。"

5　一治一乱：吴闿生曰："一治一乱，止言治乱循环，非彼即此。豪杰生此间，不得不以民物自任耳。"

6　水逆行：朱注："下流壅塞；水倒流而旁溢也。"

7　蛇龙居之：赵注："水生蛇龙，水盛，则蛇龙居民之地也。"

8　民无所定：赵注："民患水，避之，故无定居。"

9　下者为巢：赵注："卑下者，于树上为巢。"即架屋于树上而居也。

10　营窟：窟穴也。《礼记·礼运》："昔者先王未有宫室，冬则居营窟。"孔注疏："冬则居营窟者，营累其土而为窟。地高则穴于地；地下则窟于地上，谓于地上累土而为窟。"《说文》："营，币居也。"段注："币居，谓围绕而居。如市营曰圖，军垒曰营，皆是也。"是聚族围绕而居之穴窟。

11　书：赵注："《尚书·逸篇》也。"按：今伪《古文尚书·大禹谟》有此文。

12　洚水警余：今伪《古文尚书·大禹谟》作"降水儆予"。赵注："水逆行，洚洞无涯，故曰洚水。""洚水"，即洪水。朱注："此一乱也。"

13　掘地：掘去壅塞之泥土。

14　菹：读聚。赵注："泽生草者也。"

15　地中：对地上言。谓低于平地之河流也。

16　险阻：朱注："谓水之泛滥也。"

17　平土：即平地。水患消除，百姓从此安居乐业。朱注："此一治也。"

18　暴君代作："暴"，虐乱也。谓夏太康、孔甲、履癸、商武乙之类。"代作"，谓更代而起，非一君也。

19　宫室：《说文》："宫，室也。"古代宫室无别，即民居也。

20　污池：蓄水池。

21　邪说暴行又作：此与下文句复，似衍文。

22　沛泽：大泽也。水草交厝（通杂错之错）之地。朱注："自尧舜没至此，治乱非一，及纣而又一大乱也。"

23　奄：朱注："奄，东方之国，助纣为虐者也。"

24　飞廉：亦作蜚廉。纣之谀臣。

25　灭国者五十：赵注："灭与纣共为乱政者五十国也。奄，大国，故特伐之。"

26　书：赵注："《尚书·逸篇》也。"按：今伪《古文尚书·君牙》篇有此文。

27　丕显：朱注："丕，大也；显，明也。"王引之云："丕，发语声。"下文同。

28　谟：谋也。

29　承：继也。

30　烈：功也。

31　佑启我后人："佑"，助也。"启"，开也。"后人"，指成、康。

32　咸以正无缺："咸"，皆。"缺"，亏缺。谓皆依正道而无亏缺也。朱注："此一治也。"

33　有作：即又作。古"有""又"通。

34　春秋，天子之事也：赵注："孔子惧王道遂灭，故作春秋。焦循曰：赵氏佑《温故录》云：'知春秋莫如孟子。'"胡安国《春秋传》："春秋，鲁史耳，仲尼就加笔削，孟氏目为天子之事者，周道衰微，乾纲解纽，乱臣贼子，接踵当世：仲尼假鲁史以寓王法，拨乱世，反之正，其大要则天子事也。"天子，周天子也。

35　知我者，其惟春秋乎：赵注："知我者，谓我正纲纪也。罪我者，谓时人见弹贬者。"朱注："胡氏曰：'仲尼作春秋，以寓王法。厚典、庸礼、命德、讨罪，其大要皆天子之事也。知孔子者，谓此书之作，遏人欲于横流，存天理于既灭，为后世虑，至深远也。罪孔子者，以谓无其位而托二百四十二年南面之权，使乱臣贼子禁其欲而不得肆，则戚矣。愚谓孔子作春秋以讨乱贼，则致治之法，垂于万世，是亦一治也。’”按温晋城曰：周自迁而后，王纲解纽，史臣失职，社会是非，湮而不彰。孔子目睹狂澜之将倒，乃不避无位之猜嫌，一字褒贬，即成千秋定论，中国社会之能维持至今不坠者，孔子之力也。春秋不特为当时乱臣贼子惧，且益为今日之乱臣贼子惧。

36　诸侯放恣：“恣”，纵也。不守法度曰“放恣”。战国之际，七国诸侯皆僭称王，目无天子，故曰放恣。

37　处士横议：未仕之读书人曰“处士”，“横”，读去声，放纵也。“横议”，谓放言纵论而违正道也。

38　杨朱：字子居。战国卫人。后于孔子，先于孟子。倡为我主义，其书不传。今有《伪列子·杨朱》篇。

39　墨翟：鲁人。有弟子禽滑釐等三百人。今存《墨子》五十二篇中多残缺。

40　杨氏为我：其学说：“古之人损一毫利天下，不与也；悉天下奉一身，不取也。”乃极端个人主义者。

41　墨氏兼爱：其学说：“视人之国，若视其国；视人之家，若视其家；视人之身，若视其身。”盖以爱人与爱己无差等，即亲疏不分。此乃极少数人可行，与儒家“亲亲而仁民，仁民而爱物”之旨相违。

42　无父无君：朱注：“杨朱但知爱身，而不复知有致身之义，故无君。墨子爱无差等，而视其至亲，无异众人，故无父。无父无君，则人道灭绝，是亦禽兽而已。”

43　充塞：阻塞也。

44　人将相食：朱注：“孟子引仪之言，以明杨墨之道行，则人皆无父无君，以陷于禽兽，而大乱将起，是亦率兽食人，而人又相食也。此又一乱也。”

45　闲：习也。

46　距：同拒。排抵。

47　放：摒也。朱注："驱而远之也。"

48　作于其心……害于其政：此节已见《公孙丑篇·加齐章》。惟文有小异。朱注："作，起也。事，所行。政，大体也。孟子虽不得志于当时，然杨墨之害，自是灭息；而君臣父子之道，赖以不坠；是亦一治也。"而赵注亦云说与上篇同。焦循《正义》曰："上篇养气章也。彼云生于心，此云作于此心，彼云发于其政，此云作于其事，彼先言政后言事，此先言事后言政，彼此不同，互相发明，非偶然也。"

49　抑：按也。治也。

50　兼：摒绝也。俞樾云："兼之言绝也。《考工记·轮人》曰：'外不廉而内不挫。'郑注：'廉，绝也。'《说文》作爈，曰：'火爈车网绝也。'又灡，一曰：'中绝小水也。'是从兼之字，并有绝义。兼夷狄，盖谓屏绝之也。"

51　诗：《鲁颂·閟宫》篇。解见《滕文公篇·神农章》。

52　承：当也。

53　以承三圣者：朱注："承，继也。三圣：禹、周公、孔子也。"

54　能言距杨墨者："言"，发为正论也。朱注："孟子既答公都子之问，而意有未尽，故复其言。盖邪说害正，人人得而攻之，不必圣贤。如春秋之法，乱臣贼子，人人得而诛之，不必士师也。圣人救世立法之意，其切如此。"

今译

公都子问孟子说："外人皆说夫子喜欢辩论，请问是什么缘故？"孟子说："我哪里是喜欢辩论呢，我实在出于不得已！天下自有生民以来，年代很久远了，一代的平治，必有一代的混乱。尧的时候，水势倒流，漫溢了全国，龙蛇占住各处，百姓没地方安身，所以在低下地方，就架木为巢，住在树上；在高处的地方，就挖掘窟穴，聚族环居。《书经》上说：'舜道：天用洚水来警诫我。'洚水的意思就是大家

所说的洪水。于是舜派禹去治水，禹就掘深水道上的淤塞，引泛滥的
洪水灌注到海里，又把龙蛇都驱赶到杂草丛生的水泽去。这样，水才
从河道中流走。现在的江、淮、河、汉四条大水就是这样的。洪水已
经远去，害人的鸟兽也都消除，然后百姓才得以在平地居住。等到尧
舜死后，圣人的大道就日渐衰落，暴虐的君主接连兴起。他们毁坏了
民屋，开掘蓄水的深池，使百姓不得安居；废弃田地，拿来做种花养
鸟的园囿，使百姓得不到衣食。邪僻学说，残暴行为，也都发生了。
因为到处皆是种花养鸟的园子和蓄水的深池，水草丛生的地方一多，
禽兽都聚到这里来伤害百姓。这样到了商纣的时候，天下又是大乱。
后来周公辅助武王，杀了商纣。又讨伐在东方助纣为虐的奄国，经过
三年才诛灭了奄国的国君，把纣的宠臣飞廉追逐到海边，才杀死他。
总共灭了和纣同党的五十个国家。驱逐虎豹犀象，远离人类。于是天
下的百姓都高兴。《书经》上说：'多么光耀啊，文王的谋略！多么善
于继承啊，武王的功业！这扶助启发了我们后起的成王和康王，都能
遵从正大的道理，没有缺失。'到了周室衰落，正道不明，邪僻的学
说和残暴的行为，又趁势而起；臣子弑君上的事有了，儿子弑父亲的
事也有了。孔子非常忧惧，写了一部《春秋》。《春秋》这部书，寓褒
贬，别善恶，正名分，行赏罚，都是天子的事情，所以孔子说：'真
正能了解我的，就只在这部《春秋》。要是归罪于我的，也只在这部
《春秋》！'现在圣王不再兴起，不但诸侯任意妄为，皆僭号称王，就
是未宦的士人，也常常妄发议论，杨朱墨翟的学说，充满了天下，天
下的言论，不是归附于杨，就是归附于墨。杨氏主张一切为己，流弊
至于没有君长；墨氏主张爱无差等，流弊至于没有父母。若是没有父
母，没有君长，简直是禽兽啊！鲁国贤人公明仪说：'国君厨房里有
肥肉，马房里有肥马；百姓有饥饿的脸色，野外有饿死的尸体。这简
直是率领着禽兽在吃人啊！'杨墨的邪说不消灭，孔子的正道就不能
发扬。这些邪说摇惑人心，阻塞了仁义大道。仁义的大道被阻塞，就

　　　　　　　　　　　　　　　　孟子今注今译

像带领禽兽来吃人。人将要互相吞食了，我特别为这事忧惧，所以加强拥护圣人的大道，抵拒杨墨的邪说，排斥放荡的言论，使那些妄诞邪说的人，无法再起来。倘使这邪说生在心里，就会害到他的行事；如果在行事上表现出来，就会妨害他的施政；就是圣人再生，也不能改变我这话了。从前夏禹治平了洪水，天下才得太平；周公摒绝了夷狄，驱走了猛兽，百姓才得安宁；孔子写成了《春秋》，乱臣和贼子才知道戒惧。《诗经》上说：'戎狄是要打击的，荆舒是要惩戒的，这样就没有人敢抵挡我们了。'像他们心目中，既没有父母，又没有君长，正是周公要打击的。我也想纠正天下的人心，消灭天下的邪说，拒绝那偏邪不正的行为，摒斥那放荡无归的言论，继承大禹、周公、孔子三位圣人的伟业。我哪里喜欢同人辩论呢，我实在是不得不辩啊！凡是发表正论，打击杨墨邪说的人，都是圣人的信徒啊！"

章旨

此章孟子特为辟杨墨而发，忧世拨乱，勤以济之，义以匡之，卫护圣道，阐明仁义，正是不得已之苦心，非好辩也。

（十五）匡章章

匡章[1]曰："陈仲子[2]，岂不诚廉士[3]哉？居於陵[4]，三日不食，耳无闻，目无见[5]也。井上有李，螬食实者过半[6]矣。匍匐[7]往将[8]食之；三咽[9]，然后耳有闻，目有见。"孟子曰："于齐国之士，吾必以仲子为巨擘[10]焉。虽然，仲子恶能廉！充[11]仲子之操[12]，则蚓[13]而后可者也。夫蚓，上食槁壤[14]，下饮黄泉[15]。仲子所居之室，伯夷[16]之所筑与？抑亦盗跖[17]之所筑与？所食之粟，伯夷之所树与？抑亦盗跖之所树与？是未可知也。"曰："是何伤[18]哉！彼身织屦[19]，妻辟纑[20]，以易之也。"曰："仲子，齐之世家[21]也。兄戴，盖禄万钟[22]。以兄之禄为不义之禄而不食；以兄之室为不义之室而不居也；辟兄离母，处于於陵。他日归，则有馈其兄生鹅者；己频顣[23]曰：‘恶用是鶃鶃[24]者为哉！’他日，其母杀是鹅也，与之食之；其兄自外至，曰：‘是鶃鶃之肉也！’出而哇[25]之。以母则不食，以妻则食之；以兄之室则弗居，以於陵则居之。是尚为能充其类[26]也乎？若仲子者，蚓而后充其操者也。”

今注

1　匡章：齐人。或谓孟子弟子。

2　陈仲子：孟子同时之学人，为齐之介士，践行自食其力，颇类许行之流。

3　廉士：清廉之士。朱注引范氏曰："天之所生，地之所养，惟人为大，人之所以为大者，以其有人伦也。仲子避兄离母，无亲戚君臣上下，是无人伦也，岂有无人伦而可以为廉哉？"

4　於陵：齐邑名。故城在今山东长山县西南。按顾野王《舆地志》："长白山（即长山），陈仲子夫妻所隐处。"

5　耳无闻，目无见：形容饥饿已极之现象，致令耳不能听，目不能视。

6　螬食实者过半："螬"，又名蛴螬。为金龟子幼虫，色白，头部黄褐，长寸许。种类极多，常蠹食果实稻根等。赵注："螬，虫也。李实有虫食之过半，言仲子目不能择也。"

7　匍匐：做小儿伏地爬行状，饿得无力不能起立也。

8　将：取也。

9　咽：吞也。

10　巨擘：赵注："巨擘，大指也。比于齐国之士，吾必以仲子为指中之大者耳，非大器也。"

11　充：朱注："推而满之也。"

12　操：操守也。

13　蚓：蚯蚓。朱注："言仲子未得为廉也。必若满其所守之志，则惟蚯蚓之无求于世，然后可以为廉耳。"

14　槁壤：干土也。

15　黄泉：地下浊水也。

16　伯夷：孟子常云"伯夷圣之清者也"。盖清廉必义。伯夷重义，天下言义，必归伯夷也。

17　盗跖："跖"，黄帝时大盗之名。朱注："言蚓无求于人而自足，而仲子未免居室食粟。若所从来，或有非义，则是未能如蚓之廉也。"

18　伤：妨害也。

19　屦：草鞋。

20　辟纑：将麻分开曰"辟"；将短麻连接成长麻曰"纑"；将麻之连续处绞合使不散开曰"绩"。赵注："缉绩其麻曰辟，练其麻曰纑。"

21　世家：历代仕官之家，古称卿大夫之家也。

22　兄戴，盖禄万钟：赵注："兄名戴，为齐卿，食采于盖，禄万钟。"朱注亦以"盖为邑名"。按孔广森《经学卮言》云："元李敬斋《古今注》读兄戴盖为句，云戴盖，只是乘轩。愚按盖既为王骧邑，不当又为仲子兄邑，扬雄《太玄经·务·次四》曰：'见矢自升，升羽之朋，盖戴车载。'是李氏戴盖之语，未为无本矣。"吴辟疆曰："盖，语辞。《水经注》引孟子：'仲兄戴，禄万钟。'省去盖字可证。"按：吴氏说甚可取。

23　频顣："频"，同颦，攒眉也。"顣"，同蹙，蹙頞也。仲子以兄受馈为不义，故频顣而言之。

24　鶂鶂：鹅鸣之声。

25　哇：读蛙音，呕吐也。

26　充其类：朱注："操守之类。"谓充满其操守之类，当以类推演之也。

匡章对孟子说："陈仲子，难道不真是个廉洁的士人吗？他住在於陵，三天不曾吃饭，饿得耳朵听不见，眼睛看不见，刚好井边有棵李树，那李子已被蛴螬吃了一大半，他便爬过去拿来吃，咽了三次，才吞下肚里去，这才耳朵能听见，眼睛能看见。"孟子说："在齐国士人当中，我必推仲子是大拇指。但是仲子哪能算得是廉洁呢？如果尽量推广仲子的操守，只有像蚯蚓才能做得到的，因为蚯蚓在上面只吃干燥的土壤，在下面只饮浑浊的泉水，绝对与世无所求的。仲子住的房子，是廉洁像伯夷的人所建造的呢？还是贪残像盗跖的人所建造的呢？仲子吃的米谷，是廉洁像伯夷的人所种植的呢，还是贪残像盗跖的人所种植的呢？这都是不能明了的啊！"匡章说："这有什么妨害呢？他是自己编织草鞋，妻子搓练麻缕，拿去换来的啊！"孟子说："仲子是齐国的世家，他哥哥名叫戴，每年俸禄有万钟的谷米；仲子认为哥哥的俸禄取之不合理，便不去吃；认为哥哥的房屋，也是得之不合理，便不去住。于是躲避了哥哥，离开了母亲，住到於陵。有一天，他回到哥哥家里，正看见一个人送来一只活鹅，他就皱起眉头说：'为什么用这嘎嘎叫的东西当礼送呢？'过了几天，他母亲杀了这只鹅，正在同仲子吃这鹅肉，恰巧他哥哥从外面进来，便说：'这就是嘎嘎叫的东西的肉啊！'仲子一听，马上跑到外面吐掉了。那取之不合理的食物，因为母亲给他吃，就不吃；若是妻子给他吃，就愿吃；那取之不合理的房子，因为是哥哥的，就不愿住；因为是於陵的地方，就愿住。这还能算是推广操守的一类吗？像仲子这种人，只有做到蚯蚓那样，才能推崇他的廉洁操守呢！"

此章言仲子矫情欺世，不得为廉。真廉士，言行均合于义。孝友天性，发乎至情也。

离娄篇　第四

（一）离娄章

孟子曰："离娄[1]之明，公输子[2]之巧，不以规矩[3]，不能成方员[4]。师旷[5]之聪，不以六律[6]，不能正五音[7]。尧舜之道，不以仁政，不能平治天下[8]。今有仁心仁闻而民不被其泽，不可法于后世者，不行先王之道[9]也。故曰：'徒善[10]不足以为政，徒法[11]不能以自行。'诗[12]云：'不愆[13]不忘，率[14]由旧章。'遵先王之法而过者，未之有也。圣人既竭[15]目力焉，继之以规矩准绳[16]，以为方员平直，不可胜用也。既竭耳力焉，继之以六律正五音，不可胜用也。既竭心思焉，继之以不忍人之政[17]，而仁覆天下[18]矣。故曰：'为高必因丘陵，为下必因川泽[19]。'为政，不因先王之道，可谓智乎，是以惟仁者宜在高位，不仁而在高位，是播其恶于众[20]也。上无道揆[21]也；下无法守[22]也；朝不信道[23]；工不信度[24]；君子犯义[25]，小人犯刑[26]。国之所存者，幸也！故曰：'城郭不完，兵甲不多，非国之灾也；田野不辟，货财不聚，非国之害也；上无礼[27]，下无学[28]，贼民[29]兴，丧无日矣！'诗[30]曰：'天之方蹶[31]，无然泄泄[32]。'泄泄，犹沓沓[33]也。事君无义[34]，进退无礼[35]，言则非先王之道者，犹沓沓也。故曰：'责难于君[36]谓之恭；陈善闭邪[37]谓之敬；吾君不能谓之贼[38]'。"

今注

1 离娄：古之目明者。一名离朱。《庄子·天地》篇、《骈拇》篇皆言离朱。司马彪云："离朱，黄帝时人，百步见秋毫之末，孟子作离娄。"

2 公输子：名般，一作班。春秋时鲁人，故号鲁班。

3 规矩：圆曰规，俗谓圆规。方曰矩，俗谓曲尺。

4 方员：即方圆。

5 师旷：春秋时晋平公之乐太师，善知音律。

6 六律：古正乐律之器。黄帝时令伶伦作律。伦截竹为筒，以筒之长短，分别声音之清浊高下。乐器之音，即依之为准则。阴阳各六，共为十二律。阳为律：黄钟、太簇、姑洗、蕤宾、夷则、无射，所谓六律也。阴为吕：林钟、南吕、应钟、大吕、夹钟、中吕，所谓六吕也。本文言六律，盖兼六吕也。

7 五音：宫、商、角、徵、羽也。以清浊高下分之。最下最浊者为宫；次下次浊者为商；在清浊高下之间者为角；次高次清者为徵；最高最清者为羽。

8 尧舜之道……不能平治天下：此言虽聪明圣智，不可无法。法度，当以"仁政为本。如匠者为器，不可无工具；工具，当以规矩为准。又如乐师审音，亦不可无工具；工具，当以六律为度"。

9 仁心仁闻………不行先生之道：朱注："仁心，爱人之心也；仁闻者，爱人之声闻于人也；先王之道，仁政是也。""闻"，读问。

10 徒善："善"，善心。"徒"，但也。但有善心，而无具体善政，故曰徒善。

11 徒法："法"，法治。但有美善法治，而无善人运用法治，故曰徒法。徒善不足以为政，是不偏于人治；徒法不能以自行，是不偏于法治。有治法仍须有治人，然后郅治可期，此孟子政治哲学，亘古今中外而不易者也。

12　诗：《大雅·假乐》篇。

13　愆：过也。

14　率：循也。

15　竭：尽也。

16　准绳："准"，水平器，测平之工具。"绳"，量直之墨线。

17　不忍人之政：即仁政。如前文所言"制产教民"之法及"井田学校"之制是也。

18　仁覆天下："覆"，被也。谓其仁可广被天下。

19　为高必因丘陵二句："因"，依也。朱注："丘陵本高，川泽本下；为高下者因之，则用力少而成功多矣。"

20　播其恶于众：谓播扬其恶，贻害于众人也。

21　道揆：朱注："道，义理也。揆，法度也。谓以义理度量事物而制其宜。"

22　法守：朱注："谓以法度自守也。"

23　朝不信道："朝"，音潮，指朝廷。言在朝廷之臣，不信义理。

24　工不信度："工"，官也。此指百官。言百官不守法度也。

25　君子犯义："犯"，触犯也。谓君子触犯义理之所禁。

26　小人犯刑：谓小人触犯刑章之所罚。朱注："君子小人，以位而言也。"

27　上无礼：君不知礼，则无以教民。

28　下无学：臣不学法度，则易与为乱。

29　贼民：逆乱之民也。即暴民。

30　诗：《大雅·板》之篇。

31　蹶：颠覆也。

32　无然泄泄：犹无泄泄然。"泄"，与呭、詍同。多言也。

33　沓沓：亦作诿。"沓沓"，即泄泄之意。按："泄泄"，词较古，故孟子以沓沓释之也。

34　事君无义：谓对君不能以义理匡救之。

35　进退无礼：谓己进退周旋无礼让之节。

36　责难于君：赵注："责难为之事，使君勉之，谓行尧舜之仁，是为恭臣。"按："责难"，有责善意。语云："从善如登。"故曰难。

37　陈善闭邪：赵注："陈善政，以禁闭君之邪心，是谓敬君。"

38　吾君不能谓之贼："贼"，害也。赵注："言吾君不肖，不能行善，因不谏止，此为贼其君也。"

今译

孟子说："从前离娄的眼睛那样明，公输子的智慧那样巧，假使不用规矩，就不能制成方圆的器具；师旷耳朵极聪，假使不用六律制定声音清浊高下，就不能校正五音；所以尧舜治理百姓，假使不行仁政，也就不能平治天下。今天做君长的，虽有仁爱的心和仁爱的声誉，百姓却没有受到他的恩德，不能使后代来效法，这都因为不能实行古圣王的仁政啊！所以说：'但有善心，不足以达成治道；但有法度，不能叫它自行。'《诗经》上说：'不要有过失，不要有遗忘，一切遵照古先圣王旧有的法度。'遵照古先圣王的法度还会有过失，是从来没有过的。古时圣人已经用尽了眼力，又用那圆的规，方的矩，平的准，直的绳，做个方圆平直的法度，所以后世拿这个器具法度，就应用不尽。已经用尽了耳力，又用那阴阳的六律六吕，做个校正五音的法度，所以后世拿这个音乐法度，就应用不尽了。已经用尽了心思，又用便民的法度推行仁政，所以圣人的恩德，普遍达及天下百姓了。所以说：堆高，必依借着丘陵；掘深，必依借着川泽；治理国家，不依照古先圣王的法度，可算是明智吗？因此，只有存仁心的人，才应居在高位；假使没有仁心却居高位，这是散播祸害到众人身上了。可见君上不用正道审度事理，臣下就没有法度可以遵守；朝廷大臣不信服义理，地方官吏就不信服法度；甚至官吏触犯道义，百姓触犯刑章，这样国家还能存在，全是侥幸啊！所以说：'城郭不坚固，军备不充足，并不是国家的灾患；田野没有开辟，物资没有储聚，也不是国家的患害；但是在上的国君，不知道守礼义，在下的臣子，不晓得学习法度，于是乱民乘机兴起，国家离灭亡就没有多少日子了。'《诗经》上说：'天意要颠覆这个国家，不要这样泄泄多言不振作了。''泄泄'就是现在所说'沓沓'的意思。现在的臣子，侍奉君上，不依道义，进退周旋，不依礼法；发表言论，又毁谤先王的教理，这就是所谓沓沓啊！所以说：要求君上做难做的正事，才叫作恭；陈述先王的善道，闭止君上的邪心，才叫作敬；如果说我君不能行善，这叫作贼害他的君。"

章旨

此章言治国当法圣王之道，并强调人治，法治二者须并重。

（二）规矩章

孟子曰："规矩，方员之至[1]也；圣人，人伦[2]之至也。欲为君，尽[3]君道；欲为臣，尽臣道。二者，皆法尧舜[4]而已矣。不以舜之所以事尧事君，不敬其君者也；不以尧之所以治民治民，贼其民者也。孔子曰：'道二[5]：仁与不仁而已矣。'暴其民甚，则身弑国亡；不甚，则身危国削[6]，名之曰幽厉[7]；虽孝子慈孙，百世不能改也。诗[8]曰：'殷鉴不远，在夏后之世[9]。'此之谓也。"

今注

1 至：极也，犹今言标准。

2 人伦：人类也。

3 尽：极也，备也。

4 二者，皆法尧舜：尧为君极仁，舜为臣极恭，二人备极君臣之道，故当以之为法也。

5　道二："道"，指治民之道。朱注："法尧舜，则尽君臣之道而仁矣；不法尧舜，则慢君贼民而不仁矣。二端之外，更无他道，出乎此则入诸彼矣。可不谨哉？"赵注："仁则国安，不仁则国危亡。"

6　暴其民甚……身危国削：赵注："甚，谓桀纣；不甚，谓幽厉。厉王流于彘，幽王灭于戏，可谓身危国削矣。""甚"，过也。

7　幽厉：朱注："幽，暗。厉，虐。皆恶谥也。苟得其实，则虽有孝子慈孙，爱其祖考之甚者，亦不得废公义而改之。言不仁之祸，必至于此，可惧之甚也。"

8　诗：《大雅·荡》之篇。

9　殷鉴不远，在夏后之世："鉴"，镜也。郑笺："此言殷之明镜不远也。近在夏后之世，谓汤诛桀也。"意谓殷之子孙，当以夏之覆亡为戒。孟子引此，正欲当时诸侯以幽厉为鉴戒。

今译

孟子说："规矩，是做方圆最好的标准；圣人，是人类最好的榜样。要想做国君，就要能够尽做国君的道理；要想做臣子，就要能够尽做臣子的道理，这两样都只要取法尧舜就是了。不用舜侍奉尧的道理去侍奉君，就是不敬重他的君；不用尧治理百姓的道理去治理百姓，就是残害百姓。孔子说：'治理百姓有两条路，仁和不仁罢了。'假使国君过分残害他的百姓，就身死国亡；不过分的，本身也必遭受危险，弄得国家衰弱。当他身死以后，还替他加上一个恶谥号，叫作幽厉。虽然后来有了孝子慈孙，就是经过一百代也不能改掉。《诗经》上说：'殷商的镜子不远，近在夏桀的时代。'便是这个说法。"（也应该拿幽厉做个镜子，借以警惕自己。）

章旨

此章仍承上章之旨，言国君当法尧舜之仁，而戒幽厉之暴。

（三）三代章

孟子曰："三代之得天下也以仁；其失天下也以不仁[1]。国之所以废兴存亡者亦然[2]。天子不仁，不保四海[3]；诸侯不仁，不保社稷[4]；卿大夫不仁，不保宗庙[5]；士庶人不仁，不保四体[6]。今恶死亡而乐不仁，是由[7]恶醉而强酒[8]。"

今注

1　三代之得至下二句：朱注："三代，夏、商、周也。禹、汤、文、武，以仁得之。桀、纣、幽、厉，以不仁失之。"

2　国之所以废兴存亡者亦然：朱注："国，谓诸侯之国。"天下之所以安，莫若为仁。仁者，则兴存；不仁者，则废亡。"亦然"，言亦由仁与不仁也。

3　四海：天下之代名词，犹言四方。

4　社稷：土神曰"社"，谷神曰"稷"。古代诸侯国都，皆立社稷之神。国灭，常变置其社稷，故以社稷为国家之名。

5　宗庙：古大夫有家，家有采邑、宗庙。宗庙，即家庙也。

6　四体：即四肢，此谓全身之代称。

7　由：同犹。按：南宋初诸本皆作由，今本多作犹。（说见洪迈《容斋随笔》）

8　强酒：勉强饮酒也。

今译

孟子说："夏、商、周三代得天下，是由于有仁德，后来桀纣幽厉失天下，是由于没有仁德。就是诸侯各国的兴废存亡，原因也是如此。做天子不仁，就不能保有天下；做诸侯不仁，就不能保有国土；做卿大夫不仁，就不能保有祖庙；士人和百姓不仁，就不能保有自身。现在的诸侯既厌恶身死，又恐怕国亡，却喜欢做不仁的事，就像怕吃醉酒，还要勉强吃酒一样。"

章旨

此章仍承前章之旨，言国家兴废存亡，皆在仁与不仁，以警惕当时诸侯。

（四）爱人章

孟子曰："爱人不亲反[1]其仁；治人不治反其智；礼人不答反其敬。行有不得者，皆反求诸己；其身正而天下归[2]之。诗[3]云：'永言配命，自求多福。'"

今注

1　反：自反也。即反省。按：儒家思想，重自反以求仁。此言反其仁，反其智，反其敬，皆在求诸于己也。

2　归：依就也。谓归依之也。

3　诗：《大雅·文王》之篇。解详《公孙丑篇》第四章。

今译

孟子说："我爱人，人却不亲近我，我就要自反再尽我的仁爱；我治理人，人却不受我的治理，我就要自反再尽我的智慧；我礼敬人，人却不回答我，我就要自反再尽我的礼敬。凡是所做的事，有不能如己愿的，都从我自身检讨和反省；只要自身纯正，天下的人，自然都依就我了。《诗经》上说：'永远配合着天命，就是自己求得各种的幸福！'"

章旨

此章言诸侯欲求治效，不可责望于人，当反省责己以正身，尽其在我而已。

（五）恒言章

孟子曰："人有恒言[1]，皆曰：'天下国家[2]。'天下之本在国，国之本在家，家之本在身。"

今注

1　恒言：赵注："人之常语也。"朱子云："虽常言之，而未必知其言之有序也；故推言之，而又以家本乎身也。"

2　国家："国"，谓诸侯之国；"家"，谓公卿大夫之家。赵注："言天下国家，各依其本，本正则立，本倾则踣，虽曰常言，必须敬慎也。"

今译

孟子说："人们有句常说的话，都是笼统地说：'天下国家。'却不知道这话的本末次序：天下的根本，是在一国；一国的根本，是在一家；一家的根本，是在一身。"

章旨

此章言治国平天下，当以修身为本。本立而道生。

（六）为政章

孟子曰："为政不难，不得罪[1]于巨室[2]；巨室之所慕[3]，一国慕之；一国之所慕，天下慕之。故沛然[4]德教，溢[5]乎四海。"

今注

1　得罪：朱注："谓身不正而取怨怒也。"

2　巨室：朱注："世臣大家也。"赵注："谓贤卿大夫之家，人所则效也。"

3 慕：向也；思也。

4 沛然：《广雅·释诂》："沛，大也。"朱注："盛大流行之貌。"

5 溢：满也。

今译

孟子说："施行政令并没有什么困难的，只要修正己身，不得罪那些世臣大家就行了。那些世臣大家所思慕的人，一国的人也会跟着思慕他；一国所思慕的人，天下的人也都会跟着思慕他，这样，他的道德教化便能盛大流行，充溢四海之内了。"

章旨

此章言为政，当以不得罪于巨室为要，不得罪于巨室，当以修身为要。

（七）天下章

孟子曰："天下有道，小德役大德，小贤役大贤；天下无道，小役大，弱役强[1]；斯二者，天[2]也。顺天者存，逆天者亡。齐景公曰：'既不能令，又不受命[3]，是绝物[4]也。'涕出而女于吴[5]。今也小国师大国[6]而耻受命焉，是犹弟子而耻受命于先师也。如耻之，莫若师文王。师文王，大国五年，小国七年，必为政于天下矣。诗[7]云：'商之孙子，其丽不亿[8]。上帝既命[9]，侯于周服[10]。侯服于周，天命靡常[11]，殷士肤敏[12]，裸将于京[13]。'孔子曰：'仁不可为众[14]也。'夫国君好仁，天下无敌。今也欲无敌于天下而不以仁，是犹执热而不以濯[15]也。诗[16]云：'谁能执热，逝[17]不以濯。'"

今注

1 天下有道……弱役强："役"，服也。谓有道之世尚德，小德小贤役服于大德大贤；无道之世尚力，弱小役服于强国大国也。

2　天：自然之势也。

3　既不能令，又不受命：朱注："令，出令以使人也。受命，听命于人也。"

4　物：朱注："犹人也。"

5　涕出而女于吴："女"，读去声。作动词用。谓以女与人也。朱注："吴，蛮夷之国也。景公羞于为昏，而畏其强，故涕泣而以女与之。"《吴越春秋·阖闾内传》："复谋伐齐，齐子使女为质于吴；吴王因为太子波聘齐女。"徐注："齐景公女，孟子所谓'涕出而女于吴'，即此也。"

6　小国师大国：朱注："言小国不修德以自强，其般乐怠敖，皆若效大国之所为者，而独耻受其教命，不可得也。"

7　诗：《大雅·文王》之篇。

8　其丽不亿："丽"，数也。十万曰亿。"不亿"，言其数不止十万也。

9　上帝既命：即天命也。言上帝命周有天下。

10　侯于周服：朱注："侯，语助。言商之子孙皆服于周。"

11　靡常：无常也。无定也。盖天命归于有德者，故无定也。

12　肤敏："肤"，大也，美也。"敏"，达也。言仪容丰美，才思敏达也。

13　祼将于京："祼"，读灌。宗庙之祭，以郁鬯之酒灌地而降神也。"将"，助也。"京"，周之京师也。

14　仁不可为众：盖孔子读此诗而叹曰："我周至仁，商孙至众，以众遇仁，则众失其众，而不可为众也。"

15　濯：以水自濯其手也。《毛传》："所以救热也。"

16　诗：《大雅·桑柔》之篇。

17　逝：发声也。即语词。

今译

孟子说:"天下有道的时候,德行小的诸侯,侍奉德行大的诸侯,才能小的诸侯,侍奉才能大的诸侯;天下无道的时候,小国受大国的支配,弱国受强国的支配,这两种情形都是自然的趋势。依顺自然,自能存在;违反自然,必定灭亡。所以齐景公当时受吴国威胁,不得已与吴国联姻,于是说:'我们既不能命令制服人,又不肯接受别人的命令,这是自绝于人啊!'只好流着眼泪,把女儿嫁到吴国去。现在呢,小国诸侯不修德图强,处处学习大国诸侯的荒淫行为,却又认为接受大国的命令是羞耻的。这就像做了学生,却又认为受教于先生是羞耻的!如果认为接受大国的命令是羞耻的,就不如效法文王施行仁政,果真效法文王,大国只要五年,小国只要七年,必定能把政令推行到天下了!《诗经》上说:'商朝的子孙,数目何止十万,但是天命周朝有天下,他们只好向周朝臣服。向周朝臣服,是因为天命没有一定的,总是归依有德的人,所以商朝的臣子,虽然是仪容俊伟,才思敏达,但他们都要到京城里,行裸献的礼,帮助周天子祭祀!'后来孔子读这诗赞叹说:'遇着仁德的人,就是人多也没有用。'所以国君果能喜好仁德,天下就没有人能和他对抗了。现在的诸侯都想做到天下没有对抗的人,却不肯施行仁政,这就像拿热的东西,却不用冷水浸手一样。所以《诗经》上说:'谁能拿热的东西,不用冷水浸手呢。'"

章旨

此章激励当时诸侯应修德行仁,以回天意。盖天命靡常,以仁为归。

(八) 不仁章

孟子曰:"不仁者[1],可与言哉[2]?安其危而利其菑[3],乐其所

　　　　　　　　　　　　　　　　　　　　　　孟子今注今译

以亡者[4]。不仁而可与言，则何亡国败家之有！有孺子[5]歌曰：'沧浪之水[6]清兮，可以濯我缨[7]。沧浪之水浊兮，可以濯我足。'孔子曰：'小子[8]听之！清，斯濯缨；浊，斯濯足矣。自取之[9]也。'夫人必自侮[10]，然后人侮之；家必自毁，而后人毁之；国必自伐，而后人伐之。太甲曰[11]：'天作孽，犹可违；自作孽，不可活。'此之谓也。"

今注

1　不仁者：谓无德之人也。

2　可与言哉：犹言不可与言。即不足以进"忠言"。《说文》："直言曰言。"忠亦直也。所谓"人以善谓之忠"，"忠言逆耳利于行"，是也。

3　菑：同灾。

4　乐其所以亡者：谓不仁之君，徒知荒淫作乐，而招致危亡之祸也。

5　孺子：赵注："童子也。"

6　沧浪之水："浪"，读郎。《书·禹贡》："东流为汉，又东为沧浪之水。"郑注："今之夏水。"阎氏《四书释地》引《水经·沔水》注："武当县西北汉水中有沧浪洲，汉水经其地，遂得名沧浪之水。武当县，即今湖北均县。县境汉水又名沧浪之水，有沧浪亭，在均县东门外汉水北岸。水色清碧，可鉴眉目；一遇大雨，则泥土冲入，顿成浑浊也。"金履祥考证："沧浪之歌，乃是荆楚风谣之旧，故屈原渔父辞亦有此句。或谓夫子自叶适汉而闻孺子之歌。"盖此歌为民间风谣，渔人歌之，童子亦歌之。

7　缨：冠系也。

8　小子：通为幼弱之称。此指孔子弟子也。

9　自取之：缨贵足贱，故赵注："清浊所用，尊卑若此。自取之，喻人善恶见尊贱乃如此。"

10　侮：轻慢也，伤也。赵注："人先自为可侮慢之行，故见侮慢也；家先自为可毁坏之道，故见毁也；国先自为可诛伐之政，故见伐也。"

11　太甲曰：引伪《古文尚书·商书·太甲》。义详《公孙丑篇·仁荣章》。

今译

孟子说："无德的人，怎能和他说仁义呢。他把危险的，反当作安全可靠；灾害的，反看成有利可图，又喜欢做那些亡国败家的事。如果这种人还可以和他谈仁义，那又怎么会有亡国败家的事呢！从前有个童子唱道：'沧浪的水这么清啊，可以洗涤我帽缨；沧浪的水这么浊啊，可以洗涤我的脏脚。'孔子听了，便向学生说：'你们听啊！水清，就用它来洗涤帽缨；水浊，就用它来洗涤脏脚。这都是那水自取的。'凡是一个人，必定自己先轻慢自己，人才轻慢他；一个大夫家，必定自己先毁坏，然后人才毁坏它；一个国家，必定自取讨伐，人才攻打它。《太甲》篇说：'上天降的灾祸，还可以逃避；自造的罪孽，那就活不下去了。'就是说的这种情形啊。"

章旨

此章言诸侯、大夫等败亡之祸，皆由不仁自取。

（九）桀纣章

孟子曰："桀纣之失天下也[1]，失其民也；失其民者，失其心也。得天下有道[2]；得其民，斯得天下矣。得其民有道；得其心，斯得民矣。得其心有道；所欲与[3]之聚之，所恶勿施尔也[4]。民之归仁也，犹水之就下，兽之走圹[5]也。故为渊驱鱼[6]者獭[7]也，为丛驱爵[8]者鹯[9]

也，为汤武驱民者，桀与纣也。今天下之君有好仁者，则诸侯皆为之驱矣；虽欲无王，不可得已。今之欲王者，犹七年之病，求三年之艾[10]也。苟为[11]不畜[12]，终身不得。苟不志于仁，终身忧辱，以陷于死亡。诗[13]云：'其何能淑？载胥及溺[14]。'此之谓也。"

今注

1 也：犹"者"。

2 道：方法；原则。

3 与：王氏《经传释词》："与，犹为也。读去声。"

4 所恶勿施尔也："尔"，语助，犹云"而已"。朱注："民之所恶，则勿施于民。"

5 圹：同旷。空阔之原野也。

6 为渊驱鱼："渊"，深水也。"驱"，古同敺。

7 獭：水獭，喜食鱼类。

8 为丛驱爵："丛"，茂林也。"爵"，同雀。古同音通假。

9 鹯：挚鸟；似鹞。色青黄，钩嘴，喜击鸠、鸽、燕、雀等食之。

10 艾：草名。其叶可以灸，干久益善。"三年之艾"，陈久之艾也。朱注："夫病已深，而欲求干久之艾，固难卒办，然自今畜之，则犹或可及。不然，则病日益深，死日益迫，而艾终不可得矣。"

11 为：犹使也。亦假设之词。（王氏《经传释词》）

12 畜：同蓄。储存也。

13 诗：《大雅·桑柔》之篇。

14 其何能淑？载胥及溺："淑"，善也。"载"，则也。"胥"，相也。"及"，与也。"溺"，陷也。言如今之政，其何能善？但君臣相引以陷于乱亡而已。

今译

孟子说："夏桀商纣失去了天下，因为失去了人民。失去了人民，因为失去了民心。由此可以知道，得天下是有方法的：能得到天下的人民，就可得到天下了。要得到天下的人民，也是有方法的：得到他们的心，就可得到人民了。要得到人民的心，也是有方法的：把人民所需要的，聚集起来；人民所厌恶的，不要去施行罢了。人民归服仁人，就同水向低处奔流，兽向旷野驰走一样。所以帮着深水处赶鱼的是水獭，帮着丛林里赶雀的是鹰鹯，帮着汤武驱赶人民的是桀和纣啊！现在天下的国君，如果有爱好仁德的，这些诸侯就帮着他赶人民了，他就是不想称王天下，也不可能了。今天想称王天下的人，好像已生了七年的痼疾，要找寻三年的陈艾，假使平时不储积，就一辈子也找不到。所以现在想一统天下的人，如果不把志趣放在仁德上，便一辈子在忧愁耻辱中。《诗经》上说：'这些诸侯怎么会有好结果呢？他们不过是共同落水灭顶罢了！'就是这个说法啊。"

章旨

此章深冀当时诸侯爱好仁德，以得民心，而王天下。足见孟子之一片婆心。

（十）自暴章

孟子曰："自暴[1]者，不可与有言也。自弃[2]者，不可与有为也。言非[3]礼义，谓之自暴也。吾身不能居仁由义[4]，谓之自弃也。仁，人之安宅[5]也。义，人之正路[6]也。旷[7]安宅而弗居，舍[8]正路而不由：哀哉[9]！"

今注

1　暴：贼害也。

2　弃：抛弃。

3　非：《说文》："非，韦也。""韦"，同违，相背也。"言非礼义"，谓违背礼义也。

4　居仁由义："居"，安而处之也；"由"，循而行之也。

5　安宅：详《公孙丑篇·矢人章》。

6　正路：人所共由之路也，即大道。

7　旷：空也。

8　舍：弃也。

9　哀哉：朱注："言道本固有，而人自绝之，是可哀也。"

今译

孟子说："自己残害自己的，不可和他谈论道理；自己放弃自己的责任，不可和他有所作为。他所说的都违背礼义，所以说他是自己残害自己。认为自身不能处仁行义，所以说他是放弃自己的责任。须知：仁，是极安全的住宅；义，是极正大的道路。现在的人，空着安全的住宅而不住，抛弃正大的道路而不走，真是可悲啊！"

章旨

此章特戒自暴自弃之人，实不知仁义之美。

（十一）道在章

孟子曰："道在尔[1]，而求诸远；事在易，而求诸难。人人亲其亲，长其长，而天下平[2]。"

今注

1　尔：通迩。近也。古文本作尔，赵本作迩。

2　人人亲其亲三句：焦循《正义》曰："自首章言平治天下，必因先王之道，行先王之法，反复申明，归之于居仁由义。何谓仁？亲亲是也；何谓义？敬长是也。道，即平天下之道也。事，即平天下之事也。指之以在迩在易，要之以其亲其长。亲其亲，则不至于无父；长其长，则不至于无君。尧舜之道，孝弟而已。其为人也孝弟，犯上作乱，未之有也。舍此而高谈心性，辨别理欲，所谓求诸远，求诸难也。"胡毓寰云："盖孝弟为仁之本，而仁为修身之基；人人身修，则家齐；家家齐，则国治；国国治，则天下平矣。"

今译

孟子说："平天下的道理就在眼前，却偏要向远处去求寻；平天下的事情极其容易，却偏要向难的一边去求寻。只要人人亲爱他的父母，尊敬他的兄长，天下就会太平了。"

章旨

此章孟子特强调平天下大道，至近至易，借以唤醒世人，亲爱敬长，各尽人伦之责。

按康有为氏云："孔子不言天下治，而言天下平，盖专重太平之义。以治不过不乱，不足言平也。致太平之道本不易，于亲亲长长，则人人仁顺恺悌，无有争心，则虽不立君臣官吏，亦可以言族制，可以平天下也。孟子指点道理，无不直截简易者。"此言至可深玩。"平天下"，实大同之治也。

（十二）居下章

孟子曰："居下位而不获于上[1]，民不可得而治也。获于上有道；不信于友，弗获于上矣。信于友有道；事亲弗悦，弗信于友矣。悦亲有道；反身不诚[2]，不悦于亲矣。诚身有道；不明乎善[3]，不诚其身矣。是故诚者，天之道[4]也；思诚者，人之道[5]也。至诚[6]而不动[7]者，未之有也；不诚，未有能动者也。"

今注

1　获于上：朱注："得其上之信任也。"

2　反身不诚：朱注："反求诸身，而其所以为善之心有不实也。""诚"，实也。谓心意忠实也。

3　不明乎善："明善"，犹言致知。盖知不致，则理不明；理不明，则不知善之当行，而常以伪善相值矣。盖明善，即明辨。为人首在思考与辨别，孟子特着义利之辨，即明善也。

4　天之道：赵注："授人诚善之性者，天也。故曰天道。""天道"，即天赋于人本然之道，其权操之于天者也。所谓"知命"是也。

5　人之道：赵注："思行其诚以奉天者，人道也。""人道"，即以人力行之，其权操之在我者也。所谓"行善"是也。

6　至诚：谓诚之极也。

7　动：感应也。朱注引杨氏曰："动，便是验处，若获乎上，信乎友，悦于亲之类是也。"

（次耘按：自"居下位"至"人之道也"一节，《礼记·中庸》篇亦有此文。唯字略有小异。赵注："事上得君，乃可临民，信友悦亲，本在于身。是以曾子三省，大雅矜矜，以诚为贵也。"朱注："此章述《中庸》孔子之言，见思诚为修身之本，而明善又为思诚之本。乃子思所闻于曾子，而孟子所受乎子思者，亦与《大学》相表里，学者宜潜心焉。"）

今译

孟子说："在下位的人，得不到长官的信任，对百姓就无法治理了。但要得到长官的信任，有个方法：如不能取得朋友的信任，就不能得到长官的信任了。要得到朋友的信任，也有个方法：如侍奉父母，不能得到父母的喜悦，就不能得到朋友的信任了。要得到父母的喜悦，也有个方法：如反省自身，不能有真实行善的心，就不能得到父母的喜悦了。反省自身，有真实行善的心，也有个方法：如果不明本性的善，就不能有真实行善的心了。所以这真实行善的心，就是天性中固有的道理。想做到真诚无伪，原是做人本然的道理啊！将真诚无伪做到了极点，还不能感动人，这是从来没有的事。如果没有真诚待人，就绝没有感动人的道理了。"

章旨

此章示人当以自反思诚为要。

（十三）伯夷章

孟子曰："伯夷辟[1]纣，居北海之滨，闻文王作[2]，兴[3]曰：'盍归乎来[4]！吾闻西伯[5]善养老者。'太公[6]辟纣，居东海之滨，闻文王作，兴曰：'盍归乎来！吾闻西伯善养老者。'二老者，天下之大老[7]也；而归之，是天下之父[8]归之也。天下之父归之，其子焉往？诸侯有行文王之政者，七年[9]之内，必为政于天下矣。"

今注

1　辟：同避。

2　作：起也。

3　兴：亦起也。

4　盍归乎来："盍"，何不也。"来"，句末语助词。

5　西伯：朱注："即文王也。纣命为西方诸侯之长，得专征伐，故称西伯。"

6　太公：《史记·齐太公世家》："太公望吕尚者，东海上人……本姓姜氏，从其封姓，故曰吕尚。"朱注："文王发政，必先鳏寡孤独，庶人之老，皆无冻馁，故伯夷、太公来就其养，非求仕也。"

7　大老：言非常之老者。即父老之领袖也。

8　天下之父：朱注："言齿德皆尊，如众父然。既得其心，则天下之心不能外矣。"

9　七年：朱注："七年，以小国而言也。大国五年，在其中矣。"

今译

孟子说:"当初伯夷远避商纣之祸乱,住在北海的边上,听说文王兴起,便感动地说:'何不归到他这里来!我听说西伯最尊敬老人。'太公也远避商纣的祸乱,住在东海的边上,听说文王兴起,便感动地说:'何不归到他这里来!我听说西伯最尊敬老人。'这两位老者,高年硕德,是天下最伟大的老人,还来归附文王,就等于天下众人的父亲归附文王一样。天下众人的父亲都来归附文王,他的子女还会到哪里去呢?现在的诸侯,如果能施行文王的仁政,七年之内,必定推行他的政令于天下了。"

章旨

此章勉当时诸侯法文王以行仁政。果能施行仁政,则天下百姓自来归附矣。

(十四)求也章

孟子曰:"求¹也为季氏宰²,无能改于其德³,而赋粟⁴倍他日。孔子曰:'求!非我徒也;小子鸣鼓而攻之⁵可也。'由此观之,君不行仁政而富之,皆弃⁶于孔子者也。况于为之强战!争地以战,杀人盈野;争城以战,杀人盈城。此所谓率土地而食人肉;罪不容于死⁷!故善战者服上刑⁸;连诸侯者⁹次之;辟草莱¹⁰、任土地者¹¹次之。"

今注

1 求:冉求,孔子弟子。

2 季氏宰:赵注:"季氏,鲁卿季康子。宰,家臣也。"

3 无能改于其德:"其德",指季氏之德。季氏所行多违先王之制,孔子深斥冉求不能辅以改其旧行,反为之加倍敛民财粟。

此又见《论语·先进》篇。

4　赋粟："赋"，税也。《左传·哀公十二年》：季康子"用田赋"。即指此事。鲁本用"丘赋"，今更增"田赋"，是于丘赋之外又增田赋。故杜注："以示改法重赋。"

5　鸣鼓而攻之：朱注引郑曰："声其罪以责之。"

6　弃：绝也。

7　罪不容于死：朱注引林氏曰："富其君者，夺民之财耳，而夫子犹恶之；况为土地之故而杀人，使其肝脑涂地，则是率土地而食人之肉，其罪之大，虽至于死，犹不足以容之也。"

8　善战者服上刑："服"，用也。"上刑"，犹重刑也。朱注："善战，孙膑、吴起之徒。"

9　连诸侯者：朱注："连结诸侯，如苏秦、张仪之类。"

10　辟草莱："辟"，开拓也。"莱"，草之总名。"草莱"，谓荒芜未垦之地也。

11　任土地者："任"，犹因也。朱注："如李悝尽地力，商鞅开阡陌之类也。"

今译

孟子说："从前冉求做季氏的家臣，不能改好季氏的政德，并且加倍征收百姓的赋税。孔子说：'冉求！不像是我的门徒，你们二三子敲着鼓宣布他的罪状，一齐指责他好了。'从这件事来看，国君不能施行仁政，做臣子的还替他求富，这都是被孔子所拒绝的。况且又替他恃强打仗。为争夺土地打仗，就杀人满野；为争夺城池打仗，就杀人满城。这正所谓率领土地去吃人的肉，他们的罪，虽一死也不能塞其责！所以好战的人，应当用极刑；连结诸侯，兴起兵祸的人，罪次一等；开垦荒地，穷尽地力，增加打仗实力的人，再次一等。"

章旨

此章言聚敛富君，且弃于孔子；恃强好战，更为圣人所深恶痛绝。盖圣人极重视人民生命也。

（十五）存乎章

孟子曰："存乎人[1]者，莫良于眸子[2]；眸子不能掩其恶[3]。胸中正，则眸子瞭焉[4]；胸中不正则眸子眊焉[5]。听其言也，观其眸子，人焉廋哉[6]？"

今注

1　存乎人："存"，察也。察人之邪正也。

2　眸子：目瞳子也。俗称"眼珠"。

3　不能掩其恶：《大戴礼》云："目者，心之浮也。"人心之诚伪、善恶、邪正，往往是从眼光中流露出来。所谓传神正在阿堵中。故"眸子不能掩其恶"。

4　瞭焉：即了然。"瞭"，明也。宋人《青箱杂记》述孟子瞭焉眊焉，并作了然，眊然。"焉""然"二字，音同用通。又作语末助词。

5　眊焉：赵注："蒙蒙目不明貌。"

6　人焉廋哉："廋"，匿也，藏也。朱注："言，亦心之所发，故并此以观，则人之邪正不可匿矣。"

今译

孟子说："观察人的邪正，没有比观察人的眼珠更好的了，因为眼珠不能遮掩他的恶念。心念正，眼珠就明亮；心念不正，眼珠就昏昧。听了他的说话，再看他的眼珠，人的邪正，哪里隐藏得住呢？"

此章特揭出观人之方，莫善于眸子。盖目为精神之所聚，此乃孟子独辨只眼处。

（十六）恭者章

孟子曰："恭[1]者不侮人，俭[2]者不夺人。侮夺人之君，惟恐不顺[3]焉；恶[4]得为恭俭？恭俭，岂可以声音笑貌[5]为哉？"

今注

1　恭：谦逊也。

2　俭：节约也。

3　惟恐不顺：赵注："有好侮夺人之君，恐人不顺从其所欲。"

4　恶：读乌音。

5　声音笑貌：朱注："伪为于外也。"

今译

孟子说："谦逊的人君，是不会侮慢人的；节约的人君，是不会掠取人的。像那侮慢人、掠取人的人君，只怕人民不顺从他，这怎能算是谦逊节约呢？谦逊节约，难道能用声音笑貌假装出来吗？"

章旨

此章孟子为时君窃取恭俭之名而发者。

（十七）淳于章

淳于髡[1]曰："男女授受不亲[2]，礼与？"孟子曰："礼也。"曰："嫂溺，则援之以手乎？"曰："嫂溺不援，是豺狼也。男女授受不亲，礼也；嫂溺援之以手者，权[3]也。"曰："今天下溺[4]矣！

夫子之不援，何也？”曰：“天下溺，援之以道；嫂溺，援之以手。子欲手援天下乎⁵？”

今注

1　淳于髡：姓淳于，名髡（音昆）。齐之辩士。见《史记·滑稽列传》。

2　男女授受不亲：《礼·内则》：“男不言内，女不言外；非祭非丧，不相授器。”朱注：“授，与也；受，取也。古礼：男女不亲授受，以远别也。”

3　权：秤锤。赵注：“权者，反经而善也。”“经”，常也。“权”，变也。男女授受不亲，言常道也；嫂溺援之以手，处变道也。盖变无定法，须随时随地权衡轻重使得其宜，是即谓之权。孟子最善言经权之道。

4　今天下溺：朱注：“言今天下大乱，民遭陷溺，亦当从权以援之，不可守先王之正道也。”

5　天下溺……子欲手援天下乎：赵注：“当以道援天下，而道不得行。子欲使我以手援天下乎？”朱注：“直己守道，所以济时，枉道殉人，徒为失己。”胡毓寰云：“天下事至繁，援嫂事至简；以至繁之事而欲以只手援之，岂能成乎？”

今译

淳于髡问道：“男女不能彼此直接用手相接受，这是合于礼吗？”孟子说：“是合于礼的。”淳于髡道：“如果嫂子掉在水里，用不用手去救她呢？”孟子说：“嫂子掉到水里，如不去救她，简直就是豺狼；男女不能直接用手相接受，这是常礼；嫂子掉到水里，用手去救她，这是权道。”淳于髡说：“现在天下百姓的痛苦，也像掉在水里一样，夫子不肯救他们，是什么缘故？”孟子说：“天下的百姓掉在水里，要用道来救他们；嫂子掉在水里，要用手来救她。你要我用手救天下的百姓吗？"

章旨

此章言君子救世之心虽切，但不可屈己以枉道。

（十八）公孙章

公孙丑曰："君子之不教子[1]，何也？"孟子曰："势不行也：教者必以正。以正不行，继之以怒；继之以怒，则反夷[2]矣。'夫子教我以正，夫子未出于正也。'则是夫子相夷也。父子相夷则恶矣。古者易子而教[3]之。父子之间不责善[4]，责善则离[5]，离则不祥[6]莫大焉。"

今注

1　君子之不教子：阎若璩云："子，谓不肖子也。"按：此解，甚合情理。

2　反夷：谓反伤害情感也。"夷"，伤也。朱注："教子者，本为爱子也；继之以怒，则反伤其子矣。"

3　易子而教：朱注："所以全父子之恩，而亦不失其为。"

4　责善：相责以善也。朱注："责善，朋友之道也。"

5　离：乖离，不和也。

6　不祥："祥"，福也。不祥，即非福。儒家伦理道德，建立在情感上，故家庭以情感为主。若父子不和，则非家庭之福。

今译

公孙丑问道："君子不亲教他的儿子，是什么缘故？"孟子说："在形势上是有所不能行的。教子必用正道，如用正道教导他，他不听话，接着便要怒语相加。怒语相加，就反伤了情感。儿子反抗，却认为'父亲教训我用正道，父亲本身也不见得遵守正道'。这就使父子互伤感情了。如果父子互伤感情，就糟透了。所以古人宁愿和别人交换儿子教导，父子之间不用善道互相责备，如用善道相责，便亲情伤离而不和了。亲情不和，非有福之事，没有比这更不好的事了。"

章旨

此章言父子之情至亲，尤其不肖子，不可责善，故君子力主"易子而教之"。

（十九）事孰章

孟子曰："事孰为大？事亲为大。守孰为大？守身[1]为大。不失其身而能事其亲者，吾闻之矣；失其身而能事其亲者，吾未之闻也。孰不为事？事亲，事之本也[2]。孰不为守？守身，守之本也。曾子养曾皙[3]，必有酒肉；将彻[4]，必请所与[5]；问有余，必曰'有'。曾皙死，曾元[6]养曾子。必有酒肉；将彻，不请所与。问有余，曰：'亡矣[7]。'将以复进也。此所谓养口体[8]者也。若曾子，则可谓养志也。事亲，若曾子者，可也。"

今注

1 守身：朱注："持守其身，使不陷于不义也。"

2 事亲，事之本也：朱注："事亲孝，则忠可移于君，顺可移于长。身正，则家齐国治而天下平。"

3 曾皙：名点，曾子父也。

4 彻：取也；去也。谓食毕撤去剩余之酒肉也。

5 请所与：请问其余欲与谁也。

6 曾元：曾子之子也。

7 曰亡矣二句："亡"，同无。孔广森曰："夫曰'亡矣'者，乃实无也。曾子之必曰有，虽无亦曰有，所谓'孝子唯巧变，故父母安之'。曾元不能，但道其质而已。此与'必曰有'对文，而不云'必曰亡'，非实有言无明矣。盖'将以复进也'，亦曾元之辞，言余则无矣，若嗜之，将复作新者以进之尔。"

8　养口体：言曾元但能以饮食养亲之口腹；曾子则能承顺父母之心，不忍伤之也。此乃"养志"。故曰："事亲，若曾子者，可也。"

今译

孟子说："侍奉尊长以哪一种为最重要？当以侍奉父母为最重要。保守正道以哪一种为最重要？当以保守自身为最重要。不亏损自身，而能侍奉父母的人，我听说过；如果亏损自身，还能侍奉父母的人，我从没有听说过。天下的人哪个不侍奉尊长呢？侍奉父母，就是侍奉尊长的根本，哪个不保守正道呢？保守自身，就是保守正道的根本。从前曾子奉养他的父亲曾晳，每餐必定有酒有肉，待要把剩菜撤下去的时候，一定要请问给谁吃？曾晳问：'还有多余的没有？'曾子必定说'有'。曾晳死了，曾元奉养曾子，每餐也必有酒有肉，待要把剩菜撤下去的时候，并不请问给谁吃，曾子问：'还有多余的没有？'曾元说：'没有。'是想再把剩余的当作第二餐进上来啊！这就是奉养父母的口腹罢了。曾元像曾子，才可称得上奉养父母的心意了。所以侍奉父母要像曾子这样才算可以呢！"

章旨

此章言上孝养志，下孝养口体，勉世人事亲，当以曾子为法。

（二十）不足章

孟子曰："人不足与适[1]也，政不足闲[2]也。惟大人[3]为能格[4]君心之非。君仁莫不仁，君义莫不义，君正莫不正；一正君而国定矣。"

今注

1　人不足与适：“与”，犹以也。“适”，同谪，责也。朱注：“言人君用人之非，不足过谪。”

2　政不足闲：“闲”，读音如谏。非也。朱注：“行政之失，不足非闲。”

3　大人：朱注：“大德之人，正己而物正者也。”

4　格：朱注：“格，正也。徐氏曰：‘物之所取正也。书曰：格其非心。’”赵注：“独得大人为辅臣，乃能正君之非。”

今译

孟子说：“国君用人不当，不必指责他；行政不当，也不必非难他。只有大德的人才能感化他，改正他心理上的错误。如国君重仁德，在下的人就没有不重仁德的；国君守正义，在下的人就没有不守正义的；国君行直道，在下的人就没有不行直道的。只要把国君心理上的错误纠正过来，天下就安定了。”

章旨

此章言大臣当以格君心为主：君心正，则臣民自皆随之而正。

（二十一）不虞章

孟子曰：“有不虞[1]之誉，有求全[2]之毁[3]。”

今注

1　不虞：“虞”，度也。即意度。言非意度所及。

2　求全：求以全其节操也。

3　毁：缺也。器破曰缺。此言名誉被破坏也。朱注引吕氏曰：“行不足致誉，而耦得誉，是谓不虞之誉。求免于毁，而反致毁，是谓求全之毁，言毁誉之言，未必皆实，修己者不可以是遽为忧喜，观人者不可以是轻为进退。"

今译

孟子说："人有意料不到而得来的声誉，有力求完善而反招来的毁谤。"

章旨

此章言人不可惑于外至之荣辱，应重内在之修养。

（二十二）易言章

孟子曰："人之易[1]其言也，无责[2]耳矣。"

今注

1　易：轻易也。

2　责：韩缄古谓："当以责任之责解。"甚是。赵注："言出于身，驷不及舌，不惟其责，则易之矣。"朱注："人之所以轻易其者，以其未遭失言之责故耳。"

今译

孟子说："一般人常轻易地说话，只是他们没有责任感的缘故罢了。"

章旨

此章告诫人勿轻易言论，放言高论，君子所戒。

（二十三）人患章

孟子曰："人之患[1]，在好为人师[2]。"

今注

1　患：忧也，害也。

2　好为人师："好"，读去声。喜好也。朱注引王勉云："学问有余，人资（取也）于己，不得已而应之可也；若好为人师，则自足而不复有进矣，此人之大患也。"赵注："言君子好谋而成，临事而惧，时然后言，畏失言也。故曰'师哉！师哉！桐子之命。'不慎则有患矣。"焦循《正义》曰："周氏广业孟子章指考证云：'四句似与本章不甚合，恐有误，似宜在前章驷不及舌句下。'按：故曰二字承上，则非有误。盖赵氏以两章相贯而言，其好为人师之人，即易其言之人，皆由于不知临事而惧好谋而成也。盖未能博学详说，习先圣之道，而执其一端，自以为是，不顾其成，不知其害，用之于君父僚友则轻易其言，以为謇直。不学者依附之，又轻易其言，高谈心性，传播宗旨，入主出奴，各成门户；始则害乎风俗人心，继则祸于朝廷君国。而或且曰：'此正人，此君子'，则不虞之誉也。以上三章相贯，赵氏牵连言之，为知言矣。按：'师哉师哉'二语，出于《扬子法言·学行》篇。古本旁注桐读为僮，音义云：'与童字同。'"

今译

孟子说："人最大的毛病，就是喜好做人家的老师。"

章旨

此章戒人勿好为人师，而故步自封。

（二十四）乐正章

乐正子[1]从于子敖[2]之齐。乐正子见孟子。孟子曰："子亦来见我乎[3]！"曰："先生何为出此言也？"曰："子来几日矣？"曰："昔者[4]。"曰："昔者，则我出此言也，不亦宜乎！"曰："舍馆[5]未定。"曰："子闻之也，舍馆定，然后求见长者乎？"曰："克有罪。"

1　乐正子：名克，孟子弟子。

2　子敖：王驩字。赵注："子敖使而之鲁，乐正子随之来齐也。"

3　子亦来见我乎：时孟子在齐，故乐正子来见孟子。

4　昔者：昨日。《庄子·齐物论》："今日适越而昔至也。"《经典释文》引向注："昔者，昨日之谓也。"

5　舍馆："舍"，止息也。"馆"，客舍也。"舍馆未定"，言止息之客舍未定也。

今译

乐正子跟着子敖到了齐国。乐正子来见孟子。孟子说："你也来见我吗？"乐正子说："先生为什么说这种话呢？"孟子说："你来了几天了？"乐正子说："昨天到的。"孟子说："既是昨天，那我说这话，不是应该的吗？"乐正子说："因为旅舍没有住定。"孟子说："你听说过一定要把旅舍找好，才来求见长者吗？"乐正子说："这是克知错了。"

章旨

此章孟子特诫乐正子失尊师之礼。爱之深而责之切也。

（二十五）子之章

孟子谓乐正子曰："子之从于子敖来，徒餔啜[1]也。我不意[2]子学古之道，而以餔啜也。"

今注

1　徒餔啜：谓但求饮食而已。"餔"，食也。"啜"，饮也。盖乐正子与王驩同行，绝不是真为餔啜。孟子特借此责之耳。

2　不意：犹今言料不到。

孟子对乐正子说："你跟随子敖到齐国来，只是贪图一些吃喝罢了。我没有料到你学习古先圣王的大道理，反用来贪图这些吃喝。"

章旨

此章明责乐正子追随子敖之非是。

（二十六）无后章

孟子曰："不孝有三 [1]，无后为大。舜不告而娶 [2]，为无后也；君子以为犹告 [3] 也。"

今注

1　不孝有三：赵注："于礼有不孝者三事，谓阿意曲从，陷亲不义，一不孝也；家贫亲老，不为禄仕，二不孝也；不取无子，绝先祖祀，三不孝也。"

2　不告而娶："不告"，不禀告父母也。"娶"，谓娶娥皇女英也。详见《万章篇·娶妻章》。

3　犹告：朱注："告者，礼也；不告者，权也。犹告，言与告同也。"又引范氏曰："天下之道，有正有权，正者，万世之常，权者，一时之用。常道人皆可守，权非体道者不能用也。盖权出于不得已者也。若父非瞽瞍，子非大舜，而欲不告而娶，则天下之罪人也。"

今译

孟子说："不孝的罪有三种：没有后嗣是最大的，舜不禀告父母娶妻，也是因为没有后嗣。如舜要禀告，恐怕父母执拗不允许。所以君子认为不禀告和禀告是一样合礼的。"

章旨

此章言舜不告而娶，是行权以全孝道。

（二十七）仁之章

孟子曰："仁之实[1]，事亲[2]是也；义之实，从兄[3]是也；智之实，知斯二者[4]弗去是也。礼之实，节文[5]斯二者是也。乐之实，乐斯二者[6]。乐则生矣[7]，生则恶可已[8]也，恶可已，则不知足之蹈之，手之舞之[9]。"

今注

1 实：质也。名之对。

2 事亲：朱注："仁主于爱，而爱莫切于事亲。"

3 从兄：朱注："义主于敬，而敬莫先于从兄。"

4 知斯二者："斯"，此也。二者，仁与义也。智者能辨别事之当为而笃行之。知弗去者，知其当为，守之而不去也。

5 节文：有限度曰节。"文"，质之对。焦循曰："太过，则失其节，故节之。太质，则无礼敬之容，故文之。"

6 乐斯二者："乐"，读洛。"二者"，指事亲与从兄。事亲从兄，即孝弟也。孝弟为仁义之本，孝弟之至，则通于神明矣。

7 乐则生矣："乐"，亦读洛，朱注："谓油然自生，如草木之有生意也。"

8 恶可已："恶"，读乌，何也。朱注："既有生意，则其畅茂条达，自有不可遏者，所谓恶可已也。"

9 足之蹈之，手之舞之：《礼·乐记》："故歌之为言也，长言之也。说（同悦）之，故言之；言之不足，故长言之；长言之不足，故嗟叹之；嗟叹之不足，故不知手之舞之，足之蹈之也。"

此言音乐之产生，实由于快乐之情。快乐达于顶点，高歌不足泄其情，不知不觉而手舞足蹈，亦即音乐伴舞之所由生也。

今译

孟子说："仁爱的真情，就在侍奉父母上表现出来；义理的真情，就在敬顺兄长上表现出来；智慧的真情，就在知道这两件事情上不肯离去；礼法的真情，就表现在节制和文化这两件事上，做得不过不及，恰到好处；音乐的真情，就在对这两件事感到快乐。既然感到快乐，爱亲敬长的心便发生了。这种快乐的发生，自是不可遏止，遏止不住，就在不知不觉间，和着节拍连脚也跳起来，手也舞起来了。"

章旨

此章言仁义之实，在事亲从兄。而良心真切，皆从此间流露。故喻以歌舞之情，不能自已，盖有诸中而形于外也。

（二十八）天下章

孟子曰："天下大悦，而将归己；视天下悦而归己，犹草芥也[1]：惟舜为然。不得[2]乎亲，不可以为人；不顺乎亲，不可以为子。舜尽事亲之道而瞽瞍[3]底豫[4]；瞽瞍底豫而天下化[5]；瞽瞍底豫而天下之为父子者定[6]：此之谓大孝！"

今注

1　视天下悦而归己，犹草芥也："草芥"，随地生长，故以为轻贱之喻。赵注："舜不以天下将归己为乐，号泣于天。"朱注："言舜视天下之归己犹草芥，而惟欲得其亲而顺之也。"

2　得：朱注："曲为承顺，以得其心之悦而已。"

3　瞽瞍：舜父也。

4　底豫：使至于乐也。"底"，致也，止也。"豫"，乐也。

5 化：使之翕然而从化也。

6 定：止于一也。赵注："为父子之道者，定也。"朱注："子孝父慈，各止其所而无不安其位之意，所谓定也。"

今译

孟子说："天下百姓都极高兴，将要来归顺他；他看天下百姓将要来归顺他，就像草芥一样的轻微，只有舜能够如此。舜以为不能得到父母的欢心，就不可以做人；不能承顺父母的心，就不可以做人子。舜能竭尽侍奉父母的孝道，终使瞽瞍感动，得到了快乐。能使瞽瞍得到了快乐，天下的百姓也都受到了感化。便知做父亲的应当慈爱，做子女的应当孝顺，这是一定不移的道理，所以舜称作大孝。"

章旨

此章赞舜以孝亲感化天下。诗云："孝子不匮，永锡尔类。"此之谓也。

（二十九）舜生章

孟子曰："舜，生于诸冯，迁于负夏，卒于鸣条[1]：东夷之人也。文王，生于岐周[2]，卒于毕郢[3]，西夷之人也。地之相去[4]也，千有余里；世之相后也，千有余岁。得志行乎中国[5]，若合符节[6]。先圣后圣，其揆一也[7]。"

今注

1 诸冯、负夏、鸣条：赵注："皆地名。"《正义》曰："诸冯不可考。"《史记集解》引郑玄云："负夏，卫地。"《书·汤誓序》："伊尹相汤伐桀，升自陑，遂与桀战于鸣条之野。"《伊训》："造攻自鸣条。"《孔传》："地在安邑之西。"安邑，禹都，在今山西西南境。山西在中国北部，而孟子言舜东夷之人，似指所生之地而言。赵注：“在东方夷服之地，故曰东夷之人也。”

2　岐周：赵注：“岐山下周之旧邑，近畎夷。畎夷在西，故曰西夷之人也。”

3　毕郢：地名。在今陕西西安、咸阳间。亦曰咸阳原，周文王、武王、周公皆葬于此。

4　相去：即相距。

5　得志行乎中国：朱注：“谓舜为天子，文王为方伯，得行其道于天下也。”

6　符节：朱注：“以玉为之，篆刻文字，而中分之，彼此各藏其半。有故，则左右相合以为信也。若合符节，以为同也。”

7　其揆一也：“揆”，度也。言二圣所揆度之道不二也。

今译

孟子说：“舜生在诸冯这个地方，后来迁居负夏，最后死于鸣条，所以他是东方边夷的人。文王生在岐周地方，后来死在毕郢，他是西方边夷的人。他们两人，就地理来说，彼此相距一千多里；就时代来说，舜是在三代，文王是在周朝，彼此也相差一千多年。但是两个人得了志，能行其道于中国，是完全相符合的。可见，无论是先前的圣人，还是后来的圣人，他们度量事理，所行的道都是一样的。”

章旨

此章言圣人异而道同，特举舜与文王为例证。

（三十）子产章

子产[1]听郑国之政，以其乘舆[2]，济人于溱洧[3]。孟子曰：“惠而不知为政[4]。岁十一月[5]徒杠[6]成，十二月舆梁[7]成，民未病涉[8]也。君子平其政[9]，行辟人[10]可也，焉得人人而济之！故为政者，每人而悦之，日亦不足 ¹¹ 矣。”

今注

1　子产：姓公孙，名侨。春秋时郑国贤大夫也。居东里，又称东里子产。

2　乘舆：舆，车也。乘，读去声。一车四马也。

3　溱洧：二水名。在今河南新郑县。汇为双洎河，入于贾鲁河。（溱，源出河南密县东北圣水峪。洧，源出河南登封县东阳城山。）

4　惠而不知为政：朱注：“惠，谓私恩小利；政，则有公平正大之礼，纲纪法度之施焉。”孟子以为施政目的，当有利于全民，不应以小惠也。

5　十一月：朱注：“周十一月，夏九月也。周十二月，夏十月也。”按：周建子，以十一月为正月；夏建寅，以十三月为正月。

6　徒杠：《说文》段注：“凡独木曰杠，骈木曰桥。”“徒”，步行。“徒杠”，今言独木桥也。“杠”，音刚。

7　舆梁：谓可行车之桥梁也。“梁”，亦桥也。

8　病涉：“病”，苦也。言以涉为苦也。

9　平其政：谓治理政事以便民也。“平”，治也。

10　辟人：“辟”，除也。朱注：“言能平其政，则出行之际，辟除行人，使之避己，亦不为过。况国中之水，当涉者众，岂能悉以乘舆济之哉？”

11　日亦不足：犹言时间不够。

今译

当初子产治理郑国的政治，用自己坐的车子，在冬天载百姓渡溱洧二水。孟子说：“这是小惠，却不知施政的大体。每年十一月趁农事完毕时，先把人行桥修好；到十二月，再把通行车辆的桥修好，这样百姓自然不会苦于赤足渡水了。在上位的人只要将政事办理妥善，出行的时候，叫百姓回避就可以，怎能用自己的座驾渡尽人呢？所以施政的人，要想用小惠讨好人，就是每天这样做，时间也不够用。"

章旨

此章言执政之人，当施大德，不可用小惠。此虽子产偶一为之，孟子惧人袭为美谈，窃骖虞以为政，故借以示训。

（三十一）视臣章

孟子告齐宣王[1]曰："君之视臣如手足[2]，则臣视君如腹心；君之视臣如犬马，则臣视君如国人[3]；君之视臣如土芥[4]，则臣视君如寇雠[5]。"王曰："礼为旧君有服[6]；何如斯可为服矣？"曰："谏行言听，膏泽[7]下于民；有故而去，则君使人导之出疆[8]，又先[9]于其所往；去三年不反，然后收其田里[10]：此之谓三有礼焉。如此，则为之服矣。今也为臣，谏则不行，言则不听，膏泽不下于民；有故而去，则君搏执[11]之，又极[12]之于其所往；去之日，遂收其田里：此之谓寇雠；寇雠，何服之有！"

今注

1　告齐宣王：言君臣当以义合，故孟子为齐王深言报施之道。朱注："孔氏曰：宣王之遇臣下，恩礼衰薄，至于昔者所进，今日不知其亡，则其于臣，可谓邈然无敬矣。故君子告之以此。"

2　手足：朱注："手足腹心，相待一体，恩义之至也。"

3　国人：朱注："犹言路人。无怨无德也。"

4　土芥：谓视之如土如草也。

5　寇雠："雠"，同仇。犹言敌人。

6　为旧君有服：《正义》："旧君：传云：'大夫为旧君，何以服齐衰三月也？大夫去君，归其宗庙，故服齐衰三月也。言与民同也。何大夫之谓乎？言其以道去君，而犹未绝也。'"朱注："王疑孟子之言太甚，故以此礼为问。"

7　膏泽：犹言恩泽也。

8　导之出疆：朱注："防剽掠也。"

9　先：先容之也。朱注："称道其贤，欲收用之也。"

10　收其田里："田里"，谓田禄里居也。朱注："三年而后收其田禄里居，前此犹望其归也。"

11　搏执：赵注："搏执其亲族也。"按：亲族，指其父母妻子兄弟也。

12　极：困也。穷也。谓穷之困之于所往之国，使之终死于此，所谓极之也。

今译

孟子向齐宣王说："人君看待臣子像手足，臣子就把人君看待像腹心；人君看待臣子像犬马，臣子就把人君看待像路人；人君看待臣子像土芥，臣子就把人君看待像敌人。"宣王说："《礼经》上说，凡是侍奉过君的臣子，应替旧君穿孝服三个月。怎样才可以替旧君穿孝服呢？"孟子说："臣子进谏时便采用，臣子建议时便听从，因此，使恩惠施及百姓身上去。当他有事要离开本国时，人君便派人引导他出境，先在他所到的地方宣扬他，等他出国三年不回来，然后收回他的田禄和里居，这是对臣子做了三件有礼的事。这样，就应替旧君穿孝服。现在做臣子，有进谏并不采用，有建议并不听从，不能使恩施及百姓身上。当他有事离开本国，人君就派人押着他离境，又派人在他所要去的国家尽量地破坏，使他陷于绝境。他一离开，就收回他的田禄里居。这样，就叫作敌人。既是敌人，还有什么孝服可穿呢？"

章旨

此章讽喻宣王应以礼遇臣，劝以仁也。

（三十二）无罪章

孟子曰："无罪而杀士，则大夫可以去[1]；无罪而戮民，则士可以徙[2]。"

今注

1　大夫可以去：谓辞去其官职。
2　士可以徙：谓迁地他往。赵注："恶伤其类，视其下等，惧次及也。"

今译

孟子说："国君无故杀了士人，凡是做官的，就可以辞职不干了。倘若无故杀了百姓，凡是士人，皆可迁往他处去了。"

章旨

此章言君子处世，当见机而作。故赵杀鸣犊，孔子临河而不济也。

（三十三）君仁章

孟子曰："君仁莫不仁，君义莫不义[1]。"

今注

1　君仁全二句：此已见前"人不足与适也"《不足章》。朱注："上篇主言人臣当以正君为急。此章直戒人君，义亦小异耳。""君仁"，兼指存心行政之公言。"君义"，兼指存心行政之宜言。

孟子说："国君能依仁道行事，百姓自然没有不仁了。国君能依义理行事，百姓自然没有不义了。"

章旨

此章言国君当正己以正人，上行而下效，所谓君子之德风也。

（三十四）非礼章

孟子曰："非礼之礼[1]，非义之义[2]，大人[3]弗为。"

今注

1　非礼之礼：赵注："若礼而非礼，陈质娶妇而长拜之也。"言如妇长于夫，而夫拜之，似敬长之礼，而实非礼也。

2　非义之义：赵注："藉交报仇，是也。"言如助友以报仇，似交友之义，而实非义也。朱注："察理不精，故有二者之蔽。"

3　大人：指有德之君子。有德君子，即能以礼义而履其中正者也。

今译

孟子说："行之似礼，实际不是礼；行之似义，实际不是义。有德的君子是不会做的。"

章旨

此章言大人立礼义之准，然非察理精者莫能辨。盖天下真是真非易见，是中之非难明也。

（三十五）中也章

孟子曰："中[1]也养不中[2]，才[3]也养不才；故人乐有贤父兄[4]也。

如中也弃不中，才也弃不才，则贤不肖[5]之相去[6]，其间不能以寸[7]。"

今注

1　中：全也。即大全中正之道也。

2　不中：偏而不全也。一有所偏，则入邪道。

3　才：俊才也。

4　乐有贤父兄：赵注："乐有父兄之贤以养己。"即乐父兄之贤以己也。

5　不肖：不贤也。

6　相去：犹言相距。

7　不能以寸：谓贤者应负教养不贤者之责，今如不教养，则贤与不贤相距，其间不及一寸地位。极言其相差无几也。

今译

孟子说："合于中道的人应养不合中道的人；有才能的人应教导没有才能的人，所以人都喜欢有个贤父兄。假如合于中道的父兄，弃绝不合中道的子弟，有才能的父兄弃绝没有才能的子弟，那么，贤和不贤，便相差无几，中间距离最多不到一寸罢了。"

章旨

此章言贤父兄应有教养子弟之责。特重一养字。盖养有二义：涵育自然之长养，主顺其性；熏陶锻炼之精纯，主化其偏。

（三十六）不为章

孟子曰："人有不为也，而后可以有为[1]。"

今注

1　人有不为二句：赵注："言贵廉贱耻，乃有不为；不为非义，义乃可申。"朱注引程子曰:"有不为,知所择也。惟能有不为,是以可以有为;无所不为者,安能有所为邪?"按:"不为",指真操守言;"有为",指义行言。

今译

孟子说:"一个人须有不为的操守,才能够有正义的大作为。"

章旨

此章勉人当以操守为第一。

(三十七)言人章

孟子曰:"言人之不善[1],当如后患[2]何!"

今注

1 不善:即恶也。

2 后患:赵注:"好言人恶,殆非君子,故曰:'不忮不求,何用不臧。'"好言人恶,受者必怀恨而图报复于他日,其后果必不堪设想,故曰后患。

今译

孟子说:"经常说人家不好的人,要想到将来的后果怎样。"

章旨

此章深戒称人之恶者,特借后患以警惕之。

(三十八)仲尼章

孟子曰:"仲尼不为已甚[1]者。"

今注

1　已甚："已"，太也。犹言太甚。赵注："疾之已甚，乱也。"故孟子讥逾墙距门者之太甚。

今译

孟子说："孔子处世待人，从不做太过分的事。"

章旨

此章特举至圣为示范，警人勿做过分之事。

（三十九）惟义章

孟子曰："大人者，言不必信[1]，行不必果[2]，惟义所在。"

今注

1　不必信：谓不必执一守信，有时可通以权变。

2　果：决也。亦信也。凡预期而获信验曰果。朱注："大人言行，不先期于信果。但义之所在，则必从之，卒亦未尝不信果也。"

今译

孟子说："有道德的伟人，说的话不一定守信，做的事不一定果决，但留意于通权达变，而独以正义为依归。"

章旨

此章言大人之言行，皆以义理为准绳。

（四十）赤子章

孟子曰："大人者，不失其赤子之心[1]者也。"

1　赤子之心：“赤子”，即婴儿。朱注：“赤子之心，纯真无伪；大人之所以为大人，正以其不为物诱，而有以全其纯一无伪之本然。”赵注：“大人，谓君。国君当如赤子，不失其民心之谓也。”按：此说亦可通。

今译

孟子说：“道德高尚的人，他永远不失掉他做赤子时的一片纯真的心。”

章旨

此章言人之纯一真心，永恒不失。

（四十一）养生章

孟子曰：“养生者，不足以当大事[1]，惟送死[2]可以当大事。”

今注

1　大事：赵注：“言养生竭力，人情所勉；哀死送终，行之高者。事不违礼，可谓难矣，故谓之大事。”

2　送死：朱注：“事生固当爱敬，然也人道之常耳。至于送死，则人道之大变。孝子之事亲，舍是无以用其力矣。”盖儒家以孝为仁本，而孝又以丧祭为严，故以送死为大事。

今译

孟子说：“子女奉养父母，虽是尽孝道，还不能够算得大事。只有父母的殡葬仪礼尽全，才可算得大事。”

章旨

此章言人子奉养双亲固然重要，但送死尤为重要，特示慎终之义。

（四十二）深造章

孟子曰："君子深造[1]之[2]以道[3]，欲其自得[4]之也。自得之，则居之安；居之安，则资[5]之深；资之深，则取之左右[6]逢其原[7]。故君子欲其自得之也。"

今注

1　深造："造"，致也，诣也。前进而不已，达于至极之境也。至极之境，乃能入于道也。

2　之：《正义》谓，指"所学"言。下文"自得之""居之""资之""取之"并同。

3　道：谓治学之方。

4　自得：朱注："言默识心通，自然而得之于己也。"

5　资：藉也。朱注："则所藉者，深远而无尽。"藉，借也，因也。

6　左右：朱注："身之两旁，言至近而非一处也。"

7　原：同源。谓水之来源处。即无往而不值其所资之本也。

今译

孟子说："君子做学问，必定用方法深入到所研究的学问里，希望默识心通，自然地领悟到真理；能自然地领悟到真理，心就会安适地住在那里；能安适地居住在那里，一切行事，皆可借助于它；一切行事皆可借助它，那么反用起来，或左或右，到处都可遇到本源，所以君子希望默识心通，能自然地领悟得真理。"

章旨

此章示人治学之方法，当以深致极境而有心得为主。

（四十三）博学章

孟子曰："博学[1]而详说[2]之，将以反说约[3]也。"

今注

1　博学：广博研究之。

2　详说：详细说明之。

3　说约："约"，要也。谓说明简要之原理也。赵注："言广寻道意，详说其事，要约至义，还反于朴，说之美者也。"朱注："言所以博学于文，而详说其理者，非欲以夸多而斗靡也。欲其融会贯通，有以反而说到至约之地耳。"焦循《正义》曰："《说文·言部》云：'说，说释也。《诗·卫风·氓》篇云：犹可说也。笺云：说，解也。'"

今译

孟子说："学者不但要广博地研究，并且要详细地说明，这就是将它反转来说明最精要的原理啊！"

章旨

此章示人为学之方，当由博而反约。

（四十四）善服章

孟子曰："以善[1]服人[2]者，未有能服人者也；以善养人[3]，然后能服天下。天下不心服而王者，未之有也。"

今注

1　善：美德也。

2　服人：谓使人顺服。朱注："欲以取胜于人。"

3 养人：谓培育人。朱注："欲其同归于善。"按：即"善与人同"。

今译

孟子说："拿美德来顺服人，不会有人顺服他的；拿善德来培育人，天下的人都诚心地顺服他。不能使天下人诚心地顺服他，就能称王天下，从来没有这样的事。"

章旨

此章勉当时人君，应以善德养人。义最精粹，深同易之谦卦微旨。语云："谦卦六爻皆吉。"盖孟子确于大易有独特之见解，于此益显。

（四十五）无实章

孟子曰："言无实不祥[1]。不祥之实，蔽贤者当之。"

今注

1 言无实不祥：赵注："言进贤受上赏，蔽贤蒙显戮，故谓之不祥也。"朱注："或曰，天下之言，无有实不祥者，惟蔽贤为不祥之实。或曰：言而无实者，不祥；故蔽贤为不祥之实。二说不同，未知孰是，疑或有阙文焉。"按胡毓寰云："此章意思，分上下两截，上截谓'言无实'为不祥，下截谓'蔽贤'为不祥。中间无介系组织，致前后意思不连贯，故朱子疑其或有阙文焉。窃意孟子之意：'言无实者，受不祥之名；蔽贤者，受不祥之实。'名者，实之对。下言不祥之实，故知上为不祥之名。祥，善也。不善之名，如被呼为小人是也。不善之实，祸患是也。盖谗邪蔽忠，则群小竞进，国必乱亡；而覆巢之下无完卵，群小亦同被祸焉。故曰蔽贤者受不祥之实。推孟子之意，殆以言无实者，害犹小，蔽贤者，害乃大也。"

今译

孟子说："人说话不诚实，固然不好，但这不过是小害。害中最大的，只有蔽塞贤人的谗言，才足以担当呢！"

章旨

此章为贤病国者而发。

（四十六）徐子章

徐子[1]曰："仲尼亟[2]称于水曰：'水哉！水哉[3]！'何取于水也？"孟子曰："原泉混混[4]，不舍[5]昼夜，盈科[6]而后进，放乎四海[7]：有本[8]者如是。是之取尔[9]！苟为无本，七八月之间雨集[10]，沟浍[11]皆盈；其涸[12]也，可立而待也。故声闻[13]过情[14]，君子耻之[15]。"

今注

1 徐子：名辟。孟子弟子。

2 亟：读器。数也，屡也。

3 水哉！水哉：叹美之辞。

4 原泉混混："原泉"，即有源之水。"混"，俗作滚。"混混"，涌出貌。

5 舍：止也。

6 盈科："盈"，满也。"科"，坎也。

7 放乎四海："放"，至也。"四海"，犹四方。

8 本：水之源。言泉水有源，久流不竭。赵注："言有本不竭，无本则涸，虚声过实，君子耻诸。是以仲尼在川上曰：'逝者如斯。'"

9 是之取尔："取"，择选也。言孔子择选水之优点者此耳。

10 集：聚也。

11 沟浍：田间路旁行水之沟也。朱注："浍，田间水道也。"

12 涸：水干也。

13 声闻：名誉。

14　情：实也。

15　耻之：耻其无实而不继也。

今译

徐子问孟子道："从前孔子屡次称赞水说：'水啊！水啊！'为什么取意在水呢？"孟子说："有源的水滚滚地涌出来，日夜不停地流着，等到流满了坑陷，然后再继续向前行进，一直流到海里，有本源的就像这样，所以这点便可取啊！假使没有本源的水，就像七、八月间大雨骤然注集，田间大小水沟都涨满了，但雨一停止，就干涸极快，可以站在旁边等待着。所以虚名超过了事实，君子认为是可耻的。"

章旨

此章特借水有本源为喻，以明君子之学，亦应有其本源，不可做浮光掠影之谈。

（四十七）人之章

孟子曰："人之所以异于禽兽者，几希[1]！庶民去之，君子存之[2]。舜明于庶物[3]，察于人伦[4]，由仁义行[5]，非行仁义也。"

今注

1　几希：微少也。"几"，读去声。

2　去之、存之："之"，指仁义。"去之"，是去仁义；存之，是存仁义。焦循《正义》："饮食男女，人有此性，禽兽亦有此性，未尝异也。乃人之性善，禽兽之性不善者；人能知义，禽兽不能知义也。因此，心之所知而存之，则异于禽兽；舍而去之，则同于禽兽矣。庶民不能存，则赖君子而存之。此孟子道性善之本旨也。"

3　明于庶物："明"，则有以识其理。"庶"，众也。"物"，事物。

4　察于人伦："察"，知也。"伦"，序也，理也。察则有以尽其理之详也。

5　由仁义行：朱注："仁义已根于心，而所行皆从此出；非以仁义为美，而后勉强行之，所谓安而行之也。此则圣人之事，不待存之，而无不存矣。"赵注："言人与禽兽，俱含天气，就利辟（同避）害，其间不希，众人皆然，君子则否。圣人超绝，识仁义之生于己也。"按：天气，天空自然之气也。如气候自然之现象，有阴晴寒暑等。

今译

孟子说："人和禽兽不同的地方，只在极微少的一点，就是人的天性具有仁义罢了。众人不知仁义，往往把它抛弃掉，君子随时知道仁义可贵而保存它。大舜能明辨一切事物的理性，察知做人的大道，完全顺着天性的仁义去做，并不是认为仁义有利于己而勉强去做的。"

章旨

此章强调人性本善，君子全顺自然之性而由仁义行。

（四十八）旨酒章

孟子曰："禹恶旨酒[1]，而好善言[2]；汤执中[3]，立贤无方[4]；文王视民如伤[5]，望道而未之见[6]；武王不泄迩，不忘远[7]。周公思兼三王以施四事。其有不合[8]者，仰而思之[9]，夜以继日[10]；幸而得之[11]，坐以待旦[12]。"

今注

1　旨酒：美酒也。朱注："《战国策》曰：仪狄作酒，禹饮而甘之，曰：'后世必有以酒亡其国者！'遂疏仪狄，而绝旨酒。"

2　善言：美言也。《书》作"昌言"。

3　执中：谓守中正之道，即全体大用之道也。

4　立贤无方："方"，常也。言贤则立之，无固定之常法，但问其才德，不问其出身及籍贯也。

5　视民如伤：谓民已安定，而视之犹若有伤，极言文王爱民深切之情。

6　望道而未之见：朱注："而读为如……道已至矣，而望之犹若未见，圣人之爱民深而求道切如此，不自满足，终日乾乾之心也。"

7　不泄迩，不忘远：赵注："泄，狎；迩，近也。不泄狎近贤，不遗忘远善；近谓朝臣，远谓诸侯也。"朱注："迩者，人所易狎，而不泄；远者，人所易忽，而不忘；德之甚，仁之至也。"

8　不合：赵注："己行有不合也。"

9　仰而思之：仰望而思考之，言参诸天也。

10　夜以继日：言思之勤也。

11　得之：言得可通之理也。

12　坐以待旦：言急欲加以施行也。

今译

孟子说："夏禹厌恶美酒，但喜欢合理的言论；商汤持守中正的道理，用贤才没有一定的常法，不追问他的名望和资格；文王看到安定的百姓好像受伤似的，望着大道已在眼前，好像没有看见似的；武王不怠慢近在身边的臣子，更不遗忘远在他方的诸侯。周公想融合夏商周三代圣人的美德，推行禹汤文武所做的善事，倘若自己所做的有和他们不合的地方，就仰着头想，从夜间直到白天，幸而想通了，忽然得到事理的精微，于是坐着等待天亮，以便立刻去施行。"

章旨

此章总论禹、汤、文、武、周公五圣人所存几希之心，阐发仁民施政之德。

（四十九）王者章

孟子曰："王者之迹熄[1]而诗亡[2]；诗亡，然后春秋作[3]。晋之乘[4]，楚之梼杌[5]，鲁之春秋[6]一也。其事，则齐桓晋文[7]；其文，则史[8]。孔子曰：'其义，则丘窃取之矣[9]！'"

今注

1 王者之迹熄："王者，谓圣王也。"俞樾曰："迹，即车辙马迹之迹。"

2 诗亡：朱注："谓《黍离》降为国风，而雅亡也。"蒋伯潜云："《黍离》为《诗·王风》篇名，《王风》所采本周都王城之诗，今降而列入《国风》，则王都之雅亡，而颂扬文武成康等诗，从此无人再咏，故曰'诗亡'也。"又云："周室盛时，有采诗之官，曰'輶轩使者'，故各国风诗，均得上之太师，及平王东迁以后，政令不行于诸侯，故采诗之官亦废，于是各国之诗无人采辑，故《诗经》之诗，至春秋中世以前为止。所谓'诗亡'当即指此。"

3 春秋作："春秋"，各国史记之通称也。顾炎武曰："《诗》亡而列国之事不可得而见，于是晋之《乘》，楚之《梼杌》，鲁之《春秋》出焉，是之谓诗亡而后春秋作也。"按：《春秋》之作，乃孔子假史记之文，以正匡邪也。

4 乘：载也。史所以记载事实，故晋史以为名。

5 梼杌：本恶兽名。史记恶人之事以垂戒，故楚史以为名。

6 春秋：杜预云："春秋者，鲁史记之名也。史之所记，必表年以首事；年有四时，故错举以为所记之名也。"故《春秋》为编年史。

7　其事，则齐桓晋文：“其事”，各国史记所载之事也。朱注："春秋之时，五霸迭兴，而桓文为盛。"故举以概括之。

8　其文，则史：“其文”，各国史记之文也。“史”，文胜质也。《论语·雍也》篇："文胜质则史。"

9　其义，则丘窃取之矣："其义"，谓各国史记所寓褒贬之义也。"窃"，自谦之辞。私也。"窃取之"，谓私取之而著于《春秋经》者。俞樾曰："孔子作《春秋》，其文其事，本之旧史；其义，则所谓'笔则笔，削则削，游夏之徒，不能赞一辞'者。"

今译

孟子说："周家自平王东迁以后，巡狩采风的事都不存在了，含有讽刺善恶的诗篇也随之消亡。这些诗篇消亡了，各国的史书都继续地创兴起来。例如，晋国的《乘》，楚国的《梼杌》，鲁国的《春秋》，名称虽不同，记事的性质却都是一样。里面记载的事，就是齐桓、晋文的霸业，里面所写的文字，就是史官文胜于质的记述。孔子说：'各国史书的内容大义，由我私自取而采用它了。'"

章旨

此章述诗亡而孔子作《春秋》，是继历代圣人之道统，以保存"几希"之义。"几希"之义者，即微言大义也。

（五十）私淑章

孟子曰："君子之泽[1]，五世[2]而斩[3]；小人之泽，五世而斩。予未得为孔子徒也，予私淑诸人也[4]。"

今注

1　泽：赵注："泽者，滋润之泽。大德大凶，流及后世，自高祖至玄孙，善恶之气乃断，故曰五世而斩。"焦循《正义》曰：

"赵氏以君子为大德，小人为大凶，其善恶之气流于后世，犹水之润泽。"朱注："犹言流风余韵也。"

2　世：通谓三十年为一世。朱注："父子相继为一世。"蒋伯潜云："师生相传亦为一世也。"

3　斩：绝也。

4　予私淑诸人也："淑"，善也。赵注："我私善之于贤人耳。"朱注："人，谓子思之门人。"蒋伯潜曰："自孔子而曾子，而子思，而子思之门人，传至孟子，恰好五世，故谓未得为孔子之徒，而尚得私淑于人也。"又焦循《正义》："淑与叔通，拾也。私淑诸人，即私拾诸人也。"义亦可。

今译

孟子说："在位的君子，他的德泽，大概流传到五代以后就完了；不在位的平民，他的德泽，大概流传到五代以后也就完了。我虽没能够做孔子的门徒，幸亏还能得自那些传授的人私淑自己呢！"

章旨

此章孟子以得道统于孔子自任；并以"私淑"存几希之意。（按陆稼书云："所私淑者，正是仁义。"）

（五十一）可以章

孟子曰："可以取，可以无取[1]，取伤廉[2]。可以与，可以无与，与伤惠[3]。可以死，可以无死，死伤勇[4]。"

今注

1　可以取，可以无取："取"，收受也。朱注："先言可以者，略见而自许之辞也。后言可以无者，深察而自疑之辞也。"

2　取伤廉："廉"，有分辨，不苟取也。若过取则害于廉矣。

3 与伤惠："惠"，有益于人了。若过与则害于惠矣。如《论语》谓公西华为孔子使齐，而取冉有五秉之粟，在公西华则为伤廉，在冉有则为伤惠。

4 死伤勇："勇"，不畏死。今言敢牺牲。若过死则反害其勇矣。夫过犹不及。如子路死卫孔悝之难，是为伤勇。

今译

孟子说："乍看起来，像是可以取的利益；仔细一想，又觉得不可以取。倘若取了，反而有害于清廉。乍看起来，像是可以把这种利益给人；仔细一想，又觉得不可以给。倘若给了，反而有害于恩惠。乍看起来，像是可以为这件事而死，仔细一想，又觉得不可以死。倘若死了，反而有害于义勇。"

章旨

此章谕人审辨义理之法，而君子识理明透，见事真切，务守中道而已。

（五十二）逢蒙章

逢蒙学射于羿[1]，尽羿之道。思天下惟羿为愈己[2]，于是杀羿。孟子曰："是亦羿有罪焉。"公明仪曰："宜若无罪焉。"曰："薄[3]乎云尔，恶得无罪！郑人使子濯孺子[4]侵卫，卫使庾公之斯[5]追之。子濯孺子曰：'今日我疾作，不可以执弓；吾死矣夫！'问其仆[6]曰：'追我者谁也？'其仆曰：'庾公之斯也。'曰：'吾生矣。'其仆曰：'庾公之斯，卫之善射者也；夫子曰"吾生"，何谓也？'曰：'庾公之斯，学射于尹公之他[7]，尹公之他，学射于我。夫尹公之他，端人[8]也，其取友必端矣！'庾公之斯至，曰：'夫子[9]何为不执弓！'曰：'今日我疾作，不可以执弓。'曰：'小人[10]学射于尹公之他；尹公之他学射于夫子。我不忍以夫子之道，反害夫子。虽然，今日之事，君事¹¹也；我不敢废。'抽矢扣轮，去其金¹²，发乘矢¹³而后反。"

今注

1　逢蒙学射于羿：《左传·襄公四年》："后羿自鉏迁于穷石。因夏民以代夏政，恃其射也，不修民事，而淫于原兽。……用寒浞……以为己相，……将归自田，家众杀而亨（烹）之。"逢蒙，羿之家众也。

2　愈己：胜己也。《论语》："女与回也孰愈。"《皇疏》："愈，胜也。"

3　薄：轻微也。

4　子濯孺子：赵注："郑大夫。"

5　庾公之斯：赵注："卫大夫。"

6　仆：御者。

7　尹公之他：朱注："卫人也。"按："之"字，是助词。古人姓与名之间，往往加"之"字，如孟之反介之推之类是也。焦循《正义》曰："《左传·襄公十四年》云：卫公出奔齐，孙氏追之。……初，尹公佗学射于庾公差，庾公差学射于公孙丁，二子追公，公孙丁御公。子鱼曰：射为背师，不射为戮，射为礼乎？射两軥（同軶，亦作轭）而还。尹公佗曰：子为师，我则远矣。乃反之。公孙丁授公辔而射之，贯臂。注云：'子鱼，庾公差。'孔氏《正义》云：'孟子云云，其姓名，与此略同，行义与此正反，不应一人之身有此二行。孟子辨士之说，或当假为之辞，此传应是实也'。"

8　端人：正人也。朱注："孺子以尹公正人，知其取友心正，故度庾公必不害己。"

9　夫子：指子濯孺子。

10　小人：庾公之斯自称。

11　君事：即公事。盖君命之事也。

　　　　　　　　　　　　　　孟子今注今译

12　金：镞也。

13　乘矢：四矢也。古以四马为一乘，故物四为乘也。

按：《左传·襄公十四年》亦载此事。毛氏《四书剩言》："孟子郑人使子濯孺子侵卫事，按：《左传·襄公十四年》是孙林父追卫献公事，非郑侵卫，而卫使追也。且是尹公佗学射于庾公差，非庾公差学射于尹公佗。春秋战国时期，其记事不同多类此。"

今译

逢蒙随着后羿学习射箭，把羿的射法完全学会了。他想天下人只有羿的本领胜过他，于是就杀死了羿。孟子说："这件事，羿也有罪呢！"公明仪说："羿似乎是没有罪的。"孟子说："他的罪不过比逢蒙轻微些，怎能没有罪呢？当初郑人派将领子濯孺子暗地里打卫国，卫国即派庾公之斯追他。子濯孺子说：'今天我旧病又发作，不能拿弓，我只得等死了。'因问他的御人说：'追我的是什么人？'御人说：'是庾公之斯。'子濯孺子说：'那我可以活命了。'御人说：'庾公之斯是卫国最会射箭的人，夫子却说："那我可以活命了。"这是怎么说的呢？'子濯孺子说：'庾公之斯学射箭于尹公之他，尹公之他学射箭于我。尹公之他是个正派人，他择交朋友，一定是正派的。'庾公之斯追到了，便问道：'夫子为什么不拿弓？'子濯孺子说：'今天我旧疾发作，拿不了弓箭了。'庾公之斯说：'小人跟尹公之他学射箭，尹公之他跟夫子学射箭，我不忍心用夫子所教的射法，反伤害夫子。虽是这样，今天的事是奉君命的公事，我不能徇私情而废公事。'抽出箭来，扣在车轮上，把锋利的箭头折去，向空中射了四箭，然后回去了。"

章旨

此章论取友不可不慎，尤重"端人"二字。

（五十三）西子章

孟子曰："西子[1]蒙不洁[2]，则人皆掩鼻[3]而过之；虽有恶人[4]，斋戒沐浴，则可以祀上帝[5]。"

今注

1　西子：古之美女西施也。

2　蒙不洁：朱注："蒙，犹冒也。不洁，污秽之物也。"

3　掩鼻：朱注："恶其臭也。"

4　恶人：朱注："貌丑者也。"

5　可以祀上帝：赵注："貌虽丑，而斋戒沐浴，自治洁净，可以侍上帝之祀。言人当自治以仁义，乃为善也。"胡毓寰云："本虽善人，苟一旦为恶，则众皆弃之；本虽恶人，苟能革心为善，亦可列于君子之林也。"

今译

孟子说："西施貌美，身上若沾染了污秽的东西，人们就会掩着鼻子走过去。但是貌丑的人，只要心地纯洁，把身体洗涤干净，就可以去祭祀上帝了。"

章旨

此章系喻体，特诫世人勿重视貌之美丑，应以心意行善为指归。

（五十四）言性章

孟子曰："天下之言性[1]也，则故[2]而已矣。故者，以利[3]为本。所恶于智者，为其凿[4]也。如智者，若禹之行水也，则无恶于智矣。禹之行水也，行其所无事[5]也；如智者，亦行其所无事，则智亦大矣！天之高也，星辰[6]之远也，苟求其故，千岁之日至[7]，可坐而致[8]也。"

今注

1　性：生之实也；人物生而禀受自然之理也。告子曰："生之谓性。"是也。

2　则故："则"，法也，效也。"故"本也。即已然之迹。

3　利：朱注："利，犹顺也。语其自然之势也。"

4　凿：穿凿也；造作也。赵注："恶人欲用智而妄穿凿，不顺物之性而改道以养之。"焦循《正义》曰："凿有二义：其一为空，《荀子·哀公》篇云：'五凿为正是也。'其一为细，《楚辞·离骚》云：'精琼靡以为粻。'注云：'精，凿也。凡物精之，则细小是也，凿其内则空，凿其外则细，空虚细小，皆非大智，下言所行无事则智大。'此孟子自明凿字之意。"

5　行其所无事："其"，犹之也。赵注："禹之用智，决江疏河，因水之性，因地之宜，行其空虚无事之处。"焦循《正义》："禹凿山穿地，不能无事，正所以使水行所无事；若禹只凭空论，无有实事，则水转不能无事矣。"朱注："禹之行水，则因其自然之势而导之，未尝以私智穿凿而有所事，是以水得其润下之性而不为害也。"

6　星辰：《尚书·尧典》："历象日月星辰。"注："星，四方中星；辰，日月所会。"疏："四方中星，总谓二十八宿也。……日行迟，月行疾，每月之朔，月行及日，而与之会，其必在宿分，二十八宿是日月所会之处。辰，时也。集会有时，故谓之辰。日月所会于四方中心，俱是二十八宿；举其人目所见，以星言之；论其日月所会，以辰言之；其实一物，故星辰共文。"

7　日至：谓冬至夏至，千岁之日至，指冬至。朱注："天虽高，星辰虽远，然求其已然之迹，则其运有常，虽千岁之久，其日至之度，可坐而得；况于事物之近，若因其故而求之，岂有不得其理者？而何以穿凿为哉？必言日至者，造历者以上古十一月甲子朔夜半冬至为历元也。"

8 致：朱注：“致，推极也。推极知识，欲其知无不尽也。”

今译

孟子说：“天下人要研究万物的本性，只要在它过去的事物中推求就可以了。这已然的迹象，必须以自然为本。那些讨嫌的耍小聪明的人，他们专好违反自然，都是穿凿附会，出自私意的。如果聪明人能像禹引水流行一样，我就不会厌恶他们了。禹引水流行，全是顺着水的自然趋势，好像没有做过这件事情一样。如果聪明的人也能顺着自然的趋势，如同禹行水到了没有做过这件事情一样，那么他的聪明也够大了。譬如天是那样高，星辰是那样远，假使推求它运行的常轨，虽是千年久远的冬至，都可以坐着推算出来的。”

章旨

此章言大智，莫非顺应自然，以推及事物之原理；而小智穿凿，往往戕害事物之本性。

（五十五）公行章

公行子[1]有子之丧，右师[2]往吊。入门，有进[3]而与右师言者。有就[4]右师之位而与右师言者。孟子不与右师言。右师不悦，曰：“诸君子皆与驩言，孟子独不与驩言，是简[5]驩也。”孟子闻之，曰：“礼[6]，朝廷不历位[7]而相与言，不逾阶而相揖[8]也。我欲行礼，子敖以我为简，不亦异[9]乎！”

今注

1 公行子：齐国大夫。主班行之官。

2 右师：赵注：“齐贵臣王驩，字子敖。”

3 进：前也。是右师甫入门尚未就位时，即趋迎而揖之，即所谓逾阶。（赵佑《温故录》说）

4　就：是己就右师之位而与之言，即所谓"历位"。

5　简：慢略也。赵注："右师谓孟子简其无德，故不与言，是以不悦。"

6　礼：《周礼》也。

7　朝廷不历位：朱注："是时齐卿大夫以君命吊，各有位次。若《周礼》，凡有爵者之丧礼，则职丧其禁令，序其事，故云朝廷也。""历"，更涉也。"位"，是本身所立位次。"不历位"，是不得离开己位而更涉他人之位也。

8　不逾阶而相揖：谓班次各有固定台阶，不得逾越而相揖也。

9　异：怪异。即奇怪也。

今译

齐国大夫公行子办理儿子的丧事，卿大夫们都奉君命前往吊唁，所以右师也去吊唁。右师一进门，有的进前同右师说话，有的走到右师座位旁同右师说话，只有孟子独不同右师说话。右师便不高兴，对人家说："诸位都来和我王骧说话，独孟子不和我王骧说话，这是轻慢我王骧啊！"孟子听到王骧的话，就说："照《礼经》上说，这种地方的礼节和朝廷所行的一样：每人有固定的位次，不可随便走到别人面前去攀谈，也不可越过自己班次去同人作揖，我是遵行这个礼法。子敖认为我太简慢，不是很奇怪吗？"

章旨

此章言孟子持礼守己，不肯阿附幸臣。益见圣贤气象，壁立千仞。

（五十六）异于章

孟子曰："君子所以异于人者，以其存心[1]也。君子以仁存心，以礼存心。仁者爱人，有礼者敬人[2]。爱人者，人恒爱之；敬人者，人恒敬之[3]。有人于此，其待我以横逆[4]，则君子必自反[5]也：'我

必不仁也，必无礼也；此物⁶奚宜至哉！’其自反而仁矣，自反而
有礼矣，其横逆由是也；君子必自反也，我必不忠。自反而忠矣，
其横逆由⁷是也；君子曰：‘此亦妄人⁸也已矣！如此，则与禽兽奚择⁹
哉？于禽兽又何难¹⁰焉？’是故君子有终身之忧¹¹，无一朝之患¹²也。
乃若所忧则有之：舜，人也，我，亦人也；舜为法于天下，可传于
后世，我由未免为乡人也，是则可忧也。忧之如何？如舜而已矣。
若夫君子所患则亡¹³矣。非仁无为也，非礼无行也；如有一朝之患，
则君子不患¹⁴矣。”

今注

1　存心：赵注：“存，在也。”《礼运》：“处其所存。”郑注：
“存，察也。”焦循《正义》：“赵氏以在释存，盖在为察。在心，
即省察其心。下文自反，皆察也。”

2　爱人、敬人：朱注：“此仁礼之施。”

3　爱之、敬之：朱注：“此仁礼之验。”

4　横逆：朱注：“谓强暴不顺理也。”横，应读去声。

5　自反：自我检讨也。

6　物：犹事也。

7　由：与“犹”同。

8　妄人：赵注：“妄作之人，无知者。”

9　奚择：犹言有何分别。

10　何难：犹言不足视为敌对而与之校也。“难”，敌也。又
诘责也。

11　终身之忧：赵注：“君子之忧，忧不如尧舜也。”

12　一朝之患：谓骤来之祸，如“横逆之来”是。焦循《正义》
曰：“《礼记·檀弓》云：子思曰：丧三日而殡，凡附于身者，必
诚必信，勿之有悔焉耳矣。三月而葬，凡附于棺者，必诚必信，勿

之有悔焉耳矣。丧三年以为极，亡则弗忘之矣。故君子有终身之忧，而无一朝之患。郑氏注：以终身之忧为念其亲，无一朝之患为毁不灭性。盖君子有终身之忧，无一朝之患，此二语古当有之，子思引以说人子之念亲，孟子引之说君子之待横逆，故下申言之。"

13　亡：同无。

14　君子不患：赵注："君子行仁行礼，本不致患；如有一朝横来之患，非己愆也，故君子归天，不以为患。"

今译

孟子说："君子所以不同于人的地方，因为他常反省自己，君子常用仁来省察自己，用礼来省察自己。仁德的人，就能爱人；讲礼的人，就能敬人；能爱人的，人也常爱他；能敬人的，人也常敬他。假使有个人在这里，他以强横态度来对待我，君子就必反问自己：'我一定有不仁的地方，或有无礼的地方，不然这件事怎会落到我的身上？'等到自反合乎仁了，自反也有礼了，他的强横态度仍然不变，君子又必反问自己：'我一定还有不尽忠的地方。'等到自己反省也尽忠了，他的强横态度仍然不变，君子这时才感慨地说：'他不过是一个妄诞的人。这样和禽兽有什么分别呢？对于禽兽，又何必计较呢？'所以君子有一生的忧愁，没有一旦的祸患。至于君子所忧愁的：舜是个人，我也是个人，舜做好榜样在天下，可以流传到后代，我还不免做个乡巴佬，这却是值得忧愁的。忧愁又怎么办呢？我要做到像舜一样就好了。如讲到君子的忧愁是没有的，除仁德的事，是不去做的；除礼义的事，是不去行的。倘若有突然来临的祸患，那不是自己的过错，君子坦然地就不以为祸患。"

章旨

此章言君子自我反省之严密，一言一行，均以蹈仁执礼为依归。

（五十七）禹稷章

禹稷当平世[1]，三过其门而不入；孔子贤[2]之。颜子当乱世[3]，居于陋巷，一箪食，一瓢饮，人不堪其忧，颜子不改其乐；孔子贤之。孟子曰："禹稷颜回同道[4]。禹思天下有溺者，由己溺之也。稷思天下有饥者，由己饥[5]之也。是以如是其急也。禹稷颜子，易地则皆然[6]。今有同室之人斗者，救之，虽被发缨冠[7]而救之可也。乡邻[8]有斗者，被发缨冠而往救之，则惑[9]也；虽闭户可也。"

今注

1 禹稷当平世：《日知录》云："孟子曰：'禹稷当平世，三过其门不入。'考之书曰：'启呱呱而泣，子弗子。'此禹事也。而稷亦因之受名。"按：此皆连类而及之也。即古文中单见双法。"平世"，治平有道之世。

2 贤：善也。作动词用，有赞美义。

3 乱世：战乱无道之世。

4 同道：谓同致力于仁善之道。朱注："圣贤之道，进则救民，退则修己。"亦本书《尽心篇》："古之人，得志，泽加于民；不得志，修身见于世。穷则独善其身，达则兼善天下"之旨。《论语·述而》篇："子谓颜渊曰：'用之则行，舍之则藏，惟我与尔有是夫。'"义亦相合。

5 己饥：朱注："禹稷身任其职，故以为己责而救之急也。"

6 易地则皆然：谓禹稷穷必乐道，颜子达亦急救民也。朱注："圣贤之心，无所偏倚，随感而应，各尽其道。"

7 被发缨冠："被"，同披。"被发"，谓披散其发。"缨"，冠系。赵注："缨冠者，以冠缨贯头也。"焦循《正义》："急于戴冠，不及使缨摄于颈，而与冠并加于头，是以缨为冠，故云缨冠。赵氏此注精矣。"

孟子今注今译

8　乡邻：赵注："乡邻，同乡也。同室相救，是其理也，喻禹稷。走赴乡邻，非其事，颜子所以阖户而高枕也。"

9　惑：迷乱也。

今译

夏禹、后稷处在唐虞的太平时代，后稷忙着稼穑，夏禹忙着治水，禹三次经过家门都没进去。孔子很称赞他们。颜子在这春秋的混乱时代，住在狭小的巷子里，每日吃一小篮的饭，喝一小瓢的水，在他人早受不了这种困难，颜子还是不改变他的乐趣。孔子也很赞美他。孟子批评说："夏禹、后稷和颜子的目的，都是相同的。夏禹想天下有淹溺在水里的人，如同自己把他们淹在水里一样；后稷想天下有受饥饿的人，如同自己使他们受饥饿一样。所以才像这样着急呢！夏禹、后稷和颜回，假使彼此交换个地位，都会依照自己的地位去做。譬如现在有同住一所房子的人打架，要去劝阻他们，虽是披散头发，连帽缨塞在帽里，顶在头上，急忙地去劝阻，也是应该的。不过，如有同住一乡的人打起架来，也是披散头发，连帽缨塞在帽里顶在头上，急忙地去劝阻，就不免迷惑了。这种情形就是关着门不管，也是可以的。"

章旨

此章孟子特别推尊颜子可同禹稷，阐明圣贤有志一同："穷则独善其身，达则兼善天下。"按：全章尤重"同道"二字。

（五十八）匡章章

公都子曰："匡章[1]，通国[2]皆称不孝焉；夫子与之游，又从而礼貌之[3]。敢问何也？"孟子曰："世俗所谓不孝者五：惰其四支，不顾父母之养[4]，一不孝也；博奕[5]，好饮酒，不顾父母之养，二不孝也；好货财，私妻子，不顾父母之养，三不孝也；从[6]耳目之欲，以为父母戮⁷，四不孝也；好勇斗很⁸，以危父母，五不孝也。章子有一于是乎？夫章子，子父责善而不相遇⁹也。责善，朋友之道也；父子责善，贼恩¹⁰之大者。夫章子，岂不欲有夫妻子母之属¹¹哉！为得罪于父，不得近，出妻屏¹²子，终身不养¹³焉。其设心¹⁴以为：不若是，是则罪之大者。是则章子而已矣。"

今注

1　匡章：赵注："齐人也。"亦云孟子弟子（见高诱注《吕氏春秋》）。

2　通国：全国也。

3　礼貌之：赵注："礼之以颜色喜悦之貌也。"朱注："敬之也。"

4　养：奉养也，供养也。

5　博奕："博"，《说文》作簙，局戏，六着十二棋也。今已失传。"奕"，围棋。

6　从：读去声，同纵，放纵也。

7　戮：羞辱。

8　很：《说文》："很，鬩也。"鬩，同佷，乖暴也。又阋也。争讼也。

9　遇：合也。

10　贼恩：伤害天性之恩。

11　夫妻子母之属：朱注："言章子非不欲身有夫妻之配，子有子母之属。"

12　屏：读炳音。弃绝也。

13　不养：赵注："终身不为妻子所养也。"盖章子以不得供养其父，故终身不敢为妻子所养也。

14　设心："设"，施也。"设心"，犹言用心也。

　　　　　　　　　　　　　　孟子今注今译

今译

公都子问孟子道："匡章这个人，全国的人都说他不孝，夫子却同他来往，又用礼貌对待他，请问这是什么意思呢？"孟子说："世俗所说不孝的事有五种：手脚懒得劳动，不肯做事，不顾供养父母，这是第一种不孝；喜欢赌博围棋，爱好喝酒，不顾供养父母，这是第二种不孝；贪得货财，私心妻子，不顾供养父母，这是第三种不孝；放纵耳目之欲，嗜好声色，致使父母受辱，这是第四种不孝；倚恃勇力，喜欢和人家打斗争讼，以致危害到父母，这是第五种不孝。章子在这五种不孝中，犯了哪一种呢？章子枉受不孝之名，是由于儿子要求父亲从事正道，以致意见不合。用善道相责，是处朋友的道理。父子间相责为善，是最伤害天性的恩情。章子难道不想有夫妻父子的天伦之乐吗？只因得罪了父亲，不得近身奉养，只好休退妻子，远离亲子，一辈子不受妻子的奉养。他的用心在于，不这样做，罪过更大了。这是章子的坦白的态度，他实在了不起。"

章旨

此章示人应有"众恶必察"之心，勿为世俗之见所惑。于此可见，圣贤至公至仁之心矣。

（五十九）曾子章

曾子居武城[1]，有越寇[2]；或曰："寇至，盍去诸？"曰："无寓[3]人于我室，毁伤其薪木。"寇退，则曰[4]："修我墙屋，我将反。"寇退，曾子反。左右曰："待先生如此其忠且敬也[5]。寇至，则先去以为民望[6]；寇退，则反。殆于[7]不可？"沈犹行[8]曰："是非汝所知也。昔沈犹有负刍[9]之祸，从先生者七十人，未有与[10]焉。"子思居于卫，有齐寇。或曰："寇至，盍去诸？"子思曰："如伋[11]去，君谁与守[12]？"孟子曰："曾子子思同道。曾子，师也，父兄也；子思，臣也，微 [13] 也。曾子子思，易地则皆然。"

今注

1 武城：鲁下邑名。在今山东费县西南。

2 越寇：越兵攻鲁也。

3 寓：赵注："寓，寄也，曾子欲去，戒其守人曰：'无寄人于我室，恐其伤我薪草树木也'。"

4 曰：语词也。孔广森曰："按两寇退文复，以前十一字皆曾子属武城人语，言无毁伤我薪木；假令寇退，则急修我墙屋，我犹反耳，此曰字义如'曰为改岁'之曰，语辞也。"

5 待先生如此其忠且敬也：朱注："言武城之大夫，事曾子忠诚恭敬也。"

6 为民望：朱注："言使民望而效之。"

7 于：王引之曰："犹为也。"

8 沈犹行：曾子的弟子，姓沈犹，名行。

9 负刍：人名。朱注："言曾子尝舍于沈犹氏，时有负刍者作乱，来攻沈犹氏。曾子率其弟子去之，不与其难。言师宾不与臣同。"钱大昕《潜研堂问答》云："《春秋》有曹伯负刍，《史记》有楚王负刍，负刍为人名审矣。"

10 与：读去声，参与也。

11 伋：子思名。

12 君谁与守：言君与谁守此社稷。

13 微：犹贱也。赵注："孟子以为二人同道：曾子为武城人作师，则其父兄，故去留无毁。子思，微小也，又为臣，委质为臣当死难，故不去也。子思与曾子，易处同然。"

今译

曾子住在鲁国的武城，有越国兵来侵略，有人对曾子说："敌

兵快来了，何不走呢？"曾子便吩咐看守屋子的人说："不要让他
人寄住在我的学舍里，免得弄坏了花木。"敌兵退走了，曾子就说：
"修好我的墙屋，我要回来了。"等到敌兵退去，曾子又回到武城，
学生们私自议论说："武城的邑宰待先生这样忠诚和尊敬：那敌兵
一到，就先走避，做个不好样子给百姓看；敌兵一退，就回来了。
这怕于情理上似乎不可以吧！"有个学生沈犹行说："这不是你们
所了解的。从前我沈犹氏家里，有个叫负薪的人作乱，这时候随先
生住在我家中有七十个人，全都跟先生走了，没有一个参加这事的。"
当子思住在卫国时，有齐国士兵来侵略，有人对子思说："敌兵快
来了，何不离开此地呢？"子思说："假使我孔伋走了，还有哪个
人和卫君共守国家呢？"孟子评论说："曾子、子思是同道的：曾
子是师长，处于父兄的地位，可以避开；子思是臣子，处在卑微的
地位，不可以离开。如果曾子、子思调换了一个地位，两人都会照
自己应行之事去做的。"

章旨

此章孟子论大贤各行其是，易地皆然。

（六十）储子章

储子[1]曰："王使人瞷[2]夫子，果有以异于人乎？"孟子曰："何
以异于人哉？尧舜与人同[3]耳。"

今注

1　储子：齐人也。焦循《正义》曰："储子见《战国策·燕策》，
谓齐宣王破燕者。"

2　瞷：一作瞯，窃视也。

3　尧舜与人同：赵注："人生同受法于天地之形，我当何以

异于人哉？且尧舜之貌与凡人同耳，其所以异，乃以仁义之道在于内也。"

今译

齐人储子对孟子说："齐王私下派人来偷看夫子，以为夫子的相貌，果然和众人不同吗？"孟子说："和众人有什么两样？就是尧舜也同众人一样啊！"

章旨

此章言圣贤外貌，与众人皆同，其不同者，独心存仁义之道耳。

（六十一）齐人章

齐人有一妻一妾[1]，而处室者；其良人[2]出，则必餍[3]酒肉而后反[4]。其妻问所与饮食者，则尽富贵[5]也。其妻告其妾曰："良人出，则必餍酒肉而后反；问其与饮食者，尽富贵也。而未尝有显者[6]来。吾将瞷[7]良人之所之[8]也。"蚤[9]起，施[10]从良人之所之。遍国中[11]，无与立谈者。卒[12]之东郭墦间[13]之祭者，乞其余；不足，又顾[14]而之他，此其为餍足之道也。其妻归，告其妾曰："良人者，所仰望[15]而终身[16]也。今若此！"与其妾讪[17]其良人而相泣于中庭[18]。而良人未之知也；施施[19]从外来，骄其妻妾。由君子观之，则人之所以求富贵利达者，其妻妾不羞也，而不相泣者，几希[20]矣！

今注

1　一妻一妾："妻"，齐也，与夫齐体。"妾"，副室也。俗言妻为大老婆，妾为小老婆。

2　良人：夫也。

3　餍：饱也。

4　反：同返，回也。

5　尽富贵：赵注："尽富贵者，夫诈言其姓名也。"

6　显者：即富贵人也。

7　瞯：窃视也。

8　之：往也。

9　蚤：同早。

10　施：同迤，斜行。

11　国中：城中也。（见《周礼·司士》）

12　卒：终也。

13　东郭墦间："郭"，外城。"墦"，冢也。

14　顾：有左视右盼意。

15　仰望：仰赖指望，有倚恃意。

16　终身：终其一生也。

17　讪：读汕。谤也。朱注："怨詈也。"

18　中庭：即庭中，堂阶前也。

19　施施：赵注："犹扁扁，喜悦之貌。"朱注："喜悦自得之貌。""扁扁"，同翩翩。

20　几希：微少也。"希"，同稀。朱注引赵氏曰："言今之求富贵者，皆以枉曲之道，昏夜乞哀以求之，而以骄人于白日，与斯人何以异哉！"

今译

　　齐国有一个人娶了一妻一妾，同住在家中。这位丈夫每次出去，必定吃饱了酒肉才回来，他妻子问他和什么人在一块吃喝，他说都是些富贵的人。于是，妻子告诉妾说："我们丈夫一出去，必定吃饱了酒肉才回来。问他和些什么人在一块吃喝，他说尽是富贵的人，可是从来没有富贵的人来过我们家，我倒想偷偷地看他到了些什么地方去。"于是第二天早上，她便远远地跟着丈夫走，走遍了全城，没见一个人和她丈夫谈话，最后走到东门城外的墓地，就向那上坟的人讨些剩下来的酒肉吃，吃得不够，又左顾右盼，走到别处上坟的人那儿去讨，这就是他所吃饱酒肉的方法了。他妻子回来告诉妾说："丈夫是我们依靠一辈子的人，哪里想到他竟然这样没出息。"于是她便和妾痛骂丈夫，并相对着在堂前哭泣。可是她们的丈夫还不晓得是怎么一回事，仍然得意扬扬地从外面走进来，在他的妻妾面前显得很骄傲。由君子来看，这世间上一般人用来求升官发财得到利益的丑态，若是被他的妻妾看见了，还不觉得羞耻，不相对哭泣的人，实在太少了啊！

章旨

此章特借齐人为喻，以讽刺世人营求富贵利达之可耻。

万章篇　第五

（一）舜往章

万章[1]问曰："舜[2]往于田[3]，号泣于旻天[4]，何为其号泣也？"孟子曰："怨慕[5]也。"万章曰："父母爱之，喜而不忘；父母恶之，劳而不怨；然则舜怨乎[6]？"曰："长息[7]问于公明高[8]曰：'舜往于田，则吾既得闻命矣。号泣于旻天于父母[9]，则吾不知也。'公明高曰：'是非尔所知也。'夫公明高以孝子之心，为不若是恝[10]：我竭力耕田，共[11]为子职而已矣；父母之不我爱，于我何哉[12]？帝使其子九男二女，百官牛羊仓廪备，以事舜于畎亩之中。天下之士多就之者[13]。帝将胥天下而迁之[14]焉。为不顺于父母，如穷人无所归。天下之士悦之，人之所欲也；而不足以解忧。好色，人之所欲；妻帝之二女[15]，而不足以解忧。富，人之所欲；富有天下，而不足以解忧。贵，人之所欲；贵为天子，而不足以解忧。人悦之，好色，富贵，无足以解忧者；惟顺于父母，可以解忧。人少，则慕父母。知好色，则慕少艾[16]。有妻子，则慕妻子。仕则慕君；不得于君则热中[17]。大孝终身慕父母。五十而慕者[18]，予于大舜见之矣！"

今注

1 万章：齐人，孟子的弟子。

2 舜：号虞舜，姓姚。性至孝。尧举使摄政，受禅即帝位。

3 于田：谓耕历山时也。

4 号泣于旻天："旻"，犹悯也。朱注："仁覆闵下。号泣于旻天，呼天而泣也。事见《虞书·伪大禹谟》篇。"

5 怨慕：言己遭父母见恶之厄而思慕也。

6 舜怨乎：此"怨"，有恨义，与怨慕别。赵注："言孝法当不怨，舜何故怨？"

7 长息：公明高的弟子。

8 公明高：春秋鲁南武城人，曾子的弟子。

9 于父母：谓呼父母而泣也。

10 忿：读戛，无愁貌。赵注："夫公明高以为孝子不得意于父母，自当怨悲，岂可忿忿然无忧哉？"

11 共：同供。

12 于我何哉："哉"，通乎。谓"自责不知已有何罪耳，非怨父母也"。

13 帝使其子……多就之者："帝"，谓尧。朱注引《史记》云："二女之，以观其内；九男事之，以观其外。"又云："一年所居成聚，二年成邑，三年成都，是天下之士就之也。""就"，从也。

14 胥天下而迁之："胥"，辅也。"胥天下"，即辅相天下。"迁之"，谓移以与之也。

15 妻帝之二女：言尧以娥皇、女英二女妻舜。

16 少艾：指年轻貌美之女子。

17 不得于君则热中：朱注："不得，失意也。热中，躁急心热也。"

18 五十而慕者：赵注："大孝之人，终身慕父母。若老莱子七十而慕，衣五彩之衣，为婴儿匍匐于父母前也。我于大舜，见五十而尚慕父母，《书》曰：舜生三十征庸，三十在位，在位时尚慕，故言五十也。"朱注："舜摄政时，年五十也：五十而慕，则其终身慕可知矣。"又注："舜不以得众人之所欲为己乐，而以顺乎亲之心为己忧，非圣人之尽性，其孰能之。"

今译

万章问道："舜往历山耕田时，他为什么哀号哭泣呢？"孟子说："虽然自己得不到父母的爱怜，却常想念他们！"万章说："父母爱怜他，固然高兴得不忘记；父母厌恶他，就是受痛苦，也不该怨恨。照夫子的说法，难道舜是怨恨父母吗？"孟子说："长息问公明高道：'舜到田间耕种的事，我已经听见夫子指教了，可是对着天呼号哭泣，又叫着父母，我还不知道是什么意思。'公明高说：'这不是你所能了解的。'那公明高以为孝子的心里想：得不到父母的欢心，怎么能没有忧愁呢？我尽力耕田，不过是尽做儿子的职责罢了；父母不疼爱我，我有什么罪过呢？尧帝知道舜的贤能，就派九个儿子去侍奉舜，把两个女儿嫁给舜，配齐了办事的百官、供膳的牛羊、囤米的仓库，去奉养在田间的舜。这时天下的士人都来归附他，尧帝竟要把天下的大权交给他，但是舜仍然认为得不到父母的欢心，还像一个穷人无所投靠一样。天下士人都来归附他，这是人所喜欢的，却不能解他的忧愁；美好的女色，也是人所喜欢的，舜娶尧帝二女为妻，却不能解他的忧愁；财富，也是人最喜欢的，舜有了天下的财富，还是不能解他的忧愁；尊贵，也是人最喜欢的，舜的尊贵已做到了天子，还是不能解他的忧愁。独有获得父母的欢心，才可以解他的忧愁。一般人，在小的时候，总是思慕父母；知道爱好女色时，就慕恋年轻的女子；有了妻子，就爱恋妻子；做了官，就思慕君上，不得君上的重视，心就像火烧一样难过。唯有大孝的人，一生都爱慕父母，到了五十岁还是爱慕父母，我只在大舜身上看见了。"

章旨

此章言舜之纯孝，终身爱慕父母，非常人所能及，益显圣人之尽性。

（二）娶妻章

万章问曰："诗云[1]：'娶妻如之何？必告父母。'信斯言也，宜莫如舜[2]。舜之不告而娶，何也？"孟子曰："告，则不得娶。男女居室，人之大伦也；如告，则废人之大伦，以怼父母[3]。是以不告也。"万章曰："舜之不告而娶，则吾既得闻命矣；帝之妻[4]舜而不告，何也？"曰："帝亦知告焉则不得妻也。"万章曰："父母使舜完廪捐阶[5]，瞽瞍[6]焚廪。使浚井[7]。出，从而揜[8]之。象曰：'谟盖都君[9]，咸我绩[10]。牛羊父母，仓廪父母；干戈朕，琴朕，弤朕[11]，二嫂使治朕栖[12]。'象往入舜宫；舜在床琴。象曰：'郁陶思君尔[13]！'忸怩[14]。舜曰：'惟兹臣庶，汝其于予治[15]。'不识舜不知象之将杀己与[16]？"曰："奚[17]而不知也？象忧亦忧，象喜亦喜。"曰："然则舜伪喜者与？"曰："否。昔者有馈[18]生鱼于郑子产[19]，子产使校人[20]畜之池。校人烹之，反命[21]曰：'始舍之，圉圉[22]焉；少则洋洋[23]焉；攸然而逝[24]。'子产曰：'得其所哉！得其所哉！'校人出，曰：'孰谓子产智，予既烹而食之。'曰：'得其所哉！得其所哉！'故君子可欺以其方[25]，难罔以非其道[26]。彼以爱兄之道来，故诚信而喜之。奚伪焉！"

今注

1 诗云：《诗经·齐风·南山》之篇。

2 信斯言也，宜莫如舜："信"，诚也。"斯"，此也。诚如此诗之言，舜宜最信之矣。

3　如告，则废人之大伦，以怼父母：赵注："言仁圣所存者大，舍小从大，达权之义也。不告而娶，守正道也。""怼"，仇怨也。

4　妻：读去声，作动词用。谓以女嫁之也。

5　完廪捐阶：完，治也。廪，藏米之屋。捐，去也。阶：梯也。修治仓廪曰"完廪"。除去阶梯曰"捐阶"。

6　瞽瞍：舜父。

7　浚井：谓深治水井也。

8　揜：音掩，盖也。

9　谟盖都君："谟"，谋也。"盖"，盖井也。"都君"，朱注："舜所居三年成都，故谓之都君。"

10　咸我绩："咸"，皆也。绩，功也。当舜已入井，象不知舜已出，欲以杀舜为己功也。

11　干戈朕，琴朕，弤朕："干"，盾。"戈"，戟。"琴"，舜所制五弦琴。弤，雕弓。古人自称曰朕。我也。按：此数物皆舜所有。斯为象欲以牛羊、仓廪与父母，而自取此数物也。

12　二嫂使治朕栖："二嫂"，谓舜之妻娥皇、女英。"栖"，床。使二嫂治其床，欲以二嫂为己妻。

13　郁陶思君尔：朱注："思之甚，而气不得伸也。象言己思君之甚，故来见尔。""郁陶"，郁闷思念也。"尔"，语尾助词。

14　忸怩：惭色。

15　惟兹臣庶，汝其于予治：朱注："兹，此也。臣庶，谓其百官也。象素憎舜，不至其官，故舜见其来而喜。"

16　与：同欤。

17　奚：何也。

18　馈：进食于尊者曰馈。

19　郑子产：郑大夫公孙侨也。博洽多闻，长于政治，孔子尝盛称之。

20 校人：主池沼之小吏。

21 反命：回报。

22 圉圉：困而未舒之貌。

23 洋洋：舒缓摇尾之貌。

24 攸然而逝：自得而远去也。

25 君子可欺以其方："方"，道也。法也。谓可以情理之所有者欺之也。

26 难罔以非其道："罔"，蒙蔽也，欺也。谓难欺之以理之所无也。

今译

万章问道："《诗经》中说：'娶妻怎么做？必须禀告父母。'真照这样说，那么，守礼再没有及得上舜的人了。可是舜娶妻子并没有禀告父母，是什么缘故呢？"孟子说："禀告了父母，就不能够娶妻。男女成家，是做人的大道。如果舜禀告了，便废弃做人的大道，并且结怨于父母。所以不能禀告。"万章说："舜不禀告便娶，我已得着指教了。但是尧帝把女儿嫁给舜，也不去告诉舜的父母，这又是什么缘故呢？"孟子说："尧帝也晓得告诉便不得将女儿嫁给舜了。"万章说："舜的父母差舜修理米仓，舜上了仓顶，瞽瞍就抽去梯子，放火烧了米仓，舜用自己的方法而脱险。后来又差舜去挖井，舜下井去，瞽瞍随手就盖了井，但舜已从旁边掘个洞逃出去了。舜的弟弟象说：'用计谋埋死都君，都是我的功劳；现在将他的牛羊分给父母，仓廪也分给父母；干戈分给我，五弦琴分给我，雕花弓分给我；两个嫂嫂，叫她们料理我的床铺来服侍我。'象分派定了，便到舜的宫里去，哪晓得舜已坐在床上弹琴。于是象说：'我很气闷，因为想念你啊！'说着，脸上显出很难为情的样子。舜说：'你来得正好，我这些百姓和官员，你可以帮我管理管理。'我不知道舜果真不晓得象要杀他吗？"孟子说："怎么不知道呢？不过舜是手足情深的人，见象忧愁，他也忧愁；象欢喜，他也欢喜。"万章说："像这样，舜岂不是假装喜欢吗？"孟子说："不是的。从前有人送条活鱼给郑国大夫子产，子产叫管池子的人把鱼养在池子里。那管池子的人却把鱼烹煮吃了。然后回来报告说：'起初放鱼到池子里还不大活动，过了一会儿，便活泼起来，悠然地向着深水处游去了。'子产说：'这鱼得到安逸的地方啊！得到安逸的地方啊！'管池子的人出来说：'谁说子产聪明？我已把鱼烹吃了。他还说：'这鱼得到安逸的地方啊！得到安逸的地方啊！'所以君子可以欺骗他情理上所有的事，不可以欺骗他情理上所没有的事。象用敬爱的心理来，所以舜也真心相信而欢喜他，哪里会假装呢？"

章旨

此章示圣人遭人伦之变，而不失天理之常，且以爱慕父母之心而推于兄弟之情。

（三）象日章

万章问曰："象日以杀舜为事；立为天子，则放之。何也¹？"孟子曰："封²之也；或曰放焉。"万章曰："舜流共工于幽州³，放驩兜于崇山⁴，杀三苗于三危⁵，殛鲧于羽山⁶：四罪而天下咸服，诛不仁也。象至不仁，封之有庳⁷，有庳之人奚罪焉？仁人固如是乎？在他人则诛之，在弟则封之？"曰："仁人之于弟也，不藏怒⁸焉，不宿怨⁹焉，亲爱之而已矣。亲之，欲其贵也；爱之，欲其富也；封之有庳，富贵之也。身为天子，弟为匹夫，可谓亲爱之乎？""敢问'或曰放'者，何谓也？"曰："象不得有为于其国，天子使吏治其国而纳其贡税焉：故谓之放¹⁰。岂得暴彼民哉？虽然，欲常常而见之，故源源而来¹¹。'不及贡，以政接于有庳¹²。'此之谓也。"

今注

1　则放之。何也：朱注："万章疑舜何不诛之？"放：逐也。

2　封：古之王者建诸侯与土地而立国曰封。

3　流共工于幽州："流"，五刑之一，安置远方，终身不返也。"共工"，水官名。以官为氏。幽州，古十二州之一，在今河北及辽宁等地。

4　放驩兜于崇山：驩兜，尧之臣，以与共工朋比为恶，舜放之于崇山。崇山，山名，在今湖南大庸县西南。

5　杀三苗于三危："杀"，朱注："杀其君也。"三苗，古国名。三危，山名，在今甘肃敦煌县南。焦循《正义》以"杀"为"殺"之假借字，殺，放也。今不从。

6　殛鲧于羽山："殛"，诛也。鲧，禹父名。羽山，山名，在今山东蓬莱县东南。

7　有庳：地名。朱注："或曰今道州鼻亭，即有庳之地也，未知是否？"焦循《正义》曰："《后汉·东平王苍传》注：有鼻，国名，在今永州营道县北。《袁谭传》注：今犹谓之鼻亭，舜都蒲阪而封象于道州鼻亭。阎氏若璩《释地·续》云：有庳之在今永州零陵县，已成千古定所。"

8　藏怒：谓藏匿其怒。

9　宿怨：谓留蓄其怨。

10　象不得有为于其国……故谓之放：朱注："孟子言象虽封有庳之君，然不得治其国，天子使吏代之治，而纳其所收之税于象，有似于放，故或者以为放也。盖象至不仁，处之如此，则既不失吾亲爱之心，而彼亦不得虐有庳之民也。"

11　源源而来：源源，若水之相继也。来，来朝觐也。

12　不及贡，以政接于有庳：朱注："不及贡，不待诸侯朝贡之期也。以政接于有庳，以政事接见有庳之君也。盖古书之辞，而孟子引之，以证源源而来之意，见其亲爱之无已如此也。"

今译

万章问道："象每天拿杀舜当件事做，等到舜做了天子，不过把他放逐出去，这是什么意思？"孟子说："是封他的，别人误作放逐呢！"万章说："舜流徙共工到幽州，放逐驩兜到崇山，杀三苗在三危，斩鲧在羽山。定了这四人的罪，天下的人都心服。这是因为惩罚不仁的人。但象也是个不仁的人，还封他有庳的地方，这有庳的人民有什么罪呢？有仁心的人难道如此吗？别人不仁便杀他，弟弟不仁便封他。"孟子说："仁人对待弟弟，不藏蓄怨恨在心里，只知道亲爱他罢了。亲他，就想他尊贵；爱他，就想他富有。封他到有庳，正是使弟弟尊贵富有的意思。若是自身做了天子，弟弟还是平民，怎能说是亲爱他呢？"万章说："请问'有人说他是放逐'是什么说法呢？"孟子说："舜虽封象，他在他的国里不能有所作为，另派官员替他治理，不过仍给他贡物和赋税，所以旁人说他是放逐。这样，象还能虐待有庳百姓吗？虽然是如此，但舜因为想念象，所以叫他经常来朝见。古书上说：'不待诸侯朝贡的日子，就随时以政事接见那有庳的国君。'就是说这件事啊！"

章旨

此章言舜友爱弟弟象，绝不以私恩害公义。

（四）咸丘章

咸丘蒙[1]问曰："语云[2]：'盛德之士[3]，君不得而臣，父不得而子。舜南面而立，尧帅诸侯北面而朝之，瞽瞍亦北面而朝之，舜见瞽瞍，其容有蹙[4]。'孔子曰：'于斯时也，天下殆[5]哉，岌岌[6]乎！'不识此语诚然乎哉？"孟子曰："否，此非君子之言，齐东野人之语[7]也。尧老而舜摄也。尧典[8]曰：'二十有八载，放勋乃徂落[9]；百姓如丧考妣[10]。三年，四海遏密八音[11]。'孔子曰：'天无二日，民无二王。'舜既为天子矣，又帅天下诸侯以为尧三年丧，是二天子矣。"咸丘蒙曰："舜之不臣尧[12]，则吾既得闻命矣。诗[13]云：'普天之下，莫非王土；率土之滨[14]，莫非王臣。'而舜既为天子矣，敢问瞽瞍之非臣如何？"曰："是诗也，非是之谓也。劳于王事而不得养父母也[15]。曰：'此莫非王事，我独贤劳也[16]。'故说诗者，不以文害辞[17]，不以辞害志[18]；以意逆志[19]，是为得之。如以辞而已矣，云汉[20]之诗曰：'周余黎民，靡有孑遗[21]。'信斯言也，是周无遗民也。孝子之至[22]，莫大乎尊亲；尊亲之至，莫大乎以天下养。为天子父，尊之至也；以天下养，养之至也。诗曰[23]：'永言孝思，孝思维则[24]。'此之谓也。书曰[25]：'祗载[26]见瞽瞍，夔夔齐栗[27]，瞽瞍亦允若[28]。'是为父不得而子也[29]？"

今注

1　咸丘蒙：齐人，孟子的弟子。咸丘，复姓，名蒙。

2　语云：古语云。

3　盛德之士：谓道德高尚之人。

4　麑：谓輂麑不自安。

5　殆：危也。

6　岌岌：不安貌。朱注："言人伦乖乱，天下将危也。"

7　齐东野人之语：朱注："齐东，齐国之东鄙也。"赵注："东野，东作田野之人所言耳。咸丘蒙，齐人也，故闻齐野人之言。《书》曰：'平秩东作，谓治农事也。'"焦循《正义》曰："赵氏以东为东作治农事，故引书尧典以证之，非东为东方之东也。"阎氏若璩云："赵氏注此章于东字妙有体会，不然何不云齐之西，或北野人乎？至今济南府齐东县置于元宪宗三年，以镇而名，于孟子无涉。"今从赵注。

8 尧典：朱注："尧典，虞书。今此文乃见于《舜典》，盖古书二篇，或合为一耳。"

9 放勋乃徂落：放勋，尧帝之号。"徂"，同殂。"徂落"，死也。

10 考妣：《礼记》："生曰父，曰母，曰妻；死曰考，曰妣，曰嫔。"今谓父母死后称"考妣"。

11 四海遏密八音："四海"，四方。"遏"，止。"密"，静。"八音"："金石丝竹，匏土草木。"

12 不臣尧：朱注："不以尧为臣，使北面而朝也。"

13 诗：《小雅·北山》之篇。

14 率土之滨："率"，循。"滨"，水边。犹言"四海之内"。

15 劳于王事而不得养父母也：朱注："此诗今毛氏序云：'使役不均，己劳于王事，而不得养其父母焉。'"

16 此莫非王事，我独贤劳也："谓此皆王事，我独以贤才而劳苦也。"

17 不以文害辞："文"，指字。"辞"，指语。谓不可以一字而害全句之义。

18 不以辞害志："志"，指作者之志趣。谓不可以一句而害作者之志趣。

19 以意逆志："逆"，迎也。谓以己意体会作者之志趣。

20 云汉：《诗·大雅》之一篇。

21 周余黎民，靡有孑遗："黎民"，庶民。"靡"，无。"孑"，孤独。"遗"，留存。

22 至：极也。

23 诗曰：《诗·大雅·下武》之篇。

24 则：法则。

25 书曰：朱注："《书·大禹谟》篇。"焦循《孟子正义》："此引书不见二十八篇之中，故为逸书，盖亦《舜典》文也。"

26　祗载：朱注："祗，敬也。载，事也。"

27　夔夔齐栗：敬谨恐惧貌。"齐"，同斋，戒也。"栗"，惧也。

28　允若："允"，信。"若"，顺。

29　是为父不得而子也：朱注："瞽瞍不能以不善及其子，而反见化于其子，则是所谓父不得而子者。"

今译

咸丘蒙问道："古语说：'德行高尚的人，为君不得把他当作臣子，为父不能把他当作儿子。舜向南面而立为天子，尧领着诸侯向北面朝见他，瞽瞍也向北面朝见他。舜见到瞽瞍，脸上皱眉蹙额，表现不安的样子。'孔子说：'在这个时候，天下很危险，好像要倾覆下来！'不知道这古语是真实的吗？"孟子说："不，这不是君子所说的话，是齐国乡野农村人说的话啊！当初尧帝年纪老了，便让舜代理政事。《尚书·尧典》说：'舜代理政事二十八年，尧帝才死，百姓如同死了父母一样，三年以内，天下停止一切音乐。'孔子说：'天上没有两个太阳，百姓没有两个君王。'舜已经做了天子，又领着天下诸侯替尧帝服三年丧，是有两个天子。"咸丘蒙说："舜不敢把尧当作臣子，我已得到夫子明示了。《诗经》中说：'整个天下，没有一寸土不是天子的土地；四海之内，没有一个人不是天子的臣子。'舜已经做了天子，请问瞽瞍不算是臣子，算什么呢？"孟子说："这诗的原意不是这么说的。他是勤劳为国家做事，不能奉养父母，因而埋怨说：'这些没有一件不是国家的事，应该大家做的，为什么我独独因贤能就该劳苦呢！'所以解诗的人不可拿一字来误解词句的意思，不可拿一词句来误解作诗者的本旨。要用己意去体会作诗者的志趣，这才能得着古人的真义。如果只在字句上解释，像《大雅·云汉》篇上说：'周朝留下的百姓，没有一个余剩。'如相信这句话，那么周朝没有剩一个百姓了。讲到做孝子的极点，没有再大过尊敬父母的了；尊敬父母的极点，没有再大过拿天下的俸禄去供养父母了。舜使瞽瞍成为天子的父亲，是尊敬到了极点，拿天下俸禄来奉养父母，是奉养到了极点。《诗经》中说：'永远念着孝亲的思想，这孝亲的思想，就可做天下的榜样。'就是这个说法啊！《书经》上说：'舜非常恭敬地去侍奉父母，见了瞽瞍，就表现出谨慎恐惧的样子。因此，瞽瞍也接受舜的一片孝心，事事也顺从他的意思。'这就是做父亲的不能够以儿子来看待舜了。"

章旨

此章阐明君臣父子间之大伦，绝无以君为臣，以父为臣之理。

（五）尧以章

万章曰："尧以天下与舜，有诸[1]？"孟子曰："否！天子不能以天下与人[2]。""然则舜有天下也，孰与之？"曰："天与之。""天与之者，谆谆然命之[3]乎？"曰："否！天不言，以行[4]与事，示之而已矣。"曰："以行与事示之者，如之何？"曰："天子能荐人于天，不能使天与之天下；诸侯能荐人于天子，不能使天子与之诸侯；大夫能荐人于诸侯，不能使诸侯与之大夫。昔者尧荐舜于天而天授之；暴[5]之于民而民受之。故曰天不言，以行与事示之而已矣。"曰："敢问'荐之于天而天受之；暴之于民而民受之。'如何？"曰："'使之主祭而百神享之，是天受之。使之主事而事治，百姓安之。是民受之也。'天与之，人与之，故曰天子不能以天下与人。舜相尧[6]，二十有[7]八载，非人之所能为也，天也。尧崩[8]，三年之丧毕，舜避尧之子于南河之南[9]。天下诸侯朝觐[10]者，不之[11]尧之子而之舜；讼狱者，不之尧之子而之舜；讴歌[12]者，不讴歌尧之子而讴歌舜，故曰天也。夫然后之中国[13]，践[14]天子位焉。而[15]居尧之宫，逼尧之子，是篡也，非天与也。泰誓¹⁶曰：'天视自我民视；天听自我民听。'此之谓也。"

今注

1　有诸：即"有之乎"？"诸"为"之乎"二字之合声，急言之曰"诸"，缓言之曰"之乎"。

2　天子不能以天下与人：赵注："言德合于天，则天爵归之。行归于仁，则天下与之。"朱注："天下者，天下之天下，非一人之私有故也。"

3　谆谆然命之乎："谆谆然"，诚恳详语之貌。命，告也。"命之"，有告晓义。

4　行：读去声。谓德行。

5　暴：读瀑，俗作曝。显也。

6　舜相尧："相"，读去声，辅助。

7　有：同又。

8　崩：天子死曰崩。

9　南河之南：在冀州之南，其南即豫州。

10　朝觐：北面而见天子曰觐。朝觐，即北面朝见天子也。

11　之：往也。下文"而之舜""不之尧""之中国"中的"之"，义同。

12　讴歌：歌咏以诵功德也。

13　中国：帝都居国之中，故曰"中国"。

14　践：登也。

15　而：犹如也（王引之说）。

16　泰誓：《尚书》篇名。阮氏元《校刊记》云："宋九经本，咸淳衢州本，泰作大。廖本孔本韩本作太，注同。泰太皆俗，古只作大。"

今译

万章问道:"尧将天下给舜,有这件事吗?"孟子说:"没有,天子不能把天下给人。"万章说:"那么舜有天下,是谁给他的呢?"孟子说:"天给他的。"万章说:"天给他的,是诚恳地告诉他吗?"孟子说:"不是,天不说话,只用舜的品德和行事,表示将天下给他罢了。"万章说:"用品德和行事暗示将天下给他,这是怎么说呢?"孟子说:"天子只能荐人于天,不能使天给他天下;诸侯只能荐人于天子,不能使天子给他诸侯;大夫只能荐人于诸侯,不能使诸侯给他大夫。从前尧帝推荐舜于天,而天接受他;将舜显示于百姓之前,而百姓接受他。所以说天不用说话,只用舜的品德和行事暗示将天下给他的意思就是了。"万章说:"请问尧推荐舜于天,而天接受他;将他显示于百姓之前,而百姓接受他,这又怎么说呢?"孟子说:"使他主持祭祀,百神皆来享受他的祭祀,这是天接受他;使他主持政事,不但把政事治理好,百姓也安乐和信服,所以百姓接受他。天给他,百姓给他,所以说'天子不能把天下给人'。舜辅助尧帝有二十八年的时间,这不是人力所能办得到的,是天意啊!尧帝死了,服完了三年丧礼,舜避开尧的儿子,便到了南河的南边;天下诸侯朝见天子不到尧的儿子那里去,却到舜这里来;诉讼的不到尧的儿子那里去,却到舜这里来;歌颂功德的不歌颂尧的儿子,却歌颂舜。所以说是'天意啊!'。这样以后,舜才回到国都,登上了天子的位置。如果舜直接住到尧的宫中,逼走尧的儿子,那是篡夺的行为,不是天给他的。《书经·泰誓》篇说:'天的察看,是从我们百姓的眼睛来察看;天的听闻,是从我们百姓的耳朵来听闻。'就是这个说法啊!"

章旨

此章言"天下为公"之义,强调仍以民意为依归。

（六）德衰章

万章问曰："人有言：'至于禹[1]而德衰，不传于贤，而传于子。'有诸？"孟子曰："否，不然也。天与贤，则与贤；天与子，则与子。昔者，舜荐禹于天，十有七年；舜崩，三年之丧毕，禹避舜之子于阳城[2]，天下之民从之，若尧崩之后，不从尧之子而从舜也。禹荐益[3]于天，七年，禹崩，三年之丧毕，益避禹之子于箕山之阴[4]。朝觐讼狱者，不之益而之启[5]，曰：'吾君之子也。'讴歌者，不讴歌益而讴歌启，曰：'吾君之子也。'丹朱之不肖，舜之子亦不肖[6]。舜之相尧，禹之相舜也，历年多，施泽于民久。启贤，能敬承继禹之道。益之相禹也，历年少，施泽于民未久。舜禹益相去久远[7]，其子之贤不肖，皆天也，非人之所能为也。莫之为而为者[8]天也；莫之致而至者[9]，命[10]也。匹夫而有天下者，德必若舜禹，而又有天子荐之者。故仲尼不有天下[11]。继世[12]以有天下，天之所废，必若桀纣[13]者也。故益伊尹周公[14]不有天下。伊尹相汤以王于天下[15]。汤崩，太丁未立[16]，外丙[17]二年，仲壬[18]四年，太甲[19]颠覆汤之典刑[20]，伊尹放之于桐[21]；三年，太甲悔过，自怨自艾[22]，于桐处仁迁义[23]。三年以听伊尹之训己也，复归于亳[24]。周公之不有天下，犹益之于夏，伊尹之于殷也。孔子曰：'唐虞禅[25]，夏后殷周继，其义一也。'"

今注

1　禹：夏君，黄帝玄孙，姒姓，治水有功，继舜即天子位。

2　避舜之子于阳城：舜之子商均。阳城，山名。阎氏《四书释地》："汉颍川有阳城县，以山得名，洧水所出，此山在登封县北三十八里。"

3　益：即伯益，又称伯翳，舜臣，佐禹治水有功。

4　箕山之阴：山之北曰阴。箕山，在今河南登封县东南，又名嵩岭。

5　不之益而之启："之"，往也。启，禹子，继父有天下，在位九年崩。

6　丹朱之不肖，舜之子亦不肖：丹朱，尧之子；商均，舜之子。"不肖"，不似父之贤也。

7　舜禹益相去久远：谓舜相尧二十八年，禹相舜十七年，而益相禹仅七年，所历之年，相差甚多。

8　莫之为而为者：言非人所为而自为也。

9　莫之致而至者：言非人所致而自至也。

10　命：朱注："以理言之谓之天，以人言之谓之命；其实则一而已。"

11　故仲尼不有天下：朱注："言仲尼之德，虽无愧于舜禹，而无天子荐之者，故不有天下。"

12　继世：继承先世之基业也。

13　桀纣：谓夏桀商纣二暴君。

14　伊尹周公：伊尹，成汤贤相，名挚。周公，文王之子，名旦。佐武王定天下。

15　王于天下："王"，读去声。《说文》："王，天下归往也。""王天下"，言天下人民归往之。往依于仁也。

16　太丁未立：太丁，汤之太子，未立而死。

17　外丙：太丁之弟。

18　仲壬：外丙之弟。

19　太甲：太丁之子，成汤嫡长孙也。

20　典刑：常法。"刑"同型。

21　桐：为汤墓所在地。伊尹放太甲居此，盖使居近先王，思过而近义也。故址在今山西省荣河县。

22　自怨自艾：言自悔恨改过。"艾"，治也。

23　处仁迁义：言以仁自处，见义则迁也。

24　亳：汤都。亳有三邑，此指南亳。在今河南省商邱县。

25　禅：授也。谓让国于贤也。

今译

万章问道："有人言：'从尧帝到夏禹，德行就衰落了。他不传位给贤人，却传给自己的儿子。'有这件事吗？"孟子说："不，不是的。天意要给贤人，就给贤人；天意要给儿子，就给儿子。从前舜推荐禹于天，过了十七年，舜死了，三年的丧礼完毕，禹避开舜的儿子到阳城去，天下的百姓都归从他，就像尧帝死后，不归从尧的儿子而归舜。禹推荐益于天，过了七年，禹死了，三年的丧礼完毕，益避开禹的儿子到箕山的北边去，朝见和诉讼的人不到益那里去，却到启这里来。都说：'是我们君的儿子呢。'歌颂功德的，不歌颂益，却歌颂启。都说：'是我们君的儿子呢。'尧子丹朱不贤，舜子商均也不贤。舜辅助尧，禹辅助舜，二人经历年数相当久，施给百姓恩德相当长。启很贤明，能够认真地继承禹的传统。益辅助禹，经历年数少，施给百姓恩德又不长久。舜、禹、益三人，彼此辅助的时间相差很远，而他们的儿子贤和不贤都是天意，并不是人力所能做到的。不是人力做到而自然做到，这是天意；不用人力去求得而自然来到，这是命运。一个平民竟然能治理天下，他的道德必定要像舜和禹。同时还要有天子的推荐，所以孔子不能治理天下。继承先代而能治理天下的，天要废弃的，必定像桀纣的暴虐无道这一类。所以益、伊尹、周公不能统有天下。伊尹辅助成汤治理天下，汤死了，太子太丁没有即位便死了，外丙即位才二年，仲壬即位才四年，于是立了太甲。太甲即位后，破坏汤的常法，伊尹把他安置在桐的地方。过了三年，太甲悔悟改过，自己怨恨自己，改悔自己的错误，事事拿仁道来做，三年的时间，都听伊尹的话。因此，伊尹便迎接他回到亳都。周公不能够得天下，如同伯益在夏朝，伊尹在殷朝一样。孔子说：'唐尧、虞舜，是让位给贤人的；夏、商、周三代，是传位给儿子的，这个道理都是一样的。'"

章旨

此章言夏禹传子，尧舜传贤，皆由天命，与"天下为公"之旨，并行不悖。

（七）割烹章

万章曰："人有言：'伊尹以割烹要汤[1]。'有诸？"孟子曰："否，不然！伊尹耕于有莘[2]之野，而乐尧舜之道焉。非其义也，非其道也，禄之以天下[3]，弗顾也。系马千驷[4]，弗视也。非其义也，非其道也，一介不以与人[5]，一介不以取诸人。汤使人以币聘之；嚣嚣然[6]曰：'我何以汤之聘币为哉！我岂若处畎亩之中，由是以乐尧舜之道哉！'汤三使往聘之；既而幡然[7]改曰：'与我处畎亩之中，由是以乐尧舜之道，吾岂若使是君为尧舜之君哉！吾岂若使是民为尧舜之民哉！吾岂若于吾身亲见之哉！天之生此民也，使先知觉后知[8]，使先觉觉后觉也。予天民之先觉者也；予将以斯道觉斯民也。非予觉之而谁也！'思天下之民，匹夫匹妇，有不被尧舜之泽者，若己推而内之沟中[9]。其自任以天下之重如此；故就汤而说之，以伐夏救民。吾未闻枉[10]己而正人者也。况辱己以正天下者乎？圣人之行不同也，或远或近[11]，或去或不去，归洁其身[12]而已矣。吾闻其以尧舜之道要汤，未闻以割烹也。伊训曰[13]：'天诛造攻自牧宫[14]，朕载自亳[15]。'"

今注

1 割烹要汤：《史记·殷本纪》："伊尹，名阿衡。阿衡欲干汤而无由，乃为有莘氏媵臣，负鼎俎以滋味说汤，致于王道。"盖战国时有此一说。又见《墨子·尚贤》篇、《庄子·庚桑楚》篇、《吕览·本味》篇。"割烹"，割肉烹羹也。"要"，求也。

2　有莘：古国名。故地在今山东省曹县北华冢集。

3　禄之以天下："禄"，作动词解，谓以天下之禄加之也。

4　千驷：四马曰驷。千驷，四千匹马。

5　一介不以与人：俞氏平议："一介即一个。"王氏《经义述闻》："亦以'介''个'为一字。当从之。一作介与芥同。'一芥'，喻细微，亦通。"

6　嚣嚣然：无欲自得之貌。

7　幡然："幡"同翻。"幡然"，改变貌。言汤礼聘三至，乃幡然改变计划，以为空想向慕，不若使吾道能实现更好。

8　使先知觉后知：赵注："觉，悟也。天欲使先知之人悟后知之人。我，先悟觉者也，欲以此仁义之道，悟未知之民。"朱注："知，谓识其事之所当然；觉，谓悟其理之所以然。"

9　推而内之沟中："内"同纳。此为譬喻之词，言民之受灾害，乃政治不善之过。

10　枉：邪曲。

11　或远或近："远"，谓不仕而远君。"近"，谓仕而近君。

12　归洁其身：重在不污己。

13　伊训：伪《古文尚书·商书》篇名。

14　天诛造攻自牧宫：赵注："言造作可攻讨之罪者，从牧宫桀起，自取之也。""造"，始也。"牧宫"，桀宫也。

15　朕载自亳："朕"，我也。此乃伊尹自称。"载"，始也。亳，南亳，汤所都也。朱注："伊尹言始攻桀无道，由我始其事于亳也。"

今译

万章问道："有人说：'伊尹曾以宰割烹调的手艺要求汤用他。'有这回事吗？"孟子说："不，不是的。伊尹耕种在有莘的地方，很高兴研究尧舜的治理大道，要是不合尧舜的义理，不合尧舜的正道，就是把天下的禄位给他，他也不会回头看一下；给他四千匹马，他也不会重视的。要是不合他的义理，不合他的正道，就是一个也不肯给人，一个也不肯拿人家的。汤派专使并备礼物来聘请他，他很悠闲自得地说：'我要汤这些聘礼有什么用呢？哪能及我在田野间以研究尧舜的道理为乐呢？'汤三次派专使来聘请他，他才改变了初志说：'与其在田野间自乐尧舜的大道，我何不使这个君成为尧舜一样的君呢？何不使这些百姓成为尧舜一样好的百姓呢？我何不亲身看见尧舜的大道实现呢？天生这些百姓，是要叫先知事理的人去觉醒后知事理的人；使先觉悟道理的人，去觉悟后知道理的人。我天生是这些百姓中先觉醒道理的人，我应拿这些道理来觉醒这些百姓，如果不是我去觉醒他们，还有谁呢？'伊尹想到天下的百姓，无论他是男人还是女人，假使不能沾到尧舜的恩泽，就像自己把他们推陷沟中一样。他是像这样地把天下的重任自己一肩担负起来，所以应允汤的聘请，马上向汤说：一定伐夏桀，救百姓呢！我没听说枉曲自身而能正人呀！何况污辱自身而正天下呢！圣人的行为虽有不同，有的隐在山林，有的出仕朝廷，或是不屑就的，或是守在职位的，但总归使自身清白罢了。我只听说他用尧舜的道理来求汤，没有听说用宰割烹调的手艺去求汤呢。《书经·伊训》篇说：'天意要诛伐夏桀，初次攻讨是从牧宫起始的，我辅仕汤开创事业，是从亳都起始的。'"

章旨

此章特言正己方能正天下。辩伊尹乐尧舜之道，绝无枉己取容之事。

（八）或谓章

万章问曰："或谓孔子于卫[1]主痈疽[2]；于齐主侍人瘠环[3]。有诸乎？"孟子曰："否，不然也。好事者为之也。于卫主颜仇由[4]。弥子[5]之妻，与子路之妻，兄弟[6]也。弥子谓子路曰：'孔子主我，卫卿可得也。’子路以告。孔子曰：‘有命。’孔子进以礼，退以义；得之不得，曰有命[7]。而[8]主痈疽与侍人瘠环，是无义无命也。孔子不悦[9]于鲁卫；遭宋桓司马[10]，将要[11]而杀之，微服[12]而过宋。是时孔子当厄，主司城贞子[13]，为陈侯周臣[14]。吾闻：观近臣[15]，以其所为主[16]；观远臣[17]，以其所主[18]。若孔子主痈疽与侍人瘠环，何以为孔子。”

今注

1　卫：古国名。周武王少弟康叔之封地。在清时自直隶大名府及河南省之卫辉、怀庆两府皆其地。

2　主痈疽："痈疽"，疡医也。钱大昕氏以为即卫灵公宦者雍渠。"主"，朱注："谓舍于其家，以之为主人也。"

3　侍人瘠环：瘠姓，环名，与痈疽皆时君所近狎之人。侍人，即阉人。俗称太监。

4　颜仇由：朱注："卫国贤大夫，《史记》作颜浊邹。"焦循《正义》曰："阎若璩据云：颜仇由，子路妻兄，则亦弥子瑕妻兄，弥子瑕见主其妻兄之家，遂谓主我，卫卿可得，语亦非无因云。"

5　弥子：即卫灵公宠臣弥子瑕。

6　兄弟：即姐妹也。

7　孔子进以礼……曰有命：朱注引徐氏云："礼，主于辞逊，故进以礼；义，主于断制，故退以义。难进而易退者也。在我者，有礼义而已，得之不得，则有命存焉。"

8　而：如也。

9　不悦：不乐居其国。

10　宋桓司马：即宋大夫向魋，亦称桓魋。司马，官名。

11　要：读平声。拦阻也。

12　微服：谓变易常服，不使人识出也。

孟子今注今译

13　司城贞子：赵注："司城贞子，宋卿也。"朱注："按《史记》……孔子去至陈，主司城贞子。"皆以贞子为宋大夫。孔广森、焦循二氏则以"司城"是以官为氏，"其先如华向之族奔陈，因以司城为氏。而贞子则为陈大夫"。此说较长。

14　为陈侯周臣：陈侯名周。为臣，似指司城贞子。

15　近臣：在朝之臣。

16　所为主：其所款待之宾客也。

17　远臣：远方之来仕者。

18　所主：其所寄寓之主人也。朱注："君子小人，各从其类，故观其所为主，与其所主者，而其人可知。"

今译

万章问道："有人说孔子在卫国住在外科医生痈疽家里，在齐国住在太监瘠环家里，有这回事吗？"孟子说："不，没有这回事，全是好事的人捏造出来的。孔子在卫国是住在贤大夫颜仇家里，卫君幸臣弥子瑕的妻子和子路的妻子是姐妹，弥子瑕对子路说：'孔子若能住在我家里，就可以获得卫国的卿相位子。'于是子路便把这话告诉孔子。孔子说：'凡事都有一定命运的。'照这样来看，孔子的进仕与退隐，都是依据礼和义的。得到卿位和得不到卿位，都是由命中注定的。如果说孔子住在外科医生痈疽和太监瘠环家中，就是不知义、不知命了。孔子不喜欢在鲁国和卫国，就到宋国去，突然遇到宋司马桓魋，想要拦阻于路上杀了他，孔子就改穿微服逃过宋境。这时，孔子正处在极度危险中，选择住在司城贞子家中。司城贞子，正做陈侯周的臣子。我听说：观察在朝的臣子，只要看他家里住的宾客就知道；观察他国来的臣子，只要看他寄住人家的主人便知道。如果孔子寄住的主人是痈疽和瘠环，怎么能够成为孔子呢？"

章旨

此章言圣人以义命为归，无论处常处变，皆不违于礼义。

（九）百里章

万章问曰：“或曰：‘百里奚[1]自鬻[2]于秦养牲者，五羊之皮食牛[3]，以要秦穆公[4]。’信乎？”孟子曰：“否，不然！好事者为之也。百里奚，虞[5]人也。晋人以垂棘[6]之璧，与屈产之乘[7]，假道于虞以伐虢[8]。宫之奇[9]谏，百里奚不谏。知虞公之不可谏而去之秦，年已七十矣，曾不知以食牛干秦穆公之为污也，可谓智乎？不可谏而不谏，可谓不智乎？知虞公之将亡，而先去之，不可谓不智也。时举于秦，知穆公之可与有行[10]也而相之。可谓不智乎？相秦而显其君于天下，可传于后世，不贤而能之乎？自鬻以成其君，乡党自好者[11]不为，而谓贤者为之乎？”

今注

1　百里奚：人名。百里，复姓，字伯井。初事虞公，后为秦穆公贤相。秦人号为五羖大夫。

2　鬻：卖也。

3　五羊之皮食牛：“食”，去声，饲也。赵注：“自卖五羖羊皮，为人养牛，以是而要秦穆公之相。”按：五羊之皮，即为奚卖身之值。

4　以要秦穆公：“要”，平声，干求也。穆公，姓嬴，名任好，春秋五霸之一。

5　虞：国名。舜之先封于虞。周武王克殷，封虞仲于此，是谓西虞。姬姓，伯爵。故城在今山西平陆县境。

6　垂棘：地名。产美玉。

7　屈产之乘：“屈”，地名。产良马。“乘”，四马也。

8　假道于虞以伐虢：假道：借路。虢，西虢，国名。周文王弟虢叔封此。姬姓，公爵。晋献公因荀息之计，借道于虞以伐虢，灭虢后，并灭虞。

9　宫之奇：虞之贤大夫，谏虞公勿许晋之假道，虞公不用，遂为晋所灭，百里奚知其不可谏，故不谏而去。焦循《正义》曰："一说晋时强大，可与晋敌者莫如秦，奚故去虞入秦，三置晋君，正是为虞报仇，所以不谏而去之秦者以此。"

10　有行：有所作为也。

11　自好者：自爱其身之人也。

今译

万章问道："有人说：'百里奚自己卖身给秦国养牲口的人得到五张羊皮，替人喂牛，借以要求秦穆公用他。'这是真的吗？"孟子说："不，不是真的，是好事的人捏造出来的。百里奚是虞国的人，晋国将垂棘所出的美玉和屈地所产的良马四匹，向虞国借路去攻打虢国，宫之奇极力进言不要允许，虞君不听。百里奚没有谏言，他晓得虞君固执不可谏，就出走秦国，这时他年纪已经七十岁了，还不知道借喂牛去干求秦穆公是污辱的事吗？可算是聪明吗？知道虞君不能谏，就不谏，这能说不聪明吗？知道虞君将要亡国，就先出走，这能说不智？辅助秦国，使他的国君显名于天下，流传于后代，不贤还能这样吗？自卖己身来成就他的国君，就是乡里自爱的人都不愿做，难道说贤人就肯做吗？"

章旨

此章力辩百里奚之贤智，绝无枉道干君之事。

（十）伯夷章

孟子曰："伯夷[1]目不视恶色，耳不听恶声。非其君不事，非其民不使。治则进，乱则退。横政[2]之所出，横民[3]之所止，不忍居也。思与乡人处，如以朝衣朝冠，坐于涂炭[4]也。当纣之时，居北海之滨，以待天下之清也。故闻伯夷之风[5]者，顽[6]夫廉[7]，懦[8]夫有立志。伊尹曰：'何事非君？何使非民？'治亦进，乱亦进。曰：'天之生斯民也，使先知觉后知，使先觉觉后觉。予，天民之先觉者也；予将以此道觉此民也[9]。'思天下之民，匹夫匹妇，有不与被尧舜之泽者，若己推而内之沟中，其自任以天下之重也。柳下惠[10]不羞污君，不辞小官。进不隐贤，必以其道。遗佚而不怨，厄穷而不悯。与乡人处，由由然[11]不忍去也。'尔[12]为尔，我为我。虽袒裼裸裎[13]于我侧，尔焉能浼[14]我哉？'故闻柳下惠之风者，鄙夫[15]宽，薄夫[16]敦。孔子之去齐，接淅[17]而行；去鲁，曰：'迟迟吾行也！'去父母国[18]之道也。可以速而速，可以久而久，可以处而处，可以仕而仕，孔子也。"孟子曰："伯夷，圣之清[19]者也。伊尹，圣之任[20]者也。柳下惠，圣之和者[21]也。孔子，圣之时[22]者也。孔子之谓集大成[23]。集大成也者，金声而玉振之[24]也。金声也者，始条理[25]也；玉振之也者，终条理也。始条理者，智之事也；终条理者，圣之事也。智，譬则巧也；圣，譬则力也。由[26]射于百步之外也：其至，尔力也；其中，非尔力也。"

今注

1　伯夷：商孤竹君墨胎初之子，名元，或作允，夷其谥也。其父将死，遗命立叔齐，及父卒，叔齐让伯夷，伯夷以父命而逃去。叔齐亦不肯立而追之。武王伐纣，叩马而谏，及胜殷，遂隐于首阳山。采薇而食，旋饿死。

2　横政：暴政。"横"，读去声。不循法度也。

3　横民：乱民。

4　涂炭：喻不洁也。涂，泥也。

5　风：节概，节操。

　　　　　　　　　　　　　　　　　孟子今注今译

6　顽：无知觉。

7　廉：朱注："廉者有分辨。"

8　懦：柔弱。

9　天之生斯民也……予将以此道觉此民也：已见本篇《割烹章》。

10　柳下惠：鲁公族大夫展禽。名获，字季，居柳下，尝仕为士师。三黜而不去，人问之，曰："直道而事人，焉往而不三黜；枉道而事人，何必去父母之邦？"既卒，门人将诔之。其妻曰："夫子之德，二三子不如妾之知也。"乃诔之。其末云："夫子之谥，宜为惠兮。"谥曰惠。

11　由由然：自得之貌。

12　尔：同汝。

13　袒裼裸裎："袒裼"，露背。"裸裎"，露身。

14　浼：污也。

15　鄙夫：胸襟狭隘之人。

16　薄夫：性情刻薄之人。

17　接淅：接，承也。淅，渍米水。接淅，谓渍米将炊，而欲去之速，不及炊，以手承米，取之而行。

18　父母国：谓所生之国。

19　清：无所杂也。

20　任：以天下为己责。

21　和：无所异也。

22　时：因顺时宜也。

23　集大成：谓集先圣之长，以成一己之德也。

24　金声而玉振之：朱注："金，钟属。声，宣也。玉，磬也。振，收也。"凡奏乐，先击镈钟以发其声，而后特磬以收其音。

25　条理：犹言脉络。指众乐合奏之节拍也。

26　由：同犹。如也。

今译

　　孟子说："伯夷眼睛不看不正当的颜色，耳朵不听不正当的声音；不是他可侍奉的国君，不肯侍奉；不是他可用的百姓，不肯使用。天下太平，就出来做官；天下混乱，就隐退家居。暴政所生的国家，乱民所聚的地方，都不愿意居住。他心想：'和乡下无知人在一块儿，同穿上礼服戴上礼帽，坐在泥里炭里一样。'商王纣的时候，他避处在北海的边上，等待天下的清明。所以凡是听到伯夷风范的人，顽钝的也会变廉洁，柔懦的也能立定志向。伊尹说：'任何君主没有不可侍奉的，任何百姓没有不可使用的？'所以治世也出来做官，乱世也出来做官。他说：'天生下这些百姓，原是叫先知的来觉醒后知的，原是叫先觉的来觉醒后觉的。我是天生这些百姓中的一个先觉的，我要用这些大道理来觉醒这些百姓！'他想：'天下的百姓，如有一男一女没有蒙受到尧舜的恩泽，就像自己推他们陷入沟里一样。'他是要自己担当天下的重任呢！柳下惠不以侍奉污君为耻，不嫌弃卑小的职位；替国家做事，不隐藏自己的才能，一定守着正道做去。就是遭了贬斥，也不抱怨；受了困穷，也不忧伤。和无知的乡人在一起，仍悠然自得地不忍离开他们。他认为：'你是你，我是我，就是赤身露臂在我身边，你又怎能玷污我呢？'所以听见柳下惠的风范的人，胸怀狭隘的也会变成宽宏，性情刻薄的也会变成敦厚。孔子离开齐国，急着从淘米水中取了米就走；他离开鲁国时，便说：'我慢慢地走罢。'因为是父母之邦。可以快走就快走，可以久留就久留，可以隐处就隐处，可以出仕就出仕。这就是孔子做人的态度。"孟子说："伯夷是圣人中最清高的；伊尹是圣人中最负责任的；柳下惠是圣人中最随和的；孔子是圣人中最合时宜的。孔子是集圣人的大成者。集大成的意思：好比奏乐时，敲金钟的声来发端，击玉磬的声音来收尾一样，钟声是众乐合奏时条理节奏的开始，磬声是众乐合奏时条理节奏的结束。开始时的条理，是属于智的事；结束时的条理，是属于圣的事。智好比技巧，圣好比力气。就像在百步以外射箭，能射到，那是你的气力；至于射中靶心，就不单凭气力，还要靠技巧了。"

章旨

此章评论伯夷圣之清；伊尹圣之任；柳下惠圣之和。皆得圣人之一体。而孔子为时中之圣，仁智兼备，故能集大成。

（十一）北宫章

北宫锜[1]问曰："周室班[2]爵禄也，如之何？"孟子曰："其详不可得闻也。诸侯恶其害己也，而皆去其籍[3]。然而轲也，尝闻其略也。天子一位，公一位，侯一位，伯一位，子男同一位，凡五等[4]也。君一位，卿一位，大夫一位，上士一位，中士一位，下士一位，凡六等[5]。天子之制，地方千里，公侯皆方百里，伯七十里，子男五十里，凡四等。不能[6]五十里，不达于天子，附于诸侯，曰附庸[7]。天子之卿，受地视侯，大夫受地视[8]伯，元士[9]受地视子男。大国地方百里；君十卿禄，卿禄四大夫，大夫倍上士，上士倍中士，中士倍下士，下士与庶人在官者同禄。禄足以代其耕也。次国地方七十里；君十卿禄，卿禄三大夫，大夫倍上士，上士倍中士，中士倍下士，下士与庶人在官者同禄，禄足以代其耕也。小国地方五十里；君十卿禄，卿禄二大夫，大夫倍上士，上士倍中士，中士倍下士，下士与庶人在官者同禄。禄足以代其耕也。耕者之所获，一夫百亩；百亩之粪[10]，上农夫食[11]九人，上次食八人，中食七人，中次食六人，下食五人。庶人在官者，其禄以是为差[12]。"

今注

1　北宫锜：姓北宫，名锜，卫人。

2　班：列也。

3　籍：典册。

4　五等：天子、公、侯、伯、子男，为五等之封爵，通于天下也。

5　六等：君、卿、大夫、上士、中士、下士，为六等之职位，施于中国也。

6　不能：犹言"不足"。

7　附庸：朱注："小国之地，不足五十里者，不能自达于天下，因大国以姓名通，谓之附庸。"

8　视：比也。

9　元士：上士。

10　粪：谓施肥治田。

11　食：读嗣。以食养人谓之食。下并同。

12　庶人在官者，其禄以是为差：朱注："庶人在官者，其受禄不同，亦有此五等也。""差"，读疵。作"等级""区别"解。

今译

北宫锜问道："周朝规定爵位俸禄的法度，是怎么样的？"孟子说："它的详细规定是无法知道的。诸侯嫌恶这种制度有害于己身，把所有的典册都毁灭了，但我曾听说这个制度大略！天子一级，公一级，侯一级，伯一级，子、男同一级，共分五等，这是通行天下的。国君一级，卿一级，大夫一级，上士一级，中士一级，下士一级，共分六等，是施行于全国之中的。至于土地方面，天子是一千方公里，公、侯都是一百方公里，伯是七十方公里，子、男都是五十方公里，共四等。不足五十方公里的小国，朝觐贡献，不能直达于天子，只能附属于诸侯替他代达，叫作附庸。天子的卿，授给他的土地，比照侯国的大小；大夫比照伯国；上士比照子男的国土。大国土地是一百方里，国君的俸禄，十倍于卿；卿的俸禄，四倍于大夫；大夫是上士的一倍；上士是中士的一倍；中士是下士的一倍；下士同平民服务官府的俸禄一样。这俸禄足够代替他耕田百亩的收获。次国土地是七十方里，国君的俸禄，十倍于卿；卿的俸禄，三倍于大夫；大夫是上士的一倍，上士是中士的一倍，中士是下士的一倍，下士同平民服务官府的俸禄一样。这俸禄足够代替他耕田百亩的收获。小国的土地是五十方里，国君的俸禄，十倍于卿；卿的俸禄，两倍于大夫；大夫是上士的一倍，上士是中士的一倍，中士是下士的一倍，下士同平民服务官府的俸禄一样。这俸禄足够代替他耕田百亩的收获。耕田人所得的收获，一个男子受田一百亩，这百亩田地施肥耕种，勤劳的上农，可以养活九人；次于上农的，可以养活八人；中农可以养活七人；次于中农的，可以养活六人；下农可以养活五人。平民在政府服务的，他的俸禄，也比照这等级给予。"

章旨

此章借北宫锜之问，略述周室班爵禄制之大纲，以正当时诸侯兼并僭窃之风。

（十二）问友章

万章问曰："敢问友。"孟子曰："不挟[1]长，不挟贵[2]，不挟兄弟[3]而友。友也者，友其德也；不可以有挟也。孟献子[4]，百乘之家也，有友五人焉：乐正裘[5]，牧仲[6]其三人，则予忘之矣。献子之与此五人者友也，无献子之家者也。此五人者，亦有献子之家，则不与之友矣。非惟百乘之家为然也；虽小国之君亦有之。费惠公[7]曰：'吾与子思，则师[8]之矣；吾于颜般[9]，则友之矣；王顺[10]长息，则事我者也[11]。'非惟小国之君为然也，虽大国之君亦有之。晋平公[12]之于亥唐[13]也，入云则入，坐云则坐，食云则食。虽蔬食菜羹，未尝不饱；盖不敢不饱也。然终于此而已矣。弗与共天位[14]也，弗与治天职也，弗与食天禄也。士之尊贤者也，非王公之尊贤也。舜尚见帝¹⁵，帝馆¹⁶甥¹⁷于贰室¹⁸，亦飨舜；迭为宾主¹⁹。是天子而友匹夫也。用下敬上，谓之贵贵²⁰；用上敬下，谓之尊贤²¹。贵贵尊贤，其义一也。"

今注

1　挟：即有所挟持而自恃也。

2　不挟贵：谓不挟恃自己之贵。

3　不挟兄弟：谓不挟恃兄弟之贵。

4　孟献子：鲁之贤大夫仲孙蔑也。

5　乐正裘：鲁人。亦作乐正求。

6　牧仲：鲁人。亦作牧中。

7　费惠公：费邑之君。"费"，读必。

8　师：所尊也。

9　颜般：或作颜敖。

10　王顺：或作王慎。

11　事我者：谓所使也。

12　晋平公：悼公子，名彪。

13　亥唐：春秋晋贤人，隐居不仕，晋平公尝往造访之。

14　天位：朱注："引范氏曰：位曰天位，职曰天职，禄曰天禄。言天所以待贤人，使治天民，非人君所专者也。"

15　舜尚见帝："尚"，上也。谓舜上见于帝尧也。

16　馆：舍也。

17　甥：婿也。朱注："礼，妻父曰外舅，谓我舅者，吾谓之甥。尧以女妻舜，故谓之甥。"

18　贰室：副宫也。

19　亦飨舜迭为宾主：赵注："尧亦就养舜之所设，更迭为宾主。"

20　贵贵：上"贵"为动词，下"贵"为名词。谓尊敬上位之人。

21　尊贤：谓敬重下位之人。

今译

万章问道：“请问交友的道理。”孟子说：“不要自恃年长，不要自恃地位高，不要倚仗兄弟的势力去结交朋友。交朋友是结交他的品德，不可有什么倚恃的。鲁国的孟献子是个大夫之家，他有朋友五人：乐正裘、牧仲，其余三人，我忘记了。孟献子和这五个人交往，不存着自己是个贵族世家的观念。假使这五个人也存有孟献子是贵族世家的观念，那么孟献子也许不同他们交往了。不但大夫之家是如此，就是小国的君也有的：费惠公说：‘我对子思，是以师长待他；我对颜般，是以朋友待他；至于王顺、长息，那只是侍奉我的。’不但小国的君如此，就是大国的君也有朋友。晋平公对于亥唐，亥唐要他进去，才进去；要他坐，才敢坐；要他吃，才敢吃。虽是粗饭菜汤，但没有不吃饱的。因为尊敬他，所以不敢不吃饱。但是晋平公对于亥唐，也不过如此罢了。没有和他共享爵位，没有给他官职做，也没有给他俸禄。这是用士人的态度来尊贤，不是用王公身份来尊贤的。舜去朝见尧帝，尧帝便请这女婿留住在副宫里。有时跑到舜那里去吃饭，轮流互为宾主。这是天子结交平民呢。在下位敬重上位的，叫作尊重贵人；在上位敬重下位的，叫作尊重贤人。尊重贵人和尊重贤人，这个道理都是一样的。”

章旨

此章言交友之道，重在友其德。

（十三）交际章

万章问曰：“敢问交际何心也[1]？”孟子曰：“恭也。”曰：“却之却之为不恭，何哉[2]？”曰：“尊者赐之；曰：‘其所取之者，义乎？不义乎？’而后受之。以是为不恭，故弗却也。”曰：“请无以辞却之，以心却之。曰[3]：'其取诸民之不义也，'而以他辞无受，不可乎？"曰："其交也以道，其接也以礼，斯孔子受之矣。"万章曰："今有御人于国门之外[4]者，其交也以道，其馈也以礼，斯可受御[5]与？"曰："不可。康诰[6]曰：'杀越人于货[7]，闵不畏死[8]，凡民罔不譈[9]。'是不待教而诛者也。殷受夏，周受殷，所不辞也。于今为烈[10]。如之何其受之！"曰："今之诸侯，取之于民也，犹御也；苟善其礼际矣，斯君子受之。敢问：何说也？"曰："子以为有王者作，将比[11]今之诸侯而诛之乎？其教之不改而后诛之乎？夫谓'非其有而取之者，盗也'，充类至义之尽[12]也。孔子之仕于鲁也，鲁人猎较[13]，孔子亦猎较。猎较犹可，而况受其赐乎！"曰："然则孔子之仕也，非事道[14]与？"曰："事道也。""事道，奚猎较也？"曰："孔子先簿正祭器[15]，不以四方之食[16]供簿正。"曰："奚不去也？"曰："为之兆[17]也；兆足以行矣，而不行，而后去。是以未尝有所终三年淹[18]也。孔子有见行可[19]之仕，有际可[20]之仕，有公养[21]之仕。于季桓子[22]，见行可之仕也；于卫灵公[23]，际可之仕也；于卫孝公[24]，公养之仕也。"

今注

1　敢问交际何心也："交际"，朱注："际，接也。交际，谓以礼仪币帛相交接也。"赵注："问交接，道当执何心为可者。"

2　却之却之为不恭，何哉："却之"，谓不接受人之币帛。焦循《正义》："言却之却之者，却之至再，坚不受也。"王恕《石渠意见》："'却之'，是万章问也。'却之为不恭'是孟子答也。'何哉'？又万章问也。"按：此说亦可通。

3　曰：作谓解。盖心中猜想之词。

4　御人于国门之外："御"，止。止人而杀之，并抢夺其货。"国门之外"，谓无人之处。

5　受御：谓受此杀人抢劫来之财货。

　　　　　　　　　　孟子今注今译

6 康诰：《尚书·周书》篇名。

7 杀越人于货："越"，颠越。"于"，取。谓杀其人而取其货。

8 闵不畏死："闵"，亦作替，强也。言顽强而不怕死。

9 罔不譈："罔"，无也。"譈"，音队，同憝。怨恨也。

10 殷受夏……于今为烈：朱注以此十四字为衍文。赵注："三代相传以此法，不须辞问也。于今为烈，烈，明法。""辞问"，即审讯也。言杀人盗匪之现行犯，证据确凿，可以格杀勿论，不必再加教训，不必加以审问，三代皆然，至战国时，犹厉行此法。

11 比：读去声。连也，同也。

12 充类至义之尽："充"，满。"类"，种类。"义"，宜。"尽"，极，至。朱注："夫御人于国门之外，与非其有而取之，二者固皆不义之类。然必御人，乃为真盗，其谓非有而取为盗者，乃推其类；至于义之至精至密之处，而极言之耳，非便以为真盗也。然则今之诸侯，虽曰取非其有，而岂可遽以同于御人之盗也哉？"

13 猎较：赵注："猎较，田猎相较，夺禽兽得之以祭，时俗所尚，以为吉祥，孔子不违而从之，所以小同于世也。"按：古时诸侯将祭则田猎。猎毕，除取供君祭者外，余与士众习射于射宫，射而中者，虽田猎不得禽，亦可得之；不中者，虽田猎得禽，亦不得也。猎较，唯于猎毕较其所得之禽之多且异，不复习射矣。及三家僭礼，于其祭时亦行猎较之礼，以夸其祭品之丰富，且多异物矣。曰猎较所获之禽，自互相攘夺，此古礼变坏之一端也。

14 事道：朱注："以行道为事也。"焦循《正义》曰："事道即行道也。"

15 先簿正祭器：朱注引徐氏曰："先以簿书正其祭器，使有定数，不以四方难继之物实之。夫器有常数，实有常品，则其本正矣；彼猎较者，将久而自废矣。"

16 四方之食：谓珍异难得之食。

17　兆：朱注："兆，犹卜兆之兆，盖事之端也。"赵注："兆，始也。"

18　淹：留也。未尝有所终三年淹，谓"未尝终三年淹留于一国，盖言孔子去虽不轻，而亦未尝不决也"。

19　见行可：谓见其道可行也。

20　际可：谓接遇以礼也。

21　公养：谓国君养贤之礼也。

22　季桓子：鲁卿季孙斯也。孔子为鲁司寇，正季桓子秉政之时，故谓之"见行可之仕"。

23　卫灵公：即卫侯元。灵公尝郊迎孔子，故谓之"际可之仕"。

24　卫孝公：朱注："《春秋》《史记》皆无之，疑出《公辄》也。"尝致粟于孔子，故曰"公养之仕"。赵氏佑《温故录》曰："出公者特当其出奔在外之称，及后返国，称后元年，二十一年卒，而谥曰孝。"

今译

万章问道："请问彼此间常用礼物来馈赠，是什么心理？"孟子说："表示恭敬。"万章说："将送来的礼退还他，便是不恭敬，这是什么意思？"孟子说："假使尊长赐给礼物，你心中先想一想：他送来的礼物，是正当还是不正当？一定要正当的才接受，这样做，就是轻慢不恭敬了，所以不要退还为好。"万章说："不要用明言退还他，只是在心中想：'这些都是取民不义的东西。'就用别的话退还他，这不可以吗？"孟子说："只要他以道义相交，以礼节相待，就是孔子也会接受他的礼物的。"万章说："现在有个人在城外拦劫旅客的，他以道义交我，以礼节赠我的物品，这可以接受吗？"孟子说："不可。《尚书·康诰》篇说：'杀了人，又抢夺他的财物，顽强不怕死，人们没有不怨恨他的。'这种人是不待教戒，便可诛杀他的。这样的处罚，殷朝受自夏朝，周朝受自商朝，都没有话说，到现在还是雷厉风行，怎么可以接受他的礼物？"万章说："现在诸侯搜取百姓的东西，就像抢劫一样。假使他们用周到的礼仪来接待，君子也接受他的，请问这是什么说法？"孟子说："你认为有了圣王兴起，将把现在的诸侯统统杀了，还是先များ戒他们，如真不改悔再杀呢？至于说：不是他应该有而取来的，就算是盗。这句话不过就其类而扩充之，推到义的至精至微处罢了。实际上不是真盗。孔子在鲁国做官，鲁俗每逢祭祀时，大家射猎，争较所得多少，叫作猎较。孔子也随从他们猎较，这不合理的猎较尚且可从，何况接受所赐的礼物呢？"万章说："孔子做官，难道不是借这事行道吗？"孟子说："是借这事行道的。"万章说："既然借这事行道，为什么又从俗猎较呢？"孟子说："孔子先立簿册，订正了祭祀的器皿，不用鲁国四境所珍贵的难得食品来做簿册中所行的祭品，就是想把不良的习惯废除掉。"万章说："孔子这样做还是不得已，为什么不离去呢？"孟子说："孔子是想用这事做行道的开端。这初端可以行，他的大道还不能行，然后才离去，所以孔子在任何一国没有久留三年的。孔子做官，有的察看道可行的，有的因接待尚有礼貌，有的因国君诚意养贤。在季桓子时，是因可以行道而出仕的；在卫灵公时，是因接待有礼而出仕的；在卫孝公时，是由于君有养贤的诚意而出仕的。"

章旨

此章言圣贤委曲行道之心，辞受取与之际，皆以义为依归。

（十四）为贫章

孟子曰："仕非为贫也[1]，而有时乎为贫。娶妻非为养也[2]，而有时乎为养。为贫者，辞尊居卑，辞富居贫[3]，辞尊居卑，辞富居贫，恶乎宜乎？抱关击柝[4]。孔子尝为委吏[5]矣；曰：'会计当而已矣。'尝为乘田[6]矣；曰：'牛羊茁壮[7]长而已矣。'位卑而言高，罪也；立乎人之本朝而道不行，耻也[8]。"

今注

1　仕非为贫也：赵注："言国有道，则能者处卿相，国无道，则圣人居乘田。量时安卑，不受言责，独善其身之道也。"朱注："仕本为行道，而亦有家贫亲老，或道与时违，而但为禄仕者。"

2　娶妻非为养也：朱注："娶妻本为继嗣，而亦有不能亲操井臼，而欲其馈养者。"

3　辞富居贫："贫富"，谓俸禄之厚薄也。

4　抱关击柝："抱关"，守城门者。"击柝"，敲更守夜者。皆位之卑、禄之薄者。

5　委吏：管仓廪之小吏。

6　乘田：管苑囿刍牧之小吏。

7　茁壮：肥大貌。

8　位卑而言高……耻也：朱注："以出位为罪，则无行道之责；以废道为耻，则非窃禄之官。此为贫者之所以必辞尊富，而宁处贫贱也。"

今译

孟子说："做官是为了行道，并不是因为贫穷，但有时却因为贫穷。娶妻是为了继嗣，并不是为了奉养，但有时却为了奉养。因为贫穷来做官，往往辞去大的职位，而接受小的职位；辞去优厚俸禄，而接受薄少的俸禄。辞去大的职位而接受小的职位，辞去优厚的俸禄而接受薄少的俸禄，怎么才相宜呢？像看守城门的和敲更守夜的最适宜。孔子曾做过管领仓库的小吏，他说：'只要将账目计算对就行了。'又曾做过看守园囿的小官，他说：'只要牛羊肥壮长大就行了。'如果位分低，要谈位分高的事，就有僭越的罪了。但是自身站在朝廷上，占着高位，而不能施行大道，这是可耻的。"

章旨

此章阐明君子"为贫而仕"之义。为贫，则不可居尊；居尊，则当行道。

（十五）士之章

万章曰："士之不托诸侯[1]，何也？"孟子曰："不敢也。诸侯失国而后托于诸侯，礼也；士之托于诸侯，非礼也。"万章曰："君馈之粟，则受之乎？"曰："受之。""受之何义也？"曰："君之于氓[2]也，固周之。"曰："周之[3]则受，赐之[4]则不受。何也？"曰："不敢也。"曰："敢问：其'不敢'，何也？"曰："抱关击柝者，皆有常职以食于上；无常职而赐于上者，以为不恭也。"曰："君馈之，则受之；不识可常继乎？"曰："缪公[5]之于子思也，亟[6]问，亟馈鼎肉[7]。子思不悦；于卒[8]也，摽[9]使者出诸大门之外，北面稽首[10]再拜而不受。曰：'今而后知君之犬马畜伋[11]。'盖自是台无馈[12]也。悦贤不能举[13]，又不能养也，可谓悦贤乎？"曰："敢问：'国君欲养君子，如何斯可谓养矣？'"曰："以君命将[14]之，再拜稽首而受。其后廪人[15]继粟，庖人[16]继肉，不以君命将之。子思以为鼎肉，使己仆仆尔[17]亟拜也，非养君子之道也。尧之于舜也，使其子九男事之，二女女[18]焉，百官牛羊仓廪备，以养舜于畎亩之中，后举而加诸上位。故曰王公之尊贤者也[19]。"

今注

1 士之不托诸侯："士"，指读书明道而未入仕之人。即尚无禄位者。"托"，寄也。谓不仕而食其禄也。

2 氓：民也。

3 周之：救济之。朱注："视其空乏，则周恤之，无常数，君待民之礼也。"

4　赐之：馈赐之。朱注："谓予之禄，有常数，君所以待臣之礼也。"

5　缪公：即鲁穆公，悼公孙，名显。

6　亟：读器。屡次。

7　鼎肉：熟肉。

8　卒：末也。

9　摽：麾也。同挥。

10　稽首：叩头至地。

11　犬马畜伋："畜"，养也。子思名伋。谓君徒以食品供养贤士，不知举而授之大政。

12　自是台无馈："台"，主使令之官，乃隶仆之至卑者。缪公以子思不悦，故自是不再令台官馈鼎肉。

13　举：用。

14　将：送。

15　廪人：掌出纳米谷之官。

16　庖人：掌膳食之官。

17　仆仆尔：烦猥貌。"尔"，犹然也。

18　女：读去声，作动词用。谓嫁女也。

19　后举而加诸上位……王公之尊贤者也："上位"，帝位也。赵注："言知贤之道，举之为上，养之为次。不举不养，贤恶（读乌音）肯归。"

今译

万章问道："士人不寄食于诸侯，是什么意思？"孟子说："是不敢啊！诸侯失了国而寄食于别的诸侯，这是合礼的；士人寄食于诸侯，是不合礼的。"万章说："君送米粟来，他可以接受吗？"孟子说："可以接受的。"万章说："接受赠米粟，是什么道理呢？"

孟子说："国君对于百姓，本应周济的。"万章说："周济便可接受，赐予就不可接受，这是为什么？"孟子说："是不敢啊！"万章说："请问'不敢'，又是什么意思呢？"孟子说："看守城门的和敲更守夜的皆有固定职务，才能吃君的常禄。若没有固定职务，就接受君的赏赐，这是不恭的。"万章又道："君送来的就接受，不知可以长久继续下去吗？"孟子说："从前鲁缪公对待子思，屡次派人来问候，屡次送熟肉来，子思便不高兴，后来竟把缪公派来的人，赶出大门外去。然后朝着北面叩头再拜而不接受，且说：'从现在开始，才知道君是以对待犬马对待我的。'自此以后，缪公就不再派台官来了。尊敬贤人，不能重用他，又不能奉养他，这可以说尊敬贤人吗？"万章说："请问'国君要奉养君子，怎样才可以说奉养呢？'"孟子说："初次用国君的命令送礼物去，便再拜叩头接受。以后管米的廪人，继续送米来；管肉的庖人，继续送肉来，不再用君命了。子思认为送熟肉来，叫自己烦琐地屡次拜谢，这不是奉养君子的道理啊。从前尧对待舜，派他九个儿子侍奉舜，将两个女儿嫁给舜，又命百官准备了牛羊和仓廪去奉养舜于田野间，后来又推荐他登上高位。这样，才可说是王公尊敬贤人的模范呢。"

章旨

此章阐明举贤之义："上陈尧舜之大法，下刺缪公之不宏。"

（十六）不见章

万章曰："敢问'不见诸侯'，何义也？"孟子曰："在国[1]曰市井[2]之臣；在野[3]曰草莽之臣；皆谓庶人。庶人不传质[4]为臣，不敢见于诸侯，礼也。"万章曰："庶人，召之役，则往役。君欲见之，召之，则不往见之。何也？"曰："往役，义也。往见，不义也。且君之欲见之也，何为也哉？"曰："为其多闻也；为其贤也。"曰："为其多闻也，则天子不召师，而况诸侯乎？为其贤也，则吾未闻欲见贤而召之也。缪公亟⁵见于子思，曰：'古千乘之国以友士，何如？'子思不悦；曰：'古之人有言曰事之云乎！岂曰友之云乎⁶！'子思之不悦也，岂不曰，'以位，则子君也，我臣也；何敢与君友也？以德，则子事我者也，奚可以与我友？'千乘之君，求与之友而不可得也；而况可召与！齐景公田⁷，招虞人以旌⁸；不至，将杀之。'志士不忘在沟壑，勇士不忘丧其元⁹。'孔子奚取焉？取非其招不往也。"曰："敢问：'招虞人'何以？"曰："以皮冠¹⁰。庶人以旃¹¹，士以旂¹²，大夫以旌。以大夫之招招虞人，虞人死不敢往；以士之招招庶人，庶人岂敢往哉？况乎以不贤人之招招贤人乎！欲见贤人而不以其道，犹欲其入而闭之门也。夫义，路也；礼，门也。惟君子能由是路，出入是门也。诗云¹³：'周道如底¹⁴，其直如矢¹⁵，君子所履，小人所视¹⁶。'"万章曰："孔子'君命召，不俟驾而行。'然则孔子非与？"曰："孔子当仕有官职，而以其官召之也¹⁷。"

今注

1　国：都邑。

2　市井：街市。

3　野：田野。即乡村。

4　传质：朱注："传，通也。质者，士执雉，庶人执鹜，相见以自通者也。""质"，同贽。

5　亟：去声，数也。

6　云乎：语已词。

7　齐景公田：景公为春秋齐国之君，灵公之子。名杵臼，谥景。田，猎也。

8　招虞人以旌："虞人"，掌山泽之官，亦主苑囿田猎。"旌"，旗之注析羽者。

9　元：首也。

10　皮冠：古田猎之冠。国君田猎，欲招虞人，则以此为信符。

11　旃：曲柄旗。

12　旐：古者以帛上绘龙，端着铃者为旐。

13　诗云：《诗经·小雅·大东》之篇。

14　周道如底："周道"，大路。"底"，同砥，砺石。言其平也。

15　矢：直也。

16　视：朱注："视以为法也。"

17　当仕有官职……以其官召之也：以其官职召之，得其礼也。朱注："此章言不见诸侯之义最为详悉，更合陈代公孙丑所问者而观之，其说乃尽。"按：陈代公孙丑所问，即《滕文公篇》之"枉尺直寻章"及"不见诸侯何义章"。

今译

万章道："请问士人不见诸侯，是什么道理？"孟子说："在国都中，叫作都市的臣子；在乡村里，叫作草野的臣子。这两种人都是平民。平民没有通贽做过人臣的，就不敢去见诸侯，这是礼节呢！"万章说："平民，国君叫他服役工作，就去服役工作；国君要召见他，他反不肯去，这是什么意思呢？"孟子说："去服役工作是应该的，去进见诸侯是不应该的。而且国君要想召见士人，是为什么呢？"万章说："因他见识广，因他很贤能。"孟子说："既然是因为他见识广，就是天子尚有不敢召的尊师，何况诸侯呢？假使因为他的贤能，那么我没听说过，要见贤人可用命令召来。从前鲁缪公屡次去见子思，问道：'古时千乘的国君交友士人，你以为如何？'子思不高兴地说：'古人有句话：国君尊重贤士应该侍奉他，怎么可以与他为友呢？'我想子思的不高兴，岂不是说：'按照地位，你是君，我是臣，臣子怎敢与君为友？按照德行，你该侍奉我的，怎么可与我为友呢？'这样来看，千乘的国君要和他交朋友还不能够，何况用命令召见呢！从前齐景公打猎，派人用旌去招虞人，虞人不来，景公要杀他。孔子称赞他说：'志士总不忘记自己应该死在沟壑里，勇士总不忘记自己应该死在战场上。'孔子为什么称赞他呢？因为他不屈于不合理的召唤！"万章说："请问'招虞人'要用什么？"孟子说："应该用皮冠。招平民用旃，招士用旂，招大夫用旌。把招大夫的旌去招虞人，所以虞人至死不敢去。把招士的旂去招平民，平民怎么敢去？何况用招不贤人的礼节去招贤人呢！要想见贤人，却不用见贤人的道，就像要他进屋子里来，却把门关起来一样。义，是条大路；礼，是扇大门。只有君子才能走这条大路，进出这扇大门。《诗经》上说：'大路平坦得像磨刀石，笔直似箭杆一样；是在上的君子所实践的，在下的小民看作榜样的。'"万章说："孔子'听到召见的命令，不等车马驾好就走'。这样，孔子也有不对的吗？"孟子说："孔子那时在鲁国做官，他有官职，鲁君是用官职召见他的。"

章旨

此章言君子为行道而仕，如君不以礼义，不苟往也。

（十七）一乡章

孟子谓万章曰："一乡之善士[1]，斯友一乡之善士；一国之善士，斯友一国之善士；天下之善士，斯友天下之善士。以友天下之善士为未足，又尚论古之人[2]。颂[3]其诗，读其书，不知其人可乎？是以论其世[4]也，是尚友也[5]。"

今注

1 一乡之善士：朱注："言己之善盖于一乡，然后能尽友一乡之善士；推而至于一国，天下皆然。"

2 尚论古之人："尚"，上也。进而上也。"论"，议也。赵注："以天下之善士为未足，乃复上论古人，颂其诗，读其书，须论其世。"

3 颂：同诵。

4 论其世：谓考论其当世行事之迹也。

5 是尚友也：赵注："好高慕远，君子之道，虽各有伦，乐其崇茂，是以仲尼曰'无友不如己者'；高山仰止，景行行之。"景，大也。

今译

孟子对万章说："一乡的善士，才能结交一乡的善士；一国的善士，才能结交一国的善士；天下的善士，才能结交天下的善士。如果结交天下的善士还不满足，再进而推论到古人，诵他的诗，读他的书，怎能不知道他的生平事呢？所以又要考究他的身世和一些背景，这就可以说上友古人了。"

章旨

此章言为学之方，取善之道，盖无止境，示人不可自满。不但取法今人，更当上友古人。

（十八）问卿章

齐宣王问卿[1]。孟子曰："王，何卿之问[2]也？"王曰："卿不同乎？"曰："不同：有贵戚之卿[3]，有异姓之卿[4]。"王曰："请问贵戚之卿。"曰："君有大过[5]则谏；反覆之而不听，则易位[6]。"王勃然[7]变乎色。曰："王勿异[8]也！王问臣臣不敢不以正对[9]。"王色定[10]。然后请问异姓之卿。曰："君有过则谏，反覆之而不听，则去。"

今注

1 问卿：问为卿之道应如何。"卿"，官名。古天子诸侯皆置之。

分上中下三级，位在大夫之上。

2　何卿之问：卿有二种，谓问何种之卿。

3　贵戚之卿：赵注："谓内外亲族也。"《正义》："贵族之卿，以亲而仕。"

4　异姓之卿：赵注："谓有德命为王卿也。"《正义》："异姓之卿，以贤而仕。"

5　大过：谓过恶之大，足以亡其国者。

6　易位：朱注："易君之位，更立亲戚之贤者。盖与君有亲亲之恩，无可去之义。以宗庙为重，不忍坐视其亡，故不得已而至于此也。"

7　勃然：朱注："变色貌。"

8　异：怪也。

9　正对：谓以正义相告。

10　色定：谓意解而面色复定也。

今译

齐宣王问做卿相的道理。孟子说："王是问哪一种卿相呢？"宣王说："卿相也有不同吗？"孟子说："不同：有同姓亲族的卿相，有不同姓的卿相。"宣王说："请问同姓卿相怎么样？"孟子说："国君有大过错，就去谏争，如果反复劝谏还是不听，就应该更换君位，另立宗族中的贤者。"宣王听了，突然变了脸色。孟子说："王不要见怪，王既问我，我不敢不用正理奉答。"因此，宣王脸色稍稍平定，才又问不同姓的卿相怎么样。孟子说："国君有过错，就去进谏，如果再三劝谏，还是不听，就应辞职离去了。"

章旨

此章论为卿相之道，有亲疏之分，故有经权之别。特提出"不听"二字，正所以劝时君"虚己受善"之心。

告子篇　第六

（一）杞柳章

告子[1]曰："性[2]犹杞柳[3]也；义，犹桮棬[4]也。以人性为仁义，犹以杞柳为桮棬。"孟子曰："子能顺杞柳之性而以为桮棬乎？将戕贼[5]杞柳而后以为桮棬也！如将戕贼杞柳而以为桮棬，则亦将戕贼人以为仁义与？率[6]天下之人而祸仁义者，必子之言夫[7]！"

今注

1　告子：赵注："告，姓也。子，男子之通称也，名不害，兼治儒墨之道者，尝学于孟子，而不能纯彻性命之理。"焦循《正义》谓："赵氏以告子名不害，盖以为即浩生不害。阎氏若璩云：'浩生复氏，与告子各自一人。文选注引墨学有告子胜，胜为告子之名。'"

2　性：质也。谓人生而即具本然之质也。即生之实也。《中庸》："天命之谓性。"朱注："性即理也。"故曰："性者，人生所禀之天理也。"天理者，自然之理也。

3　杞柳：落叶灌木，枝条柔软，可以为桮棬。

4　桮棬："桮"，同杯。"棬"屈木盂。即用枝条编为器皿之类。

5　戕贼：犹云残害也。

6　率：率领。

7　必子之言夫："夫"，音扶。作"了吧"解。朱注："言如此，则天下之人皆以仁义为害性而不肯为，是因子之言而为仁义之祸也。"焦循《正义》曰："人性所以有仁义者，正以其能变通，异乎物之性也。以己之心，通乎人心，则仁也。知其不宜，变而之乎宜，则义也。仁义由于能变通，人能变通，故性善。物不能变通，故性不善。岂可以草木之性比人之性。杞柳之性，必戕贼之以为桮棬，人之性，但顺之即为仁义，故不曰戕贼性以为仁义，而曰戕贼人以为义也。……人有所知，异于草木，且人有所知而能变通，异乎禽兽，故顺其不能变者而变通之，即能仁义也。杞柳为桮棬，在形体不在性，性不可变也。人为仁义，在性不在形，性能变也。以人力转戾杞柳为桮棬，杞柳不知也，以教化顺人性为仁义，仍其人自知之，自悟之，非他人力所能转戾也。"

今译

告子说："人生的本性，如同杞柳一样；世间的仁义，如同杯盘一样。以人性来勉强行仁义，就像将杞柳用来勉强做杯盘一样。"孟子说："你能顺着杞柳的本性做杯盘吗？还是将其斫削杞柳，然后做成杯盘呢？如果定要斫削那杞柳做杯盘，那么也要斫削人的本性，才能做出仁义吗？带领天下人去残害仁义的人，必定是你的说法了吧！"

章旨

此章辟告子论人性之偏失，仁义，由人之本性而生，非自后天矫揉造作而有也。孟子特强调一"顺"字。盖养性长义，顺夫自然也。

（二）湍水章

告子曰："性，犹湍水[1]也，决[2]诸东方则东流；决诸西方则西流。人性之无分于善不善也，犹水之无分于东西也。"孟子曰：

"水，信³无分于东西；无分于上下乎？人性之善也，犹水之就下也！人无有不善，水无有不下。今夫水搏⁴而跃之，可使过颡⁵；激⁶而行之，可使在山。是岂水之性哉，其势则然也。人之可使为不善，其性亦犹是也⁷。"

今注

1　湍水："湍"，圆也。即潆洄旋涡之水。

2　决：犹疏导也。

3　信：诚也，实也。

4　搏：击也。

5　颡：额也。

6　激：水势被阻遏而溅出也。

7　人之可使为不善，其性亦犹是也：朱注："言性本善，故顺之而无不善。本无恶，故反之而后为恶。非本无定体，而可以无所不为也。"焦循《正义》曰："以杞柳为桮棬，比以人性为仁义，而以人之善由戕贼而成也，不顺也。孟子则明示以顺其性为善。顺其性则善，不顺其性则可使为不善，而人性之善明矣。"

今译

告子说："人的本性就如同潆涡水一样，引导它向东，就往东流；引导它向西，就往西流。人性不分善和不善，就像水不分东西一样。"孟子说："水性的确没有东西分别，难道不分上下的吗？人性的善，就像水向低处流一样。人性没有不善，水没有不向低处流的。现在拍击水面，让水跳跃起来，可使它高过额角；阻遏它行进，可使它逆行向山上流。这是水的本性吗？是外在力量叫它这样的。一个人可使他不善，他的情形就同这道理一样。"

章旨

此章辟告子将人性喻如水性无定体之谬说。特强调人性欲善，如水之好下。

（三）生之章

告子曰："生之谓性[1]。"孟子曰："生之谓性也，犹白之谓白[2]与？"曰："然。""白羽之白也，犹白雪之白；白雪之白，犹白玉之白与？"曰："然[3]。""然则犬之性，犹牛之性，牛之性，犹人之性与[4]？"

今注

1　生之谓性：赵注："凡物生同类者皆同性。"焦循《正义》曰："物生同类者，谓人与人同类，物与物同类。物之中则犬与犬同类，牛与牛同类。人与物不同类，则人与物之性不同。赵氏盖采孟子之旨而言之，非告子意也。"朱注："生，指人物之所以知觉运动者而言。"胡毓寰云："生而俱有，不待人力困学勉行者，是谓本性。"

2　白之谓白：朱注："犹言凡物之白者，同谓之白，更无差别也。"

3　白羽之白……然：赵注："孟子以为羽性轻，雪性消，玉性坚，虽俱白，其性不同，问告子。以三白之性同邪？曰：'然。'告子曰然，诚以为同也。"朱注："白羽以下，孟子再问，而告子曰然，则是谓凡有生者，同是一性矣。"

4　然则犬之性……犹人之性与：朱注："孟子又言，若果如此，则犬牛与人皆有知觉，皆能运动，其性皆无以异矣。于是告子自知其说之非而不能对也。"

今译

告子说："凡是有生命的，就有性。"孟子说："凡是有生命的，就有性，就如同白的东西，统叫作白的吗？"告子说："是的。"

孟子说："白羽的白，如同白雪的白吗？白雪的白，如同白玉的白吗？"告子说："是的。"孟子说："依照这样说来，那么犬的本性如同牛的本性，牛的本性如同人的本性吗？"

章旨

此章辟告子论"生之谓性"有误。盖物性殊异，唯人性本善，与生俱来。

（四）食色章

告子曰："食色，性也[1]；仁，内也；非外也。义，外也；非内也。"孟子曰："何以谓仁内义外也？"曰："彼长而我长之[2]，非有长于我也；犹彼白而我白之，从其白于外也。故谓之外也。"曰："异于白马之白也[3]，无以异于白人之白也。不识长马之长[4]也，无以异于长人之长与？且谓长者义乎？长之者义乎？"曰："吾弟则爱之，秦人之弟则不爱也。是以我为悦者也；故谓之内。长楚人之长，亦长吾之长。是以长为悦者也，故谓之外也。"曰："耆[5]秦人之炙[6]，无以异于耆吾炙。夫物则亦有然者也。然则耆炙亦有外欤[7]？"

今注

1　食色，性也："食"，饮食。"色"，美色。谓"甘食悦色"为人之性也。

2　彼长而我长之：赵注："告子言，见彼人年者长大，故我长敬之。长大者，非在我者也。""彼长"之长，年长也。"长之"之"长"，尊之也。

3　异于白马之白也：赵注以"异于白"三字为句。言"长"与"白"不同也。朱注谓"异于"二字为衍文。孔广森《经学卮言》：

"或绝'异'为一句，文义亦通。"按："于"亦作"乎"。胡毓
寰以"异于"可作"异乎"解，此说可从。

　　4　长马之长：谓尊重马之老者也。

　　5　耆：同嗜。

　　6　炙：烤肉。

　　7　然则耆炙亦有外欤：孟子再驳告子，义在内非在外。朱注：
"自篇首至此四章，告子之辩屡屈而屡变其说以求胜，卒不闻其能
自反而有所疑也。此正其所谓不得于言，勿求于心者，所以卒于卤
莽而不得其正也。"

今译

　　告子说："爱吃好的东西，喜欢美的女色，就是人的本性。仁，
是从内心发出的，不是自外面来的。义，是来自外面的，不是从内
心发出的。"孟子说："为什么仁是发自内的，而义是来自外的呢？"
告子说："好比他年纪比我长，我才以礼貌尊敬他为长辈，不是我
预先有敬重他的意思，这就好像看一样东西的颜色，本来是白的，
因此用白的来形容它，这是依照它外表颜色而定的。所以说义是从
外面来的。"孟子说："那么，白马的白色同那白人的白色一样，
不知尊重年纪老的马，是不是也和尊重年纪长的人一样呢？究竟说
尊重年长的人是义呢，还是尊重他年长才合于义呢？"告子说："是
我的胞弟就爱他，是秦人的弟弟就不爱他。可见这完全是由我内心
喜悦为主的，所以叫作外。"孟子说："喜欢吃秦人的烤肉，跟喜
欢吃自己的烤肉是一样的，都是从内心所发出来的，怎么一定说吃
烤肉也是来自外面的？"

章旨

　　此章喻告子"义外"之惑，言事虽在外，而行其事者均发自于
内，借此说明仁固由内，而义亦由内也。

（五）孟季章

孟季子[1]问公都子[2]曰："何以谓义内也？"曰："行吾敬，故谓之内[3]也。""乡人长于伯兄[4]一岁，则谁敬？"曰："敬兄。""酌[5]则谁先？"曰："先酌乡人。""所敬在此，所长在彼，果在外，非由内也。"公都子不能答，以告孟子。孟子曰："'敬叔父乎？敬弟乎？'彼将曰：'敬叔父。'曰：'弟为尸[6]，则谁敬？'彼将曰：'敬弟。'子曰：'恶在其敬叔父也？'彼将曰：'在位[7]故也。'子亦曰：'在位故也。'庸[8]敬在兄，斯须[9]之敬在乡人。"季子闻之曰："敬叔父则敬，敬弟则敬，果在外，非由内也。"公都子曰："冬日则饮汤，夏日则饮水，然则饮食亦在外也[10]。"

今注

1　孟季子：朱注："孟季子，疑孟仲子之弟也。盖闻孟子之言而未达，故私论之。"焦循《正义》曰："赵氏佑《温故录》云：孟仲子为孟子从昆弟，而学于孟子，则孟季子当亦其伦，何至执告子之言重相驳难，全背孟子，殆别一人。"

2　公都子：孟子弟子。

3　行吾敬，故谓之内：朱注："所敬之人虽在外，然知其当敬而行吾心之敬以敬之，则不在外也。"

4　伯兄：长兄。古以伯、仲、叔、季为兄弟先后之序也。

5　酌：斟酒。

6　尸：朱注："尸，祭祀所主以象神，虽子弟为之，然敬之当如祖考也。"

7　在位：居其职位也。此指"弟在尸位"。下文则指"乡人在宾客之位"而言。

8　庸：常也。

9 斯须：犹须臾。暂时之意。

10 冬日则饮汤……然则饮食亦在外也：赵注："汤水虽异名，其得寒温者，中心也。惟敬之所在，亦中心敬之，犹饮食从人所欲，岂可复谓之外也？"汤水之异犹叔父与弟之异，冬则欲其温，夏则欲其寒，是饮食从人所欲，非人从饮食为转移也。故饮汤饮水，外也；酌其时宜而饮者，中心也。敬叔父敬弟，外也。酌其所在而敬者，中心也。孟子言位，公都子言时，义之变通，时与位而已矣。孟子学孔子之"时"，而阐发乎通变神化之道，全以随在转移为用，所谓集义也。而告子造义外之说，不随人为转移，故以勿求于气，勿求于心，为不动心，与孟子之道适相反。义外之说破，则通变神化之用明矣。

今译

孟季子问公都子道："为什么说义在内呢？"公都子说："知道对那人当尊敬，使我从内心发出敬意来，所以说是义在内呢！"孟季子说："有个乡人比我大哥长一岁，那么该尊敬哪一个呢？"公都子说："尊敬大哥。"孟季子说："如果斟酒应该先斟哪一个呢？"公都子说："先斟乡人。"孟季子说："内心尊敬的是大哥，依事理去尊敬的是乡人，那么义果然是在外，不是从内心发出来的。"公都子答不出来，就将这番话告诉了孟子。孟子说："你问他，平时是尊敬叔父呢？还是尊敬弟弟呢？他一定说：'尊敬叔父。'你再问他：'弟弟做祭祀的神像时，是敬哪一个？'他一定说：'尊敬弟弟。'你就驳他说：'为什么你刚才说尊敬叔父呢？'他一定说：'因为弟弟在神位。'你也就说：'先斟乡人。是因乡人在客位！'平时的尊敬在大哥，暂时尊敬在乡人。"孟季子听到这话，又向公都子说："尊敬叔父，是对长辈的尊敬；尊敬弟弟，是对神像的尊敬。可见'敬'是因人而异的，'义'果然在外，不是从内心发出的。"公都子说："冬天要喝热汤，夏天要喝冰水，然则饮食也在外面了。"

300　　　　　　　　　　　　　　　　　　　　孟子今注今译

此章申明"义内"之说，重在"行吾敬"一语。

（六）公都章

公都子曰："告子[1]曰：'性无善无不善也。'或曰：'性可以为善，可以为不善。是故文武兴则民好善，幽厉[2]兴则民好暴。'或曰：'有性善，有性不善。是故以尧为君而有象，以瞽瞍为父而有舜，以纣为兄之子，且以为君，而有微子启[3]，王子比干[4]。'今曰性善，然则彼皆非与？"孟子曰："乃若其情[5]，则可以为善矣；乃所谓善也。若夫为不善，非才之罪也[6]。恻隐之心，人皆有之。羞恶之心，人皆有之。恭敬之心，人皆有之。是非之心，人皆有之。恻隐之心，仁也。羞恶之心，义也。恭敬之心，礼也。是非之心，智也。仁义礼智，非由外铄我也[7]，我固有之也；弗思耳矣[8]。故曰，求则得之，舍则失之。或相倍蓰而无算[9]者，不能尽其才者也。诗曰[10]：'天生蒸民[11]，有物有则[12]；民之秉夷，好是懿德。'孔子曰：'为此诗者，其知道乎！'故有物必有则，民之秉夷[13]也，故好是懿德[14]。"

今注

1　告子：已见前章。

2　幽厉：周幽王、厉王之并称。厉王名胡，夷王之子。幽王名宫湦，宣王之子。皆为暴虐之君。幽、厉俱为古之恶谥。

3　微子启：纣之庶兄，商帝乙之首子，名开。微，国名，子爵。纣淫乱，屡谏不听，遂抱祭器而去之。

4　王子比干：纣之叔父，名干。封于比，故曰比干。谏纣三日不去，纣怒，剖其心而死。

5　乃若其情：赵注："若，顺也。……能顺此情使之善者，真所谓善也。"朱注:"乃若,发语辞。情者,性之动也。人之情,本但可以为善,而不可以为恶,则性之本善可知矣。"陈澧《东塾读书记》:"乃若者,因其说而转之之词。如象之性诚恶矣;乃若见舜而忸怩,则其情可以为善。可见象之性仍有善。是乃孟子所谓性善也。"盖性之动为情,下文所言恻隐、羞恶、辞让、是非,皆情也。

6 若夫为不善,非才之罪也:"才""材"古字通。犹"材质"也。按:"性""情""才"三字同义。皆指人身本具之资质而言。《荀子·正名》:"情者,性之质也。"《庄子·庚桑楚》:"性者,生之质也。"三者,同一物也。统言为性,析言则材其本体,情其现象也。夫人性本善,能顺其性而养之,勿戕贼之,即成为善人矣。若夫为不善,非性本质之罪,是因后天摧残,善质日消,终至为恶耳。

7 非由外铄我也:孔广森《经学卮言》:"《尔雅·释诂》云:'铄,美也。'仁义礼智,失之则丑。然美在其中,非由外饰成我美者也。所以不愿人之文绣也。"

8 耳矣:同"而已矣"。

9 倍蓰而无算:"倍",一倍。"蓰",五倍。"而",犹与也。

10 诗曰:《诗经·大雅·烝民》之篇。

11 蒸民:众民。"蒸",《诗经》作烝。

12 有物有则:"物",事也。"则",法也。

13 秉夷:"秉",执也。"夷",《诗》作彝,常也。

14 懿德:美德也。朱注:"有物必有法,如有耳目,则有聪明之德,有父子,则有慈孝之心,是民所秉执之常性也。故人之情无不好此懿德者,以此观之,则人性之善可见,而公都子所问之三说,皆不辨而自明矣。"

今译

公都子问孟子道:"告子说:'人性没有什么善,也没有什么恶。'有人说:'人性可以为善,也可以为恶。所以文王武王兴起，百姓就喜行善；幽王厉王兴起，百姓就喜为恶。'又有人说：
'有一种人生性是善的，有一种人生性是不善的。所以尧做君上，
却有不善的象；瞽瞍做父亲，却有大孝的舜；纣是侄子，做到君
王，却有微子启这样贤德的庶兄和王子比干这样贤德的叔父。'
现在夫子说性是善的，那么他们所说的都不对了吗？"孟子说：
"只要顺着本性所发动的情，即可以为善，这就是我说性善的原
则。至于人所以会做恶事，乃是后天物欲陷溺了他的心，致使他
们泯灭本性，并不是性之本质的罪过。原来恻隐的心，是人人有
的；羞恶的心，是人人有的；恭敬的心，是人人有的；是非的心，
是人人有的。恻隐的心，就是仁；羞恶的心，就是义；恭敬的心，
就是礼；是非的心，就是智。仁、义、礼、智，不是从外面来美
化我的，是我本来就有的，不过没有去想它罢了。所以说，追求
它就得到，放弃它就得不到。因此人们的善和不善，有时相差一
倍或五倍，甚至无数倍，这皆是不能充分发挥性的本质啊！《诗经》
说：'上天生了许多百姓，有了形体事物的现象，就有行为的准则。
百姓执着这永恒的真理，没有一个不爱好这美善的道德。'孔子
称赞道：'做这首诗的人，是深知性情中的道理啊！'所以有了
形体事物的现象，就有了行为的准则，百姓都执着这永恒的真理，
所以皆爱好这美善的道德。"

章旨

此章申述人性本善，仁义礼智皆根于心，如顺其性而养之，即
成为善人。

（七）富岁章

孟子曰："富岁[1]子弟多赖[2]；凶岁[3]子弟多暴。非天之降才尔殊
也[4]，其所以陷溺[5]其心者然也。今夫𪎋麦[6]播种而耰[7]之，其地同，

树之时又同，浡然[8]而生，至于日至[9]之时，皆熟矣。虽有不同，则地有肥硗[10]，雨露之养，人事之不齐也。故凡同类者，举[11]相似也。何独至于人而疑之？圣人与我同类者。故龙子[12]曰：'不知足而为屦，我知其不为蒉[13]也。'屦之相似，天下之足同也。口之于味有同耆[14]也。易牙[15]先得我口之所耆者也。如使口之于味也，其性与人殊，若犬马之与我不同类也，则天下何耆皆从易牙之于味也！至于味，天下期[16]于易牙，是天下之口相似也。惟耳亦然。至于声，天下期于师旷[17]，是天下之耳相似也。惟目亦然。至于子都[18]，天下莫不知其姣[19]也。不知子都之姣者，无目者也。故曰：口之于味也，有同耆焉。耳之于声也，有同听焉。目之于色也，有同美焉。至于心，独无所同然乎？心之所同然[20]者，何也？谓理也，义也。圣人先得我心之所同然耳[21]。故理义之悦我心，犹刍豢[22]之悦我口。"

今注

1 富岁：丰年。

2 赖：阮元谓"赖"同懒，惰也。赵注："赖，善也。"朱注："赖，藉也。"阮说是也。

3 凶岁：荒年。

4 非天之降才尔殊也："才"，本质。"尔"，如此。言非天所赋本质如此之异。实因所处环境造成之也。

5 陷溺：陷没沉溺。朱注："凶年衣食不足，故有以陷溺其心而为暴。"

6 麰麦：大麦。

7 耰：覆种。谓农田播种后，又以土覆之。

8 浡然：形容蓬蓬勃勃状。

9 日至：夏至。

10 硗：地之坚硬瘠薄者。

11　举：皆。

12　龙子：古贤人。

13　蒉：草器。

14　耆：同嗜。

15　易牙：春秋齐人。又作狄牙。名巫，字易牙。为齐桓公之饔人，最善烹调。

16　期：希望。

17　师旷：春秋晋平公乐师。字子野。善辨音以知吉凶。

18　子都：赵注："古之姣好者也。"朱注："子都古之美人也。"焦循《正义》引阎若璩云："子都古之美人也，亦未详为男为女。杜氏注左有之，于隐十一年传云：子都郑大夫，公孙阏，故郑风当昭公时，遂以为国中美男之通称，曰：'不见子都。'"

19　姣：美。

20　然：犹可也。

21　谓理也……同然耳：朱注引程子曰："在物为理，处物为义，体用之谓也。孟子言人心，无不悦理义者，但圣人则先知先觉乎此耳，非有以异于人也。"

22　刍豢：草食曰"刍"，如牛羊。谷食曰豢，如犬豕。

今译

孟子说："丰年，子弟多懒惰；荒年，子弟多暴戾。并不是天生材质有如此不同，而是他们的心受环境的迷惑才这样的啊。现在拿大麦来说：播种以后，再用土掩盖好。种的地方都相同，种的时候又相同，这苗便蓬蓬勃勃地长起来，到了夏至时，都熟了。虽然所收获有多少的不同，那是土地有肥薄，雨露的滋养和人工的勤惰不一的缘故啊！所以凡是同类的都很相似。怎么唯独对于人性相似就怀疑呢？圣人和我们是同类的。所以龙子说：'虽然不知脚的大小，随意去做草鞋，但我知道他绝不会做成一个畚箕呢。'草鞋样式都差不多，就因为天下人的脚都是差不多的形状。口对于滋味有着同样的嗜好，易牙是先得到我们所嗜好口味的人。如口对于滋味其性能人人都不同，好像犬马和我们不同类一样，那么天下人为什么都喜吃易牙所调的味呢？说到口味，天下人都希望吃到易牙烹调的菜，这证明天下人的口味都是差不多的。耳朵也是这样，对于声音，天下人都希望能听到师旷所作的乐曲，这说明天下人的耳朵都差不多的。眼睛也是这样，对于子都，天下人没有不晓得他长得很美貌的，不晓得子都的美貌，简直是没有眼睛的人。所以说：口对于味，有同样的嗜好；耳朵对于声音，有同样的听觉；眼睛对于美色，有同样的感受。至于心，难道独没有相同的吗？心的相同是什么？就是天理，就是正义。圣人是先得到我们心里所相同的天理和正义罢了。所以我们心里喜欢天理和正义，就如同我们嘴巴喜欢吃牛羊犬豕的肉一样。"

章旨

此仍申述人性本善，以耳目口心之所悦相同以证之。若其不善，乃后天环境所使然。

（八）牛山章

孟子曰："牛山[1]之木尝美矣；以其郊[2]于大国[3]也，斧斤[4]伐之，可以为美乎？是其日夜之所息[5]，雨露之所润，非无萌蘖[6]之生焉；牛羊又从而牧之，是以若彼濯濯[7]也。人见其濯濯也，以为未尝有材焉。此岂山之性也哉？虽存乎人者，岂无仁义之心哉？其所以放其良心[8]者，亦犹斧斤之于木也。旦旦[9]而伐之，可以为美乎？其日夜之所息，平旦之气[10]，其好恶与人相近也者几希[11]。则其旦昼[12]之所为，有梏亡之矣[13]。梏之反覆，则其夜气[14]不足以存；夜气不足以存，则其违禽兽不远矣。人见其禽兽也，而以为未尝有才焉者：是岂人之情也哉？故苟得其养，无物不长；苟失其养，无物不消¹⁵。孔子曰：'操¹⁶则存，舍则亡。出入无时，莫知其乡¹⁷。'惟心之谓与？"

今注

1　牛山：朱注："齐之东南山也。"在今山东临淄县南。

2　郊：应作动词用。即邻近之义。本义"邑外曰郊"。

3　大国：指齐都。即临淄。

4　斧斤："斤"，锛也。斧之刃纵，斤之刃横，皆为斫木之具。

5　是其日夜之所息："是"，犹"夫"也。"息"，休养。有"生长"之义。

6　萌蘖："萌"，芽也。"蘖"，芽之旁出者也。

7　濯濯：光洁貌。

8　放其良心：朱注："良心者，本然之善心，即所谓仁义之心也。""放"，放失。

9　旦旦：犹日日也。

10　平旦之气：朱注："谓未与物接之时，清明之气也。""平旦"，破晓时也。

11　几希：无几，即不多。

12　旦昼：赵注："昼日也。"按："旦昼"与上文"日夜"相对。"日夜"，由日入夜，指黄昏以后至黎明之间。"旦昼"，由朝至昼，指白天之时间言。

13　有梏亡之矣："有"，同又。"梏"，旧赵本作牿。《说文》："梏，手械也。牿，牛马牢也。"二义并不可通。疑"梏""牿"并捁之形误。捁，即"搅"。谓平旦所萌良心，至白日又被搅乱消亡矣。《汉书·马融传》章怀注："捁，古文搅字。"可证。《说文》："搅，乱也。"故赵氏训"捁"曰乱。

14　夜气：即平旦之气。

15　故苟得其养……无物不消：赵注："诚得其养，若雨露于草木，法度于仁义，何有不长也。诚失其养，若斧斤牛羊之消草木，利欲之消仁义，何有不尽也。"

16　操：把持。

17　乡：赵注："乡，犹里，以喻居也。"朱注："孔子言心，操之则在此，舍之则失去，其出入无定时，亦无定处如此。孟子引之，以明心之神明不测，得失之易而保守之难，不可顷刻失其养，学者当无时而不用其力，便神清气定，常如平旦之时，则此心常存，无适而非仁义也。程子曰：'心岂有出入，亦以操舍而言耳。操之之道，敬以直内而已。'"又"乡"同向，作方向解，亦通。

今译

孟子说："齐国牛山的树木，从前是很茂美的，只因邻近都城的郊外，人们多把它砍伐去，还怎能保持它的茂美呢？这山上日夜所生长的，雨露所滋润的，并不是没有芽枝生长出来，可是牛羊随时吃掉它，所以才像这样光秃秃的。人见它光秃秃的，就以为它从来没有长过森林，这难道是山的本性吗？存在人身上的，难道真没有仁义的心吗？人之所以放失掉他的良心，也和斧子对于树木一样，天天砍伐它，还能够茂美吗？一个人日夜所生长的，在天明时，没有和外物接触以前，神气清明，他的喜好和厌恶与常人相近很少。但一到白天，又被所做的行为把那清明夜气扰乱丢失了。如果一再地扰乱丢失，连那点清明夜气也不能保存，清明夜气不能保存，就和禽兽相差不远了。人们看他和禽兽差不多，便以为他原来没有好的才质；难道这真是人的本性吗？所以只要得到适当的培养，没有一物不能生长；假使失去了适当的培养，没有一物不消亡。孔子说：'把握住便能存在，舍弃了就会亡失。它的进出没有定期，也不知它一定的居处。'这就是说人心吧！"

章旨

此章再申述上章"人性本善"之旨。说明所以不善，因失其养，而揢亡其良心。尤重一"养"字，养其至善之心也。

（九）无惑章

孟子曰："无或乎王[1]之不智也！虽有天下易生之物[2]也，一日暴[3]之，十日寒[4]之，未有能生者也。吾见亦罕矣；吾退而寒之者至矣：吾如有萌[5]焉何哉！今夫弈[6]之为数[7]，小数也；不专心致志[8]，则不得也。弈秋[9]，通国之善弈者也。使弈秋诲二人弈，其一人专心致志，惟弈秋之为听。一人虽听之，一心以为有鸿鹄将至，思援[10]弓缴[11]而射之，虽与之俱学，弗若之矣。为是其智弗若与[12]？曰：非然也[13]。"

今注

1 无或乎王：朱注："或，与惑同。疑怪也。王，疑指齐王。"

2 易生之物：指草木五谷。

3 暴：同曝。晒之，温之。

4 十日寒：十日阴寒以杀之。

5 萌：芽也。

6 弈：围棋。

7 数：技。

8 专心致志：谓专其心，坚其志。

9 弈秋：古之善弈者，名秋。

10 援：引也。

11 缴：音灼。以缴系矢而射也。

12 为是其智弗若与："为"与"谓"同义。王氏《经传释词》：

"言谓是其智弗若也。"赵注："为是，谓其智不如也。"分"谓"为二，失之。

13 非然也：谓非其智不若，以不专心致志也。

今译

孟子说："别怪那齐王不聪明啊！虽是天下最易生长的植物，假如一天曝晒它，十天阴寒它，也就不能生长了。我去见齐王时也很少，当我退出时，那些令他阴寒的小人又和他接近。我就能使他发点芽，但又有什么用呢？现在拿下围棋的技能来说，这本是很小的玩意儿罢了。假使一个人不能专心致志，便不得它的精妙。弈秋是国手，现在他教两个人下围棋，一个专心致志，把弈秋所教的全记在心中；另一个虽然也在听，却一心以为大雁鹅要飞来，想拿起弓，用绳子系着箭去射它。虽是和人一起共同学习，总赶不上人家好。是因为聪明不如人吗？不是的，只是不肯专心致志罢了。"

章旨

此章言人君进贤，应专心不二，其智乃出。譬如种树下棋，虽是小道，如不专心，亦不能有成。所谓"术业有专攻"。

（十）鱼我章

孟子曰："鱼，我所欲也；熊掌[1]，亦我所欲也。二者不可得兼，舍鱼而取熊掌者也。生，亦我所欲也，义，亦我所欲也。二者不可得兼，舍生而取义者也。生，亦我所欲；所欲有甚于生者[2]，故不为苟得[3]也。死，亦我所恶，所恶，有甚于死者，故患有所不辟[4]也。如使人之所欲，莫甚于生，则凡可以得生者，何不用也？使人之所恶，莫甚于死者，则凡可以辟患者，何不为也？由是则生而有不用也；由是则可以辟患而有不为也。是故所欲有甚于生者，所恶有甚于死者：非独贤者有是心也，人皆有之；贤者能勿丧耳。一箪食⁵，一豆羹⁶，得之则生，弗得则死。嘑尔⁷而与之，行道之人⁸弗受；蹴尔⁹而与之，乞人不屑¹⁰也。万钟¹¹则不辩礼义而受之。万钟于我何加焉？为宫室之美，妻妾之奉，所识穷乏者得我与¹²？乡¹³为身死而不受，今为宫室之美为之；乡为身死而不受，今为妻妾之奉为之；乡为身死而不受，今为所识穷乏者得我而为之：是亦不可以已乎¹⁴？此之谓失其本心¹⁵。"

今注

1　熊掌：亦名熊蹯。《本草纲目》："熊冬月蛰时不食，饥则舐其掌，故其美在掌。"

2　有甚于生者：赵注："谓义也。"

3　苟得：朱注："得，得生也。""不为苟得"，即不为苟且全生以害义也。

4　辟：同避，谓苟免于死也。

5　箪食：盛饭竹器，圆曰"箪"，方曰"笥"。"食"，音饲。饭也。

6　豆羹："豆"，刻木为之，盛浆羹器。"羹"，菜肉杂煮食品，或汤类。

7　嘑尔：咄嗟之貌。"嘑"，同呼。

8　行道之人：朱注："路中凡人也。"

9　蹴尔：践踏。

10　屑：洁也。

11　万钟："钟"，古量器。受六斛斗。万钟，言禄之多也。

12　所识穷乏者得我与：朱注："谓所知识之穷乏者感我之惠也。""得"，通德。"与"，同欤。

13　乡：同向。昔也。

14　是亦不可以已乎：朱注："言三者身外之物，其得失比生死为甚轻。乡为身死犹不肯受呼蹴之食，今乃为此三者而受无礼义之万钟，是岂不可以止乎？"已，止也。

15　本心：朱注："谓羞恶之心。"

今译

孟子说："鱼，是我所爱好的；熊掌，也是我所爱好的，如果两样不能兼得，只有舍弃鱼而取熊掌。同样，生命，是我所爱好的；义礼，也是我所爱好的，如果两样不能兼得，只有舍去生命而取义礼。因为生命固然是我爱好的，但我所爱好还有超过生命的，所以不肯苟且得生。死亡是我所憎恶的，但我所憎恶还有超过生命的，所以不肯苟且避患。假使人所爱好没有超过生命的，凡是可以保全生命的手段，有什么不可以用呢？假使人所憎恶没有超过死亡的，凡是可以逃避死亡的方法，有什么不可以做呢？照这样做，就可以保全生命，有时却不肯用的；照这样做，就可以避免祸患，有时却不肯做的。这就是人所爱好的，有比生命更重要的；人所憎恶的，有比死亡更厉害的。不单是贤人有这种羞恶的心，实际上是人人都有的，只不过贤人能使它不丧失罢了！一篮饭，一碗汤，得到了就可活命，得不到就要饿死。如厉声呵斥着给人吃，即使饥饿，行路人也不会接受；要是用脚践踏着给人吃，就连乞丐也不屑一顾。万钟的俸禄，就不辨别是否合于礼义而接受了，这万钟的俸禄对我有什么好处呢？是为了房屋的华美，妻妾的侍奉和我所相识的穷朋友感激我的周济吗？以前宁愿饿死也不肯接受，现在为了房屋的华美却接受了；以前宁愿饿死也不接受，现在为了妻妾侍奉却接受了；以前宁愿饿死也不接受，现在为了我所相识的穷朋友感激我的周济却接受了。难道不可以拒绝不受吗？这就是丧失掉本来的良心了。"

章旨

此章示人当从生死关头看破富贵利达之私，以存其羞恶之本心。

（十一）人心章

孟子曰："仁，人心[1]也；义，人路[2]也。舍其路而弗由，放[3]其心而不知求，哀哉！人有鸡犬放，则知求之；有放心而不知求！学问之道无他，求其放心[4]而已矣！"

今注

1　人心：朱注："仁者，心之德也。程子所谓心譬如谷种，仁则其生之性是也。然但谓之仁则人不知其切于己，故反而名之曰'仁心'，则可以见其为此身酬酢万变之主，而不可须臾失矣。"

2　人路：朱注："义者，行事之宜。谓之人路，则可以见其为出入往来必由之路，而不可须臾舍矣。"

3　放：亡失也。

4　求其放心：赵注："人知求鸡犬，莫知求其心者，惑也。学问所以求之矣。"朱注："学问之事，固非一端，然其道则在于求其放心而已。盖能如是，则志气清明，义理昭著，而可以上达，不然，则昏昧放逸，虽曰从事于学，而终不能有所发明矣。故程子曰：圣贤千言万语，只是欲人将已放之心约之使反，复入身来，自能寻向上去，下学而上达也。此乃孟子开示切要之言，程子又发明之，曲尽其指，学者宜服膺而勿失也。"

今译

孟子说："仁，就是人的本心；义，就是人的大路。抛弃大路而不行走，丢失本心而不寻求，真是可怜啊！有人鸡犬丢失了都晓得去寻找，但有人丢失了本心，却不晓得找寻回来。研究学问的道理，没有别的，只要把丢失的心找回来就是了。"

章旨

此章强调收其放心，然后方能研究学问。

（十二）今有章

孟子曰："今有无名之指[1]，屈而不信[2]；非疾痛害事[3]也。如有能信之者，则不远秦楚之路。为指之不若人也。指不若人，则知恶之；心不若人，则不知恶。此之谓不知类[4]也。"

今注

1　无名之指：手之第四指。

2　信：同伸。下"信"亦同。

3　害事：谓妨害于事也。

4　不知类：不知轻重大小之等类也。

今译

孟子说："现在有个人，他的第四指弯曲不能伸直，但并不觉得痛，也不碍什么事。如果能把这个指头伸直，就是像秦楚那么远的路，也会去医治。是因为指头不如人呢！指头不如人，就知道厌恶；心不如人，就不知道厌恶。这可以说是不知轻重！"

章旨

此章借指为喻，警人不知轻重之施。

（十三）拱把章

孟子曰："拱把[1]之桐梓[2]，人苟欲生之，皆知所以养之者；至于身，而不知所以养之者，岂爱身不若桐梓哉？弗思甚也[3]。"

今注

1　拱把：朱注："拱，两手所围也。把，一手所握也。"

2　桐梓：两木名。材质坚硬，可供建筑及器具之用。

3　至于身……弗思甚也：赵注："言莫知养身，而养其树木，失事违务，不得所急，所以诚未达者也。"

今译

孟子说："需要两手合围，或一手把握的桐树、梓树，人要它生长，都晓得怎样去培植它。至于自身，却不晓得怎样去培养，难道爱己身还不如爱桐树、梓树吗？实在太不用心去想了。"

章旨

此章示人只知养树木，而忘养身，本末倒置。

（十四）人之章

孟子曰："人之于身也兼所爱；兼所爱，则兼所养也。无尺寸之肤不爱焉，则无尺寸之肤不养也。所以考其善不善者，岂有他哉？于己取之而已矣。体有贵贱，有小大[1]，无以小害大，无以贱害贵。养其小者为小人，养其大者为大人。今有场师[2]，舍其梧槚[3]，养其樲棘[4]，则为贱场师焉。养其一指，而失其肩背而不知也，则为狼疾[5]人也。饮食之人[6]，则人贱之矣；为其养小以失大也。饮食之人无有失也，则口腹岂适为尺寸之肤哉？"

今注

1　体有贵贱，有小大：朱注："贱而小者，口腹也；贵而大者，心志也。"

2　场师：治场圃之人。

3　梧槚："梧"，梧桐。"槚"，音贾，山楸树。二者皆材木之美者。

4　樲棘："樲"，音二，酸枣。"棘"，荆棘。二者皆非美材也。

5　狼疾：错乱也。赵注："此为狼藉乱不知治疾之人也。"

陈天祥《四书辨疑》："疾本藉字之误，狼藉，言其乱也。"

6　饮食之人：专养口腹之人也。

今译

孟子说："一个人对己身，应该全都是爱惜的。既然全都爱惜，就要多加保养。没有一尺一寸的皮肤不应该不爱惜，也没有一尺一寸的皮肤不应该不保养。审察他保养的好不好，无须用其他的方法，只要在自身求取便行了。身体各部有贵贱，也有大小的分别，不要只顾小的口腹之惠，而妨害了大的心志；也不要只注意轻贱的，妨害贵重的。只注意养口腹的，那是小人；养心志的，便是大人。现在有个管理园圃的师傅，舍弃梧檟有用的大木，反而去培养樲棘无用的杂树，这是普通的师傅了。只保养一个手指头，反而失去了肩脊，自己还不知道，这就犯了心志错乱的毛病。专注意吃喝的人，人人看不起他，因他只知保养小的口腹，而失去大的心志。若专注意饮食之惠的人，又能不失那心志的修养，那么，口腹的保养岂止为了一尺一寸的皮肤呢？"

章旨

此章承上章之旨再示人养身之方：在于心志之养。

（十五）钧是章

公都子问曰："钧[1]是人也，或为大人，或为小人。何也？"孟子曰："从其大体[2]为大人，从其小体[3]为小人。"曰："钧是人也；或从其大体，或从其小体。何也？"曰："耳目之官[4]，不思而蔽于物；物交物，则引之而已矣[5]。心之官则思：思则得之，不思则不得也。此天之所与我者[6]，先立乎其大者，则其小者不能夺也，此为大人而已矣。"

今注

1　钧：同均；同也。

2　大体：朱注："心也。"赵注："心思礼义。"

3　小体：朱注："耳目之类也。"赵注："纵恣情欲。"

4　官：朱注："官之为言司也。耳司听，目司视，各有所职，而不能思……而以思为职。"

5　物交物，则引之而已矣：赵注："物，事也，利欲之事来交引其精神。"焦循《正义》曰："物之义为事，耳目之视听事也，外来之利欲，亦事也。物交物，谓以外来之利欲交于耳目之视听，斯时若不以心之思治之，则视听之事蔽于利欲之事。视听之事所以蔽于利欲之事者，缘利欲之事交接于视听之事，因而引诱此视听也。"

6　此天之所与我者：赵注："比方天所与人性情。"朱注："此天之此旧本多作比，而赵注亦以比方释之。今本既多作此，乃未详孰是？但作比方于义为短，故且从今本云。"按：阮元、王念孙等皆以赵注"比方"为是，今姑依朱子，且从今本。

今译

公都子问道："同样是人，有的是大人，有的是小人，这是什么缘故？"孟子说："依照心志去做，就是大人；随着感官去做，就是小人。"公都子说："同样是人，有的依照心志去做，有的随着感官去做，这又是什么缘故？"孟子说："耳目的官能是不会思考的，外来的声色很容易蒙蔽它，这声色的外物和耳目的官能接触起来，耳目官能就被它引诱而去了。心的官能是主宰思考的，能够思考，就能获得义理；不能思考，便得不到。耳目和心都是天赐给我们的，只要先立大体的心，自然那小体耳目就不会被外物所夺了。这就成为大人了。"

此章示人以立志之学，宜先立其大者。尤其重在一"思"字，此天之所与我者。

（十六）天爵章

孟子曰："有天爵者，有人爵[1]者。仁义忠信，乐善不倦，此天爵也。公卿大夫，此人爵也。古之人，修其天爵，而人爵从之；今之人，修其天爵，以要[2]人爵；既得人爵，而弃其天爵，则惑之甚者也，终亦必亡而已矣[3]。"

今注

1　天爵、人爵：朱注："修其天爵，以为吾分之所当然者耳。人爵从之，盖不待求之而自至也。"赵注："天爵以德，人爵以禄。"

2　要：音邀，求也。

3　终亦必亡而已矣：朱注："修天爵以要人爵，其心固已惑矣。得人爵而弃天爵，则其惑又甚焉。终必并其所得之人爵而亡之也。"

今译

孟子说："有天然的爵位，有人世的爵位。能实践仁义忠信，乐于行善而不厌倦，这就是天然爵位。公卿大夫等官职，就是人世的爵位。古时的人修好了天然的爵位，人世的爵位自然随着有了。现在的人，修天然的爵位，是借此来求取人世的爵位，已经得到人世爵位，便抛弃了天然的爵位，真是糊涂到了极点，结果，连人世的爵位也一并丢掉了。"

章旨

此章戒人应修天爵，而乐善好道，不可作伪。

（十七）欲贵章

孟子曰："欲贵者，人之同心也。人人有贵于己者[1]，弗思耳矣。人之所贵者[2]，非良贵[3]也；赵孟[4]之所贵，赵孟能贱之。诗云[5]：'既醉以酒，既饱[6]以德。'言饱乎仁义也，所以不愿人之膏粱[7]之味也。令闻广誉[8]施于身，所以不愿人之文绣[9]也。"

今注

1　人人有贵于己者：赵注："人人自有贵者在己身，不思之。在己者，谓仁义广誉也。"朱注："贵于己者，谓天爵也。"

2　人之所贵者：朱注："谓人以爵位加己而后贵也。"

3　良贵：犹言最贵。焦循《正义》曰："《山海经·西山经》瑾瑜之玉为良。注：良言最善也。故良贵犹云最贵。"

4　赵孟：晋卿也。王夫之谓："赵孟，乃泛然之词，犹今俗云赵甲钱乙，不必求人以实之。"

5　诗云：《诗经·大雅·既醉》之篇。

6　饱：充足。

7　膏粱：肥肉，美谷也。

8　令闻广誉：美名也。"令"，善也。"闻"，音问。亦誉也。

9　文绣：文衣绣裳，即华美之服也。

今译

孟子说："希望尊贵，是人人所同有的心理。其实人人皆有自己尊贵的地方，只是不去思想罢了。人家所给予的尊贵，并不是最尊贵的。赵孟所能给予人的尊贵，也能夺去尊贵使他贫贱。《诗经》上说：'已经吃醉了好酒，又饱足了美德。'这就是饱足了仁义，所以不用羡慕人家肥肉精饭的美味了。同时有良好的声名，扩大名誉，称颂到自身来，所以也不用羡慕人家华美的服饰了。"

章旨

此章戒人欲求贵，当求"饱乎仁义"之良贵。

（十八）仁之章

孟子曰："仁之胜不仁也，犹水胜火。今之为仁者，犹以一杯水，救一车薪之火也。不熄，则谓之水不胜火。此又与于不仁之甚者也[1]。亦终必亡[2]而已矣。"

今注

1　此又与于不仁之甚者也：朱注："与，犹助也。仁之能胜不仁，必然之理也。但为之不力，则无以胜不仁，而人遂以为真不能胜，是我之所为，有以助于不仁者也。"

2　终必亡：赵注："亡，犹无也。亦终必无仁矣。"朱注："言此人之心，亦且自怠于为仁，终必并与其所为而亡之。"

今译

孟子说："仁德必胜过不仁，就像水必胜过火。现在行仁德的人，就像用一杯水去救一车着火的柴，火不能灭，就说水不能胜火。这种说法正是助长那些不仁的气焰，去做非常不仁的事。最后一定弄到一点仁德都没有为止！"

章旨

此章勉人尽力行仁，不可推三诿四。

（十九）五谷章

孟子曰："五谷者，种之美者也。苟为不熟，不如荑稗[1]。夫仁，亦在乎熟之而已矣。"

今注

1　荑稗：朱注："荑，音蹄。稗，蒲卖反，读败。草之似谷者，其实亦可食；然不能如五谷之美也。但五谷不熟，则反不如荑稗之熟，犹为仁而不熟，则反不如他道之有成，是以为仁必贵乎熟，而不可徒恃其种之美。又不可以仁之难熟，而甘为他道之有成也。"《正义》曰："谨按不如荑稗，犹孔子言博弈犹贤。孔子非教人学博弈，孟子非教人种荑稗也。"

今译

孟子说："五谷，是各样种子中最好的。若是种得不成熟，还不如似谷的荑稗有用。至于仁，也要能够修养成熟才好。"

章旨

此章言仁之修养，重在纯熟而已。

（二十）羿之章

孟子曰："羿[1]之教人射，必志于彀[2]；学者亦必志于彀。大匠诲人，必以规矩[3]；学者亦必以规矩。"

今注

1　羿：古之善射者。已见《离娄篇·逢蒙章》。

2　必志于彀：朱注："志，犹期也。彀，满也。满而后发，射之法也。"

3　大匠诲人，必以规矩：赵注："大匠，攻木工。规，所以为圆也，矩，所以为方也。诲，教也。教人必须规矩，学者以仁义为法式，亦犹大将以规矩者也。"

今译

孟子说："羿教人射箭，一定要拉满了弓；学射的，也一定要拉满了弓。大匠教人，必定要用圆的规、方的矩，学工匠的，也必用圆的规、方的矩。"

章旨

此章示教与学，必不能离开规矩准绳。

（二十一）任人章

任人[1]有问屋庐子[2]曰："礼与食孰重？"曰："礼重。""色与礼孰重？"曰："礼重。"曰："以礼食，则饥而死；不以礼食，则得食。必以礼乎？亲迎[3]则不得妻；不亲迎，则得妻。必亲迎乎？"屋庐子不能对，明日之邹[4]，以告孟子。孟子曰："于[5]答是也何有[6]！不揣[7]其本，而齐其末，方寸之木，可使高于岑楼[8]。金重于羽者，岂谓一钩金[9]，与一舆羽之谓哉！取食之重者，与礼之轻者而比之，奚翅[10]食重！取色之重者，与礼之轻者而比之，奚翅色重！往应之曰：紾[11]兄之臂而夺之食，则得食；不紾，则不得食；则将紾之乎？逾东家墙而搂[12]其处子[13]，则得妻；不搂，则不得妻。则将搂之乎？"

今注

1　任人：任国之人。任，平声。周末小国，风姓。太昊后。今山东省济州任城即其地。

2　屋庐子：名连，孟子弟子。

3　亲迎：古礼：亲至女家迎女以归也。

4　之邹："之"，往也。"邹"，亦作郰，古国名。本邾娄国，战国时，鲁穆公改称邹。周武王封颛顼于此。故城在今山东省邹县东南。

5　于：赵注："音乌。叹辞也。"朱注："于，如字。"

6　何有：朱注："不难也。"《正义》曰："于，如字，不读乌，若于答此任人之说，何难之有？"

7　揣：称量揣度也。

8　岑楼：朱注："楼之高锐似山者。"

9　一钩金：赵注："一带钩之金。"焦循《正义》："才重三分两之一。"朱注："钩，带钩也。金本重而带钩小，故轻。喻礼有轻于食色者。"

10　奚翅："奚"，何也。"翅"，同啻，但也。

11　纠：戾也。俗谓扭转也。

12　搂：牵也。曳聚也。

13　处子：处女。

今译

　　有个任国人问屋庐子说："礼和饮食，哪样重要？"屋庐子说："礼重要。"任国人又问："女色和礼，哪个重要？"屋庐子说："礼重要。"任国人又问："要依着礼去吃，就要饿死；不按礼去吃，便可获得吃的。这样还一定要按照礼吗？又像亲自迎娶，就得不到妻子；不自亲迎，就得到妻子。这一定要亲自去迎接吗？"屋庐子答不出。第二天他到邹国去，便把这番话告诉了孟子。孟子说："你回答这些话有什么困难呢？不揣度事物的根本，只是比齐那上面的梢头，那么一方寸高的木头，也可使它高过最高的楼。金子比羽毛重，这难道是指一带钩的金子和一车羽毛比量而说的吗？拿饮食中最重要的和礼节最轻微的相比较，何止饮食较重呢？拿女色中最重大的，和礼节中最轻微的相比较，何止女色较重呢？你去回答他：假使扭转哥哥的手背而抢夺他的食物，才能得到吃的，不如此，便得不到，那么，你是不是要去扭转呢？越过东家的墙去强搂他家的女子，就可得到妻子，不如此，便得不到，那么，你是不是要去强搂呢？"

　章旨

　　此章言礼当语其实，不可语其变。礼自重于食色。

（二十二）曹交章

曹交[1]问曰："人皆可以为尧舜：有诸？"孟子曰："然。""交闻文王十尺，汤九尺，今交九尺四寸以长。食粟而已[2]！如何则可？"曰："奚有于是[3]？亦为之而已矣。有人于此，力不能胜一匹雏[4]，则为无力人矣。今曰举百钧[5]，则为有力人矣。然则举乌获[6]之任，是亦为乌获而已矣。夫人岂以不胜为患哉？弗为耳。徐行后长者，谓之弟[7]；疾行先[8]长者，谓之不弟。夫徐行者，岂人所不能哉？所不为也。尧舜之道，孝弟而已矣。子服尧之服，诵尧之言，行尧之行[9]，是尧而已矣。子服桀之服，诵桀之言，行桀之行，是桀而已矣。"曰："交得见于邹君，可以假馆[10]。愿留而受业于门。"曰："夫道若大路然。岂难知哉？人病不求耳。子归而求之，有余师[11]。"

今注

1 曹交：赵注："曹交，曹君之弟。交，名也。"

2 食粟而已：朱注："言无他材能也。"

3 奚有于是：赵注："何有于是言乎。"《小尔雅·广言》："奚，何也。"

4 一匹雏：一只小鸡。

5 百钧："钧"，古衡名。三十斤也。百钧，三千斤。

6 乌获：秦人，秦武王时之力士，能举千钧。

7 弟：同悌。

8 先：当后而前也。

9 行：之行二行字，皆读去声，余如字。

10 假馆：假借馆舍以居也。

11 有余师：犹言随处是师也。"余"，多也。

今译

曹交问孟子道:"人人都可以做到像尧舜那样,有这个说法吗?"孟子说:"是的。"曹交说:"我听说周文王身高十尺,商汤身高九尺;现在交有九尺四寸高,只会吃饭罢了,要怎样才可以成为尧舜呢?"孟子说:"这和身高有什么关系?只要去实行就好了。譬如有个人在这里,他的力量不能超过一只小鸡,他就是个没有力量的人了。现在他说能举起三千斤重的东西,就算他是有力量的人了。这么来看,能举起乌获所举的重量,就可以成为现在的乌获了。谈到做人之理,难道怕有什么困难而做不到的吗?只因他不肯去做罢了。在长辈后面慢慢地走,叫作悌;急急地走在长辈前面,叫作不悌。慢慢地走,难道人不能够做到吗?实是不肯做啊。原来尧舜的道理,不过孝悌二字罢了。你穿尧所穿的衣服,说尧所说的话,做尧所做的事,你也就是尧了;你穿桀的衣服,说桀的话,做桀的事,你也就是桀了。"曹交说:"我能去见邹君,可向他借一宿舍,希望留在这里受业于先生的门下。"孟子说:"道理就像大路一样,岂是那么难以明晓吗?只怕人不肯去研究罢了。你回家去研究,随时随地都是道理,随时随地都有先生。"

章旨

此章言孝悌本乎天性,不假外求,但在为之而已矣。

(二十三)小弁章

公孙丑问曰:"高子[1]曰:'小弁[2],小人之诗也。'"孟子曰:"何以言之?"曰:"怨[3]。"曰:"固[4]哉,高叟之为[5]诗也!有人于此,越人关弓而射之[6],则己谈笑而道[7]之。无他,疏之也。其兄关弓而射之,则己垂涕泣而道之。无他,戚[8]之也。小弁之怨,亲亲也;亲亲,仁也。固矣夫,高叟之为诗也!"曰:"凯风[9]何以不怨?"

曰："凯风，亲之过小 [10] 者也。小弁，亲之过大 [11] 者也。亲之过大而不怨，是愈疏也。亲之过小而怨，是不可矶也。愈疏，不孝也；不可矶 [12]，亦不孝也。孔子曰：'舜其至孝矣。五十而慕 [13]。'"

今注

1 高子：齐人。

2 小弁：《诗经·小雅》篇名。赵注："谓伯奇之作。伯奇，尹吉甫之子。事见蔡邕琴操。"朱注："周幽王娶申后，生太子宜白；又得褒姒生伯服，而黜申后，废宜白，于是宜白之傅，为作此诗，以叙其哀痛迫切之情也。"

3 怨：抱怨亲之过。

4 固：执滞不通也。

5 为：治也。

6 关弓而射之：关，与弯同。射，读石音。

7 道：语也。

8 戚：亲也。

9 凯风：《诗经·邶风》篇名。朱注："卫有七子之母，不能安其室，七子作此以自责也。"此采郑笺之说。焦循《正义》据《诗序》云："孝子能尽其孝道，以慰其母心而成其志。"孔疏有"母遂不嫁"之说。谓七子之母，仅有欲嫁之心，后为七子所感，而不复嫁，故孟子以为过之小者。

10 亲之过小：谓其失在一身而已。

11 亲之过大：谓所关在天下国家之大也。

12 矶：朱注："水激石也。"不可矶，言微激之而遽怒也。

13 五十而慕：朱注："言舜犹怨慕，小弁之怨，不为不孝也。"焦循《正义》曰："孟子引舜之五十而慕，以证《凯风》之不怨，非以证《小弁》之怨也。"按：焦说与朱注异，兹仍依朱注。

今译

公孙丑问孟子道："高子说：'《诗经·小弁》篇，是小人作的诗。'"孟子说："怎么见得？"公孙丑："他说是为着怨恨呢。"孟子说："高老的解诗太固执呀！比如有个人在这里，看见越人弯着弓要射他，便连说带笑地劝他不要射，这没有别的，因为同越人是很疏远的。如果是哥哥弯着弓要射人，必定流着涕泪劝他不要射，这没有别的，因为是手足的情分啊。《小弁》这篇诗的怨，是亲爱他的父亲；亲爱他的父亲，正是仁呢。高老的解诗太固执呀！"公孙丑说："《凯风》那篇诗，为什么不怨呢？"孟子说："《凯风》诗中，母亲过错小；《小弁》诗中，父亲过错大。父亲过错大还不怨，不免太疏远亲思了；母亲过错小还要怨，未免太激动而不容忍母亲。疏远父亲，不容忍母亲，都是不孝啊！孔子曾说：'舜是最孝顺的，到了五十岁，还怨着自己而慕念父母。'"

章旨

此章阐明"仁亲"之旨，故《小弁》有怨，而《凯风》不怨。

（二十四）宋牼章

宋牼[1]将之楚；孟子遇于石丘[2]。曰："先生将何之？"曰："吾闻秦楚构兵[3]。我将见楚王说[4]而罢之。楚王不悦，我将见秦王说而罢之。二王，我将有所遇[5]焉。"曰："轲[6]也，请无问其详，愿闻其指[7]。说之将何如？"曰："我将言其不利也。"曰："先生之志则大矣，先生之号[8]则不可。先生以利说秦楚之王；秦楚之王悦于利以罢三军之师，是三军之士，乐罢而悦于利也。为人臣者，怀[9]利以事其君；为人子者，怀利以事其父；为人弟者，怀利以事其兄；是君臣，父子，兄弟，终去仁义怀利以相接[10]；然而不亡者，未之有也。先生以仁义[11]说秦楚之王，秦楚之王，悦于仁义而罢三军之师，是三军之士乐罢而悦于仁义也。为人臣者，怀仁义以事其君；为人子者，怀仁义以事其父；为人弟者，怀仁义以事其兄：是君臣，父子，兄弟，去利怀仁义以相接也。然而不王[12]者，未之有也。何必曰利。"

今注

1 宋牼：赵注："宋人，名牼。"《庄子·天下》篇有宋钘，《荀子·非十二子》篇亦有宋钘。杨注："宋钘宋人，与孟子尹文子彭蒙慎到同时。孟子作宋牼。钘与牼同音，口茎反。"按：宋牼宋钘，盖为一人。

2 石丘：地名。又作石邱。或云宋地。

3 构兵：交兵。

4 说：音税。以言语喻人，使从己也。

5 遇：合也。

6 轲：孟子尊重对方，故自称名。

7 指：同旨。即"意向"。

8 号：谓用号召之名。

9 怀：内心之思念。

10 接：合，会。

11 仁义：二字乃至道之张本。可化干戈为玉帛。正与"利"有别。孟子平生大经纶大学问即在此"仁义"二字。

12 王：读旺。谓以德行仁，天下归往也。

今译

宋牼将去楚国，孟子在石丘遇见他，就问道："先生将往哪里去？"宋牼说："我听说秦楚两国将要交战，我打算去见楚王，劝说他罢兵。如果楚王不喜欢听我的话，我打算再去见秦王，劝说他罢兵。这两个国王中，总有一个会和我意见相合的。"孟子说："轲也不必请问个仔细，只愿听你所说旨趣，你预备怎么说？"宋牼说：

"我预备说交战不利啊。"孟子说："先生的志向很大，先生的口号却是不可以的。先生用利去劝秦楚的国王，秦楚国王为着贪利，便罢三军的兵，这三军将士也高兴罢兵而会爱私利了。从此，做臣子的，存着利心去侍奉他的君王；做儿子的，存着利心去侍奉他的父亲；做弟弟的，存着利心去侍奉他的哥哥。这样一来，君臣、父子、兄弟之间，完全抛弃了仁义，只存着利心去交接，这样还不亡是没有的。先生如用仁义去劝说秦楚的国王，秦楚国王喜欢了仁义，便罢去三军的将士，这三军的将士，都乐于罢兵而喜欢仁义。做臣子的，存着仁义心去侍奉他的国君；做儿子的，存着仁义心去侍奉他的父亲；做弟弟的，存着仁义心去侍奉他的哥哥。这样一来，君臣、父子、兄弟，完全抛弃了利的想法而存着仁义之心来相交接。这样还不能使人民归往而治天下，也是没有的。何必要说利呢？"

章旨

此章因宋牼之游说，明辨义利之殊。

（二十五）居邹章

孟子居邹，季任为任处守[1]；以币交，受之而不报[2]。处[3]于平陆。储子[4]为相；以币交，受之而不报。他日，由邹之任，见季子；由平陆之齐，不见储子。屋庐子喜曰："连得间矣[5]。"问曰："夫子之任见季子，之齐不见储子：为其为相与？"曰："非也。书曰[6]：'享多仪[7]，仪不及物曰不享[8]，惟不役[9]志于享。'为其不成享[10]也。"屋庐子悦。或问之。屋庐子曰："季子不得之邹[11]，储子得之平陆[12]。"

今注

1　季任为任处守：季任，任君之弟。任，小国，风姓。任君朝会于邻国，季任为之居守其国，故曰"处守"。

2　不报：朱注："来见则当报之，但以币交，则不必报也。"

3　处：居也。

4　储子：齐人，为齐相。

5　连得间矣：屋庐子名连。朱注："屋庐子知孟子之处此必有义理，故喜得其闲隙而问之。"

6　书曰：《周书·洛诰》之篇。

7　享多仪："享"，奉献。"多"，重。言奉献以礼仪为重也。

8　仪不及物曰不享："物"，事。"不及"，不足。谓礼仪所当行之事不足，即是不献享，故曰"不享"。

9　役：用。

10　为其不成享：因其不成献享之礼，故不享。朱注："孟子释书意如此。"按：朱注非，应是孟子释所以之齐不见储子之因也。

11　季子不得之邹：谓季子为君居守，不得越境至邹，以见孟子，则以币交而礼已尽。

12　储子得之平陆：谓储子为齐相，可以至齐之平陆，乃交但以币交，可见尊贤之意不足也。赵注："言君子交接，动不违礼，享见之仪，亢答不差。是以孟子或见或否，各以其宜者也。"

今译

孟子住在邹国的时候，季任替他哥哥任君留守任国，使人拿币帛来交给孟子，孟子接受了，并不答谢他。孟子住在平陆的时候，储子做齐国的宰相，也使人拿币帛来交给孟子，孟子接受了，也不答谢他。后来孟子由邹国到了任国，特去见季任，由平陆到齐国，却不去见储子。屋庐子知道后很高兴地说："我可以有机会去请教夫子了。"因问孟子道："夫子到任国去见任子，到齐国却不见储子，是不是因储子只做个宰相呢？"孟子说："不是的。《书经》上说：'奉献礼品应以礼节为重，如果礼节不及礼品，就等于没有奉献，因为他没有诚意。'我不去见储子，就是因他不成奉献的礼数。"
屋庐子听了非常悦服。有人问他什么意思，屋庐子说："季子有守
国的责任，所以不能亲自来见孟子；储子是齐国的宰相，可以到平
陆来见孟子的。"

章旨

此章言君子交接之际，皆以礼为准。

（二十六）淳于章

淳于髡[1]曰："先名实[2]者，为人也。后名实者，自为[3]也。
夫子在三卿[4]之中，名实未加于上下[5]而去之。仁者[6]固如此乎？"
孟子曰："居下位，不以贤事不肖者，伯夷也。五就汤，五就桀者，
伊尹也。不恶污君，不辞小官者，柳下惠也。三子者不同道，其趋[7]
一也。一者何也？曰，仁也。君子亦仁而已矣。何必同！"曰："鲁
缪公之时，公仪子[8]为政，子柳[9]子思为臣，鲁之削[10]也滋甚。若
是乎贤者之无益于国也？"曰："虞[11]不用百里奚而亡；秦缪公用
之而霸。不用贤则亡；削，何可得与！"曰："昔者王豹[12]处于淇[13]
而河西善讴；绵驹[14]处于高唐，而齐右善歌；华周[15]杞梁[16]之妻，
善哭其夫而变国俗。有诸内必形诸外。为其事而无其功者，髡未尝
睹之也。是故无贤者也；有，则髡必识之。"曰："孔子为鲁司寇[17]，
不用[18]。从而祭，燔肉[19]不至；不税冕而行[20]。不知者以为为肉也；
其知者以为为无礼[21]也。乃孔子则欲以微罪行，不欲为苟去。君子
之所为，众人固不识也。"

今注

1　淳于髡：齐国赘婿，博闻强记，滑稽多变；数使诸侯，未
尝屈辱。

2　名实：朱注："名，声誉也。实，事功也。"

3　为：为人、自为、为肉、为无礼之"为"皆读去声。

4　三卿：《礼记·王制》："大国三卿。"按：指司马、司徒、司空而言。

5　名实未加于上下：朱注："言上未能正其君，下未能济其民也。"

6　仁者：朱注："无私心，而合天理之谓。"

7　趋：读去声。志趣，归向。

8　公仪子：名休，鲁博士。相缪公，奉法循理，百官自正。

9　子柳：泄柳也。鲁贤士。字子柳。

10　削：国土日削也。"削"，有侵夺义。

11　虞：国名。舜之先封于虞。武王克殷，封虞仲于此。故城在今山西省平陆县东北。

12　王豹：卫人，善讴。

13　淇：水名。

14　绵驹：齐人，善歌。处于高唐（齐西邑）而齐右（齐之西部）化之。言齐西之人皆善歌。按焦循《正义》："讴歌同一长言，而歌依于乐，讴不依于乐。其所以分也。"

15　华周：一作华舟，即华旋，齐国大夫。

16　杞梁：名殖，齐国大夫，庄公伐莒时，与华周共战死。事见《左传·襄公二十三年》及《列女传》。

17　司寇：官名，古六卿之一。掌刑狱。

18　不用：谓言不见用。

19　燔肉：祭肉。

20　不税冕而行："税"，同脱。"冕"，与祭时所戴礼冠。大夫以上之礼冠，不可作常冠戴之以行者。而孔子乃放置其冕不及，即便离去，喻匆促也。

21 为无礼："为"，因也。

今译

淳于髡向孟子说："先讲求名声和事业的人，是为着利益众人；后讲求名声和事业的人，是为着独善己身。夫子位列三卿之中，名声和事业在上没能做到匡正国君，在下没能做到助济人民，就辞职而去，仁人应该是这样的吗？"孟子说："宁愿待在下位，不愿用自己的贤才去侍奉不贤的君主，那是伯夷。五次去归就汤，五次去归就桀，那是伊尹。不讨嫌卑污的国君，不推辞低微的小官，那是柳下惠。这三个人的行径虽是不同，但他们的趋向却是一致的。一致的是什么？便是仁道。君子所求的也不过是仁道罢了，何必一定要行径相同呢？"淳于髡说："鲁缪公时，公仪子执掌国政，泄柳、子思都是臣子，可是鲁国的土地被侵夺更厉害，贤人对于国家的无益，竟是这样的啊！"孟子说："虞国不用百里奚就亡了国，秦国用了他，就称霸诸侯，不用贤人，便遭亡国之痛，连那国土被侵夺的情形也得不到啊！"淳于髡说："从前王豹住在淇水，河西的人都善于讴；驹住在高唐，齐国西部的人都善于歌。华周和杞梁的妻子，善于哭她们的丈夫，改变了齐国的风俗，所以一个内有才学的人必定会表现出来。若是有才学的人做了这件事，还不能收到功效，我从来没有见过。所以，现在真是没有贤人，如果有，我必定知道。"孟子说："从前孔子做鲁国的司寇不受重用，有一次随鲁君祭祀，又没有分给祭肉，于是孔子连礼帽都来不及脱，便匆忙地走了。不知道的人，以为孔子是为祭肉；知道的人，以为鲁君对孔子无礼。殊不知孔子是特借他的小过失而离开，不愿苟且地出走。君子行事，不是一般人所能了解的。"

章旨

此章言君子行事，自有礼义，淳于髡徒夸"名实"，如何识得仁贤。

（二十七）五霸章

孟子曰："五霸[1]者，三王[2]之罪人也；今之诸侯，五霸之罪人也；今之大夫，今之诸侯之罪人也。天子适[3]诸侯曰巡狩，诸侯朝于天子曰述职[4]。春省耕[5]而补不足，秋省敛[6]而助不给。入其疆，土地辟[7]，田野治，养老尊贤，俊杰在位，则有庆[8]；庆以地。入其疆，土地荒芜，遗老失贤，掊克[9]在位，则有让[10]。一不朝，则贬其爵；再不朝，则削其地；三不朝，则六师移之[11]。是故天子讨而不伐[12]，诸侯伐[13]而不讨。五霸者，搂[14]诸侯以伐诸侯者也。故曰，五霸者，三王之罪人也。五霸桓公为盛。葵丘[15]之会；诸侯束牲载书[16]而不歃血[17]。初命曰：'诛不孝；无易树子[18]；无以妾为妻。'再命曰：'尊贤育才，以彰有德。'三命曰：'敬老慈幼，无忘宾旅。'四命曰：'士无世官；官事无摄[19]；取士必得无专杀大夫[20]。'五命曰：'无曲防[21]，无遏籴[22]；无有封而不告[23]。'曰：'凡我同盟之人，既盟之后，言归于好。'今之诸侯，皆犯此五禁。故曰，今之诸侯，五霸之罪人也。长君之恶[24]其罪小，逢君之恶[25]其罪大。今之大夫皆逢君之恶。故曰，今之大夫，今之诸侯之罪人也。"

今注

1 五霸：指春秋齐桓公、晋文公、秦穆公、宋襄公、楚庄王之五伯。"霸"，又作伯。

2 三王：指三代夏禹、商汤、周文武之三王。

3 适：往也。

4 述职：诸侯朝于天子，陈述其职守。

5 省耕：省察人民之耕种情形。

6 省敛："省"，审察。"敛"，收聚。谓审察人民之收成。

7　辟：开拓也。

8　庆：赏。

9　掊克：聚敛朘民之臣。

10　让：读上声，责也。

11　六师移之："六师"，谓天子之六军。"移之"，谓讨伐而变置之。

12　讨而不伐：朱注："讨者，出命以讨其罪，而使方伯连师，帅诸侯以伐之也。"

13　伐：奉天子之命，声其罪以伐之。

14　搂：强牵也。谓"五霸强牵诸侯以伐诸侯，不以王命也。"

15　葵丘：春秋宋地。在今河南省东仁县境。有葵丘聚。按《考城县志》："葵丘东有盟台。其地名盟台乡。"

16　束牲载书："束牲"，谓缚其牲而不杀。"载书"，盟书。

17　歃血：血，谓盟以示信。

18　无易树子：朱注："树，立也。已立世子，不得擅易，初命三事，所以终身正家之要也。"

19　官事无摄：朱注："当广求贤才以充之，不可阙人废事也。"

20　无专杀大夫：大夫有罪，则当请命天子，而后杀之。"专"，擅专也。

21　曲防：曲为堤防，或壅之不使流入邻国，或决之以邻国为壑也。

22　遏籴：谓邻国有灾荒，不可闭籴使其民不得食。

23　无有封而不告：谓不得专封国邑而不告于天子。

24　长君之恶：朱注："君有过不能谏，又顺之者，长君之恶也。"

25　逢君之恶：朱注："君之过未萌，而先意导之者，逢君之恶也。"

今译

　　孟子说："春秋时的五霸，都是三王的罪人；现在的诸侯，又是五霸的罪人；现在的大夫，又是今日诸侯的罪人。天子到诸侯的国里，叫作巡狩；诸侯朝见天子，叫作述职。春天要审察百姓的耕种，并补给他们的不足；秋天要审察百姓的收获，并补助他们的不足。天子走进诸侯的国境，看见土地已经开辟，田野已经耕种，敬养老人，尊重贤人，有才能的人都有了职位。这样就有赏，赏的是土地。如果走进他的国境，看见土地皆荒芜，遗弃老人，不用贤人，聚敛剥削的人皆有职位。这样就要加大惩罚。诸侯一次不来朝见，就降低他的爵位；再不来朝见，就削减他的封地；三次不来朝见，就出动六师征讨他，另外立一个诸侯。天子只下令声讨有罪的诸侯，不亲自去攻伐。诸侯是奉命攻伐有罪的诸侯，不擅自出令声讨。五霸这些人，竟然强迫诸侯去讨伐诸侯，所以说五霸是三王的罪人。五霸当中，要数齐桓公最强盛。他在葵丘会合诸侯时，只是缚好牲畜，上载盟书，并不杀牲取血来立誓言。盟誓第一条说：'诛戮不孝的人，不更换太子，不立妾为妻。'第二条说：'尊重贤人，培植英才，以表扬有德行的人。'第三条说：'尊敬老人，慈爱幼小，不要忘记款待外来的旅客。'第四条说：'士的爵位，不得世袭；官任一职，不得兼差；取拔真才之士，不得擅杀大夫。'第五条说：'不建筑曲堤，免害邻国；不得禁止籴米；不得有所封赏，而不上报天子。'最后又叮咛说：'凡是我同盟的人，签约以后，就要携手合作，一切都要遵照盟约，共同和好。'现在的诸侯，都违反了这五条盟约。所以说现在的诸侯是五霸的罪人啊！任意屈从国君的恶，他的罪还小；先意迎合引诱他国君的恶，他的罪可大了。现在的大夫，都是迎合国君的恶，所以说，现在的大夫，都是现今诸侯的罪人啊！"

章旨

　　此章痛王道之不行，世风日坏，特指陈大夫诸侯之罪，借警当世。

（二十八）鲁欲章

鲁欲使慎子[1]为将军。孟子曰："不教民而用之[2]，谓之殃民。殃民者，不容于尧舜之世。一战胜齐，遂有南阳[3]，然且不可。"慎子勃然不悦曰："此则滑釐所不识也。"曰："吾明告子。天子之地方千里；不千里，不足以待诸侯[4]。诸侯之地方百里；不百里，不足以守宗庙之典籍[5]。周公之封于鲁，为方百里也；地非不足而俭[6]于百里。太公[7]之封于齐也，亦为方百里也；地非不足也，而俭于百里。今鲁方百里者五。子以为有王者作，则鲁在所损[8]乎？在所益乎？徒取诸彼以与此，然且仁者不为；况于杀人以求之乎！君子之事君也，务引其君以当道[9]，志于仁[10]而已。"

今注

1　慎子：名滑釐，鲁臣。赵注："慎子善用兵者。"

2　不教民而用之：朱注："教民者，教之礼义：使之入事父兄，出事长上也。用之，使之战也。"

3　南阳：齐地名。今山东省邹县。

4　待诸侯：朱注："谓待其朝觐聘问之礼。"

5　宗庙之典籍：朱注："祭祀会同常制也。"

6　俭：约也，少也。俭于百里，谓少于百里也。

7　太公：即姜尚。

8　损：减之也。

9　当道：朱注："谓事合于理。"

10　志于仁：谓一心专意在仁。"志"，心之所向往也。

今译

鲁国想使慎子做将军。孟子说："不教百姓习礼义，就令他们去打仗，这叫作害民。断不能容于尧舜的时代。即使打胜了齐国，取得了南阳，也是不可以的。"慎子变了脸色，不高兴地说："这种话，我滑釐听不懂。"孟子说："我明白地告诉你：周家初定制度，天子之地是方圆千里，没有方圆千里，就不足以接待诸侯；诸侯之地是方圆百里，没有方圆百里，就不足以保守宗庙的典制册籍。周公封在鲁国的土地，是方圆百里，并不是周家的土地不够，而是只给他方圆百里。姜太公封在齐国的土地，也是方圆百里，这并不是周家土地不够，而是只给他方圆百里。现在鲁国已有方圆百里的五倍，你以为有圣王出来，那么鲁国土地，是应该减少，还是增多呢？就是不杀一人去把齐国南阳取来给鲁国，仁人尚且不肯做，何况要杀人去求取呢？君子侍奉君上，专在引导他做合于道理的事，存心在仁德上就是了。"

章旨

此章严责慎子不可好战殃民，应引君当道而志于仁。

（二十九）今之章

孟子曰："今之事君者，皆曰：'我能为君辟土地，充府库[1]。'今之所谓良臣，古之所谓民贼[2]也。君不乡道[3]，不志于仁，而求富之，是富桀[4]也。'我能为君约与国[5]，战必克。'今之所谓良臣，古之所谓民贼也。君不乡道，不志于仁；而求为之强[6]战，是辅桀也。由今之道，无变今之俗，虽与之天下，不能一朝居也[7]。"

今注

1　辟土地，充府库：赵注："辟土地，侵邻国也；充府库，重赋敛也。""辟"，开拓也。"充"，满也。

2　民贼：残害良民之蟊贼。

3　乡道："乡"，同向。即向往于道也。

4 桀：夏桀，谓若夏桀也。

5 约与国："约"，要结。"与国"，和好相与之国。今言"盟邦"或"同盟国"。

6 强：有奋力为之之义。

7 不能一朝居也：赵注："不能自安一朝之间居其位也。"朱注："言必争夺而至于危亡也。"

今译

孟子说："现在侍奉国君的人，都说：'我能替国君开拓土地，充实府库。'这是现在所叫的良臣，古时却叫作民贼呢！国君心不向着道义，志不在施行仁政，还为他想法子求富足，这是等于替夏桀求富足呢！又说：'我能替国君联结盟国，打仗必定获胜。'这是现在所叫的良臣，古时却叫作民贼呢！国君心不向着道义，志不在施行仁政，还想法替他拼命打仗，真是帮助夏桀呢！照现在的做法，不能改变现在的恶劣风俗，就是把天下送给他，也不能有一天的太平啊！"

章旨

此章特戒当时国君，勿以民贼为良臣，自取败亡之道。

（三十）白圭章

白圭[1]曰："吾欲二十而取一[2]，何如？"孟子曰："子之道，貉[3]道也。万室之国，一人陶[4]，则可乎？"曰："不可，器不足用也。"曰："夫貉，五谷不生，惟黍生之。无城郭宫室宗庙祭祀之礼；无诸侯币帛饔飧[5]；无百官有司[6]。故二十取一而足也。今居中国，去人伦，无君子[7]，如之何其可也？陶以寡，且不可以为国，况无君子乎！欲轻之于尧舜之道者，大貉小貉也；欲重之于尧舜之道者，大桀小桀也。"

今注

1　白圭：名丹。赵注："周人也，节以货殖，欲省赋利民，使二十而税。"

2　吾欲二十而取一：谓欲更税法，二十分取其一分。

3　貉：音陌。北方夷狄之国名。

4　陶：烧窑。

5　饔飧：熟食。朝曰饔，夕曰飧。

6　有司：官吏。

7　去人伦，无君子：赵注："今之居中国，当行礼义，而欲效夷貉，无人伦之叙、无君子之道，岂可哉？"朱注："无君臣交际之礼，是去人伦；无百官有司，是去君子。"

今译

白圭说："我要将税率改为由二十分抽取一分，怎么样呢？"孟子说："这种方法是貉国的税法。譬如有一万户的国家，只有一个人烧制窑器，这可以吗？"白圭说："不可以的。因为所烧的窑器不够用。"孟子说："夷狄貉国这些地方不能生长五谷，只有点黍生长。没有城郭、官室、宗庙、祭祀的礼制，没有诸侯往来送礼宴客诸应酬，也没有各级官吏的设置，所以赋税二十分抽取一分就够了。现居住中国，倘若抛弃各种人伦礼节，不要官吏的设置，那怎么可以呢？陶器，因烧窑的人少，尚且不够国人使用，何况没有各级官吏办事吗？所以要想减轻尧舜所定什一的税率，就是大貉、小貉了。需要加重尧舜所定什一的税率，就是大桀、小桀了。"

章旨

此章斥白圭主张轻税之法不可用，以明先王什一税法甚合理。

（三十一）丹之章

白圭[1]曰："丹之治水[2]也愈[3]于禹。"孟子曰："子过矣！禹之治水，水之道[4]也。是故禹以四海为壑[5]。今吾子以邻国为壑[6]。水逆行，谓之洚水[7]；洚水者，洪水也。仁人之所恶也。吾子过矣！"

今注

1　白圭：魏昭王臣，名丹，字圭。

2　丹之治水：朱注："当时诸侯有小水，白圭为之筑堤，壅而注之他国。"《韩非子·喻老》："千丈之堤，以蝼蚁之穴溃……故曰白圭之行堤也，塞其穴……是以白圭无水患。"

3　愈：胜也。犹言"超过"。

4　水之道：朱注："顺水之性也。"《正义》曰：水之道犹云水之路，谓水所行之路，而禹顺导之耳。

5　四海为壑：赵注："禹除中国之害，以四海为沟壑，以受其害水，故后世赖之。""壑"，沟也。受水之处也。

6　邻国为壑：赵注："今子除水，近注之邻国，触于洚水之名，仁人恶为之。"

7　洚水：水不遵道而行也，即洪水。朱注："水逆行者，下流壅塞，故水逆流。今乃壅水以害人，则与洪水之灾无异也。"

今译

白圭说："我治水要超过夏禹。"孟子说："你说错了。夏禹治水，是顺从水性自然，所以夏禹把水引至四海。如今你的邻国为受水之处。水倒着流灌，叫作洚水。洚水就是泛滥的洪水，是仁人所最厌恶的。你错了。"

章旨

此章言君子除害，当普及全民。深责白圭不知治水之道。并戒其言大而夸。

（三十二）君子章

孟子曰："君子不亮[1]，恶乎执[2]？"

今注

1 亮：同谅，信也。赵注引《论语》曰："'自古皆有死，民无信不立'，是重信之至也。"

2 恶乎执：赵注："君子之道，舍信将安执之。"朱注："言凡事苟且，无所执持也。"

今译

孟子说："君子若是没有诚信，又怎能坚守住信念呢？"

章旨

此章强调操持、定见，是从诚信中来。

（三十三）乐正章

鲁欲使乐正子[1]为政。孟子曰："吾闻之，喜而不寐。"公孙丑曰："乐正子强[2]乎？"曰："否！""有知虑[3]乎？"曰："否！""多闻识[4]乎？"曰："否！""然则奚为喜而不寐？"曰："其为人也好善。""好善足乎？"曰："好善优[5]于天下，而况鲁国乎！夫苟[6]好善，则四海之内，皆将轻千里[7]而来，告之以善。夫苟不好善，则人将曰訑訑[8]。'予既已知之矣！'訑訑之声音颜色，距人于千里之外；士止于千里之外，则谗谄面谀[9]之人至矣。与谗谄面谀之人居，国欲治，可得乎？"

今注

1　乐正子：名克，鲁人，孟子弟子。

2　强：有果敢之义。

3　知虑：犹知谋而达也。

4　闻识：犹艺也。朱注："此三者，皆当世之所尚，而乐正子之所短，故丑疑而历问之。"

5　优：朱注："有余裕也。言虽治天下，而尚有余力也。"

6　苟：诚也。即"真"义。

7　轻千里：谓不以千里为难也。"轻"，易也。做动词用。

8　訑訑：朱注："自足其智，不嗜善言之貌。"訑，音怡。

9　谗谄面谀："谗"，崇恶饰言以毁善害能也。"谄"，逢迎也。"面谀"，谓当其面谄媚之。

今译

鲁国想要乐正子主持政事。孟子说："我听到这消息高兴得睡不着觉。"公孙丑说："乐正子办事能力很强吗？"孟子说："不是。"公孙丑说："有智谋能决断大事吗？"孟子说："不是。"公孙丑说："他经验丰富吗？"孟子说："不是。"公孙丑说："那么夫子为什么高兴得睡不着呢？"孟子说："他为人喜欢行善事。"公孙丑说："喜欢行善就足够治国了吗？"孟子说："喜欢行善，就是治天下都有余，何况治理鲁国呢？真能喜欢行善事，那么四海之内的百姓，都将不怕千里之远赶来告诉他的善事。要是真不喜欢善事，人将批评他说：'他自信太强，以为天下的善事，我都早已知道了。'像这种自信太强，不接受他人善言的声音和面色，就会拒绝善人在千里以外。拒绝善人在千里以外，那么专事谄媚阿谀的人都来了。同这些人住在一起，要想把国家治好，还能够做到吗？"

此章言从政应具雍容雅量之风范，不贵一才一艺，乐正子好善，正是治国之槃槃大才。

（三十四）陈子章

陈子[1]曰："古之君子，何如则仕？"孟子曰："所就三；所去三。迎之致敬以有礼，言将行其言也，则就之。礼貌未衰，言弗行也，则去之。[2]其次：虽未行其言也，迎之致敬以有礼，则就之。礼貌衰，则去之。[3]其下：朝不食，夕不食，饥饿不能出门户。君闻之曰：'吾大者不能行其道，又不能从其言也。使饥饿于我土地，吾耻之。'周之[4]亦可受也；免死而已矣。"[5]

今注

1　陈子：即陈臻，孟子弟子。

2　"迎之致敬有礼"至"则去之"：朱注："所谓见行可之仕，若孔子于季桓子是也。受女乐而不朝，则去之矣。"

3　"其次"至"礼貌衰，则去之"：朱注："所谓际可之仕，若孔子于卫灵公是也。故与公游于囿，公仰视蜚雁而后去之。"

4　周之：周济之。"周"，同赒。

5　"其下"至"免死而已矣"：朱注："所谓公养之仕也，君之于民，固有周之之义，况此又有悔过之言，所以可受。然未至于饥饿而不能出门户，则犹不受也，其曰免死而已，则其所受亦有节矣。"

今译

陈子问："古时候的君子，要怎样才可出来做官？"孟子说："就职情形有三种，离职情形也有三种：国君接待他，非常恭敬而有礼，并且要照他所说的话去做，即可就职；礼节招待没有改变，却不能照他的话去做，即可离职。次一等的，国君虽没能照他的话去做，但是接待时非常恭敬而有礼，即可就职；礼节减退，就可离职。再下一等的，早上没得吃，晚上没得吃，饥饿得连门户都走不出，国君知道了说：'我在大处不能实行他的理想，其次不能听他的话，叫他在我国受饥饿，我觉得是耻辱。'于是周济他，这样也可以接受，只求免于一死罢了。"

章旨

此章言君子为仕而行道，听言为上；礼节次之；困免而死，斯为下矣。

（三十五）舜发章

孟子曰："舜发于畎亩之中[1]，傅说[2]举于版筑[3]之间，胶鬲[4]举于鱼盐之中，管夷吾举于士[5]，孙叔敖[6]举于海，百里奚[7]举于市。故天将降大任于是人也，必先苦其心志，劳其筋骨，饿其体肤，空乏[8]其身，行拂[9]乱其所为；所以动心忍性[10]，曾[11]益其所不能。人恒过，然后能改[12]。困于心，衡于虑，而后作[13]。征于色，发于声，而后喻[14]。入则无法家拂士[15]，出[16]则无敌国外患者，国恒亡。然后知生于忧患，而死于安乐也[17]。"

今注

1 舜发于畎亩之中："发"，起也。"畎"，田沟。"亩"，田垄。畎亩之中，即田间也。舜初耕于历山，是起自田间而为天子也。

2 傅说："说"，读悦。曾筑于傅岩，殷武丁举以为相。

3 版筑：如今"泥水匠"，为营建事。筑墙以两版相夹，置土其中，而以杵筑之也。

4　胶鬲：殷贤人，初隐于商，周文王于鬻贩鱼盐之中得其人，举而进之于纣。按：胶鬲之事，见《吕氏春秋·诚廉》篇、《吕氏春秋·贵因》篇，及《国语·晋语》、《韩非子·喻老》篇，皆为纣臣。赵佑《温故录》所云：盖有所本。至"鱼盐之说"，焦循谓别无可证。

5　管夷吾举于士："管夷吾"，即管仲。初相公子纠，失败被囚。友人鲍叔牙荐之于桓公，任以为相。"士"，狱官。

6　孙叔敖：即楚之芶敖，字孙叔。其父贾被杀，乃窜处淮海之滨，而庄王举以为相。

7　百里奚：春秋虞人。字井伯。详见《万章篇》。

8　空乏："空"，读去声。"空"亦乏也。即匮乏。

9　拂：逆，戾。言所遭遇，屡受挫折。

10　动心忍性：赵注："动惊其心，坚忍其性，使不违仁。"

11　曾：同增。

12　人恒过，然后能改：赵注："人常以有缪思过行，不得福，然后施更其所为，以不能为能也。"

13　困于心，衡于虑，而后作：赵注："困，悴于心；衡，横也。横塞其虑于胸中，而后作为奇计异策，愤激之说也。"《正义》："近时通解'作'为兴起，谓之谋虑阻塞不通，然后乃能奋兴而为善也。此过之穷麌于己者。"

14　征于色，发于声，而后喻：朱注："此又言中人之性，常必有过，然后能改；盖不能谨于平日，故必事势穷麌，以至困于心，横于虑，然后能奋发兴起；不能烛于几微，故必事理暴著，以至验于人之色，发于人之声，然后能警悟而通晓也。"

15　入则无法家拂士："入"，谓国内也。"拂"，通弼。"法家"，谓法度之世臣也。"拂士"，谓辅弼之贤士也。

16　出：谓国外也。

17　然后知生于忧患，而死于安乐也：赵注："故知能生于忧患，死于安乐也。死，亡也。安乐怠惰，使人亡其知能也。"焦循《正义》曰："赵氏读知为智，故以知能明之，即德慧术智恒存乎疢疾之义，乃知能可言生，不可言死，故以死为亡。即是安乐怠惰亡其知能。然揆经文之意，然后二字，终不可达，以死为亡，究为曲说。"朱注："以上文观之，则知人生全出于忧患，而死亡由于安乐矣。"（次耘按：赵注似曲说，应依朱注。）

今译

孟子说："虞舜是由田亩间起来做天子的，傅说是由筑墙工人中举用为相的，胶鬲是由贩卖鱼盐商里被荐用的，管仲是从监狱中被举用的，孙叔敖是隐居在海边被发掘举用起来的，百里奚是在街市中做买卖而被举用的。所以上天要将重大的责任交给这个人，一定先困苦他的心志，劳累他的筋骨，饥饿他的躯体，穷乏他的本身，使他所作所为，动辄受打击、受挫折；这都是上天有意激发他的心志，坚忍他的性气，增加他所缺乏的能力。一个人常常犯错误，然后才能改好；要有困悴不畅的心境，横塞不顺的思虑，然后才能奋发振作；要征验在人家的脸色上，发现在人家的声音上，然后才可醒悟了解。国内没有守法度的世臣和辅弼的贤士，国外没有敌对的国家和外来的祸患，这个国家往往会灭亡的。然后可知：在忧患的环境中才能生存，在安乐的环境中便会死亡。"

章旨

此章述贤圣才德之士，多成于痛苦忧患之中。

（次耘按：古今成大事业者，贫困者居十之八九，富厚者仅十之一二。语云："风霜孤露之境，易生奇杰；醉生梦死之地，绝少英豪。"盘根错节，所以别利器也。）

（三十六）教亦章

孟子曰：“教亦多术[1]矣。予不屑[2]之教诲也者，是亦教诲[3]之而已矣。”

今注

1 多术：多种方法也。

2 不屑：赵注：“教人之道多术，我不洁其人之行，故不教诲之。”“屑”，洁也。

3 是亦教诲：朱注：“不以其人为洁而拒绝之，所谓不屑之教诲也。其人若能感此，退自修省，则是亦我教诲之也。”

今译

孟子说：“教导人的方法是有很多的啊！我不屑于教导他，就是已经教导他了。”

章旨

此章言君子教导多方，故特示“不教而教”之妙旨。

尽心篇　第七

（一）尽心章

　　孟子曰："尽其心[1]者，知其性[2]也；知其性，则知天[3]矣。存其心，养其性[4]，所以事天[5]也。夭寿不贰[6]，修身以俟[7]之，所以立命[8]也。"

今注

　　1　心：管子曰："心之在体，君之位也。"朱注："心者，人之神明，所以具众理，而应万事者也。"

　　2　性：王充《论衡》曰："性，生而然者也。"盖即生之实也。按：宋儒分性为气质之性与义理之性。朱子所谓心者，人之神明，所以具众理而应万事者，性则心之所具之理，而天又理之所从出，与程子所云心也，性也，天也，一理也。自理而言谓之天，自禀受而言谓之性，自存诸人而言谓之心。皆义理之性之一种说明也。与汉儒之释性异。

　　3　知天：董仲舒曰："道之大原出于天。"《说文》："天，颠也。至高无上。"盖人类共同心理，即人类至高无上之共同主宰，故曰天。上天有好生之德，《易》曰："天地之大德曰生。""知天"，即知天之好生之德也。

　4　养其性：谓顺其然而无害其本性之善也。

　5　事天：奉承天道而无违也。

　6　夭寿不贰：朱注："夭寿，命之短长也。""贰"，疑也。

　7　俟：待也。

　8　立命：朱注："谓全其天之所付，不以人为害之。"

今译

孟子说："能够尽量发挥自己灵明本心的人，就可以知晓自己所禀赋于天的本性；知晓自己所禀赋于天的本性，就可以知晓天道。保守自己灵明的本心，培养自己的自然善性，就可以侍奉至高无上的天。毫不疑虑，对于寿命的短长，只专意修养自己的身心，以等待那命数，这就是全立天命之道。"

章旨

此章言尽心之道，在存心，养性以事天；修身以立命。（即《中庸》："君子居易以俟命"之义。）

（二）莫非章

孟子曰："莫非命也[1]；顺受其正。是故知命者，不立乎岩墙[2]之下。尽其道而死者，正命[3]也；桎梏[4]死者，非正命也。"

今注

　1　莫非命也："莫"，无也。赵注："人之终，无非命也。命有三名，行善得善曰受命，行善得恶曰遭命，行恶得恶曰随命。惟顺受命为受其正也。"朱注："人物之生，吉凶祸福，皆天所命。"

　2　岩墙：将覆之墙。

　3　正命：赵注："尽修身之道，以寿终者，为得正命也。"

4　桎梏：刑具。所以拘罪人者。朱注："言犯罪而死，与立岩墙之下者同，皆人所取，非天所为也。"

今译

孟子说："人生的吉、凶、祸、福，没有不是天命的，只要顺受其正命就行了。所以知道正命的，不站在将倒的危墙下面。能够尽了修身养性之道，就是正命；为非法而死的，就不是正命。"

章旨

此章言人安命守义，不可轻身忘孝。

（三）求得章

孟子曰："求则得之，舍则失之。是求¹有益于得也；求在我²者也。求之有道³，得之有命⁴。是求无益于得也；求在外者⁵也。"

今注

1　是求：焦循《正义》曰："翟氏灏考异云：两'是求'字，皆作一读。其上二语，皆古语常言。《荀子·不苟》篇云：'操之则得之，舍之则失之。'《文子·符言》篇云：'求之有道，得之有命。'"

2　求在我：朱注："谓仁义礼智，凡性之所有者。"

3　有道：朱注："有道，言不可妄求。"《孟子新解》："道，即方法也。孟子盖谓世之求富贵利达者，虽亦有其求之之道，但果能得富贵与否，终有命在，不能必也。"

4　有命：谓不可必得也。

5　在外者：谓富贵利达等外物。

今译

孟子说："仁义礼智，去求它，就可得着；舍弃它，便要失掉。

这个求是有助于得的，因为这是我自己本性上所固有的。富贵利达，去求它也有方法，但是想得到却有命运，这个求是无助于获得的，因为所求是身外的事物啊！"

章旨

此章特强调"为仁由己，富贵在天"，凡事不可强求。

（四）万物章

孟子曰："万物皆备于我矣[1]。反身而诚[2]，乐莫大焉。强恕[3]而行，求仁莫近焉。"

今注

1 万物皆备于我矣："物"，事也。"我"，身也。万物，指一切关于为人之事物，即人伦与物理。

2 反身而诚："诚"，实也。谓反省自身，皆真实无妄。

3 强恕："强"，勉强。"恕"，推己以及人。赵注："当自强勉以忠恕之道，求仁之术，此最为近。"朱注："反身而诚，则仁矣。其有未诚，则是犹有私意之隔而理未纯也。故当凡事勉强推己及人，庶几心公理得，而仁不远也。"

今译

孟子说："一切人伦事物之理，皆具备在我自己的身上。只要反省自身，真实不欺，这种快乐没有再比它大的了。勉强推行恕道，求仁的途径，没有比这更接近的了。"

章旨

此章示人尽性之学：在反求诸己，真实不欺；强恕行仁，乐在其中。

（五）行之章

孟子曰："行之而不著[1]焉，习矣而不察[2]焉，终身由之，而不知其道者，众也[3]。"

今注

1　著：朱注："著者，知之明。"

2　察：朱注："察者，识之精。"

3　终身由之三句：赵注："由，用也。终身用之，以为自然，不究其道可成君子，此众庶之人也。"焦循《正义》曰："孟子此章亦所以发明易道也。行习，即由之也。察著，即知之也。圣人知人性之善而尽心以教之，岂不欲天下之人皆知道乎！"

今译

孟子说："做了这件事，却不明白它的当然；已经熟习，而不了解它的所以然，一辈子照着做，却不明白其中的道理，实在太多了。"

章旨

此章阐明"道不须臾离"，然百姓日用而不知。

（六）无耻章

孟子曰："人不可以无耻[1]；无耻之耻，无耻矣[2]。"

今注

1　人不可以无耻：赵注："人不可以无所羞耻也。"

2　无耻之耻，无耻矣：赵注："人能耻己之无所耻，是为改行从善之人，终身无复有耻辱之累也。""无耻"，无耻辱也。盖耻，即羞恶之心也。焦循《正义》曰："无耻二字，承上无耻则无耻，即谓无所羞耻也。无所羞耻，而之于耻，是改无耻为耻。"

今译

孟子说："一个人，不可以没有羞耻的心，能够知道没有羞耻的事是可耻的，那么他就不会有耻辱了。"

章旨

此章强调"知耻"乃可免耻。

（七）耻之章

孟子曰："耻之于人大矣！为机变之巧者，无所用耻焉[1]。不耻不若人，何若人有[2]！"

今注

1　为机变之巧者，无所用耻焉：朱注："为机械变诈之巧者，所为之事，皆人所深耻，而彼方且自以为得计，故无所用其愧耻之心也。"

2　不耻不若人，何若人有：朱注："但无耻一事不如人，则事事不如人矣。"或曰："不耻其不如人，则何能有如人之事。"其义亦通。

今译

孟子说："羞耻心对于人生的影响太大了。那些专门玩弄诈术的人，压根儿就没有羞耻心，自己不如人，并不以为可耻，还有什么如人之事呢？"

章旨

此章言耻心极可贵。戒人勿失去耻心。

（八）古之章

孟子曰："古之贤王，好善而忘势；古之贤士，何独不然！乐其道而忘人之势[1]。故王公不致敬尽礼，则不得亟[2]见之；见且由[3]不得亟，而况得而臣[4]之乎？"

今注

1　势：权力。

2　亟：音器。屡次也。

3　由：与犹同。

4　臣：做动词用。以之为臣也。

今译

孟子说："古时候贤明的君王，喜欢他人的善，忘却自己的权势；古时候贤德的士人，又何尝不是这样呢？乐于自己所信守的道，忘却他人的权势。所以当时的王公若不是竭尽自己的敬意和礼貌，就不能常常去见他；常常见他尚且不可，何况能够用那臣下礼接待呢？"

章旨

此章言古贤王固好善忘势，而古贤士亦乐道忘势。

（九）好游章

孟子谓宋句践[1]曰："子好游[2]乎？吾语[3]子游。人知之，亦嚣嚣[4]；人不知，亦嚣嚣。"曰："何如斯可以嚣嚣矣？"曰："尊德乐义[5]，则可以嚣嚣矣。故士，穷[6]不失义，达[7]不离道。穷不失义，故士得己[8]焉；达不离道，故民不失望焉。古之人，得志，泽加于民；不得志，修身见[9]于世。穷则独善其身，达则兼善天下。"

今注

1　宋句践：姓宋，名句践。

2　游：游说。

3　语：读去声。告也。

4　嚻嚻：自得无欲之貌。见《万章篇·割烹章》。

5　尊德乐义：朱注："德，谓所得之善。尊之，则有以自重，而不慕乎人爵之荣。义，谓所守之正。乐之，则有以自安，而不殉乎外物之诱矣。"

6　穷：困穷不适也。

7　达：显通也。

8　得己：不失己之道也。

9　见：同现。赵注："见，立也。独治其身以立于世间，不失其操也。"

今译

孟子对宋句践说："你喜欢游说诸侯吗？我告诉你游说的道理：人家晓得你，你固悠然自得；人家不晓得你，你也要悠然自得。"宋句践说："怎样才能悠然自得呢？"孟子说："以德行为尊贵，以道义为快乐，就可悠然自得了。所以士人在穷困时，不失掉义理；在显通时，不违背正道。穷困时不失掉义理，所以士不失自己的道义；显通时不违背正道，百姓就不会对他失望。古时候的人，得志时，就施恩泽于百姓；不得志时，便修养己身显名于世。穷困时，就独修自身；显达时，就使天下同趋于善。"

章旨

此章示士人游说之道，当"尊德乐义"以效古人。

（十）待文章

孟子曰："待文王而后兴[1]者，凡民[2]也。若夫豪杰之士[3]，虽无文王犹兴。"

今注

1　兴：奋起义。

2　凡民：庸常之人。

3　豪杰之士：有过人之才的智者。

今译

孟子说："等待文王的教化，才奋发有为而向义，是一般的常人。像那些才智杰出的士人，虽然没有文王的教化，也能奋发有为而向义。"

章旨

此章勉人应以豪杰自居，奋发有为。特立独行，不为俗移。

（十一）附之章

孟子曰："附[1]之以韩魏[2]之家，如其自视欿然[3]，则过人远矣。"

今注

1　附：加也，益也。

2　韩魏：晋六卿之富者。

3　欿然：不自满状。"欿"，读坎。赵注："言人既自有家，复益以韩、魏百乘之家，其富贵已美矣，而其人欿然不足，自知仁义之道不足也，此则过人甚远矣。"朱注："尹氏曰：言有过人之识，则不以富贵为事。"

孟子说：“把韩魏两家的财富，都加到他身上。如果他自己看起来，仍然是平淡不自满的样子，他的见识必定超过别人很远了。”

章旨

此章言见道之士，必轻外物，故孔子视富贵如浮云。

（十二）以佚章

孟子曰：“以佚道[1]使民，虽劳不怨；以生道[2]杀民，虽死不怨杀者。”

今注

1　佚道：安民之道也。朱注：“本欲佚之也，播谷乘屋之类是也。”

2　生道：保民之道也。朱注：“本欲生之也，除害去恶之类是也。盖不得已而为其所当为，则虽咈民之欲而民不怨，其不然者反是。”

今译

孟子说：“用求得安逸的道理叫百姓做事，他们虽然劳苦，也不会抱怨；用保护百姓的道理杀罪民，罪民虽死，也不会怨恨杀他的人。”

章旨

此章言治民之道：使之以诚，虽劳无怨；诛之以罪，虽死无恨。

（十三）霸者章

孟子曰：“霸者之民，驩虞[1]如也；王者之民，皡皡[2]如也。杀之而不怨；利之而不庸[3]；民日迁善，而不知为之者。夫君子所过者化[4]，所存者神，上下与天地同流，岂曰小补之哉[5]？”

今注

1 驩虞：同欢娱。赵注：“霸者行善恤民，恩泽暴见易知，故民驩虞乐之也。”

2 皞皞：同浩浩。广大自得之貌。赵注：“王者道大法天，浩浩而难见也。”

3 庸：功也。

4 所过者化：谓身所经历之处，无人不化之也。朱注：“如舜之耕历山，而田者逊畔，陶河滨而器不苦窳也。”

5 所存者神三句：谓心所存主处，即灵妙通神。《礼》所谓“神明自得”是也。朱注：“如孔子之立斯立，道斯行，绥斯来，动斯和，莫知其所以然而然也。是其德业之盛，乃与天地之化同运并行，举一世而甄陶之，非如霸者但小小补塞其罅漏而已。此则王道之所以为大，而学者所当尽心也。”

今译

孟子说：“霸者的人民，是欢乐的样子；王者的人民，是广大自得的样子。杀了他，却不怨恨你；给他恩惠，却不感激你功德。天天改变着向善，也不知是谁教化的。所以圣人所在的地方，无形中感化许多人民，内心所依存的，有如神灵的感应，他的德化交流，如同整个宇宙的运行，哪里像霸者只用一些小恩惠弥补就算了呢！”

章旨

此章阐明王霸之别。一用小惠，一用大德。尤显尧舜禹汤文武之至仁，王道功用之宏伟。

（十四）仁言章

孟子曰：“仁言[1]不如仁声[2]之入人深也；善政，不如善教[3]之得民也。善政，民畏之；善教，民爱[4]之。善政，得民财[5]；善教，得民心。"

今注

1　仁言：赵注："仁言，政教法度之言也。"朱注："程子曰：'仁言，谓以仁厚之言加于民。'"

2　仁声：赵注："乐声，雅颂也。"朱注："程子曰：'仁声，谓仁闻。谓有仁之实而为众所称道者也。'"

3　善政，不如善教：赵注："善政，使民不违上；善教，使民尚仁义心易得也。"朱注："政，谓法度禁令，所以制其外也。教，谓道德齐礼，所以格其心也。"

4　民畏、民爱："畏"，由于法度禁令也。"爱"，因感戴教化恩泽也。

5　善政，得民财：朱注："得民财者，百姓足而君无不足也。"

今译

孟子说："仁慈的言论，不如仁慈的声誉感人深切；良好的政制，不如良好的教化能获得人民的信服。人民对于善政，尚存有畏惧的心理；而对于善教，便是由衷地感激。良好的政制，不过得到人民的财力；唯有良好的教化，才能得到人民的心悦诚服。"

章旨

此章言德教化民，重在"仁声"。故"移风易俗，莫善于乐"。

（十五）人之章

孟子曰："人之所不学而能者，其良能也；所不虑而知者，其良知[1]也。孩提[2]之童，无不知爱其亲者；及其长也，无不知敬其兄也。亲亲，仁也；敬长，义也。无他，达之天下也。[3]"

1　良能、良知：赵注："不学而能，性所自能。良，甚也。是人之所能甚也。知，亦犹是能也。"焦循《正义》曰："良能犹言甚能，良知犹言甚知，即最能最知，即知之最，能之最也。"朱注："良者本然之善也。"

2　孩提："孩"古文"咳"：小儿笑也。"提"，持抱也。赵注："二三岁之间，在襁褓，知咳笑，可提携也。"

3　"亲亲，仁也"至"达之天下也"：朱注："言亲亲敬长，虽一人之私，然达之天下无不同者，所以为仁义也。"赵注："达，通也。但通此亲亲敬长之心，施之天下人也。"

今译

孟子说："不用学习而自会的，是天然的良能；不用思虑而自知的，是天然的良知。没有一个小孩不爱父母的，等到年纪稍大些，没有不敬兄长的。爱父母，即是仁；敬兄长，即是义。这没有别的缘故，全世界的人都具有仁义的善性呢！"

章旨

此章言仁义不假外求，亲亲敬长，皆良知良能，达之天下，无不同也。正是阐发大同之精义。

（十六）舜之章

孟子曰："舜之居深山[1]之中，与木石居，与鹿豕游，其所以异于深山之野人[2]者，几希。及其闻一善言，见一善行，若决江河，沛然[3]莫之能御也。"

今注

1　居深山：耕于历山时也。赵注："言圣人潜隐，譬若神龙，亦能飞天，亦能小同，舜之谓也。"

2　野人：谓文化落后未开化之人。

3　沛然：水之盛流貌。焦循《正义》曰："谓舜舍己从人，取人为善，有所闻见即取而行之。"

今译

孟子说："舜初住在深山中，和木石同居，和鹿豕同游，这跟深山里的野人差不了多少。他听见一句好话，看到一件好事，立刻便去做，好像江河的水决了堤似的，浩浩荡荡地流出，谁也阻挡不住它。"

章旨

此章言舜之所以为舜，虽造次颠沛，均依仁而向善。

（十七）无为章

孟子曰："无为其所不为[1]，无欲其所不欲[2]，如此而已矣。"

今注

1　无为其所不为："无"，通毋，勿也。赵注："无使人为己所不欲为者。"

2　无欲其所不欲：赵注："无使人欲己之所不欲者。"又注："言己所不欲，勿施于人，仲尼之道也。"

今译

孟子说："不要做自己本心所不愿做的事，不要想自己本心所不愿想的私欲。做人的道理就是这样罢了。"

章旨

此章系就孔子恕道之旨加以推阐之。

（十八）德慧章

孟子曰："人之有德慧术知[1]者，恒存乎疢疾[2]。独孤臣孽子[3]，其操心[4]也危，其虑患也深，故达[5]。"

今注

1 德慧术知：谓德行、智慧、道术、才智。"知"，同智。

2 疢疾：朱注："犹灾患也。"《说文》："疢：热病也。"

3 孤臣孽子：朱注："孤臣，远臣。孽子，庶子。皆不得于君亲，而常有疢疾者也。"

4 操心：自持其心。

5 达：朱注："达，谓达于事理，即所谓德慧术知也。"

今译

孟子说："一个人有品德、智慧、道术、才智，常常是生长在忧患的困境中。独有孤臣、孽子，他们时时操持着危惧的心，保存着深切的忧虑，所以通晓事理，练达人情。"

章旨

此章言人之德慧术智，当从患难痛苦中磨炼而出。特举孤臣、孽子为例。

（十九）有事章

孟子曰："有事君人者，事是君则为容悦[1]者也。有安社稷臣[2]者，以安社稷为悦者也。有天民[3]者，达可行于天下而后行之者也。有大人[4]者，正己而物正[5]者也。"

今注

1 容悦："容悦"二字同意，"容"，亦悦也。朱注："阿
殉以为容，逢迎以为悦，此鄙夫之事，妾妇之道也。"

2 社稷臣：赵注："忠臣志在安社稷而后悦也。"

3 天民：赵注："天民，知道者也，可行而行，可止而止。"焦
氏云："伊尹自称天民之先觉者也，则天民指伊尹太公一流矣。《庄
子·庚桑楚》云：人之所舍，谓之天民，天之所助，谓之天子。郭注：
出则天子，处则天民，此二者皆以自然而自得之，非为而得之也。"

4 大人：赵注："大人，大丈夫不为利害动移者也。"朱注：
"大人，德盛而上下化之，所谓'见龙在田，天下文明者'。"

5 正己而物正：赵注："象天不可言而万物化成也。"

今译

孟子说："有一种侍奉国君的人，他用逢迎谄媚的方法取得国
君的宠悦。有一种社稷的臣子，是以安定国家为快乐的。有一种求
尽天理的人，只要知道他的理想能够施展，就出来侍奉国君实行他
的道。还有一种人格高尚的人，先端正一己的身心，便能化成万事
万物了。"

章旨

此章评述四种人品：一为容悦之臣；二为社稷之臣；三为行道
之天民；四为正身之大人。

（二十）三乐章

孟子曰："君子有三乐，而王天下不与存[1]焉。父母俱存，兄
弟无故[2]，一乐也。仰不愧于天，俯不作[3]于人，二乐也。得天下英才[4]
而教育之，三乐也。君子有三乐，而王天下不与存焉。"

1　与存："与"，读预音。在内。

2　无故：无他故。谓兄弟相亲好也。

3　怍：惭也。赵注："不愧天，不怍人，心正无邪也。"朱注："此三乐者，一系于天，一系于人。其可以自致者，惟不愧不怍而已，学者可不勉哉。"

4　天下英才：焦循曰："阎氏若璩《释地·三》云：天下英才，极言之，非广言之。犹施伯谓管子曰'天下才'，司马懿谓诸葛武侯曰'天下奇才也'云尔。"

今译

孟子说："君子有三种快乐的事，治理天下却不包括在里面。父母健在，兄弟和睦，是第一种快乐；对上不愧于天，对下不愧于人，是第二种快乐；得到天下的英俊贤才，来教导他们，是第三种快乐。君子有这三种快乐，治理天下却不包括在里面呢！"

章旨

此章言天伦性分之乐，非贵势外物之乐所能易也。

（二十一）广土章

孟子曰："广土众民[1]，君子欲之；所乐不存焉[2]。中天下而立[3]，定四海之民，君子乐之；所性[4]不存焉。君子所性，虽大行[5]不加焉，虽穷居不损[6]焉；分定[7]故也。君子所性，仁义礼智根[8]于心；其生色也，睟然[9]见于面，盎[10]于背，施[11]于四体，四体不言而喻[12]。"

今注

1　广土众民：赵注："大国诸侯也。"朱注："地辟民聚，泽可远施，故君子欲之。"

2　焉：作"于是"解。即"于此"。下同。

3　中天下而立：谓居天下之中央而立位，即王天下也。

4　所性：赵注："谓性仁义也。"

5　大行：赵注："谓行政于天下。"

6　损：减也。

7　分定：分，读去声。朱注："所得于天之全体，故不以穷达而有异。"焦循《正义》曰："分者，盖所受分于道之命也。既分得人之性，自有人所当为之职分，自有人所不易之分，主是为分也，故谓之分定。"

8　根：本也。

9　睟然：润泽貌。

10　盎：盛貌。

11　施：延也。

12　四体不言而喻：朱注："喻，晓也。言四体不待吾言，而自能晓吾意也。"

今译

孟子说："广大的土地，众多的人民，这是君子所想的。可是他所快乐的，还不在此。居位于天下的中央，安定四海的百姓，这是君子所快乐的。但是他所禀受的天性却不在此。君子所得于自然的本性，虽是能行政于天下，在本性上却不增加分毫，即使穷困在家中，在本性上却不减分毫。因为君子所禀受的天性，仁义礼智都是本具于内心的。他所表露出来的现象，显在脸上非常润泽光明，盈溢在背上非常神足丰满，施行到全身四肢，不必宣说，就知道本性的旨趣。"

章旨

此章言君子虽处富贵与贫贱，而于性分之真乐，没有分毫增减。

（二十二）伯夷章

孟子曰："伯夷辟纣，居北海之滨，闻文王作，兴曰：'盍归乎来[1]！吾闻西伯[2]善养老者。'大公[3]辟纣，居东海之滨。闻文王作，兴曰：'盍归乎来！吾闻西伯善养老者。'天下有善养老，则仁人以为己归[4]矣。五亩之宅，树墙下以桑，匹妇蚕之，则老者足以衣帛矣。五母鸡，二母彘[5]，无失其时，老者足以无失肉矣。百亩之田，匹夫耕之，八口之家，足以无饥矣。所谓'西伯善养老'者：制其田里，教之树畜；导其妻子，使养其老。五十非帛不暖，七十非肉不饱；不暖不饱，谓之冻馁[6]。文王之民，无冻馁之老者，此之谓也。"

今注

1　来：语末助词。

2　西伯："伯"，长也。"西伯"，为西方诸侯之长。

3　大公："大"，同太。"大公"，即太公望也。姓姜，名尚，字子牙。东海人，助武王灭纣得天下，封于齐。

4　己归：己之所归也。

5　五母鸡，二母彘：朱注："此文王之政也，一家养母鸡五，母彘二也。"

6　不暖不饱，谓之冻馁：焦循《正义》曰："赵氏佑《温故录》云：无帛肉之暖饱，与无衣食之不暖饱稍差，才不暖不饱，尚未及冻馁，而已谓之冻馁矣。谓之者，文王谓之也。"

今译

孟子说："当初伯夷逃避纣王，隐居在北海的边上，听见文王兴起，就说：'为什么不回去归依文王呢？他做了西伯，是最能奉养老人的。'姜太公逃避纣王，隐居在东海的边上，听见文王兴起，就说：'为什么不同去归依文王呢？他做了西伯，是最能奉养老人的。'天下有能奉养老人的君王，那么，仁德的人都会以为是自己应该归依的人了。每个家庭配给五亩住宅，在墙边种植桑树，使妇女养蚕，那么，老年人就足够有绸缎穿了。养五只母鸡，两只母猪，不要错过它们的生殖时期，那么，老年人就有足够的肉吃了。一百亩的田，分给一个男子耕种，八口的人家，就不会饥饿了。至于所说的西伯最能奉养老人，是因为他重视制定人民的田地和住宅，人民栽桑树，养牲畜，开导他们的妻子，要奉养家中的老人。一个人到了五十岁，没有绸缎穿，就不会暖；七十岁，没有肉吃，就不会饱。穿不暖，吃不饱，就叫作受冻挨饿。文王时代的人民，没有受冻挨饿的老人，这就是说文王最能奉养老人。"

章旨

此章强调文王善养老，借勉当时诸侯应效法文王以行仁政。

（二十三）易其章

孟子曰："易[1]其田畴[2]，薄其税敛[3]，民可使富也。食之以时，用之以礼，财不可胜[4]用也。民非水火不生活，昏暮叩人之门户，求水火，无弗与者；至足矣。圣人治天下，使有菽[5]粟如水火？菽粟如水火，而民焉有不仁者乎？"

今注

1　易：治也。

2　畴：赵注："畴，一井也。"朱注："畴，耕治之田也。"按：畴有三说，《国语》贾氏注：一井为畴，九夫为一井，此赵注所本。《说文·田部》云：畴，耕治之田也，此朱子所取。另韦昭注《国语》：周语齐语皆云麻地曰畴，《史记·天官书》云：麻田

曰畴，此又一说也。（温晋城语）

　　3　税敛：税收。

　　4　胜：读升。尽也。

　　5　菽：豆之总名。

今译

　　孟子说："整治人民的田地，减轻人民的税收，便可使他们富足。叫他们饮食有定时，用度须合礼，金钱就可以用不完了。人民没有水火便不能生活，但在天黑时敲人家门，讨取点水火，没有人不肯给的，因为水火太多了。圣人治理天下，要使人民的豆米像水火一样多，到了豆米多得像水火，人民哪里会做出不仁的事呢！"

章旨

　　此章言王道重在养民，而养民当以富民为本。节用蓄积，焉有不仁？故曰"仓廪实而知礼节"也。

（二十四）孔子章

　　孟子曰："孔子登东山¹而小鲁，登泰山²而小天下。故观于海者难为水，游于圣人之门者难为言³。观水有术，必观其澜⁴。日月有明，容光⁵必照焉。流水之为物也，不盈科⁶不行；君子之志于道也，不成章不达⁷。"

今注

　　1　东山：鲁城东之高山。今蒙山。

　　2　泰山：即山东泰山。

　　3　难为水、难为言："为"，犹"谓"也。"谓"，言也，说也。"难为水，难为言"，即难言水，难言言。赵注："所览大者意大，观小者志小也。"朱注："此言圣人之道大也。"

4　澜：水中大波也。

5　容光：小隙也。

6　科：坎也。

7　不成章不达：朱注："成章，所积者厚，而文章外见也。达者，足于此而通于彼也。"

今译

孟子说："孔子登上东山，就觉鲁国小了；登上泰山，就觉天下小了。所以见过大海的人，难和他谈水；游学于圣人门下的人，就难和他讲论学问了。看水有个方法，就是必看它从源头流出壮阔的波澜；日月的光明，只要有隙缝容纳的地方，必定能够照射到。流水这样的东西，不注满低洼的坎坑，它是不会向前流进的。君子立志求道，不积累到文章外现的时候，就不会通达到圣人的境地。"

章旨

此章示人希圣之方，须从学术源头处入手。

（二十五）鸡鸣章

孟子曰："鸡鸣而起，孳孳[1]为善者，舜之徒也；鸡鸣而起，孳孳为利者，跖[2]之徒也。欲知舜与跖之分，无他，利与善之间[3]也。"

今注

1　孳孳：同"孜孜"。有勤勉之意。

2　跖：盗跖也。为古大盗之通名。《史记·伯夷传·正义》曰："黄帝时大盗之名。"《庄子·盗跖》篇云："孔子与柳下季为友，柳下季之弟名曰盗跖，盗跖从卒九千人，横行天下。"按：此乃寓言非实事也。

3　间：谓相去不远，所争毫末也。

今译

孟子说："鸡叫就起来，马上勤勉地去做善事，这是舜一类的人；鸡叫就起来，马上勤勉地去谋私利，这是盗跖一类的人。想要明白舜和盗跖的区别，没有别的，只在行善和谋利之间去分辨就是了。"

章旨

此章勉人为善，特举舜跖之分，唯在行善与谋利之间。

（二十六）杨子章

孟子曰："杨子取为我[1]；拔一毛而利天下，不为也。墨子兼爱[2]；摩顶放踵[3]，利天下，为之。子莫执中[4]。执中为近之[5]；执中无权[6]，犹执一也。所恶执一者，为其贼[7]道也，举一而废百也。"

今注

1　杨子取为我：为我之"为"，读去声，助也。杨子，战国时人。名朱，字子居。《列子·杨朱》篇或云后于墨子，尝与墨子弟子禽滑釐辩论，其说在爱己，不拔一毛以利天下。"取为我"，朱注："取，仅足之意。取为我者，仅足为我而已。不及为人也。"

2　墨子兼爱：墨子，战国鲁人，名翟，尝为宋大夫，为墨家之祖。朱注："兼爱，无所不爱也。"

3　摩顶放踵：赵注："摩突其顶，下至于踵。""摩突"，摩秃也。"放"，上声，至也。

4　子莫执中：朱注："子莫，鲁之贤者也。知杨墨之失中也，故度于二者之间而执其中。"

5　近之：近于道也。

6　执中无权：朱注："权，秤锤也，所以称物之轻重而取其中也。执中而无权，则胶于一定之中而不知变，是亦执一而已矣。"

7　贼：害也。朱注："为我害仁；兼爱害义；执中者，害于时中；皆举一而废百者也。"

今译

孟子说："杨朱践行为我的主义，即使拔一根毛，便有利于天下的，他也不肯做。墨子是抱定兼爱的主义，即使摩秃头顶，脱光脚胫毛，只要有利于天下的，他也会去做。子莫是执中主义，执中，似乎近于道了。但是执中没有权宜之度，也是同那执守一偏之见一样。因此，嫌恶执守一偏的人，因为它伤害了中正道理，举着一端，便废了百端。"

章旨

此章论杨子、墨子、子莫三家皆执一偏，唯有中正大全之道，乃符经权之旨。

（二十七）饥者章

孟子曰："饥者甘食，渴者甘饮；是未得饮食之正也；饥渴害之也。岂惟口腹有饥渴之害，人心亦皆有害。人能无以饥渴之害为心害[1]，则不及人[2]，不为忧矣。"

今注

1　"饥者甘食"至"无以饥渴之害为心害"：朱注："口腹为饥渴所害，故于饮食不暇择，而失其正味。人心为贫贱所害，故于富贵不暇择，而失其正理。"

2　不及人：谓贫贱也。朱注："人能不以贫贱之故而动其心，则过人远矣。"

今译

孟子说：“对于饥饿的人，什么东西都好吃；对于口渴的人，什么茶水都好喝，这是没有得着饮食的正味，由于饥渴害了他。岂只口腹有饥渴的害处，人心也有同样的害处。人不能用饥渴的害处来贼害他的心，那么，即使富贵不如人，也不会忧愁了。”

章旨

此章借饥渴为喻，人清心寡欲，方能安贫乐道。

（二十八）柳下章

孟子曰：“柳下惠不以三公¹易其介²。”

今注

1　三公：周以太师、太傅、太保为三公。盖爵位中之最尊贵者。

2　介：独也，特也，操也。有特立独行意。今言“操守”是也。朱注：“柳下惠进不隐贤，必以其道，遗佚不怨，阨穷不悯，直道事人，至于三黜，是其介也。”

今译

孟子说：“柳下惠不因他在三公的高位上，便改变自己坚贞不拔的操守。”

章旨

此章论柳下惠和中有介。

（二十九）有为章

孟子曰：“有为者，辟¹若掘井：掘井九轫²而不及泉，犹为弃井也。”

1　辟：同譬。

2　九轫："轫"，同仞。赵注："八尺也。"《说文》亦以"仞：伸臂一寻，八尺。"《音义》："先儒七尺为仞。"按：《说文》及赵注为汉经生言，朱子盖从其说。"九轫"，七十二尺也。

今译

孟子说："有作为的人，如同掘井一般，掘到九仞，还不见泉水，就此停止。这仍是一个无用的废井。"

章旨

此章勉人进德修业，须有始有终，不可半途而废，功亏一篑。

（三十）尧舜章

孟子曰："尧舜性之¹也；汤武身之²也；五霸假之³也。久假而不归，恶知其非有也⁴。"

今注

1　性之：谓天性之自然也。赵注："性好仁，自然也。"

2　身之：谓身体力行之。朱注："汤武修身体道，以复其性。"

3　假之：赵注："假仁以正诸侯也。"朱注："五霸，则假借仁义之名，以求济其贪欲之私耳。"

4　久假而不归，恶知其非有也：朱注："归，还也。有，实有也。言窃其名以终身，而不自知其非真有。或曰'盖叹世人莫觉其伪者'，亦通。"

今译

孟子说："尧舜是纯乎天性自然而然行仁义的，汤武是修身力行来体验仁义的，五霸只是窃借仁义做幌子罢了。如果长久地假借没有归还，又怎么知道他不是真有这个仁义呢？"

章旨

此章阐论尧舜禹汤施政以诚，而五霸以伪。然犹惜其未能"久假不归也"。

（三十一）伊尹章

公孙丑曰："伊尹曰：'予不狎于不顺[1]。'放太甲于桐[2]；民大悦。太甲贤，又反之；民大悦。贤者之为人臣也，其君不贤，则固可放与？"孟子曰："有伊尹之志[3]则可，无伊尹之志则篡[4]也。"

今注

1　予不狎于不顺："狎"，习见也。"不顺"，言太甲所为，不顺义理也。

2　放太甲于桐："放"，置也。太甲，太丁之子，成汤之孙。又称太宗。桐，汤葬地（在今山西省荣河县）。

3　伊尹之志：朱注："公天下以为心，而无一毫之私者也。"

4　篡：非法夺取也。

今译

公孙丑说："伊尹说：'我看不惯那行为不顺义理的。'于是把太甲安置在一个叫桐的地方。百姓都非常高兴。等到太甲改过，又将他迎回都城，百姓又非常高兴。贤德的人做臣子，他的国君不好，就可以改置他吗？"孟子说："有伊尹的公正态度就可以，没有伊尹的忠贞作风，就是篡位。"

章旨

此章特赞伊尹之公忠体国，具有古大臣风范。

（三十二）诗曰章

公孙丑曰："诗曰[1]：'不素餐兮[2]。'君子之不耕而食，何也？"孟子曰："君子居是国也，其君用之，则安富尊荣。其子弟从之，则孝弟忠信。'不素餐兮'，孰大于是！"

今注

1　诗曰：《诗经·魏风·伐檀》之篇。

2　不素餐兮：朱注："素，空也。无功而食禄，谓之素餐。"

今译

公孙丑说："《诗经》说：'没有白吃禄米的。'君子不耕种吃人家的禄米，是什么道理呢？"孟子说："君子住在这个国家里，国君举用他，便能使国家安定富足，尊贵荣耀；国中的子弟跟从着他，就能孝顺父母，友爱兄弟，尽忠国家，取信朋友，'没有白吃禄米的'，还有什么比这更伟大呢？"

章旨

此章言君子从政，上可救国，下可化民！绝不是无功而食禄。

（三十三）王子章

王子垫[1]问曰："士何事[2]？"孟子曰："尚志[3]。"曰："何谓尚志？"曰："仁义而已矣。杀一无罪，非仁也；非其有而取之，非义也。居恶[4]在？仁是也；路恶在？义是也。居仁由义，大人之事备矣[5]。"

今注

1　王子垫：齐王之子，名垫。

2　士何事：朱注："上则公卿大夫，下则农工商贾，皆有所事，而士居其间，独无所事，故王子问之也。"

3　尚志：朱注："尚，高尚也。志者，心之所之也。士既未得行公卿大夫之道，又不当为农工商贾之业，则高尚其志而已。"

4　恶：读乌，犹何也。下同。

5　大人之事备矣：朱注："大人，谓公卿大夫。言士虽未得大人之位，而其志如此；则大人之事，体用已全。"焦循《正义》曰："程氏瑶田《论学小记》云：万物皆备于我，我者，王也。尚志者，居仁由义之谓也。不杀无罪曰居仁，不取非其有曰由义。尚志之时虽曰士也，然岂待为大人而后谓之大人哉？盖大人之事，天生己时已备之矣。"

今译

王子垫问道："士做什么事？"孟子说："使自己的志向高尚。"王子垫说："什么叫作高尚的志向呢？"孟子说："志在仁义二字罢了。杀了一个无罪的人，就是不仁；不是自己所有，而把它取来，就是不义。应该住在哪里？在仁上。走的路在哪里？在义上。所住的便是仁，所从的便是义，这大人的事就完备了。"

章旨

此章言士之事在尚志，尚志在居仁由义。居仁由义，即可为体用兼至，经纶天下之大人矣。

（三十四）仲子章

孟子曰："仲子[1]不义与之齐国而弗受，人皆信之。是舍[2]箪食豆羹之义也。人莫大焉亡亲戚君臣上下[3]。以其小者，信其大者，奚可哉！"

今注

1　仲子：即于陵陈仲子。见《滕文公篇·匡章章》。

2　舍：舍弃。

3　人莫大焉亡亲戚君臣上下："焉"，于也。"亡"，同无。"亲戚"，亲族也，指父母兄弟等。《正义》引王氏翼注云："此作一句读，言人之有罪，莫有大于无亲戚君臣上下者。"

今译

孟子说："陈仲子这个人，如不合于义，就是给他齐国也不肯接受。大家都相信他。这好像是舍弃一篮饭和一碗汤的小义罢了。人的最大错处，莫过于抹煞父母、兄弟、君臣、上下的伦常，因为他的小义，就相信他的大节，怎么可以呢！"

章旨

此章特辟陈仲子以小义废大伦，非真操守之士。

（三十五）桃应章

桃应¹问曰："舜为天子，皋陶为士²；瞽瞍杀人，则如之何？"孟子曰："执之而已矣！""然则舜不禁与？"曰："夫舜恶得而禁之！夫有所受之³也。""然则舜如之何？"曰："舜视弃天下，犹弃敝蹝⁴也。窃负而逃，遵⁵海滨而处⁶；终身䜣然⁷，乐而忘天下。"

今注

1　桃应：孟子弟子。

2　皋陶为士：皋陶，人名；亦作咎繇。舜臣。"士"，士师，狱官也。

3　有所受之：朱注："言陶之法，有所传受，非所敢私，虽天子之命，亦不得而废之也。"

4 敝蹝：破草屦也。"蹝"，同屣，鞋。

5 遵：循也。

6 海滨而处：赵注："舜也负父而远逃。"《正义》曰："阎氏若璩《释地》云：滨，水涯也。古者海之滨，便为政令所不及。"

7 诉然："诉"，同欣然。朱注："此言为士者但知有法，而不知天子父之为尊。为子者但知有父，而不知天下之大。盖其所以为心者，莫非天理之极，人伦之至。学者察此而有得焉，则不待较计论量，而天下无难处之事矣。"

按：此充分表示中华民族之伦理观念及法治精神。

今译

桃应问道："舜做天子，皋陶做狱官，假如瞽瞍杀人，那么该怎么办？"孟子说："把他依法逮捕就是了。"桃应说："那么舜不禁止吗？"孟子说："舜怎么能够禁止？皋陶是有法律根据的啊！"桃应说："那么舜怎么办？"孟子说："舜弃掉天子尊位，如同抛弃破草鞋一样。私下背着父亲逃走，沿顺着海滨隐藏起来，一生一世高兴地侍奉父亲，快乐得而忘掉了天下。"

章旨

此章强调法律的尊严性。特设喻舜虽爱父，不可以私害公，唯有权宜之计，弃天子位。窃负而逃，以尽人子之道。

（三十六）自范章

孟子自范之齐[1]。望见齐王之子，喟然[2]叹曰："居移气[3]，养移体[4]，大哉居乎！夫非尽人之子与？（孟子曰[5]：）王子宫室车马衣服，多与人同；而王子若彼者，其居使之然也。况居天下之广居者乎！鲁君之宋，呼于垤泽之门[6]。守者曰：'此非吾君也；何其声之似我君也！'此无他，居相似也[7]。"

今注

1　自范之齐：范，齐邑。故城在今山东省范县。之，至也。

2　喟然：叹声。

3　居移气："居"，所处之位及环境。言地位环境足以影响人之气象也。

4　养移体："养"，奉养也。言人之奉养足以改变身体也。

5　孟子曰：朱注以为衍文。盖此二节语意衔接，当合为一章也。

6　呼于垤泽之门："呼"，怒呼。垤泽，宋国城门名。"垤"，音叠。

7　居相似也：赵注："人君之声相似者，以其俱居尊势，故音气同也。""又言人性皆同，居使之异。君子居仁，小人处利，譬犹王子，殊于众品也。""又言舆服器用，人用不殊，尊贵居之，志气以舒，是以居仁由义，盎然内优，胸中正者，眸子不瞀焉。"

今译

孟子从范邑到齐国，看见齐王的儿子，就感叹地说："地位环境可以影响人的气象，奉养可以改变人的体态，地位环境的关系真大啊！他不是和一般人的儿子一样吗？王子所住的房子、所乘的车马、所穿的衣服，多和人相同，可是王子的态度那样好，这是受他的地位环境影响啊！何况那处于天下广居的仁人呢。从前鲁君到宋国，呼吼于垤泽的城门前，守门人说：'这不是我的国君，怎么声音这么像国君呢？'这没有别的缘由，只是因为所处的地位环境相似啊！"

章旨

此章强调环境地位极其重要，可移人于无形。借勉人应居仁由义。

（三十七）食而章

孟子曰："食[1]而弗爱，豕交[2]之也；爱而不敬，兽畜[3]之也。

恭敬者，币之未将⁴者也。恭敬而无实⁵，君子不可虚拘⁶。”

今注

1　食：音嗣。以饮食与之。

2　豕交：谓但食畜之，如养豕也。交，接也。

3　兽畜："畜"，养也。"兽"，犬马之属。

4　将：犹奉也。朱注："程子曰：'恭敬虽因币帛而后发现，然币之未将时，已有此恭敬之心，非因币帛而后有也。'"

5　恭敬而无实：赵注："言取人之道，必以恭敬。恭敬贵实，虚则不应。实者言敬爱也。"朱注："此言当时诸侯之待贤者，特以币帛为恭敬，而无其实也。"

6　虚拘：谓以虚伪之恭敬而挽留之也。"拘"，留也。有"羁縻"之意。

今译

孟子说："供给他饮食而不爱他，只是当猪养他；爱他而不敬他，只是当犬马养他。恭敬的心，是在未奉送币帛礼物以前就具有的。如果仅有外表的恭敬，而无内心的诚意，君子不会为此虚伪的恭敬而被挽留住的。"

章旨

此章为时君接待贤士之不诚而发也。

（三十八）形色章

孟子曰："形、色，天性也¹；惟圣人然后可以践形²。"

今注

1　形、色，天性也："形"，形体。"色"，《说文》："颜气也。"盖形者，体之外形。色者，肤之颜色。皆天所赋本质，故曰性也。

2　践形：赵注："践，履居之也。"孔注："践，循也。""践形"，谓依照人之原形而实践之，使无亏缺也。焦循《正义》曰："此乃孟子言人性之善异乎禽兽也。形色，即是天性，禽兽之形色不同乎人，故禽兽之性不同乎人。惟其为人之形，人之色，所以为人之性。圣人尽人之性，正所以践人之形。苟拂乎人性之善，则以人之形而入于禽兽矣，不践形矣。孟子此章言性至精至明。戴震《孟子字义疏证》云：人物成性不同，故形色各殊。人之形，官器利用大远于物，而于人之道不能无失，是不践此形也，犹言之而行不逮，是不践此言也。"

今译

孟子说："人的形体气色，就是自然的本性流露；只有圣人才能依照人的原形而实践他的本性。"

章旨

此章言圣人方能践人之形而尽人之良能良知之性。

（三十九）齐宣章

齐宣王欲短丧[1]。公孙丑曰："为期[2]之丧，犹愈于已[3]乎？"孟子曰："是犹或紾[4]其兄之臂，子谓之姑徐徐云尔[5]。亦教之孝弟[6]而已矣。"王子[7]有其母死者，其傅为之请数月之丧。公孙丑曰："若此者，何如也？"曰："是欲终之而不可得也，虽加一日愈于已，谓夫莫之禁而弗为者也。"

今注

1　短丧：即将缩短三年之丧。

2　期：一年。

3　已：止。

4　纼：戾。

5　姑徐徐云尔："姑徐徐"，谓且缓缓扭之也。"云尔"，语助词。

6　教之孝弟：朱注："教之以孝弟之道，则彼当自知兄之不可戾，而丧之不可短矣。孔子曰：子生三年，然后免于父母之怀，予也有三年之爱于其父母乎？所谓教之以孝弟者如此，盖示之以至情之不能已者，非强之也。"

7　王子：齐王之庶子。

今译

齐宣王想要缩短三年的丧期。公孙丑说："改为一年的丧期，总比不穿孝服要好些？"孟子说："这如同有个人要扭转他哥哥的手臂，你告诉他，暂且慢慢儿扭！依我看，你应教他孝悌就好了。"同时，有个王子，他生母死了，因为嫡母在，不可长期服丧，他的师傅替他请求几个月服孝。公孙丑说："这件事怎么样？"孟子说："这本来想服完三年丧，却不可得，即使多加一天，总比不穿孝服好得多。我刚才所说的，是针对那些没谁禁止他，却自己不肯服满三年丧的人说的。"

章旨

此章言服三年丧，是天经地义之事。孝子至情，焉可短丧。

（四十）君子章

孟子曰："君子之所以教者五[1]：有如时雨[2]化之者；有成德[3]者；有达财[4]者；有答问[5]者；有私淑艾[6]者。此五者，君子之所以教也。"

1　所以教者五：朱注："下文五者，盖因人品高下，或相去远近先后之不同。"

2　时雨：朱注："及时之雨也。草木之生，播种封植，人力已至，而未能自化，所少者雨露之滋耳。及此时而雨之，则其化速矣。教人之妙，亦犹是也，若孔子之于颜曾是已。"

3　成德：因其本有之德而教之使成也。如孔子之于冉闵。

4　达财：使之通达而为有用之材也。如孔子之于由赐。"财"，同材。

5　答问：就其所问而答之。若孔孟之于樊迟、万章也。

6　私淑艾：朱注："私，窃也。淑，善也。艾，治也。人或不能及门受业，但闻君子之道于人，而窃以善治其身，是亦君子教诲之所及。若孔孟之于陈亢、夷之是也。"

今译

孟子说："君子有五种教人的方法：像时雨的润育草木；成就他的德行；通达他的才能；解答他的疑问；未能及门受业，私下窃取君子的嘉言懿行，而来培养自身。这五种就是君子教人的方法。"

章旨

此章言君子施教之方法不一，各因其才性而诱导之。

（四十一）公孙章

公孙丑曰："道[1]则高矣美矣，宜若登天然，似不可及也。何不使彼为可几及[2]，而日孳孳也？"孟子曰："大匠不为拙工，改废绳墨；羿不为拙射，变其彀率[3]。君子引[4]而不发，跃如[5]也。中道[6]而立，能者从之。"

今注

1　道：共行之道。俗谓："脚底下一步便是道。"庄子曰："道行之而成。"韩愈曰："博爱之谓仁，行而宜之之谓义，由是而之焉之谓道。"盖即儒家施行仁义之道也。

2　几及：将及也，"几"，近也。

3　彀率："彀"，音构。"率"，音律。谓张弓之度也。

4　引：开弓也。

5　跃如：如踊跃而出也。

6　中道："中"，全也。大全之道也。"大全之道"，人人可从而行之，即大道也。

今译

公孙丑说："仁义的道，是非常高超而美妙啊！学道的人，就像登天般困难，总是做不到。为什么不稍降低些，使他们做得到，就能天天勤勉学习呢？"孟子说："大匠不会因笨的徒弟改变或废弃了用绳墨的方法，羿也不会因笨的学射人改变了他拉满弓的限度。君子教人，如同教人射箭一样，只是拉满弓而不发箭，这箭像活跃地要跳出的样子，君子站在大全之道的地位，能学的人就随从着去学习了。"

章旨

此章言道有定体，教育成法，不可因学道者之难追而有所改易，故曰"人能弘道"。

（四十二）天下章

孟子曰："天下有道[1]，以道殉[2]身；天下无道，以身殉道。未闻以道殉乎人[3]者也！"

今注

1 有道：政治清明也。

2 殉：同徇，从也。朱注："殉如殉葬之殉，以死随物之名也。"

3 以道殉乎人：谓以正道从俗人也。赵注："天下有道，得行王政，道从身施功实也。天下无道，道不得行，以身从道，守道而隐，不闻以正道从俗人也。"又云："穷达卷舒，屈伸异变，变流从顾，守者所慎。故曰'金石独止'，不殉人也。"

今译

孟子说："天下清明的时候，道就随之显现而行；天下不清明的时候，道就随着而隐去。没有听说用正道去迁就他人呢。"

章旨

此章勉人以道自守，不可屈己枉道以从人。

（四十三）滕更章

公都子曰："滕更[1]之在门[2]也，若在所礼[3]。而不答，何也？"孟子曰："挟[4]贵而问，挟贤而问，挟长而问，挟有勋劳而问，挟故[5]而问，皆所不答也。滕更有二焉[6]。"

今注

1 滕更：更，平声。滕文公之弟，来学于孟子者。

2 在门：谓在门下为弟子。

3 若在所礼：谓国君之弟而乐在门人中，似宜礼待之。

4 挟：持也，持恃同声，有倚恃义。

5 挟故：赵注："与师有故旧之好。"

6 滕更有二焉：言滕更有挟贵挟贤二者于其间。"焉"，于是也。

公都子说:"滕更在夫子的门下,好像也在礼待之列,但是夫子不回答他的问题,这是什么缘故?"孟子说:"凡倚仗尊贵来问的,倚仗贤能来问的,倚仗年高来问的,倚仗功勋来问的,倚仗旧交来问的,这些我都是不回答的。现在滕更倚仗尊贵和贤能两点,所以我不回答的。"

章旨

此章言来学不能虚心,师可无诲。

(四十四)于不章

孟子曰:"于不可已[1]而已者,无所不已;于所厚[2]者薄,无所不薄也。其进锐者,其退速[3]。"

今注

1 不可已:朱注:"已,止也。不可止,谓所不得不为者也。"

2 所厚:指最亲者。朱注:"所当厚者也。"

3 进锐、退速:朱注:"进锐者,用心太过,其气易衰,故退速。"

今译

孟子说:"对于不可中止的事,竟然中止了,那就没有一件事不可以中止的;对于应该厚待的人,竟然薄待起来,那就没有一个人不可以薄待的。前进太快的人,他后退起来也最迅速。"

章旨

此章言顺人行事,不可不及,亦不可太过。

（四十五）君子章

孟子曰：“君子之于物[1]也，爱之而弗仁[2]；于民也，仁之而弗亲[3]。亲亲而仁民，仁民而爱物[4]。”

今注

1 物：指禽兽草木。

2 爱之而弗仁：赵注：“当爱育之而不加之仁，若牺牲，不得不杀也。”焦循《正义》曰：“此云爱之而弗仁，是与爱别，盖有爱物之爱，有爱人之爱，爱人之爱则谓之仁。”朱注：“爱谓取之有时，用之有节。程子曰：‘仁，推己及人，如老吾老以及人之老。于民则可，于物则不可。统而言之，则皆仁；分而言之，则有序。’”

3 仁之而弗亲：赵注：“临民以非己族类，故不得与亲同也。”

4 亲亲而仁民，仁民而爱物：赵注：“先亲其亲戚，然后仁民，仁民然后爱物，用恩之次也。”朱注：“杨氏曰：其分不同，故所施不能无差等，所谓理一而分殊者也。”

今译

孟子说：“君子对于禽兽草木，只应爱惜它们，却不应对它们仁慈；对于百姓，应当对他们仁爱，却不应对他们亲爱。先亲爱自己的亲人，然后推及仁爱百姓，再由仁爱百姓，推及爱惜禽兽草木。”

章旨

此章言君子施德于物于民，各有所宜，方合于义。

（四十六）知者章

孟子曰：“知者[1]无不知也，当务之为急；仁者，无不爱也，急亲贤之为务。尧舜之知，而不遍物[2]；急先务也。尧舜之仁，不遍爱人；急亲贤也。不能三年之丧，而缌小功之察[3]；放饭流歠[4]，而问无齿决[5]；是之谓不知务。"

今注

1 知者：智慧之人。"知"，通智。下尧舜之"知"同。

2 遍物：普遍也。"物"，事也。"而不遍物"，谓不能普遍知道百工之事也。

3 而缌小功之察："缌"，细麻布。丧服之最轻者用之，三月之丧也。"小功"，其丧服用稍粗熟布为之，五月之丧也。"察"，致详也。

4 放饭流歠："放饭"，谓饭时放恣无节。"流歠"，谓饮食长吸如流。"饭"，读上声。"歠"，音辍。

5 齿决：朱注："齿决，啮断干肉；不敬之小者也。"又云："此章言君子之于道，识其全体则心不狭，知所先后，则事有序。丰氏曰：'智不急于先务，虽遍知人之所知，遍能人之所能，徒弊精神，而无益于天下之治矣。仁不急于亲贤，虽有仁民爱物之心，小人在位，无由下达，聪明日蔽于上，而恶政日加于下。此孟子所谓不知务者也。'"

今译

孟子说："聪明的人没有不清楚的，但必会把当前的紧要事先做完；仁慈的人没有不爱人的，但必先以亲近贤能之人为要务。尧舜的智慧，也不能遍知一切事务，只能先办重要的事件；尧舜的仁慈，也不能尽爱所有的人，只能先急于亲近贤能的人。不能守三年之孝的人，却细察到那缌服和小功服，好像在吃饭时，狼吞虎咽，口沫流溢，放肆无度，却注意到不应用牙齿咬断干肉的小节，这叫作不知轻重缓急。"

此章言君子用智用仁，唯在知务。

（四十七）不仁章

孟子曰："不仁哉[1]梁惠王也！仁者以其所爱，及其所不爱[2]；不仁者，以其所不爱，及其所爱。"公孙丑问曰："何谓也？""梁惠王以土地之故，糜烂其民[3]而战之。大败；将复之[4]。恐不能胜，故驱其所爱子弟以殉之[5]。是之谓以其所不爱，及其所爱也。"

今注

1　不仁哉：赵注："惠王好战杀人，故孟子曰，不仁哉。"

2　仁者以其所爱，及其所不爱：朱注："亲亲而仁民，仁民而爱物，所谓以其所爱，及其所不爱也。"

3　糜烂其民：谓驱民战死，粉身碎骨，血肉成浆也。

4　将复之：谓将复战也。

5　驱其所爱子弟以殉之：指东败于齐，长子死焉事。"子弟"，谓太子申。朱注："以土地之故及其民，以民之故及其子，皆以其所不爱及其所爱也。"

今译

孟子说："梁惠王，真是不仁道呀！仁道的人，由他所爱的，推及所不爱的；不仁道的人，把他所不爱的，推及他所爱的。"公孙丑说："这是怎么说的？"孟子说："梁惠王为了争夺土地不惜牺牲他的人民，叫他们去打仗，结果大败，还要继续打下去，又怕不能打赢，所以驱使他所爱的子弟去送死，这就叫作由他所不爱的，推及他所爱的。"

章旨

此章言不仁之祸，糜烂人民，殃及子弟。梁惠王是也。

（四十八）春秋章

孟子曰："春秋无义战[1]；彼善于此[2]，则有之矣。征[3]者，上伐下也，敌国[4]不相征也。"

今注

1 春秋无义战：朱注："春秋每书诸侯战伐之事，必加讥贬，以着其擅兴之罪，无有以为合于义而许之者。"

2 彼善于此：朱注："如召陵之师之类是也。"焦循《正义》："召陵之役，虽以兵车，而不伤一卒，不折一矢，无异衣裳之会，故春秋善之。"

3 征：正也。上讨下之称。朱注："诸侯有罪，则天子讨正之，此春秋所以无义战也。"惠士奇《春秋说》云："周室既卑，征伐不出乎天子，皆出自诸侯及其大夫，故春秋无义战。"

4 敌国："敌"，匹也。"敌国"，强弱同等之国也。

今译

孟子说："春秋的时候，没有合理的战争，只有那个国君比较这个国君好些，倒是有的。所谓征，本来是以上伐下的，国力相等的国不能彼此讨伐。"

章旨

此章深责当时诸侯之好战，残民以逞，不义甚矣。

（四十九）尽信章

孟子曰："尽信书，则不如无书。吾于武成[1]，取二三策[2]而已矣。仁人无敌于天下；以至仁伐至不仁[3]，而何其血之流杵[4]也。"

今注

1　武成：朱注："《周书》篇名。武王伐纣，归而纪事之书也。"按：《武成》篇，今文《尚书》无，古文《尚书》有，而真古文本，亡于汉光武建武年间，现存者乃晚出古文本也。

2　取二三策："策"，竹简。谓取其二三竹简之言，其余不可尽信。

3　以至仁伐至不仁："至仁"，谓武王也。"至不仁"，谓商纣也。

4　血之流杵：朱注："杵，舂杵也。或作卤楯也。武成，言武王伐纣，纣之前徒倒戈，攻于后以北，血流漂杵。孟子言此，则其不可信者。然书本意乃谓商人自相杀，非谓武王杀之也。孟子之设是言惧后世之惑，且长不仁之心耳。"

今译

孟子说："完全信书中的话，还不如没有书。我对于《武成》篇，只取两三尺竹简的意思罢了。仁德的人，在天下是没有敌手的。拿最仁的武王伐最不仁的商纣，怎么会杀得血流漂杵呢！"

章旨

此章言读书当深明大义，不可拘泥，其文亦有言过实者。

（五十）有人章

孟子曰："有人曰：'我善为陈[1]，我善为战。'大罪也，国君好仁，天下无敌焉。南面而征北狄怨，东面而征西夷怨，曰：‘奚为后我²？’武王之伐殷也，革车三百两³，虎贲⁴三千人。王曰：‘无畏！宁尔也，非敌百姓也。⁵’若崩厥角稽首⁶。征之为言正也；各欲正己⁷也。焉⁸用战！”

今注

1 陈：读去声，同阵。行列也。

2 “南面而征”至“奚为后我”：见《梁惠王篇》第十八章。

3 革车三百两：“革车”，以皮革为帷之兵车也。“两”，同辆。

4 虎贲：勇士。

5 王曰一句：朱注：“王谓商人曰：无畏我也，我来伐纣，本为安宁汝，非敌商之百姓也。”

6 若崩厥角稽首：朱注：“于是商人稽首至地，如角之崩也。”焦循《正义》：“厥角，是以角蹶地。若崩者，状其厥之多而迅也。”“厥”，顿也。“角”，额角也。“稽首”，首至地也。

7 各欲正己：朱注：“民为暴君所虐，皆欲仁者来正己之国也。”

8 焉：安也，何也。

今译

孟子说：“有人说：‘我会排兵布阵，我会打仗。’这是最大的罪人。国君好施行仁德，天下人自不会是他的敌手了。当初商汤向南方征讨，北狄就抱怨；向东方征讨，西夷就抱怨。说：‘怎么后来救我们呢？’武王伐纣的时候，只有兵车三百辆，勇士三千人，武王说：‘你们不要害怕，我是来安抚你们的，不是来和你们为敌的！’百姓高兴得像兽用角触地叩头不止。征的意思就是正，百姓都欢迎仁德的君来正自己的国家，还用什么战争呢？”

章旨

此章特以汤武为喻，强调仁者无敌。以戒当时诸侯，勿好战残民。

（五十一）梓匠章

孟子曰："梓匠轮舆[1]，能与人规矩[2]，不能使人巧。"

今注

1 梓匠轮舆：梓人匠人，木工也。轮人舆人，车工也。

2 规矩："规"，圆规。"矩"，曲尺。

今译

孟子说："木匠和车匠，只能按照方圆的规矩教导人，却不能使人巧妙。"

章旨

此章借梓匠轮舆之喻，以勉学人自求心悟，以得其妙理。

（五十二）舜之章

孟子曰："舜之饭糗茹草[1]也，若将终身焉[2]；及其为天子也，被袗衣[3]鼓琴，二女果[4]，若固有之。"

今注

1 饭糗茹草："饭"，读上声。作动词用，食也。"糗"，干饭。"茹"，亦食也。"草"，粗食。

2 焉：于此。

3 被袗衣："被"，读披音，穿也。朱注："袗衣"，画衣。孔广森《经学卮言》："引《史记·五帝本纪》，尧赐舜绨衣与琴，以证袗衣非画衣。"焦循曰："绨衣为袗。"

4 二女果："果"，同婐，女侍也。"二女"，尧二女也。

今译

孟子说:"舜在吃干饭和蔬菜的时候,好像要这样安然地过一生。等到做了天子,穿着制服,弹着五弦琴,且有尧的两个女儿侍奉他,这又好像本来如此的。"

章旨

此章言圣人处富贵贫贱如一,不为环境所移,志量过人远矣。

(五十三)吾今章

孟子曰:"吾今而后知杀人亲之重也[1]。杀人之父,人亦杀其父;杀人之兄,人亦杀其兄。然则非自杀之也,一间[2]耳!"

今注

1 吾今而后知杀人亲之重也:朱注:"言今而后知者,必有所为而感发也。""亲",指父兄之亲。

2 一间:极近之喻。朱注:"我往彼来,间一人耳,其实与自害其亲无异也。"

今译

孟子说:"我今天才晓得杀害人家亲人关系的重大:杀了人家的父亲,人家也会杀了你的父亲;杀了人家的哥哥,人家也会杀了你的哥哥。这父兄虽不是自己亲手杀的,但不过只是换一个手罢了。"

章旨

此章言戒人勿嗜杀,报应昭昭,天道好还。

（五十四）古之章

孟子曰：“古之为关[1]也，将以御暴[2]；今之为关也，将以为暴[3]。”

今注

1 关：关卡。

2 御暴：朱注：“讥察非常。”即检查匪徒也。

3 为暴：言今之设关，只知重敛扰民，故曰为暴。

今译

孟子说：“古人设置关卡，为的是检查行旅，严防盗匪；现在设置关卡，却是抽取重税，足以扰民。”

章旨

此章为借法行私苛征扰民者戒。

（五十五）身不章

孟子曰：“身不行道[1]，不行[2]于妻子；使人不以道[3]，不能行于妻子[4]。”

今注

1 身不行道：就德行言。

2 不行：道不行也。

3 使人不以道：就事而言。

4 不能行于妻子：朱注：“不能行者，道不行也。”赵注：“身不自履行道德，而欲使人行道德，虽妻子不肯行之。言无所则效，使人不顺其道理，不能使妻子顺之，而况他人乎？”温晋城曰：“不行于妻子，意谓妻子因无所则效，亦不自行道。不能行于妻子，谓妻子不奉其令以行。在妻子一属自动，一属被动，故孟子加一能字别之。"

今译

孟子说："自身不能行正道，这正道也就不能行到妻子的身上；使他人不用正道，在妻子身上也就行不通了。"

章旨

此章言行道要诀在于以身作则。故孔子谓"其身正，不令而行"。

（五十六）周于章

孟子曰："周[1]于利者，凶年不能杀[2]；周于德者，邪世不能乱[3]。"

今注

1　周：朱注："周，足也。言积之厚则用有余。"焦循《正义》："近时通解周，遍币也。谓积蓄无少匮也。积于利，故不困于凶年；积于德，故不染于邪世。"

2　凶年不能杀：虽遇凶年，不致饿死。

3　邪世不能乱：虽处乱世，亦不乱其心意。

今译

孟子说："财富充足的人，虽遇到凶年，也不会饿死；道德高尚的人，虽是处在乱世，也不会迷失他的心志。"

章旨

此章侧重道德修养：居仁由义。

（五十七）好名章

孟子曰："好名之人[1]，能让千乘之国；苟非其人，箪食豆羹见于色[2]。"

1　好名之人：赵注："好不朽之名。"

2　苟非其人，箪食豆羹见于色：见，音现。赵注："诚非好名者，争箪食豆羹变色。"焦循《正义》曰："非其人者，谓非好名之人也。如此解为当。"朱注："然若本非能轻富贵之人，则于得失之小者，反不觉其真情之发现矣。盖观人不于其所勉而于其所忽，然后可以见其所安之实也。"按：朱子以非其人为即好名之人，其让千乘之国为矫情干誉，其争箪食豆羹为真情发现，恐非孟子本义。

今译

孟子说："好名的人，能将千乘的大国让给别人，如果不是好名的人，就是在一篮饭、一碗汤的得失之间，也将现出喜怒的颜色。"

章旨

此章讥评欺世盗名之人。

（五十八）不信章

孟子曰："不信仁贤，则国空虚[1]；无礼义[2]，则上下乱；无政事[3]，则财用不足。"

今注

1　则国空虚：赵注："不亲信仁贤，仁贤去之，国无贤人，则空虚也。"朱注："言若无人然。"盖因国中无贤人，故空虚也。

2　无礼义：赵注："无礼义，则上下之叙泯乱。"

3　无政事：赵注："无善政以教人农时，贡赋则不入，故财用有所不足故也。"朱注："生之无道，取之无度，用之无节，故。"

孟子说:"国君不信任贤德的人,那么国中就像没人一样。没有礼义,就没有上下之别,天下就将大乱了。没有善政去指导人民生产,那么国家财用便不充足了。"

章旨

此章言治国之道:在于亲任仁贤、尊施礼义及推行善政。

(五十九)不仁章

孟子曰:"不仁而得¹国者,有之矣;不仁而得天下者,未之有也。"

今注

1 得:得之归己也,即取而有之。赵注:"不仁得国者,若象封有庳,叔鲜叔度封于管蔡,以亲亲之恩而得国也,虽有诛亡,其世有土。丹朱商均,天子元子,以其不仁,天下不与,故不得有天下也。"朱注:"言不仁之人骋其私智,可以盗千乘之国,而不可以得丘民之心。"

今译

孟子说:"不仁的人能取得国家,倒是有的;不仁的人能取得天下,是不会有的。"

章旨

此章勉时君欲得天下,必须行仁。

（六十）民贵章

孟子曰："民为贵，社稷¹次之；君为轻²。是故得乎丘民³而为天子，得乎天子为诸侯，得乎诸侯为大夫。诸侯危社稷，则变置⁴。牺牲⁵既成，粢盛⁶既洁，祭祀以时，然而旱干水溢，则变置社稷。"

今注

1 社稷："社"，土神。"稷"，谷神。引申为国家之义。

2 君为轻：赵注："君轻于社稷，社稷轻于民。"朱注："盖国以民为本，社稷亦为民而立，而君之尊，又系于二者之存亡，故其轻重如此。"

3 丘民：众民。"丘"，众也。朱注："丘民，田野之民，至微贱也。然得其心，则天下归之。"

4 变置：更立。朱注："诸侯无道，将使社稷为人所灭，则当更立贤君，是君轻于社稷也。"

5 牺牲：供祭祀之牛羊豕等。

6 粢盛：供祭祀之黍稷。黍稷曰粢，在器曰盛，皆祭品也。

今译

孟子说："人民是最贵重的，社稷是次要的，国君是最轻的。所以能得民心的人，就可以做天子；得着天子信任的人，就可以做诸侯；得着诸侯信任的人，就可以做大夫。诸侯无道，危害国家的安全，就可改立贤君。牛羊豕都养得很肥大，黍稷的器皿都很清洁，祭祀又按照时候，但是仍有水旱的灾害，就要改立新的社稷。"

章旨

此章特强调民贵君轻之旨，足证孟子是"民本"主义。

（六十一）圣人章

孟子曰："圣人，百世之师也；伯夷，柳下惠是也。故闻伯夷之风者，顽夫廉，懦夫有立志[1]；闻柳下惠之风者，薄夫敦，鄙夫宽[2]。奋乎百世之上，百世之下，闻者莫不兴起[3]也。非圣人而能若是乎？而况于亲炙[4]之者乎！"

今注

1　"故闻伯夷之风者"至"懦夫有立志"：见《万章篇》第十章。

2　"闻柳下惠之风者"至"鄙夫宽"：见《万章篇》第十章。

3　百世之下，闻者莫不兴起：焦循《正义》曰："毛氏奇龄《四书剩言》云：孟子奋乎百世之下，一气不断，古文排句，辞例如此，言兴乎前以及乎后也。若以百世之下连下读，则失辞例矣。《汉书·王吉传》云：孟子云奋乎百世之上，行乎百世之下，莫不兴起。《论衡·知实》篇引云：百世之下，闻之者莫不兴起，非圣人而若是乎？而况亲炙之乎？百世之下固属下读与亲炙相对，亲炙则百世之上与夷惠同时之人矣。毛说非也。"兴起：谓感动奋发而起也。

4　亲炙：朱注："亲近而熏炙之也。"

今译

孟子说："圣人，是可做百代的模范的，伯夷、柳下惠就是的。所以凡是听到伯夷风范的人，顽钝的也会变得廉洁，柔懦的也能立定志向。听到柳下惠风范的人，胸怀狭隘的也会变得宽宏；性情刻薄的也会变得敦厚。他们在百代以前振奋那美好的品德，百代以后的人，听到的没有不感动奋起的。不是圣人，能够这样吗？何况亲自受到圣人的熏炙教化呢！"

章旨

此章言圣人德教，足以振奋人之心志。

（六十二）仁也章

孟子曰："仁也者，人也[1]；合而言之，道也[2]。"

今注

1　仁也者，人也：《中庸》："仁者，人也。"赵注："能行仁恩者，人也，人与仁合而言之，可以谓之有道也。"朱注："仁者，人之所以为人之理也。"

2　合而言之，道也：赵注："人与人合而言之，可以谓之道也。"朱注："然仁，理也；人，物也。以仁之理，合于人之身而言之，乃所谓道者也。程子曰：《中庸》所谓率性之谓道是也。"

今译

孟子说："心德的仁，就是形体的人，把心德的仁和形体的人合起来说，便是道。"

章旨

此章阐明人能宏道之旨。

（六十三）孔子章

孟子曰："孔子之去鲁，曰：'迟迟吾行也！'去父母国之道也。去齐，接淅[1]而行；去他国之道也。"（朱子以为此章重出）

今注

1　接淅：见《万章篇》第十章。赵注："言孔子周流不遇，则之他国远游，惟鲁斯恋，笃于父母国之义也。"

今译

孟子说："孔子离开鲁国时，说：'我慢慢地走吧。'因为离开的是父母之邦。离开齐国时，他就像急着从淘米水中取出米就走，因为离开的是别国。"

章旨

此章言孔子不忍骤离父母之邦，以示仁孝笃亲之义。

（六十四）君子章

孟子曰："君子之厄[1]于陈蔡之间，无上下之交也[2]。"

今注

1 君子之厄："君子"，指孔子。"厄"，困厄。《左传·哀公六年》：吴伐陈，楚救陈，军于城父。时孔子在陈、蔡之间，绝粮，从者病，莫能兴。

2 无上下之交也：朱注："君臣皆恶，无所与交也。"焦循《正义》："按《史记·孔子世家》云：孔子在陈蔡之间，楚使人聘孔子，孔子将往拜礼，陈蔡大夫谋相与发徒役围孔子于野，不得行，绝粮，此孔子厄于陈蔡之事也。《荀子·宥坐》篇云：孔子南适楚，厄于陈蔡之间，七日不火食，藜羹不糁，弟子皆有饥色。下数句正申解厄字，上下无交，即指大夫相谋也。"

今译

孟子说："孔子遭遇困厄在陈蔡之间，是因为同他们的君臣平素没有交往。"

章旨

此章言君子困穷，守道不变。虽无贤援，不为不义屈。

（六十五）貉稽章

貉稽[1]曰："稽大不理于口[2]。"孟子曰："无伤也，士憎兹多口[3]。诗云[4]：'忧心悄悄[5]，愠于群小[6]。'孔子也。'肆不殄厥愠，亦不殒厥问[7]。'文王也。"

今注

1　貉稽：赵注："貉姓，稽名。"或曰："北方之貉种人名稽。""貉"，读合音。

2　稽大不理于口：谓为众人所讪。"理"，赖也，利也。即大不利于众口也。

3　士憎兹多口："憎"，通增。谓为士者益为此众口所讪也。又憎一作本义解。有憎恶之义。谓士多为众口所憎恶，亦可。

4　诗云：《邶风·柏舟》及《大雅·绵》之篇。

5　忧心悄悄："悄悄"，忧貌。谓忧在心也。

6　愠于群小："愠"，怨也。赵注："怨小人聚而非议贤者也。"

7　肆不殄厥愠，亦不殒厥问："肆"，发语词。"殄"，绝也。"殒"，失坠也。朱注："本言太王事昆夷，虽不能殄绝其愠怒，亦不自坠其声问之美。"

今译

貉稽说："稽很不得大家的称道。"孟子说："这无妨碍，士人本来就常被大家所讥议。《诗经》说：'内心的忧闷，就是因为那般小人的中伤。'这是孔子曾经遭遇过的。'虽不能消除他们的愠怒，但也不降低自己的声名。'这是文王曾经遭遇过的。"

章旨

此章言君子修己，尽其在我而已。

（六十六）贤者章

孟子曰："贤者以其昭昭[1]，使人昭昭；今以其昏昏[2]，使人昭昭。"

今注

1　昭昭：明也。赵注："贤者治国，法度昭昭，明于道德，是躬化之道可也。"

2　昏昏：闇也。赵注："今之治国，法度昏昏，乱溃之政也。身不能治，而欲使人昭明，不可得也。"

今译

孟子说："古时的贤人，先使自己明白道理，然后叫人也同时明白道理；现在的人（指当时的在位者）本身就糊涂，却要叫人明白道理。"

章旨

此章讥评当时在位者，以己之昏，责人明之是非。

（六十七）山径章

孟子谓高子[1]曰："山径之蹊间[2]，介然用之[3]而成路；为间[4]不用，则茅塞之矣。今茅塞[5]子之心矣。"

今注

1　高子：赵注："高子，齐人也。尝学于孟子，乡（向）道而未明，去而学于他术。"

2　山径之蹊间："径"，小路。"蹊"，人行处。赵注："山径，山之领，有微蹊介然，人遂用之不止，则蹊成为路。"

3　介然用之："介"，音戛。朱注："倏然之顷也。"按：赵注

"介然"属上读。今从朱子属下读。《说文》："介，画也。""用"，方言，行也。"介然用之"，即介然行之。

4　为间：少顷也。

5　茅塞：喻高子为善，竟止于中道，而其心为利欲之所充塞，亦若茅塞其路矣。

今译

孟子对高子说："山间小路，只有脚掌宽，要是人们常走那里，就会变成一条大路。但过一些时日不去走它，茅草依旧会把路塞住。现在茅草已经塞住你的心了。"

章旨

此章言为善向学，须有恒心。孟子特以"心学"示高子（按：《孟子》是一部心学之书）。

（六十八）禹之章

高子曰："禹之声[1]，尚[2]文王之声。"孟子曰："何以言之？"曰："以追蠡[3]。"曰："是奚足哉[4]？城门之轨，两马之力与[5]？"

今注

1　禹之声：禹之乐也。

2　尚：加尚也。犹言高过。

3　追蠡：朱注："追，钟钮也。《周礼》所谓旋虫是也。蠡者，啮木虫也。言禹时钟在者，钟钮如虫啮而欲绝，盖用之者多。而文王之钟不然，是以知禹之乐过于文王之乐也。""追"，音堆，即钟钮。"蠡"，啮木虫也。

4　是奚足哉：朱注引丰氏曰："言此何足知之也。"

5　城门之轨，两马之力与：朱注引丰氏曰："轨，车辙迹也。

两马，一车所驾也。城中之涂（同途）容九轨，车可散行，故其辙迹浅。城门惟容一车，车皆由之，故其辙迹深，盖日久车多所致，非一车两马之力，能使之然也。言禹在文王前千余年，故钟久而钮绝。文王之钟，则未久而钮全，不可以此而议优劣也。"

今译

高子说："禹的乐声美过文王的乐声。"孟子说："你是凭什么知道的呢？"高子说："禹的钟钮已经被虫蛀得快要断了，一定是用得多的缘故。"孟子说："这怎么能做凭证呢？好比城门口的车辙非常深，难道说是一车两马的力量所造成的吗？（是日子长久，车子经过多的缘故。禹的钟钮像虫蛀一样，也是经历年代太久啊！）"

章旨

此章示高子评论圣人，应具真见识，不可就一器之末而妄下论断。

（六十九）齐饥章

齐饥。陈臻曰："国人皆以夫子将复为发棠¹；殆不可复²？"孟子曰："是为冯妇³也。晋人有冯妇者，善搏虎，卒为善士。则之野⁴，有众逐虎；虎负嵎⁵，莫之敢撄⁶。望见冯妇，趋而迎之。冯妇攘臂⁷下车，众皆悦之，其为士者笑之。"

今注

1　发棠：谓发棠邑之仓，以赈济人民。朱注："先时齐国尝饥，孟子劝王发棠邑之仓以济贫穷，至此又饥，陈臻问言齐人望孟子复劝王发棠。而又自言恐其不可也。"

2　殆不可复："殆"，恐也。"复"，再也。陈臻言恐不可再言也。

3　冯妇：人名。姓冯，名妇。

4　则之野：“则”，乃也。为助词。“之”，往也。

5　负嵎：“负”，依也。“嵎”，山曲也。

6　撄：触犯。

7　攘臂：奋臂以起也。犹今言捋臂。

今译

齐国又闹饥荒。陈臻说："全国人民认为夫子再见齐王时，将请他把棠邑的米粮发出来赈济他们，这事恐不可再去请求吧？"孟子说："那就变成冯妇了！晋国人有个叫作冯妇，最会赤手空拳打老虎，后来做了善士。有一次走到野外去，恰巧见着许多人追赶老虎，老虎蹲在山曲的高处，没有人敢去触犯它，大家望见冯妇来了，就向前迎接他；于是冯妇振臂下车，大家都非常高兴，但是被有识之士耻笑呢！"

章旨

此章借冯妇之喻，以明己见几守义之旨。

（七十）口之章

孟子曰："口之于味也，目之于色也，耳之于声也，鼻之于臭[1]也，四肢之于安佚[2]也，性也。有命焉；君子不谓性也[3]。仁之于父子也，义之于君臣也，礼之于宾主也，知之于贤者也，圣人之于天道也[4]，命也。有性焉；君子不谓命也[5]。"

今注

1　臭：凡气通于鼻皆曰臭，无香秽之别也。通言嗅觉。

2　佚：同逸，逸乐也。

3　君子不谓性也：赵注："不以性欲而苟求之，故君子不谓性也。"朱注："五者之欲，性也。然有分，不能皆如其愿，则是命也。不可谓我性之所有，而求必得之也。"

4 知之于贤者也，圣人之于天道也：朱注："或曰者当作否，人衍字。""知"，同智。

5 君子不谓命也：朱注引程子曰："仁义礼智天道，在人则赋于命者，所禀有厚薄清浊，然而性善可学而尽，故不谓之命也。张子曰：晏婴智矣，而不知仲尼，是非命耶？愚按所禀者厚而清，则其仁之于父子也至，义之于君臣也尽，礼之于宾主也恭，智之于贤否也哲，圣人之于天道也无不吻合，而纯亦不已焉。薄而浊则反是。"

今译

孟子说："嘴巴想吃好味，眼睛想看美色，耳朵喜听音乐，鼻子喜闻香味，四肢都想安逸，这都是人的本性，但能不能够享受这些要由命运来安排。但君子不认为这是天性，决不去强求。仁爱对于父子，道义对于君臣，礼节对于宾主，智慧对于贤者，圣人对于天道，一般人都以为是命定的，事实上却存于本性中，所以君子总在本性上追求，不说那是命定的。"

章旨

此章言君子尽性立命之学，尊德乐道，不事口体之安逸。

（七十一）浩生章

浩生不害[1]问曰："乐正子，何人也？"孟子曰："善人也，信人也。""何谓善？何谓信？"曰："可欲之谓善[2]；有诸己之谓信[3]；充实之谓美[4]；充实而有光辉之谓大[5]；大而化之之谓圣[6]；圣而不可知之之谓神[7]。乐正子，二之中，四之下[8]也。"

今注

1 浩生不害：赵注："浩生姓，不害名。齐人也。见孟子闻乐正子为政于鲁而喜，故问乐正子何等人也。"

2 可欲之谓善：赵注："己之所欲，乃使人欲之，是谓善人；己所不欲，勿施于人也。"焦循曰："高诱注云：善，好也。善可欲，即可好。其人可好，自为善人也。"

3 有诸己之谓信：朱注："凡所谓善，皆实有之，如恶恶臭，如好好色，是则可谓信人矣。"

4 充实之谓美：朱注："力行其善，至于充满而积实，则美在其中，而无待于外矣。"

5 充实而有光辉之谓大：朱注："和顺积中，而英华发外；美在其中，而畅于四支，发于事业，则德业至盛而不可加矣。"

6 大而化之之谓圣：朱注："大而能化，则不思不勉，从容中道，而非人力所能为矣。"

7 圣而不可知之之谓神：朱注引程子曰："圣不可知，谓圣之至妙，人所不能测，非圣人之上又有一等神人也。"

8 二之中，四之下："二"，指善、信。"四"，指美、大、圣、神。赵注："乐正子，善信在二者之中，四者之下也。"朱注："盖在善信之间，观其从于子敖，则其有诸己者或未实也。"

今译

浩生不害问道："乐正子是怎样一个人？"孟子说："是个善人，是个信人。"不害说："怎样叫作善？怎样叫作信？"孟子说："人人都喜欢他，称他好，叫作善；本身就具备善的行为，叫作信；充满了善行，就叫作美；既充满了善行而又能发扬光大，就叫作大；已经大到了没有迹象可见，就叫作圣；圣而到了妙不可测的境地，就叫作神。乐正子刚好在善与信两等之间，美、大、圣、神四等之下。"

章旨

此章论乐正子人品，勉学人修德向善而达于圣境。

（七十二）逃墨章

孟子曰："逃墨[1]必归于杨[2]；逃杨必归于儒。归，斯受之而已矣。今之与杨墨辩者，如追放豚[3]，既入其苙[4]，又从而招之[5]。"

今注

1　逃墨：赵注："墨翟之道兼爱，无亲疏之别，最为违礼。""逃"，离去。"墨"，即墨翟。

2　杨：即杨朱。赵注："杨朱之道，为己爱身虽违礼尚得不敢毁伤之义。"

3　放豚：即逃出栏圈外之猪也。

4　苙：赵注："苙，兰也。""兰"与栏字同。

5　招之：赵注："招，羂也。"羁其足曰羂。朱注："言彼既来归，而又追咎其既往之失也。"焦循《正义》曰："赵氏佑《温故录》云：愚又谓招之为羂，为羁仅见此注，绝少作证，孟子之辟杨墨，方深望能言距之人而不可得，盖未必有追咎太甚之事。此节孟子自明我今之所以与杨墨辩者，有如追放豚然，惟恐其不归也。其来归者，既乐受之，使入其苙，未归者又从而招之，言望人之弃邪反正无已时也。苙既处之有常，招之又望之无已，如是则不咎其往之意具见，招字非但无别音，并不烦别义耳。"按：赵注朱注同，不如赵氏佑之说较长。今暂取赵佑说。

今译

孟子说："离去墨子的学说，必定归顺到杨朱的学说；离去杨朱的学说，必定归顺到儒家。既然来归顺，就收容他罢了。现在和杨墨二家辩论的人，就像追赶逃出的猪一样，已经回到猪圈里，这是平时所盼望招它归来的愿望达到了。"

章旨

此章言圣贤虽严拒异端，而立心甚恕。冀其来归儒道之正。

（七十三）有布章

孟子曰："有布缕之征[1]，粟米之征[2]，力役之征[3]。君子用其一，缓其二。用其二而民有殍[4]；用其三而父子离。"

今注

1 布缕之征：谓布帛之税。
2 粟米之征：谓粮赋。
3 力役之征：用民力也。
4 殍：饥饿而死者。

今译

孟子说："古时候有征取布帛税的，有征取米粮税的，有征用民力的。君子只征取其中的一种，缓征那两种。如果同时征用两种，人民就会有饿死的；同时征用三种，人民就要父子离散了。"

章旨

此章言仁者施政，以爱民为本，故取之有度。

（七十四）诸侯章

孟子曰："诸侯之宝[1]三：土地，人民，政事。宝珠玉者，殃必及身[2]。"

今注

1 宝：宝贝，作名词用。《礼记·檀弓》云："仁亲以为宝。"

注云："宝，谓善道可守也。"按："宝"，通保。保守此土地、人民、政事也。今日西人言"土地、人民、治权为国家三要素"，与孟氏所述不谋而合，足证东圣西圣，其揆一也。

2　殃必及身："殃"，灾祸。言灾祸必及于身也。

今译

孟子说："诸侯的宝贝有三种：土地，人民，政事。如果拿珠玉当作宝贝，那灾祸必定降到他身上。"

章旨

此章孟子明示当时人君应宝此土地、人民、政事三者以为国珍。

（七十五）盆成章

盆成括[1]仕于齐。孟子曰："死矣，盆成括！"盆成括见杀[2]。门人问曰："夫子何以知其将见杀？"曰："其为人也，小有才，未闻君子之大道也[3]；则足以杀其躯而已矣。"

今注

1　盆成括：赵注："盆成姓，括名也。尝欲学于孟子，问道未达而去，后仕于齐。"按：《晏子春秋·外篇》亦有盆成括，似非一人。

2　见杀："见"，犹被也。"见杀"，即被杀。

3　小有才，未闻君子之大道也：赵注："孟子答门人，言括之为人，而未知君子仁义谦顺之道。"焦循《正义》曰："《说文·心部》云：慧儇也。慧则精明，精明则照察人之隐。慧则捷利，捷利则超越人之先，皆危机也。君子明足以察奸，而仁义行之，智足以成事，而谦顺处之，是为大道也。夫道大则能包容，小人以有孚而化。道大则无骄亢，异端以相感而通，于食有福，何害之有。"朱

注："恃才妄作，所以取祸。"

今译

盆成括在齐国做官。孟子说："盆成括将要死了！"不久，盆成括果然被杀。弟子问道："夫子怎么知道他将要被杀？"孟子说："他的为人，有点小才能，却没有听过君子做人的大道理，这就足以招致杀身之祸了。"

章旨

此章诫人不可自恃小聪明，当修身以立德。

（七十六）之滕章

孟子之[1]滕，馆于上宫[2]。有业屦[3]于牖[4]上，馆人求之弗得。或问之曰："若是乎，从者之廋[5]也！"曰："子以是为窃屦来与？"曰："殆非也；夫子（予）之设科也[6]，往者不追，来者不拒[7]；苟以是心[8]至，斯受之而已矣。"

今注

1 之：往也。

2 馆于上宫："馆"，舍也。止也。赵注："上宫，楼也。"朱注："别宫名。"焦循《正义》曰："上宫，上舍也。谓上等之馆舍也。"今从焦说。

3 业屦：正织造犹未完成之麻鞋。朱注："织之有次，业而未成者。"

4 牖：窗也。

5 从者之廋："从"，音纵。"从者"，随从之人也。"廋"，匿也。

6 曰殆非也；夫子（予）之设科也："曰殆非也"，乃孟子自问自答之词。谓"自'子以是为窃屦来'以下皆孟子言。"（俞樾说甚是。）"夫子"应作"夫予"。阮元曰：宋本、岳本、孔本、韩本均作"予"。赵注："夫我设教授之科，教人以道德也。"疏亦云"夫我之设科以教人"。则作"予"是也。近人高步瀛云："孟子盖谓从者固非为窃屦而来，然我之设科以待学者，苟以问道之心而来，则受之亦不能保其无窃屦之事。词似谦抑，意则谐谑，而或人妄为逆亿，可使自悟其非。若以殆非也以下为或人之言，则全失语妙矣。"

7　拒：又作距。

8　是心：即学道之心也。

今译

孟子到滕国，住在滕君招待的别馆。守馆的人有双尚未织好的麻鞋放在窗栏上，忽然不见了，遍找不得。有人问孟子说："追随夫子的人，竟能把人家东西藏匿起来吗？"孟子说："你以为这些人是专偷麻鞋而来吗？"同时又接着说："大概不会吧！我设立学科，宗旨在培养他们道德，离开的不去追，来学的也不拒绝，只要他们是诚心求道而来，我便收留他。不过来学的流品不齐，或许有这种恶作剧的人呢！"

章旨

此章言圣贤以道德教人，窃屦之事，在莫须有之间。故孟子作答，只以诙谐出之。

（七十七）人皆章

孟了曰："人皆有所不忍；达之于其所忍，仁也。人皆有所不为；达之于其所为，义也[1]。人能充[2]无欲害人之心，而仁不可胜用也。人能充无穿窬[3]之心，而义不可胜用也。人能充无受尔汝之实[4]，无所往而不为义也。士未可以言而言，是以言铦之也；可以言而不言，是以不言餂⁵之也；是皆穿窬之类也。"

今注

1 "人皆有所不忍"至"达之于其所为，义也"：赵注："人皆有所爱，不忍加恶。"焦循《正义》曰："近时通解，所不忍即下无害人之心。"朱注："恻隐羞恶之心，人皆有之，故莫不有所不忍不为，此仁义之端也。然以气质之偏，物欲之蔽，则于他事或有不能者，但推所能，达之于不能，则无非仁义矣。""达"，推此心以通之于彼也。

2 充：满也。

3 穿窬：即穿穴。亦作逾。

4 尔汝之实："实"，实情也。"尔汝"，乃轻贱之称。

5 餂：音忝，谓挑取物也。按："餂"为"甜"之俗字，以舌取物也。

今译

孟子曰："人都有颗不忍的心，把这不忍的心推到他忍心的地方，就是仁；人都有不肯做的事，把不肯做的事推到他肯做的事上，就是义。人能充满了不欲害人的心，那么仁就用不完了；人能充满了不做窃盗的心，那么义就用不完了。人能充满了羞耻心，不受人的'你啊！你啊！'轻贱称呼，那么无论在哪里，都不会做出不义的事。士人还没到可以说话时便先说，这是拿话探取别人的意思，到了可以说话时却又不说，这是以不说话探取别人的意思，这些都是偷窃一类人的行为。"

章旨

此章申言人人本具善性，须加存养扩充之功，即可成为至善之人。

（七十八）言近章

孟子曰："言近而指远[1]者，善言也；守约而施博[2]者，善道[3]也。君子之言也，不下带而道存[4]焉。君子之守，修其身而天下平[5]。人病舍其田而芸人之田，所求于人者重，而所以自任者轻[6]。"

今注

1　言近而指远："指"，同旨。所言者浅近，而意旨极深远。赵注："近言正心，远可以事天也。"

2　守约而施博："约"，简。"博"，大。赵注："约守仁义，大可以施德于天下也。"

3　善道：庄子曰："道行之而成。""善道"，谓善行。

4　不下带而道存：朱注："古人视不下于带；则带之上，乃目前常见至近之处也。举目前之近事，而至理存焉，所以为言近而指远也。""带"，腰带。

5　修其身而天下平：赵注："身正物正，天下平矣。"朱注："此所谓守约而施博也。"《正义》："修其身而天下平，孟子自发明守约施博之义也。"

6　人病舍其田而芸人之田三句："病"，患。"芸"，治也。通耘，除草。"求"，责。"任"，荷。赵注："田以喻身；舍身不治，而欲责人治，是求人太重，自任太轻也。"朱注："此言不守约，而务博施之病。"

今译

孟子说："说话虽很浅近，而话中旨趣却很深远，是最好的说话；所守的很简要，而施行却极广大，是最好的办法。君子的说话，如同视线看不到自己所束腰带下面，话虽浅近而道理却极深远呢！

君子的操守，只是修养自身，就能平治天下。人的毛病在于舍弃自己的田地不耕种，去拔别人田里的草，所要求于别人的很重，而自己的负担却很轻。"

章旨

此章示人须务本，躬行善道，当以心为原。

（七十九）尧舜章

孟子曰："尧舜性者[1]也；汤武，反之[2]也。动容周旋中礼[3]者，盛德之至也。哭死而哀[4]，非为生者也；经德不回[5]，非以干[6]禄也；言语必信，非以正行[7]也。君子行法以俟命[8]而已矣。"

今注

1 性者："性"，生之实也。赵注："尧舜之体性自善者也。殷汤周武反之于身，身安乃以施人，谓加善于民。"焦循《正义》曰："人性本善，尧舜生知，率性而行，自己为善者也。汤武以善自反其身，己身已安于善，然后加善于人。尧舜率性固无所为而为，汤武反身而后及人，亦非以善加人而始为善。此非尚论尧舜汤武也，为托于尧舜汤武者示之也。"朱注："得全于天，无所污坏，不假修为，圣之至也。"

2 反之："反"，复也。朱注："反之者，修为以复其性，而至于圣人也。"

3 动容周旋中礼：朱注："细微曲折，无不中礼。""中"，读去声，合也。

4 哭死而哀：谓伤悼死者，哀出至情，非伪饰也。

5 经德不回："经"，行也。"回"，曲也。赵注："体德之人，行其节操，自不回邪。"

6 干：求也。

7 非以正行：赵注："谓非必欲以正行为名也。"

8 君子行法以俟命：赵注："君子顺性蹈德，行其法度，夭寿在天，待命而已矣。"朱注："法者，天理之当然者也。君子行之，而吉凶祸福，有所不计，盖虽未至于自然，而已非有所为而为矣。此反之事。董子（仲舒）所谓'正其义不谋其利，明其道不计其功'，正谓此也。"

今译

孟子说："尧、舜，是由本性中而发出的；汤、武，是由修身而回复到本性中的。一切动作仪态，应对进退的礼节，都合着礼法，这是道德达到了极点！哭泣死者，非常哀痛，并非为着活的人；实践道德不走邪曲的路，并非为着求俸禄；说话一定守着信用，并非为着端正品行。君子行事，一切依照正道而待天命罢了。"

章旨

此章借尧舜性之，汤武反之，勉人尽性，尽仁，以行圣道。

（八十）大人章

孟子曰："说大人则藐之，勿视其巍巍然[1]。堂高数仞[2]，榱题数尺[3]；我得志弗为也；食前方丈[4]，侍妾数百人，我得志弗为也；般乐饮酒[5]，驱骋田猎，后车千乘，我得志弗为也。在彼者[6]，皆我所不为也；在我者，皆古之制也。吾何畏彼哉[7]！"

今注

1 说大人则藐之，勿视其巍巍然：赵注："大人，谓当时之尊贵者也。孟子言，说此大人之法，心当有以轻藐之，勿视之巍巍富贵若此，而不畏之，则心舒意展，言语得尽。"焦循《正义》曰：

"藐当释为远，谓当时游说诸侯者，以顺为正，是狎近之也。所以狎近之者，视富贵而畏之也。不知大人宜远之，远之者，即下皆古之制，我守先王之法，而说以仁义，不曲徇其所好，是远之也。以为心当轻藐，恐失孟子之旨。"又曰："勿视其巍巍然，犹俗云不必以其富贵置在目中也。""说"，读税，说之也。"藐"，暂从焦循解作"远"，义较长。

2　仞：八尺曰仞。

3　榱题数尺："榱题"，屋椽端也。赵注："屋溜。"俗称出檐。榱题数尺，言屋材巨大，出檐数尺也。

4　食前方丈：赵注："极五味之馔食，列于前方一丈。"盖喻盛馔也。

5　般乐饮酒：赵注："般，大也。大作乐而饮酒。""般"，读盘，通伴。《正义》引《说文》段注："伴，大貌。"

6　在彼者：赵注："在彼贵者骄佚之事，我所耻为也。"

7　皆古之制也。吾何畏彼哉：赵注："在我所行皆古圣人所制之法，谓恭俭也。我心何为当畏彼人乎哉？"

今译

孟子说："游说有权位的人，要远视他，不要把他的高贵显耀放在眼里，厅堂高了好多丈，檐椽出了好几尺，假使我得志，绝不这样做；陈列肴馔在面前，满满一方丈，侍奉的姬妾几百人，假使我得志，绝不这样做；疯狂地饮酒，奔驰着车马打猎，随从的车有千辆，假使我得志，绝不这样做。他所做的，我绝不会做的；我所做的，都是古圣先贤的制度，我有什么怕他的呢？"

章旨

此章言游说尊贵，当持以道义，说以古圣先贤之制度，勿为威势所屈。

（八十一）养心章

孟子曰："养心莫善于寡欲[1]。其为人也寡欲，虽有不存[2]焉者寡矣；其为人也多欲，虽有存焉者寡矣。"

今注

1　养心莫善于寡欲：赵注："养，治也。欲，利欲也。虽有少欲而亡者，谓遭横暴，若单豹卧深山而遇饿虎之类也，然亦寡矣。若贪而不亡，蒙先人德业，若晋栾餍之类也。然亦少矣，不存者众也。"按：单豹之事，见《庄子·达生》篇及《吕氏春秋·必己》篇。栾餍之事，见《左传·襄公十四年》。朱注："欲，如口鼻耳目，四肢之欲，虽人之所不能无，然多而不节，未有不失其本心者；学者所当深戒也。"庄子云："其嗜欲深者，其天机浅。"亦此寡欲之旨。

2　不存：指心言。盖"操则存，舍则亡"。亡则不存。"有放心而不知求"之放心，亦不存也。嗜欲多，则心为外物所诱，故放而不存。嗜欲寡，则外物不能诱之，故心存而不放也。近世学人吴闿生曰："所言至约，而切近精微；他人千万言不能逮也。盖孟子质性高明，而见道深邃，故其所流露皆如此。"

今译

孟子说："养心没有比减少嗜欲更好的了。如能减少欲念，即使失去本心时，也是很少的；如果欲念太多，即使保有本心时，也是很少的。"

章旨

此章示人养心之要诀：在寡欲。

（次耘按：老子云："见素抱朴，少私寡欲。"可与此章相互发明，益证儒道二家所见皆相通。）

（八十二）曾晳章

曾晳嗜羊枣[1]，而曾子不忍食[2]羊枣。公孙丑问曰："脍炙[3]与羊枣孰美？"孟子曰："脍炙哉！"公孙丑曰："然则曾子何为食脍炙而不食羊枣？"曰："脍炙所同也；羊枣所独也。讳名不讳姓[4]。姓所同也，名所独也。"

今注

1 羊枣：《尔雅·释木》曰："遵，羊枣。"郭注："实小而圆，紫黑色，今俗呼之为羊矢枣。"义疏："羊枣者，小而圆，其味善，故曰羊。羊，善也。今人家亦种之，为其早熟，味尤甜美，即曾晳所嗜者也。"按：郭云紫黑色，俗呼羊矢枣者，乃《上林赋》所谓梬枣。《说文》："梬枣似柿"，即软枣，其树叶及实皆颇似柿，虽冒枣名，其实柿类，郭以此为羊枣，恐误。

2 不忍食：赵注："曾子以父嗜羊枣，父殁之后，惟念其亲，不复食羊枣，故身不忍食也。"

3 脍炙："脍"，细切肉。"炙"，烤肉。

4 讳名不讳姓：讳有三义：（1）隐也。《公羊传·闵元年》："春秋为尊者讳，为亲者讳，为贤者讳。"（2）避也。疏云："散鬼神之名，故讳之。"（3）死者之名曰讳。"讳，主人视先君名。"讳名不讳姓，譬如讳君父之名，不讳其姓，姓与族同之，名所独也，故讳之也。

今译

曾晳嗜吃羊枣，他死后，曾子不忍再吃羊枣。公孙丑问道："脍炙和羊枣的味道哪样美？"孟子说："当然是脍炙。"公孙丑说："那么曾晳生前也必定喜欢吃的，为什么曾子吃脍炙而不吃羊枣呢？"孟子说："脍炙是大家共同喜欢吃的，羊枣是曾晳独自喜欢吃的。如同避尊亲的名，而不避他的姓，因为姓是大家所同的，名是一个人所独有的。"

章旨

此章强调曾子之孝思，正由"不忍"而来。

（八十三）在陈章

万章问曰："孔子在陈曰：'盍归乎来！吾党之小子狂简进取，不忘其初[1]。'孔子在陈，何思鲁之狂士？"孟子曰："孔子不得中道而与之，必也狂狷乎！狂者进取；狷者有所不为也[2]。孔子岂不欲中道哉？不可必得，故思其次[3]也。""敢问何如斯可谓狂矣？"曰："如琴张、曾晳、牧皮[4]者，孔子之所谓狂矣。""何以谓之狂也？"曰："其志嘐嘐[5]然。曰：'古之人！古之人[6]！'夷考其行而不掩焉者也[7]。狂者又不可得；欲得不屑不洁[8]之士而与之，是狷也，是又其次也。孔子曰：'过我门而不入我室[9]，我不憾焉者，其惟乡原[10]乎！乡原，德之贼也。'"曰[11]："何如斯可谓之乡原矣？"曰："何以是嘐嘐也？言不顾行，行不顾言，则曰：'古之人！古之人！'""行何为踽踽凉凉？生斯世也，为斯世也，善斯可矣。阉然媚于世也者，是乡原也[12]。"万章曰[13]："一乡皆称原人[14]焉，无所往而不为原人；孔子以为德之贼，何哉？"曰："非之无举[15]也，刺之无刺[16]也；同乎流俗，合乎污[17]世；居之似忠信，行之似廉洁；众皆悦之，自以为是；而不可与入尧舜之道，故曰：'德之贼也。'孔子曰：'恶似而非者：恶莠[18]，恐其乱苗也；恶佞[19]，恐其乱义也；恶利口[20]，恐其乱信也；恶郑声[21]，恐其乱乐也；恶紫，恐其乱朱也；恶乡原，恐其乱德也[22]。'君子反经[23]而已矣！经正，则庶民兴；庶民兴[24]，斯无邪慝[25]矣！"

今注

1 "孔子在陈"至"不忘其初"：详见《论语·公冶长》篇及《史

记·孔子世家》。陈，国名，周初封舜之后胡公于陈，春秋之季灭于楚，今河南开封以东至安徽亳县以北皆其地。"盍"，何不。赵注："孔子在陈，上下无交，叹息思归，欲见其乡党之士。简，大也。狂者进取大道而不得其正者也。"朱注："狂简，谓志大而略于事。进取，谓求望高远。""不忘其初"，赵注："孔子思故旧也。"《正义》："即不忘故旧也。"以为系述孔子之言之辞，四字自为句。故朱注亦"谓不能改其旧也。"但以为仍系孔子言，故连上"进取"二字为句。按说皆可通，然衡诸语气，"不忘"与下文"何思"相连贯，赵注似较朱注为顺。今从之。

2 "孔子不得中道而与之"至"狷者有所不为也"：朱注：据《论语》（《子路》篇）亦孔子之言。然则孔子字下当有"曰"字。《论语》"道"作"行"。赵注："中道，中正之大道也。"盖中道，即《论语》之"中行"也。凡行道中正曰"中行"：退能不为，进能行道，兼有二者之长。后人舍狂狷而别求中道则误矣。"与之"，传与之道也。《论语》包注："狂者进取于善道，狷者守节无为。""有所不为"，朱注："谓知耻自好，不为不善也。"

3 思其次：谓思次于中道也。赵注："时无中道之人，以狂狷次善者，故思之也。"

4 琴张、曾晳、牧皮：赵注："琴张，子张也。曾晳，曾参父也。牧皮行与二人同。皆事孔子学者也。"朱注："琴张，名牢，字子张。子桑户死，琴张临其丧而歌，事见《庄子》。虽未必尽然，要必有近似者。季武子死，曾晳倚其门而歌，事见《檀弓》。又言异乎三子者之撰，事见《论语》。牧皮未详。"

5 嘐嘐：赵注："志大言大也。"

6 古之人！古之人：朱注："重言古之人，见其动辄称之，不一称而已也。"

7 夷考其行而不掩焉也：朱注："夷，平也。掩，覆也。言平考其行，则不能覆其言也。"又王引之曰："夷，语助词。"

8　不屑不洁：谓不耻贱污行不洁者，即有所不为也。"屑"，洁也。

9　过我门而不入我室：朱注："万章又引孔子言而问也。"中间加曰者，盖既诵孔子之言，复自发问，故加曰以问之也。

10　乡原："原"，同愿。容貌恭正也。谓乡人外饰谨厚，并喜同流合污。即伪君子。

11　曰：上下皆万章语。上诵孔子之言，下为发问之词，故加"曰"字以别之。

12　"曰：何以是嘐嘐也"至"是乡原也"：按俞樾《古书疑义》举例："曰：何以是嘐嘐也？言不顾行，行不顾言，则曰'古之人，古之人，行何为踽踽凉凉？'按：此十三字，当在'其志嘐嘐然'之下，'夷考其行'之上，此处当删。'曰：何以是嘐嘐也？'万章问也。'言不顾行'以下，孟子答也。狂者言行不相顾，每以古人之行为隘小而非笑之，则曰：'古之人，古之人，行为踽踽凉凉？'此狂者讥古人之词。"行，去声。踽，音举。《毛诗·唐风·杕杜》篇，独行踽踽。《传》云：踽踽，无所亲也。《说文·足部》云：踽，疏行也。疏与亲反，无所亲故疏。又《水部》云：凉，薄也。从水，京声。薄与疏义亦相近。"不与人相亲，则不以周旋盘辟施之于人。"朱注："踽踽，独行不进之貌。凉凉，薄也。不见亲厚于人也。""阉然媚于世"，朱注："阉，如奄人之奄，闭藏之意也。媚，求悦于人也。孟子言此深自闭藏，以求亲媚于世，是乡原之行也。"

13　万章曰：赵注本，注疏本，皆作"万子曰"，上文作万章，此忽作万子，疑古本之误。兹从朱注本。

14　原人：谨厚之人。

15　非之无举："非"，讥诃其缺失。谓欲非之而无可举者。

16　刺之无刺：谓责其咎而无可责。

17　污：同污，浊也。

18　莠：茎叶似苗之草，即狗尾草。

19　佞：朱注："才智之称，其言似义而非义也。"

20　利口：朱注："多言而不实者也。"

21　郑声：朱注："淫乐也。"

22　恶乡原，恐其乱德也：朱注："乡原不狂不狷，人皆以为善，有似乎中道，而实非也，故恐其乱德也。"

23　反经：朱注："反，复也。经，常也。万世不易之常道也。""反经"，即复其常道也。何谓常道？仁义礼智信也。

24　庶民兴：赵注："则众民兴起而家给人足矣。"朱注："兴，兴起于善也。"

25　邪慝："慝"，隐恶也。赵注："邪恶之行也。"

今译

万章问道："孔子在陈国时，曾经感叹地说：'为什么不回去呢？我乡里有不少弟子都是志气高大而行径疏略，很有进取心。'不忘记故旧（按：此据朱注，焦疏而译），请问孔子当时在陈国，为什么要思念鲁国的狂士呢？"孟子说："孔子不能得中道的人传授，必然要传给这些狂狷之士了。狂的人有进取心，狷的人便有所不为。孔子难道不想要中道的人吗？因为不一定能得到，所以就想到次一等的。"万章说："请问怎样叫作狂呢？"孟子说："像琴张、曾皙、牧皮这些人，就是孔子所称的狂士。"万章问："为什么说他们是狂呢？"孟子说："他们志气高大，说话夸张，一开口就是'古时候人呀！古时候人呀！'，可是考察他们的行为，却不能掩盖他们的言辞。狂的人也不易得到，如果想得到不屑做秽事的人来传授，那就是狷的人。这是更次一等了。像狂与狷，固然是孔子所选取而重视的，可是孔子曾经说过：'经过我的门口却不进入我屋里，我并不感到遗憾的，那只有那些乡原罢了！乡原是伤害道德的贼啊！'"万章又问道："什么样的人就可叫作乡原呢？"孟子说：
"要知道乡原，只要听他批评狂狷的人话便可明白。他讽刺狂的人
说：'为什么那样言大而夸呢？所说的不顾自己的所为，所为的不
顾自己的所说，开口总是说：古时候的人是怎样的，古时候的人是
怎样的。'他又讽刺狷的人说：'为什么这样孤僻冷清呢？既然生在
这世上，就当依照世上的流俗来做，只要大家说声好就行了。'这
样遮遮掩掩地想讨好世人，这就是乡原了。"万章说："一乡都说他
是忠厚老实的人，不论到什么地方，不会不当他是个忠厚的好人，
孔子以为他是伤害道德的贼，是什么缘故呢？"孟子说："要说他的
不对，却又举不出证据；要攻击他的罪恶，却又无处可攻击；一味
随顺着流俗，迎合着污世；用心好像忠厚，行为好像廉洁；大家都
喜欢他，而他也就自以为是，终于不能进入尧舜的中正之道，所以
说：'是伤害道德的贼啊！'孔子说：'我最恨的是那些似是而非的
东西：嫌恶那莠草，是恐怕它混乱了真苗；嫌恶那佞人，是恐怕他
扰乱了真义；嫌恶那利嘴，是恐怕它扰乱了真信；嫌恶那淫邪的郑
声，是恐怕它迷乱了正乐；嫌恶那紫色，是恐怕它混乱了真红；嫌
恶那假忠信假廉洁的乡原，是恐怕它乱了真道德。'君子只要回到
经常的大道就是了，经常的大道端正了，那百姓自然会感动兴起；
百姓能够感动兴起，就不会有这样一类的邪恶之人了。"

章旨

此章品论中道、狂、狷、乡原四者，而以中道为独至，反经笃
行，则合乎中道。

（八十四）尧舜章

孟子曰："由尧舜至于汤，五百有余岁[1]。若禹、皋陶，则见
而知之；若汤，则闻而知之[2]。由汤至于文王，五百有余岁，若伊

尹、莱朱[3]，则见而知之；若文王；则闻而知之。由文王至于孔子，五百有余岁，若太公望、散宜生[4]，则见而知之；若孔子，则闻而知之[5]。由孔子而来，至于今，百有余岁[6]。去圣人之世，若此其未远[7]也；近圣人之居，若此其甚也[8]。然而无有乎尔！则亦无有乎尔[9]！"

今注

1　五百有余岁：赵注："言五百岁圣人一出，天道之常也。亦有迟速不能正五百岁，故言有余岁也。"

2　闻而知之："知"，谓知其道也。言生于圣人之后，不能亲见，仅闻其道而识之也。

3　伊尹、莱朱："伊尹"：《毛诗正义》引郑注："名挚，汤以为阿衡，以尹天下，故曰伊尹。""尹"，治也，正也。"莱朱"，赵注："亦汤贤臣也；一曰仲虺是也。"焦循《正义》："《春秋传》曰：仲虺居薛，为汤左相。是则伊尹为右相，故二人等德也。"

4　太公望、散宜生："太公望"，《史记·齐太公世家》：吕尚者，东海上人，西伯出猎得之。曰："吾太公望之久矣。"故号之曰太公望。载与俱归，立为太师。"散宜生"，朱注："散氏，名宜生，文王贤臣。"赵注："吕尚有勇谋而为将，散宜生有文德而为相，故以相配而言之也。"

5　若孔子，则闻而知之：朱注："子贡曰：'文武之道，未坠于地，在人；贤者识其大者，不贤者识其小者，莫不有文武之道焉。夫子焉不学？'此所谓闻而知之也。"

6　至于今，百有余岁：赵注："至今者，至今之世，当孟子时也。"

7　去圣人之世，若此其未远："圣人"，指孔子。言孔子至孟子，相距仅百余岁也。

8　近圣人之居，若此其甚也：赵注："邹鲁相近。《左传》曰：'鲁击柝，闻于邾。'近之甚也。"

9　然而无有乎尔！则亦无有乎尔：赵注："圣人之间，必有大贤名世者，百有余年，适可以出，未为远而无有也。言己足识孔子之道，能奉而行之，既不遭值圣人若伊尹吕望之为佐辅，犹可应备名世，如传说之中出于殷高宗也。然而世之谓无有，此乃天不欲使我行道也。故重言之，知天意之审也。言'则亦'者，非实无有也，则亦当使为无有也乎！"朱注："林氏曰：'孟子言孔子至今时未远，邹鲁相去又近，然而已无有见而知之者矣，则五百余岁之后，又岂复有闻而知之者乎！'愚（朱子）按此言，虽若不敢自谓已得其传，忧后世遂失其传，然乃所以自见，其有不得辞者，而又以见夫天理民彝，不可泯灭，百世之下，必将有神会而心得之者耳。故于篇终，历序群圣之统，而终之以此，所以明其传之有在，而又以俟后圣于无穷也。其旨深哉！"

今译

孟子说："从尧舜到汤，有五百多年，像禹、皋陶，是亲眼见着而知道圣人之道的，像汤，就是耳闻而知道的。从汤到了文王，五百多年，像伊尹、莱朱，是亲眼见着圣人之道的，像文王就是耳闻而知道的。从文王到了孔子，五百多年，像太公望、散宜生，是亲眼见着而知道圣人之道的，像孔子就是耳闻而知道的。从孔子到现在，只有一百多年，距离圣人的时代不远，距离圣人的故里又是这样近，然而现在已经没有亲近圣人之道了，那么将来连耳闻圣人之道的人都没有了吧！"

章旨

此章言孟子历序先圣道统，终之而有隐然自任之志："当今之世，舍我其谁"之慨。亦见孟子磅礴浩然之正气，具有"铁肩担道义"之精神。

增订《孟子今注今译》跋语

    去年五月下旬，有一天中山博物院院长蒋复璁先生突然光临温州街寓居，告以造访之意：拟请先生将大著《孟子今注今译》予以增订。次耘当时略为迟疑一下，便说出五十年甘苦与共的老伴于年前去世，心中凄楚，久久未能握管，近年虽在台大退休，但是退而未休，他校兼课甚多，仍是忙碌，增订工作，还要比写专书更难，语云："改他人文章易，改自己文章难。"同时暑期间将有海外探亲之行，或小驻数月，薄游以遣悲怀，恐将不能如期交卷。过了一个多星期，接到公函，并附孟子注译本及稿费两千元，嘱为修订，终因经年课务冗繁，俗事猥琐，迁延至今，现值暑假稍暇，心情较为轻松，乃执笔力疾撰写，除改正书中原印错误外，复据各注疏的精简胜义，予以审慎增订修饰之，也是等于重行温理《孟子》七篇一遍，更深深地体会到孟子所说：

    "仁，人心也；义，人路也。"

    "仁也者，人也，合而言之道也。"

    这几句话直将孔子心坎中的精髓意念和盘道出，真是不愧为"满腔恻隐之心"的亚圣，难怪孙氏奭赞扬得极为中肯，他说：

"孟子挺名世之才，秉先觉之志，拔邪树正，高行厉辞，导王化之源以救时弊，开圣人之道以断群疑，其言精而赡，其旨渊而通，致仲尼之教独尊于千古，非圣贤之伦，安能至于此乎？"

而韩氏愈尤能识得亚圣传承道统的精义，他说：

"尧以是（此'是'，指推行仁政的王道。）传之舜，舜以是传之禹，禹以是传之汤，汤以是传之文武周公，文武周公传之孔子，孔子传之孟轲，轲之死不得其传焉。荀（况）与扬（雄）也，择焉而不精，语焉而不详。"

韩氏认为"自孔子殁，独孟轲氏之传得其宗，故求圣人之道者必自孟子始"。隐然以传孟子之道自任。到了两宋时代，周子敦颐，二程子颢、颐，张子载，朱子熹等大儒，根据孟子性善与养气诸说，创性理之学，王子阳明亦据孟子良知良能之说，创知行合一之教，两千余年来鸿儒辈出，皆大有功于世道人心，然养气之论，尤为精辟独到，实发前圣所未发，次耘今于《公孙丑篇·加齐章》的章旨之后，特增一"按语"，虽似有蛇足之嫌，但可说明孟子养气论富有"独创性"，对于人生存养之道裨益无穷。

孟子中心思想，只有"仁义"二字，藏之于心叫作仁，施之于事叫作义，告子言仁内义外，孟子力驳他说："仁固是在内，义亦不在外。"次耘曾有读易句云：

"《孟子》七篇旨，用九乾元佐，刚柔迭用治，仁义岂二个。"

按此拙吟的微意，是乃阐明孟子学说所言大道一体，仁义不二之旨，而孟子所昭示的，万语千言，唯在躬行，就是笃笃实实的"居仁由义"罢了。孟子说：

"仁之实，事亲是也；义之实，从兄是也。"

"孩提之童，无不知爱其亲也；及其长也，无不知敬其兄也。亲亲仁也，敬长义也，无他，达之天下也。"

"尧舜之道，孝弟而已矣。"

次耘材谫学疏，今虽于溽暑挥汗之际，勉力完成此一增订工作，挂漏之处尚多，敬祈博雅君子赐予谠正。

合肥史次耘孝盦谨跋于台北抱蜀庐

一九八二年八月下旬